Kalkriese –
Römer im
Osnabrücker Land

Modell des Flurstücks „Oberesch“ am Kalkrieser Berg (Maßstab 1:100) nach den Ergebnissen der Ausgrabungen von 1989–1993. Dargestellt ist der Beginn der Kampfhandlungen zwischen Römern und Germanen im Jahre 9 n. Chr., wie er nach den Grabungsfunden und -befunden denkbar ist.

Kalkriese – Römer im Osnabrücker Land

Archäologische Forschungen zur Varusschlacht

Im Auftrag des
Landschaftsverbandes Osnabrück e.V.
herausgegeben von
Wolfgang Schlüter

mit Beiträgen von
Frank Berger, Henning Buck, Ursula Dieckmann, Georgia Franzius, Jörg
Lienemann, Jürgen Pape, Richard Pott, Achim Rost, Wolfgang Schlüter,
Reinhard Stupperich, Rainer Wiegels und Susanne Wilbers-Rost

Rasch Verlag   Bramsche

Gefördert durch die Sparkassen der Stadt und des Landkreises
Osnabrück, die Niedersächsische Sparkassenstiftung,
das Land Niedersachsen sowie Stadt und Landkreis Osnabrück

Die Deutsche Bibliothek – CIP-Einheitsaufnahme

Kalkriese – Römer im Osnabrücker Land :
Archäologische Forschungen zur Varusschlacht /
Im Auftr. des Landschaftsverbandes
Osnabrück e.V. hrsg. von Wolfgang Schlüter.
Mit Beitr. von Frank Berger ... – Bramsche :
Rasch, 1993
   ISBN 3-922469-76-0 (Broschur)
   ISBN 3-922469-77-9 (Gewebe)
NE: Schlüter, Wolfgang [Hrsg.]; Berger, Frank

2. überarbeitete Auflage
Einband und Schutzumschlag:
Tammen GmbH, Osnabrück
Heinz-Hermann Hoppe
Gesamtherstellung:
Rasch Druckerei und Verlag, Bramsche
Buchbinderische Verarbeitung:
Bramscher Buchbinder Betriebe
Printed in Germany
ISBN 3-922469-76-0 (Broschur)
ISBN 3-922469-77-9 (Gewebe)

Die Ausstellung
steht unter der Schirmherrschaft
von Helga Schuchardt
Niedersächsische Ministerin für Wissenschaft und Kultur

Grußwort

Kaum ein vergleichbares Ereignis der Geschichte hat die Phantasie und den wissenschaftlichen Ehrgeiz so beharrlich über viele Jahrhunderte in Anspruch genommen wie der bis vor kurzem unbekannte Ort der Varusschlacht.

Literarische Bemühungen wie bildliche Darstellungen haben Althistoriker und Archäologen, Laienforscher und auch Phantasten immer wieder Anlaß zur Beschäftigung mit dem Thema gegeben.

Vor diesem Hintergrund verdienen die neuen archäologischen Forschungen zur Varusschlacht im Osnabrücker Land ihre besondere Bedeutung. Sie lassen keinen Zweifel mehr daran, daß hier die Geschichte Mitteleuropas mit dem Ereignis der Vernichtung römischer Truppen eine Wende erfuhr.

Das allgemeine Interesse an diesem Vorgang ist verständlich. Um so mehr begrüße ich es, daß das Osnabrücker Forschungsteam die bisherigen Ergebnisse in einer Wanderausstellung erarbeitet hat.

Ich habe für dieses Vorhaben gern die Schirmherrschaft übernommen und wünsche der Ausstellung gute Resonanz.

Helga Schuchardt
Niedersächsische Ministerin
für Wissenschaft und Kultur

Grußwort

Kaum eine Ausstellung in Deutschland hat soviel Aufsehen erregt, wie die in Kalkriese bei Osnabrück – und das mit Recht. Ist es doch in akribischer Feinarbeit gelungen, überzeugende Indizien dafür zusammmenzutragen, daß die Varusschlacht im Jahre 9 n. Chr. in Gänze – oder mindestens in großen Teilen – zwischen Kalkrieser Berg und Großem Moor stattgefunden hat. In diesem Engpaß lieferten leicht bewaffnete germanische Einheiten aus dem Hinterhalt heraus römischen Truppen vernichtende Defileegefechte. Ein Naturvolk brachte einer Weltmacht eine empfindliche Niederlage bei. Das Muster heutiger Guerilla-Kämpfe wird bereits damals sichtbar.

Die zahlreichen Funde der römischen Militärausrüstung belegen die Anwesenheit von schwerer Infanterie, also Legionen oder Legionsabteilungen. Auch leichte Infanterie und Kavallerie lassen sich nachweisen ebenso wie römische Ärzte, Schreiber, Vermessungstechniker, Handwerker und Troßknechte.

Von den vielen Münzen sind die mit dem geringsten Wert die historisch wertvollsten: die Bronze- und Kupfermünzen wurden als Sold vor der Ausgabe an die Soldaten zu bestimmten Anlässen mit Gegenstempeln versehen. Nicht nur ›Augustus‹ und ›Imperator‹ treten in Kalkriese als Gegenstempel auf, sondern mehrfach auch ›Varus‹.

Kriegerische Auseinandersetzungen waren nur der eine Teil des Verhältnisses zwischen Römern und Germanen. Der andere und bedeutendere Teil war eine intensive kulturelle Beeinflußung: so praktische Dinge, wie die Gürtelschnalle, und so schöne Dinge, wie den Wein, übernahmen die Germanen von den Römern.

Über kaum ein Schlachtfeld wurden so viele Spekulationen angestellt. Bis in unser Jahrhundert hinein war die Diskussion um die Varusschlacht von nationalistischen Tönen begleitet. Die Bedeutung der Forschungen in Kalkriese liegt auch darin, den wissenschaftlichen Disput auf eine sachliche Grundlage gestellt zu haben. Dazu trug die seriöse, abwägende, ja bescheidene Art bei, in der Dr. Schlüter und seine Mitarbeiter ihre Forschungsergebnisse publik machten.

Nur mit wenigen archäologischen Ausgrabungen ist es wirklich gelungen, Geschichte zu schreiben. Die Ausgrabung von Kalkriese gehört dazu. Deswegen ist die Ausstellung, in der die Grabungsergebnisse einer breiten Öffentlichkeit vorgestellt werden, von überragender Bedeutung. Dieser Bedeutung entsprechend waren die Niedersächsische Sparkassenstiftung und die Sparkassen im Landkreis Osnabrück gern bereit, die Ausstellung großzügig zu fördern.

Dr. Dietrich H. Hoppenstedt
Vorsitzender des Vorstandes der
Niedersächsischen Sparkassenstiftung

6

Vorwort

Seit 1987 treten in Kalkriese bei Bramsche im Osnabrücker Land im Verlauf archäologischer Untersuchungen römische Münzen, Ausrüstungs- und Trachtbestandteile römischer Legionäre sowie Geräte und Werkzeuge nichtkämpfender Einheiten zutage. Sie haben wesentliche neue Erkenntnisse zu den römisch-germanischen Auseinandersetzungen um Christi Geburt und hier vor allem erste konkrete Hinweise auf den Ort und zum Verlauf der Varusschlacht 9 n. Chr. geliefert.

Träger des Projektes Kalkriese ist der Landschaftsverband Osnabrück e.V. Im Herbst 1989 hatte die Mitgliederversammlung des Verbandes auf Empfehlung seines Arbeitskreises Denkmalschutz/Denkmalpflege die Übernahme des Projektes als Eigenprogramm bewilligt. Zwar hatten zu diesem Zeitpunkt nach einer zweijährigen Prospektionsphase durch die Archäologische Denkmalpflege Osnabrück schon erste Probegrabungen mit recht vielversprechenden, aber keineswegs eindeutigen Ergebnissen stattgefunden; doch erst die Trägerschaft des Landschaftsverbandes legte die Basis für eine planmäßige Erforschung der Fundstelle. In diesem Zusammenhang sei der Deutschen Forschungsgemeinschaft, dem Land Niedersachsen, der Stiftung Niedersachsen, der Arbeitsverwaltung Osnabrück, der Stadtsparkasse Osnabrück, dem Stiftungsfonds der Deutschen Bank, der Stadt und dem Landkreis Osnabrück sowie zahlreichen Sponsoren und Spendern für die Förderung und Unterstützung der Prospektions- und Ausgrabungsarbeiten sowie der wissenschaftlichen und technischen Aufarbeitung des Fundmaterials gedankt.

Nachdem die Ergebnisse der archäologischen Forschungen in Kalkriese bald nicht nur national, sondern auch international Beachtung fanden und wissenschaftliche Aufmerksamkeit erregten, wurde bereits zu Beginn des Jahres 1991 der Entschluß gefaßt, die Ergebnisse der archäologischen Forschungen in Kalkriese einer breiten Öffentlichkeit in Form einer Wanderausstellung und eines begleitenden Kataloges zugänglich zu machen. Von Anfang an klar, daß – wegen der vermutlich noch längere Zeit laufenden Untersuchungen – Ziel einer solchen Ausstellung sicherlich nicht ein abschließender Bericht, sondern lediglich eine Information über den Forschungsstand sein kann.

Archäologische Objekte sind notwendigerweise Fragmente größerer Zusammenhänge. Diese Feststellung trifft auf den Fundplatz Kalkriese besonders zu, handelt es sich bei ihm doch um ein geplündertes, 2000 Jahre altes Schlachtfeld. So ist es ein Hauptanliegen der Ausstellung, die zahlreichen Trümmer, Bruchstücke und Kleinfunde zum Sprechen zu bringen, d. h. die Erkenntnisse, die der Archäologe aus ihnen gewinnt, auch dem Nichtfachmann zu verdeutlichen. Didaktische Hilfsmittel bei diesem Versuch sind Graphiken, Fotos, Modelle und zeichnerische Rekonstruktionen.

In der Ausstellung wird jedoch nicht nur auf den derzeitigen Stand des archäologischen Forschungsprojektes eingegangen, sondern auch auf die historischen Hintergründe der kriegerischen Auseinandersetzungen am Kalkrieser Berg, weiterhin auf die Geschichte und Problematik der Varusschlacht-Forschung und schließlich auf die Rezeptionsgeschichte des Hermann-Mythos.

7

Weiterhin soll am Beispiel des Projektes Kalkriese die Arbeitsweise der Archäologie dem Besucher nähergebracht werden: die zeichnerische und fotografische Dokumentation der Grabungsbefunde und -funde, die Restaurierung der Funde und die interdisziplinäre Zusammenarbeit der Archäologie mit anderen geisteswissenschaftlichen Fächern und mit den Naturwissenschaften.

Der Katalog ist einerseits als Leitfaden durch die Ausstellung gedacht, soll andererseits aber auch Hintergrundinformationen geben, die mit dem Medium Ausstellung nur begrenzt für den Besucher aufbereitet werden können.

Voraussetzung für das Zustandekommen der Ausstellung und des Kataloges war die großzügige finanzielle Förderung durch die Sparkassen der Stadt und des Landkreises Osnabrück, die Niedersächsische Sparkassenstiftung und das Land Niedersachsen. Ihnen gebürt dafür ebenso Dank wie der Stadt und dem Landkreis Osnabrück und der Arbeitsverwaltung Osnabrück für die beständige Unterstützung der Vorbereitungen.

Gedankt sei auch den im nachfolgenden Verzeichnis aufgeführten Privatpersonen, Museen, Firmen und sonstigen Institutionen, die durch die bereitwillige Überlassung von Leihgaben, Dokumentationsmaterial oder Sachspenden viel zum Gelingen der Ausstellung beigetragen haben.

Zu Dank verpflichtet bin ich den Autorinnen und Autoren dieses Kataloges für ihr Engagement und ihren Einsatz. Viele ihrer inhaltlichen Ideen haben in der Ausstellung ihren Niederschlag gefunden.

Mein Dank gilt weiterhin den in der nachfolgenden Übersicht genannten

Firmen, die an der ausstellungstechnischen Einrichtung sowie der Herstellung des Kataloges und des Werbematerials beteiligt waren. Namentlich erwähnt seien hier Frau Hahn von der Strenger Color GmbH und Herr Michael Steinbacher von Steinbacher Druck, beide Osnabrück, sowie Herr Walter Frey von der Ludewigt Siebdruck GmbH in Wallenhorst. Des weiteren danke ich Herrn Peter Talke von der Firma pro-deco in Bramsche für seine Ideen und seinen Einsatz beim Aufbau der Ausstellung, Herrn Christian Grovermann von der Foto Strenger GmbH, Atelier für Werbefotografie, in Osnabrück, dem die gleichbleibend hohe Qualität der Fundaufnahmen in Katalog und Ausstellung zu verdanken ist, Herrn Heinz-Herrmann Hoppe von der Tammen GmbH in Osnabrück für die gelungene Gestaltung des Werbematerials zum Katalog und zur Ausstellung und nicht zuletzt Herrn Jürgen Sütterlin von Rasch Druckerei und Verlag in Bramsche für die große Umsicht, Sachkenntnis und Energie bei der Gestaltung und dem Umbruch des Katalogs. Der Geschäftsführer, Herr Horst Vierkötter, Herr Sütterlin und Herr Wolfgang Lassalle taten zudem in den letzten Tagen und Wochen vor dem Erscheinungstermin des Katalogs alles Erdenkliche, um kaum vermeidbare Schwierigkeiten zu meistern und Terminverzögerungen abzufangen.

Herzlichen Dank gesagt sei sodann allen Mitarbeitern des Projektes Kalkriese, eingeschlossen die namentlich nicht aufgeführten Hilfskräfte und ehrenamtlichen Mitarbeiter, die mit großem Engagement und Einsatz sowohl die Ausstellung als auch den Katalog wissenschaftlich, technisch, graphisch, verwaltungsmäßig und

redaktionell vorbereitet und gestaltet haben.

Dank gebührt schließlich dem Landschaftsverband Osnabrück e.V. Ohne das Vertrauen in die Arbeit der am Projekt Kalkriese Beteiligten und ohne die vielfältige Unterstützung dieser Arbeit durch Mitgliederversammlung, Vorstand, Beirat, Arbeitskreise und Geschäftsführung hätten diese Ausstellung und dieser Katalog nicht zustande kommen können.

Wolfgang Schlüter

Organisation der Ausstellung

Veranstalter
Landschaftsverband Osnabrück e.V.

Gesamtleitung
Dr. Wolfgang Schlüter, Kulturgeschichtliches Museum Osnabrück

Wissenschaftliche Mitarbeiter der Ausstellung/Autoren des Kataloges

Dr. Frank Berger, Kestner Museum, Hannover

Dr. Henning Buck, Osnabrück

Dipl. Biol. Dipl. Geogr. Ursula Dieckmann, Institut für Geobotanik der Universität Hannover

Dr. Georgia Franzius, Landschaftsverband Osnabrück e.V.

Dr. Jörg Lienemann, Arbeitsgruppe für Bodenkunde, Landschaftsökologie und angewandte Botanik, Oldenburg

Stud. phil. Jürgen Pape, Institut für Ur- und Frühgeschichte der Universität Freiburg

Prof. Dr. Richard Pott, Institut für Geobotanik der Universität Hannover

Dr. Achim Rost, Landschaftsverband Osnabrück e.V.

Dr. Wolfgang Schlüter, Kulturgeschichtliches Museum Osnabrück

Prof. Dr. Reinhard Stupperich, Seminar für klassische Archäologie der Universität Mannheim

Prof. Dr. Rainer Wiegels, Fachbereich Kultur- und Geowissenschaften, Alte Geschichte, Universität Osnabrück

Dr. Susanne Wilbers-Rost, Landschaftsverband Osnabrück e.V.

Technische Mitarbeiter der Ausstellung und des Katalogs

Restaurierung und Nachbildungen
Günter Becker, Kulturgeschichtliches Museum Osnabrück

Graphische Arbeiten
Jürgen Böning, Kulturgeschichtliches Museum Osnabrück
Gabriele Dlubatz, Kulturgeschichtliches Museum Osnabrück
Alexander Lüdeke, Kulturgeschichtliches Museum Osnabrück
Kornelia Pohl, Kulturgeschichtliches Museum Osnabrück

Fotographische Arbeiten
Jürgen Böning, Kulturgeschichtliches Museum Osnabrück

Modellbau
Paul Hahn, Kulturgeschichtliches Museum Osnabrück
Nikolaus Rapp, Hasbergen

Figurenbemalung
Wendelin Lonicer, Osnabrück
Günter Pieper, Osnabrück
Dieter Wittler, Osnabrück

Aufbau der Ausstellung
Paul Hahn, Kulturgeschichtliches Museum Osnabrück
Horst Nowsky, Kulturgeschichtliches Museum Osnabrück

Verwaltungsarbeiten
Martin Danker, Kulturgeschichtliches Museum Osnabrück
Elisabeth Kreye, Landschaftsverband Osnabrück e.V.
Bärbel Twiehaus, Landschaftsverband Osnabrück e.V.

Grabungs- und Prospektionstechnik
Klaus Fehrs, Landschaftsverband Osnabrück e.V.
Gisela Hornung, Kulturgeschichtliches Museum Osnabrück
Wolfgang Remme, Landschaftsverband Osnabrück e.V.
Axel Thiele, Landschaftsverband Osnabrück e.V.

Ausstellungskonzeption und -gestaltung

Dr. Achim Rost,
Landschaftsverband Osnabrück e.V.

Videofilm
Hubertus Wilker, Medienzentrum Osnabrück
Wolfgang Ostkotte, Medienzentrum Osnabrück
Dr. Achim Rost,
Landschaftsverband Osnabrück e.V.
(wissenschaftliches Konzept)
Klaus Fischer, Städt. Bühnen Osnabrück (Sprecher)

Katalogbearbeitung

Herausgeber
Dr. Wolfgang Schlüter, Kulturgeschichtliches Museum Osnabrück

Redaktion und Gestaltung
Dr. Georgia Franzius,
Landschaftsverband Osnabrück e.V.
Axel Friederichs M. A., Kulturgeschichtliches Museum Osnabrück
Dr. Wolfgang Schlüter, Kulturgeschichtliches Museum Osnabrück
Jürgen Sütterlin, Druckerei Rasch, Bramsche

Öffentlichkeitsarbeit und Begleitprogramm zur Ausstellung

Christiane Wagner M. A.,
Landkreis Osnabrück

unter Mitwirkung von
Dr. Georgia Franzius, Landschaftsverband Osnabrück e.V. (Kalender, Postkarten, Vortragsreihe)
Studienrat Ralf-Rainer Sass, Bad Essen, und Dipl. Päd. Bodo Zehm, Kulturgeschichtliches Museum Osnabrück (Lehrerinfo und Schülermaterial)

An der ausstellungstechnischen Einrichtung sowie der Herstellung des Katalogs und des Werbematerials beteiligte Firmen

Allform GmbH, Detmold (Modellabformung)
Foto Strenger GmbH, Atelier für Werbefotografie, Osnabrück: Christian Grovermann (Fotos römische Funde) und Jürgen Schürmann (Fotos Hildesheimer Silberschatz)
Annette Hebbeler, Osnabrück (Reprografien)
Ludewigt Siebdruck GmbH, Wallenhorst (Siebdruck)
pro-deco, Bramsche (Vitrinen, Stellwände, Beleuchtung)
Rasch Druckerei und Verlag, Bramsche (Druck des Katalogs, des Plakats und der Pressemappen)
Steinbacher Druck, Osnabrück (Druck des Kalenders und des Faltblattes sowie der Post- und der Eintrittskarten)
Strenger Color GmbH & Co. KG, Fachlabor für Farbfotografie (Großfotos u. andere Fotoarbeiten)
Tammen GmbH, Osnabrück: Heinz-Hermann Hoppe (Einband, Schutzumschlag und Basis-Layout des Katalogs sowie Plakat und Faltblatt)
Textil-Design, Georgsmarienhütte (T-Shirts, Taschen)
Wolf & Wolff GmbH, Georgsmarienhütte (Lithos)

Die Realisierung der Ausstellung und des Katalogs wurde dank der Unterstützung durch folgende Personen, Firmen und Institutionen wesentlich erleichtert

Kämmerer GmbH, Osnabrück (Material für den Bau der Modelle)
Städtische Bühnen Osnabrück (Abformungen)
Ewald Obermeyer, mabeo Maschinenbau, Hagen a.T.W. (Plexiglas)
Burckhard Kieselbach, Bramsche (Logo)
MBN Montage-Bau, Georgsmarienhütte (Stellung eines Containers zum Transport der Ausstellung)
Franke & Middelberg, Juweliere, Osnabrück (Aufarbeitung des Hildesheimer Silberschatzes)
Dr. B. Walther und Dr. H.-G. Drewes, Nuklearinstitut, Osnabrück (Röntgenfotos der römischen Funde)
Prof. Dr. M. Helten u. Dr. W.-G. Kleinheider, Fachhochschule Osnabrück (Materialuntersuchung)
RIAS Berlin (Überlassung von Filmrechten für nichtkommerzielle Nutzung)

Folgende Institutionen stellten für die Ausstellung Funde bzw. Nachbildungen von Funden und/oder Fotos zur Verfügung

Staatliche Kunstsammlung Dresden
Westfälisches Museum für Archäologie, Münster
Römisches Museum Augsburg
Museum Wiesbaden
Rheinisches Landesmuseum Bonn
Landesmuseum Mainz
Foto Strenger GmbH, Atelier für Werbefotografie, Osnabrück
Niedersächsisches Staatsarchiv Osnabrück
Lippische Landesbibliothek Detmold
Roemer- und Pelizaeus-Museum, Hildesheim

Inhaltsverzeichnis

Wolfgang Schlüter
Die archäologischen Untersuchungen in der Kalkrieser-Niewedder Senke

»Ob Varus bei Detmold oder bei Barenau, bei Iburg oder sonstwo sich in sein Schwert gestürzt hat, ist wirklich so wichtig nicht, daß man sich darum mit seinen Mitmenschen verzanken sollte«.

(FRIEDRICH KOEPP 1940)

»Zwar ist die Örtlichkeit der Schlacht sekundär, aber die Suche danach ist immerhin verständlich, da das Ereignis einen Wendepunkt europäischer Geschichte darstellt; sehr viele Völker treiben mit geringeren Andenken einen weit größeren Kult!«

(BERNARD ORTMANN 1968)

»Nach fast 2000 Jahren Erinnerung und nach 400 Jahren Forschung wenigstens einen ›Silberstreifen‹ am Horizont zu sehen und den Weg zu ahnen, der zu ihm hinführt, wäre viel. Ihn zu finden, ist eine Aufgabe des Archäologen; . . .«

(WILHELM WINKELMANN 1983)

Im Jahre 9 n. Chr. brachten westgermanische Stammesverbände unter Führung des Cheruskers Arminius der römischen Armee eine ihrer schwersten Niederlagen bei: In einer dreitägigen Schlacht im *saltus Teutoburgiensis* vernichteten sie ein unter dem Oberbefehl des römischen Statthalters P. Quinctilius Varus stehendes Heer. Die römische Streitmacht umfaßte drei Legionen (XVII., XVIII., XIX.) und neun Auxiliarformationen, und zwar drei Reiter- *(alae)* und sechs Infanterieeinheiten *(cohortes)*. Das Ausmaß der militärischen Katastrophe wird deutlich, wenn man bedenkt, daß die drei Legionen, die mit Varus untergingen, – vorausgesetzt sie besaßen ihre volle Sollstärke – etwa die Hälfte der römischen Rheinarmee ausmachten und diese wiederum einem Drittel des gesamten römischen Heeres entsprach. Auf jeden Fall vereitelte die Niederlage des Varus den Versuch der Römer, das Land zwischen Rhein und Elbe zu einer regulären römischen Provinz zu machen.

Kein geschichtliches Ereignis hat seit Jahrhunderten die Gemüter so bewegt und die Phantasie und den Tatendrang so vieler Historiker, Archäologen, Heimatforscher u. a. angeregt wie die Varusschlacht. Schon vor rund 800 Jahren begannen erste Versuche, den Schauplatz des Geschehens zu lokalisieren. Mit der Wiederentdeckung der Annalen des TACITUS 1505 im Kloster Corvey in einer im 9. Jh. entstandenen Abschrift schienen erstmals nähere Angaben zur Lage des Schlachtfeldes zur Verfügung zu stehen. Der römische Historiker erwähnt (ann. 1,60, 3), daß die Legionen des Varus im *saltus Teutoburgiensis* untergegangen seien, und durch eine Verknüpfung dieses Hinweises mit eindeutigen geographischen Anmerkungen zu einer militärischen Operation des Germanicus im Jahre 15 n. Chr. hielt man es durchaus für möglich, den *saltus Teutoburgiensis* zu identifizieren. TACITUS berichtet, daß Germanicus nach Kämpfen gegen die Brukterer, in deren Verlauf auch der Adler der XIX. Legion zurückgewonnen wurde, bis in die entlegensten Gebiete dieses germanischen Stammes gezogen sei. Dabei sei das Land zwischen Ems und Lippe verwüstet worden, und zwar »unweit des Teutoburger Waldes, in dem die Gebeine des Varus und seiner Legionen unbestattet vermodern sollten«.

Mit großer Wahrscheinlichkeit befand sich das Heer des Germanicus nach Abschluß der Aktion gegen die Brukterer im Bereich der Quellgebiete von Ems und Lippe und damit in der Nähe des Osnings zwischen Oerlinghausen und Bad Driburg. Die Annahme, daß die Angabe *haud procul* (unweit, nicht fern, in der Nähe) nicht nur die Entfernung des Standortes des Germanicus zum *saltus Teutoburgiensis,* sondern auch zum Varusschlachtfeld betreffe, führte bereits Mitte des 16. Jhs. zu einer Gleichsetzung von *saltus Teutoburgiensis* und Osning und schließlich zu der Umbenennung des Osnings in Teutoburger Wald.

Zwingend erforderlich ist die Identifizierung des *saltus Teutoburgiensis* des TACITUS mit dem Osning jedoch nicht. Vielmehr dürfte in der Ortsangabe *saltus Teutoburgiensis* eine zusammenfassende Bezeichnung für ein bewaldetes Berg- und Hügelland zu sehen sein, nämlich für das Weserbergland oder auch nur für das westliche Weserbergland, das für die römischen Truppen auf ihren Zügen in das Norddeutsche Flachland immer ein Hindernis darstellte. Der Standort des Germanicus würde sich dann immer noch *haud procul Teutoburgiensi saltu* befunden haben, während sich die Entfernungsangabe nicht mehr zwangsläufig auch auf das Schlachtfeld beziehen müßte. In diesem Fall könnten die Kampfhandlungen sowohl nah als auch fern des Standortes der Legionen des Germanicus stattgefunden haben. Für die Richtigkeit der Gleichsetzung von *saltus Teutoburgiensis* mit dem Weserbergland und damit für die Möglichkeit, das Varusschlachtfeld auch in größerer Entfernung von den Quellgebieten von Ems und Lippe zu lokalisieren, könnten die umfangreichen Vorkehrungen sprechen, die Germanicus traf, um mit seinem Heer vom Gebiet der Brukterer zu den Kampfstätten zu ziehen (TACITUS ann. 1,60,3). Diese aufwendigen Maßnahmen lassen eher an einen einige Tage währenden Marsch und nicht an einen relativ kurzen Weg denken.

Die Angaben des TACITUS zu den Ereignissen des Jahres 9 n. Chr. führten zu einer Verdichtung der vermuteten Schlachtorte im ostwestfälischen Raum und seinen Nachbarlandschaften. Die Plätze der etwa drei Dutzend zumindest diskutierbaren Lokalisierungsversuche – insgesamt gibt es mehr als 700 Theorien – liegen fast alle in diesem Bereich. Nach H. v. PETRIKOVITS häufen sich diese Orte in vier Gebieten, und zwar

1. am nördlichen Rand des Wiehen- und Wesergebirges (Nordtheorie),
2. im Teutoburger Wald zwischen Oerlinghausen und Horn sowie zwischen Teutoburger Wald und Weser (Lippische Theorie),
3. in der südöstlichen Westfälischen Bucht (Münsterländer Theorie) sowie
4. im östlichen Sauerland (Südtheorie).

Die »Lippische Theorie«, d. h. Schauplatz der Varusschlacht war das Lipper Bergland bzw. der Osning, stand dabei aufgrund der Gleichset-

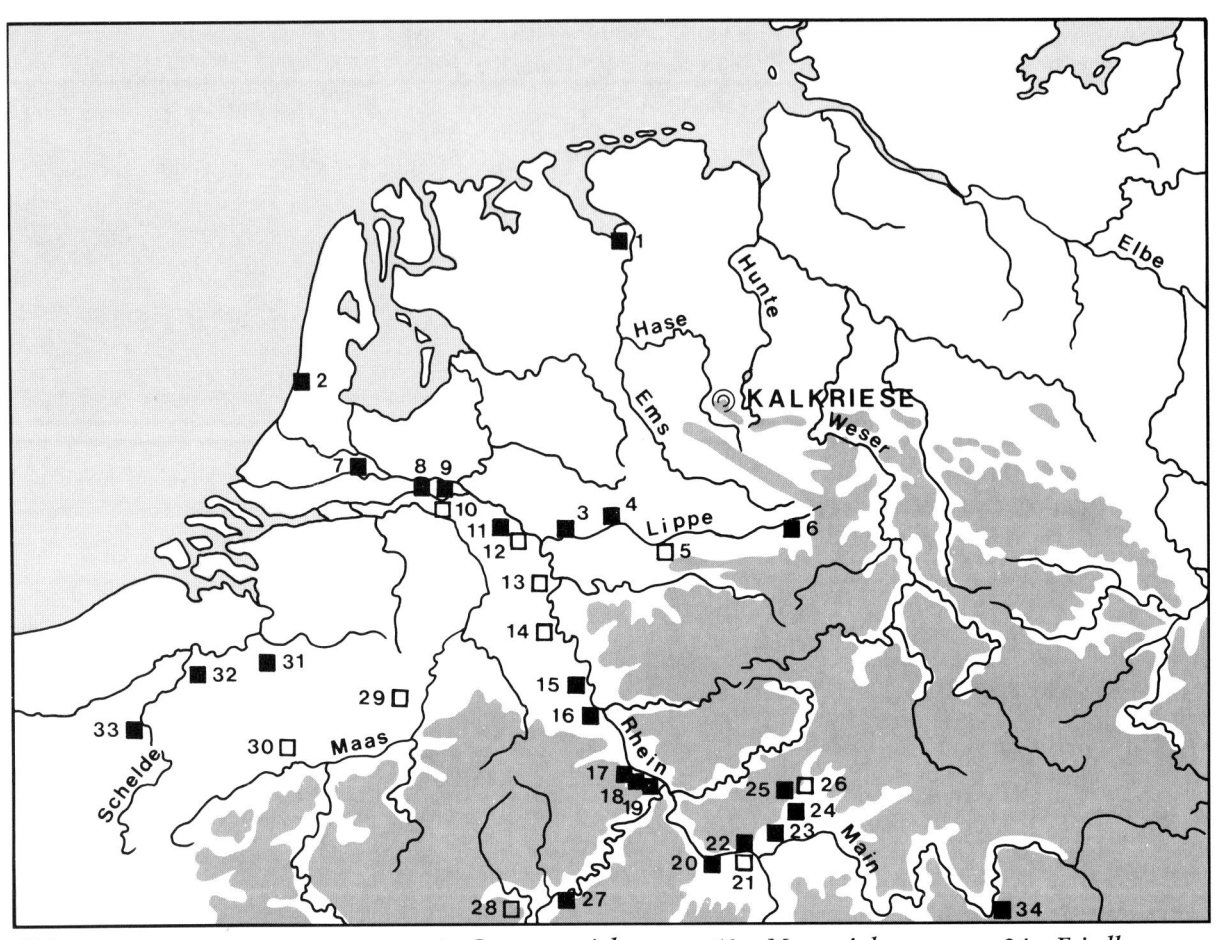

Abb. 1
Römische Militärstützpunkte aus
der Zeit der Germanenkriege
zwischen 12 v. und 16 n. Chr.
Offene Quadrate kennzeichnen
die schon unter Drusus (12–9
v. Chr.) entstandenen Lager, von
denen die beiden rechtsrheinischen
Stationen Oberaden (5) und Rödgen (26) bereits 8 v. Chr. wieder
aufgelassen wurden (nach W. J. H.
WILLEMS 1990 mit Ergänzungen).

1	Bentumersiel	13	Moers-Asberg
2	Velsen	14	Neuss
3	Holsterhausen	15	Keulen
4	Haltern	16	Bonn
5	Oberaden	17	Andernach
6	Anreppen	18	Urmitz
7	Vechten	19	Koblenz
8	Driel	20	Bingen
9	Meinerswijk	21	Mainz
10	Nijmegen	22	Wiesbaden
11	Altkalkar	23	Frankfurt-Höchst
12	Xanten		

24	Friedberg
25	Bad Nauheim
26	Rödgen
27	Trier
28	Titelberg
29	Tongeren
30	Liberchies
31	Elewijt
32	Velzeke
33	Doornik
34	Marktbreit

zung von *saltus Teutoburgiensis* und Osning im Mittelpunkt der Überlegungen, was sich nicht zuletzt in der Errichtung des Hermanns-Denkmals bei Detmold manifestiert hat.

Gemeinsam ist nahezu allen Theorien, daß sie sich fast ausschließlich auf die antiken Schriftsteller stützen – außer TACITUS sind dies MANILIUS, STRABO, VELLEIUS PATERCULUS, FLORUS, CASSIUS DIO und SUETON –, deren Aussagen allerdings nicht eindeutig sind und in Einzelheiten einander häufig widersprechen. Tatsächliche, mögliche oder vermeintliche archäologische Quellen werden selten herangezogen.

Allein der Althistoriker und spätere Nobelpreisträger THEODOR MOMMSEN stützte seine Theorie 1885 in erster Linie auf Bodenfunde, und zwar auf Gold- (Aurei) und Silbermünzen (Denare) der Römischen Republik und des Augustus. Der Fundplatz dieser Münzen war eine Senke zwischen dem Kalkrieser Berg und dem Großen Moor am Nordrand des Wiehengebirges, Luftlinie etwa 16 km nordöstlich von Osnabrück (zur Lage des Fundplatzes vgl. Abb. 1–3). Die Auffindung der Münzen in diesem Engpaß ist für das 18. und 19. sowie das frühe 20. Jh. durch Osnabrücker Gelehrte, die die Funde teils mit der Niederlage des Varus 9 n. Chr., teils mit den Kriegszügen des Germanicus 15–16 n. Chr. in Verbindung brachten, mehrfach zweifelsfrei belegt. Mommsen ließ durch den Berliner Numismatiker Julius Menadier 1884 eine Sammlung römischer Münzen – 1 Aureus, 179 Denare, 2 Asse – im Besitz der Familie von Bar erfassen sowie alle Nachrichten über römische Münzfunde in und im Umkreis der Kalkrieser-Niewedder Senke sammeln.

Aufgrund dieser Erhebungen und der Topographie des Fundplatzes kam MOMMSEN zu der Auffassung, hier den seit Jahrhunderten gesuchten Ort der Varusschlacht gefunden zu haben. Da MOMMSEN aber seine Theorie weder mit Funden von Militaria noch von Kupfermünzen, d. h. dem eigentlichen »Soldatengeld«, untermauern konnte, wurde bald von vielen Seiten bestritten, daß der Fundniederschlag auf die Niederlage des Varus zurückzuführen bzw. überhaupt das Ergebnis kriegerischer Auseinandersetzungen zwischen Römern und Germanen sei. Darüber hinaus führte die Unsicherheit der Fundumstände vieler Münzen zu der häufig vertretenen Ansicht, die Münzen seien gar nicht in dem Engpaß gefunden worden. Diese Bewertung hatte schließlich zur Folge, daß der Fundplatz »Barenaue« (heute »Kalkriese-Niewedde«) in der wissenschaftlichen Literatur der vergangenen Jahrzehnte kaum noch eine Rolle spielte.

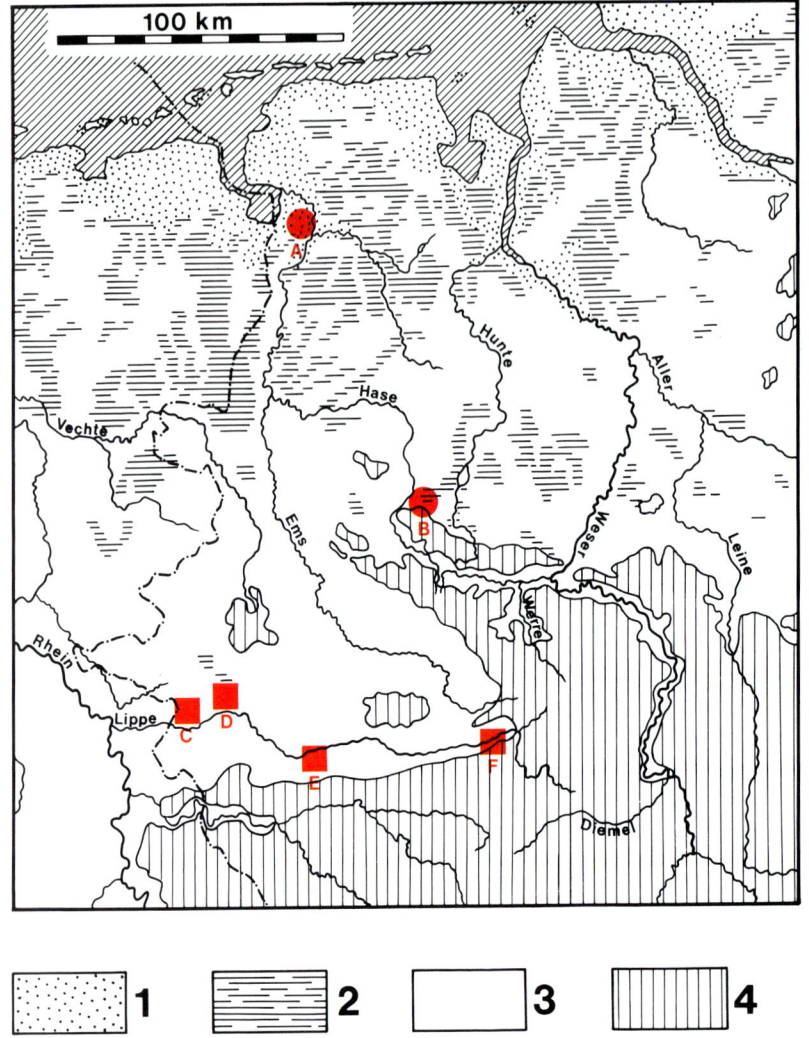

Abb. 3
Landschaftliche Gliederung des Untersuchungsgebietes. Nach: Landkreis Osnabrück und Niedersächsisches Landesamt für Bodenforschung (Hrsg.), Geologische Wanderkarten in Niedersachsen 1 : 100 000, Landkreis Osnabrück (Hannover 1984); Moore und Wege nach: LE COQ, Topographische Carte in 22 Blättern, den größten Theil von Westfalen enthaltend . . . (1805) Section IX. Neudruck (Hannover 1984) Blatt 9. – 1 Bergland. – 2 Hügelland. – 3 Tiefland. – 4 Flußtal. – 5 Moor. – 6 Weg.

Abb. 2
Die geographische und topographische Lage des Fundplatzes Kalkriese (B), der augusteischen Lager Holsterhausen (C), Haltern (D), Beckinghausen/Oberaden (E) und Anreppen (F) sowie des frühtiberischen Stapelplatzes Bentumersiel (A). – 1 Marsch. – 2 Moor. – 3 Geest. – 4 Bergland.

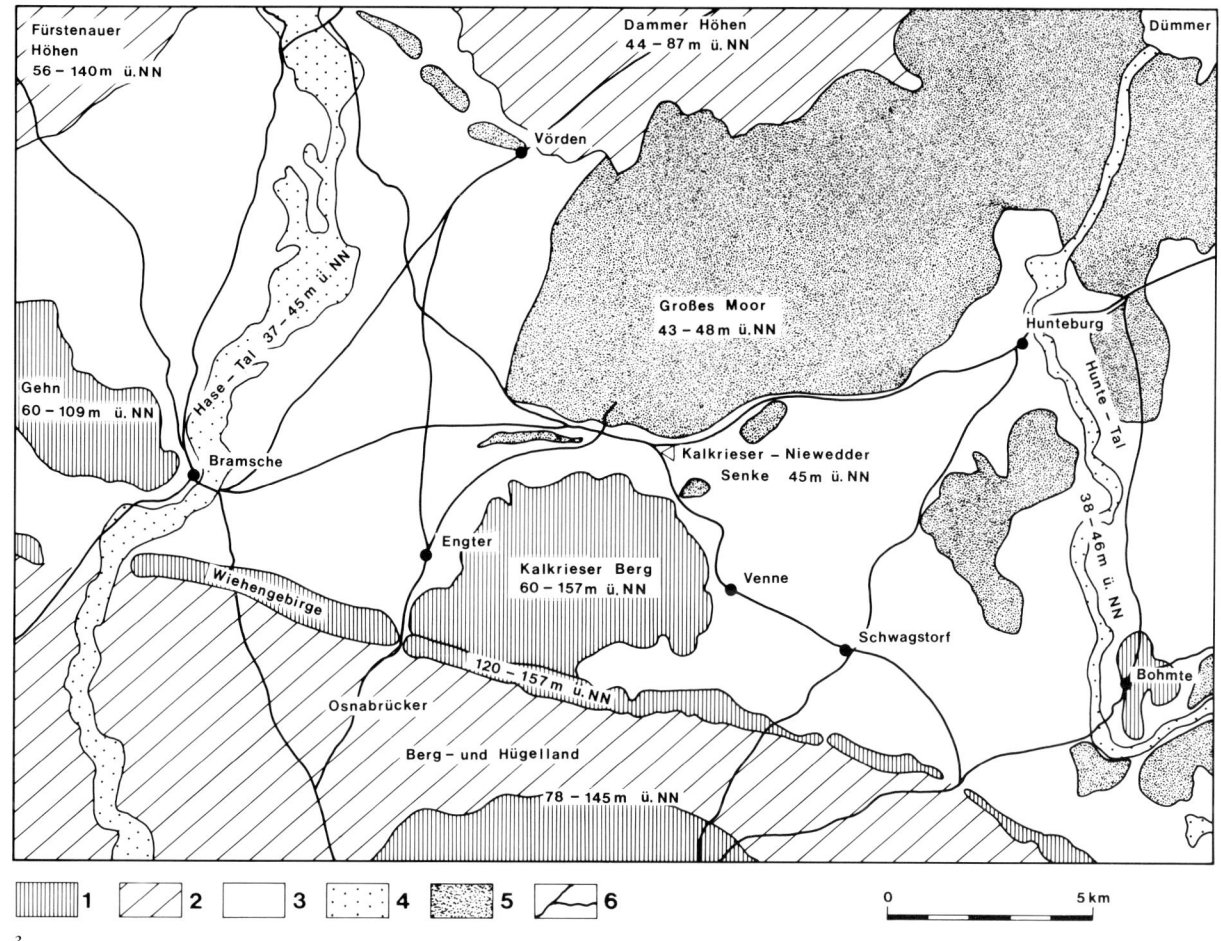

Fürstenauer
Höhen
56 – 140 m ü.NN

Dammer Höhen
44 – 87 m ü.NN

Dümmer

Vörden

Großes Moor
43 – 48 m ü.NN

Hunteburg

Hase – Tal 37 – 45 m ü.NN

Gehn
60 – 109 m ü.NN

Kalkrieser – Niewedder
Senke 45 m ü.NN

Hunte – Tal

Bramsche

Engter

Kalkrieser Berg
60 – 157 m ü.NN

Venne

38 – 46 m ü.NN

Wiehengebirge

Schwagstorf

120 – 157 m ü.NN

Bohmte

Osnabrücker

Berg – und Hügelland

78 – 145 m ü.NN

1   2   3   4   5   6

0   5 km

3

Das Verdienst, den Blick der Wissenschaft erneut auf den Engpaß am Kalkrieser Berg gelenkt zu haben, gebührt Capt. J. A. S. Clunn. Im Rahmen seiner ehrenamtlichen Tätigkeit für die Archäologische Denkmalpflege Osnabrück entdeckte er im Sommer 1987 in der Gemarkung Kalkriese bei Bramsche einen weitgehend zerpflügten Verwahrfund römischer Silbermünzen. Insgesamt konnten – u. a. bei einer Nachgrabung – 160 Denare geborgen werden.

Aber nicht die 160 Münzen, die »lediglich« bestätigten, daß bei Barenaue in den vergangenen Jahrhunderten tatsächlich Aurei und Denare gefunden worden sein mußten, sondern drei ebenfalls durch Capt. J. A. S. Clunn entdeckte Schleudergeschosse aus Blei, die ersten als Militaria zu bezeichnenden Funde, veranlaßten seit Ende 1987 umfangreiche archäologische Untersuchungen in der Kalkrieser-Niewedder Senke durch die Archäologische Denkmalpflege für die Stadt und den Landkreis Osnabrück. Seit Beginn der Ausgrabungen im Herbst 1989 ist der Landschaftsverband Osnabrück e. V. Träger des Forschungsvorhabens.

Inzwischen ermöglichen zahlreiche, über ein großes Gebiet verteilte Ausrüstungs- und Trachtbestandteile römischer Infanterie- und Kavallerieverbände sowie Geräte und Werkzeuge nichtkämpfender Einheiten – belegt sind u. a. der Troß, Vermessungstrupps, Pioniere, Handwerker, Schreiber und Ärzte –, weiterhin befestigte germanische Stellungen am Fuß des Kalkrieser Berges und schließlich die Datierung der Funde und Befunde durch Gold-, Silber- und Kupfermünzen in das Jahr 9 n. Chr. eine Verknüpfung dieses archäologischen Befundes mit der historisch überlieferten Varusschlacht.

Die naturräumlichen Gegebenheiten

Die Kalkrieser-Niewedder Senke liegt auf der Grenze zwischen dem Norddeutschen Tiefland und dem Weserbergland, zwei aufgrund unterschiedlicher geographischer Verhältnisse deutlich gegeneinander abgesetzter Großlandschaften (Abb. 2). Die Landschaftsgebiete, die in dem Engpaß aneinanderstoßen, sind das Bersenbrücker Land sowie der westlichste Teil des Weserberglands, das Osnabrücker Hügelland. Nur durch die Senke voneinander getrennt, liegen sich schließlich die Teillandschaften »Kalkrieser Berg« und »Großes Moor« gegenüber (Abb. 3 und 4). Der durch diese Oberflächengestaltung und Bodenentwicklung geschaffene Engpaß erstreckt sich – sanduhrförmig – über 6 km in West-Ost-Richtung. Er ist in der Mitte ungefähr 1 km, an den Enden jeweils 2,5 km breit. Im Westen geht die Senke in die Tiefebene Engter-Wittefeld-Vörden mit der dahinterliegenden Hase-Niederung über. Nach Osten hin öffnet sie sich zu einem weiten Trichter, dem Tiefland von Venne-Hunteburg-Schwagstorf, das im Norden durch das Große Moor sowie den sich anschließenden Moorgebieten südwestlich und westlich des Dümmer Sees und im Süden durch das Wiehengebirge flankiert wird und im Osten bis zur Hunte-Aue reicht.

Morphologie (Abb. 3–8)

Die nördliche Begrenzung des Osnabrücker Hügellandes ist, wenn man einmal von dem Kalkrieser Berg absieht, der Kamm des Wiehengebirges mit Höhen zwischen 120 und 157 m. Der Kalkrieser Berg als Vorberg des Wiehengebirges gipfelt in der Schmittenhöhe mit 175 m. Seine Flanken sind durchweg stark zertalt.

Die Senke fällt von 50 m am Nordfuß des Berges bis auf 45 m über NN am Rande des Großen Moores ab. Die nördlich anschließenden Niedermoore und anmoorigen Flächen im Randbereich des Großen Moores weisen 45 bis 46 m Höhe auf, während der noch vorhandene Hochmoorkern 48 m über NN erreicht.

Abb. 4
Luftbild der Kalkrieser-Niewedder Senke vom 22. 10. 1991. Blick von Osten. Links der Kalkrieser Berg, am Fuß des Berges die B 218 und am rechten Bildrand die Alte Heerstraße. NLVwA-Institut für Denkmalpflege Hannover. Aufnahme: Otto Braasch; Archivnr.: 3514/004-1; 1141,3.

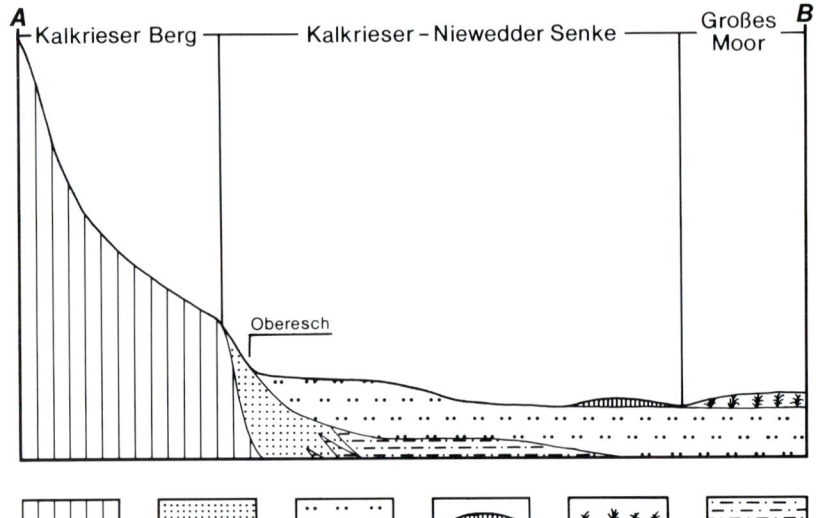

Abb. 5

Geologischer Schnitt A–B durch die Kalkrieser-Niewedder Senke (zur Lage vgl. Abb. 8). Vereinfachte Darstellung nach: Niedersächsisches Landesamt für Bodenforschung (Hrsg.), Geologische Karte von Niedersachsen 1 : 25 000, Erläuterungen zu Blatt 3514 Vörden (Hannover 1986). Gezeichnet mit 25-facher Überhöhung. – 1 Festgestein. – 2 Hangsand. – 3 Niederungssand. – 4 Flugsand. – 5 Torf. – 6 Niederungsschluff.

Abb. 6

Luftbild der Kalkrieser-Niewedder Senke vom 13. 07. 1990. Blick von Südosten. In der Bildmitte zwischen B 218 und Mittellandkanal der Oberesch mit Grabungsschnitten; im Hintergrund die Dieven Wiesen, ein ehemaliges Niedermoor. NLVwA-Institut für Denkmalpflege Hannover. Aufnahme: Otto Braasch; Archivnr.: 3514/004-1; 1034.

Hydrologie (Abb. 7 und 8)

Die Hänge des Kalkrieser Berges werden bis zum Hangknick von einer Reihe unbenannter Bachläufe zertalt. Die durch tektonische Vorgänge entstandenen Täler sind erosiv weiter ausgearbeitet worden.

Wasserundurchlässige Schichten unter durchlässigem Sand- und Kalkgestein bewirkten am unteren Nordhang, und zwar im Bereich der Hangsandzone, die Entstehung eines Quellhorizonts. Die Quellen verlagern sich häufig, können aber auch ganz versiegen. Viele sind seit Beginn der spätmittelalterlichen Urbarmachung der Senke verschüttet worden.

Während der Grundwasserspiegel in der Senke naturgemäß sehr hoch ist, liegt er im Bereich des Kalkrieser Berges tief unter der Oberfläche. Doch haben stellenweise dicht unter der Oberfläche liegende tonige Schichten am unteren Nordhang des Berges den Niederschlag nicht absickern lassen und zu Staunässe geführt.

Geologie und Bodenkunde (Abb. 5. 8 und 11)

Sowohl das Wiehengebirge als auch der Kalkrieser Berg bestehen aus Tonstein-Sandstein-Kalkstein-Wechselfolgen des Oberen Jura. Hangsande mit eingelagerten Geröllen und Bruchstücken von Juragesteinen, die am unteren Hang eine Mächtigkeit von 15 m erreichen können, bedecken die Flanken des Kalkrieser Berges. In Spornlagen sind sie dagegen häufig nur wenige Dezimeter stark und überlagern hier mehrfach saalezeitlichen Hanglehm. Als Grenze des Berglandes gegenüber der Senke läßt sich die Überdeckung der Juraschichten mit weniger als 2 m Hangsand festlegen.

Im Norden stößt die Senke an grundwasserbeeinflußte Niedermoore und an anmoorige Flächen über weichselzeitlichen Niederungssanden. Sie sind dem eigentlichen Großen Moor, einem Hochmoor, vorgelagert. Unmittelbar am Moorrand liegen auf den Niederungssanden Flugsande der jüngeren Weichsel-Kaltzeit in Form W-O streichender Rücken von durchschnittlich 250 m Breite. Ihre Mächtigkeit beträgt größtenteils weniger als 2 m.

Die Kalkrieser-Niewedder Senke ist seit dem späten Mittelalter, vornehmlich im Zuge der Gewinnung landwirtschaftlich nutzbarer Flächen, starken anthropogenen Veränderungen unterworfen worden. So bewirkte die in erster Linie in jüngerer Zeit durchgeführte Grundwasserabsenkung das Verschwinden geringmächtiger Niedermoorflächen und die Schrumpfung mächtiger Torfe sowie die Trockenlegung der Niederungssandgebiete. Vor allem aber hat die in Nordwestdeutschland allgemein bis in die Zeit um 1000 n. Chr. zurückreichende, in der Senke aber erstmals für das 13./14. Jahrhundert nachweisbare Plaggenwirtschaft das heutige Relief der Landschaft geprägt. Die in der Regel armen Sandböden machten, besonders bei einseitiger ackerbaulicher Nutzung – wie bei dem Winterroggenanbau (»ewiger Roggenbau«) als vorherrschender Getreidekultur –, eine Düngung erforderlich, die vor der Einführung des mineralischen Düngers in dem Auftrag von Plaggen, d. h. organischem Dünger mit anhaftenden Bodenresten, bestand. Die Plaggen kamen entweder zunächst als Streu in die Viehställe oder wurden zusammen mit anderen organischen Abfällen kompostiert. Das Aufbringen dieses Düngers auf die Äcker führte im Laufe der Jahrhunderte zur Entstehung einer bis zu 1 m und mehr mächtigen Auflageschicht, dem sogenannten Esch, unter dem nicht nur das natürliche Bodenprofil noch vollständig erhalten sein kann, sondern der häufig auch vor- und frühgeschichtliche Siedlungsreste bedeckt und schützt. Zunächst wurden die Plaggen wegen des mit dieser landwirtschaftlichen Betriebsform verbundenen großen Arbeitsaufwandes in eschnahen Bereichen gewonnen. Für die frühen Äcker der Hangsandflächen am Fuß des Kalkrieser Berges heißt dies, daß für sie wahrscheinlich humusreiche Waldplaggen in den zur Anlage von Äckern ungeeigneten Bereichen dieser Zone gestochen wurden. Erst die Verringerung der Qualität der Plaggen infolge der durch den ständigen Plaggenhieb hervorgerufenen Bodenverschlechterung zwang zum Ausweichen auf weiter entfernt liegende Flächen. In der Kalkrieser-Niewedder Senke wird man hier mit einem intensiven Abbau von Grasplaggen der nassen Niederungssandgebiete und von Heideplaggen der Flugsandflächen, aber auch mit Waldplaggen von den oberen Hängen des Kalkrieser Berges rechnen müssen.

Siedlungs- und verkehrsgeographische Verhältnisse

Eine besondere Bedeutung für die Herausbildung der Siedlungsräume und die Anlage von Wegen in der Kalkrieser-Niewedder Senke hatte die Hydrologie dieser Landschaft. Der Engpaß war – zumindest für den Fernverkehr – bis zur Trockenlegung der stark grundwasserbeeinflußten Böden nur an zwei Stellen passierbar, und zwar zum einen auf den Flug-

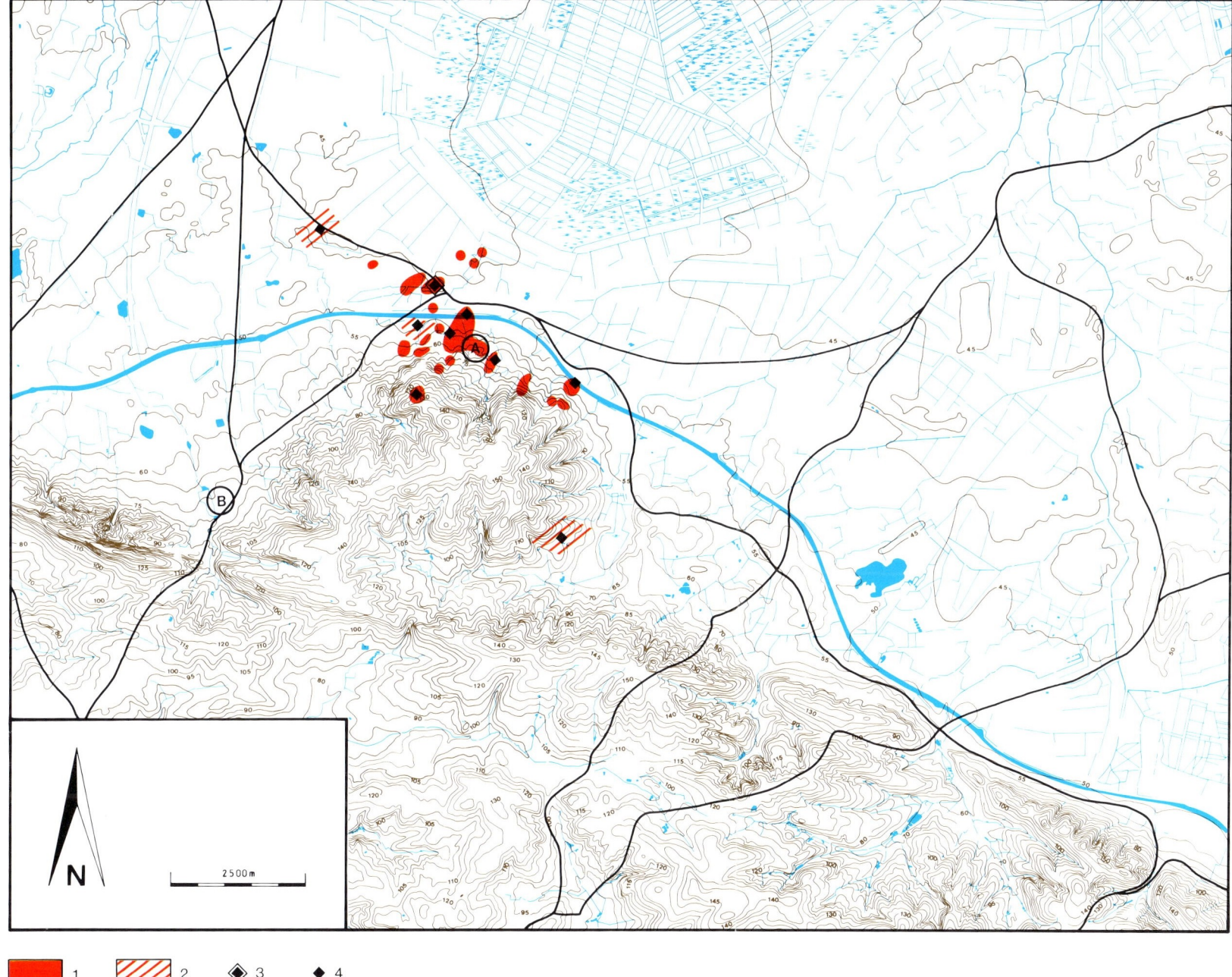

Abb. 7
Orohydrographische Karte der Kalkrieser-Niewedder Senke und ihrer Umgebung mit dem durch den Engpaß zwischen Großem Moor und Kalkrieser Berg verlaufenden Mittellandkanal am Nordrand des Osnabrücker Berg- und Hügellandes (nach Topographischen Karten 1 : 50 000 L 3514 Damme und L 3714 Osnabrück). Wege nach: Generalkarte des Fürstbistums Osnabrück von GEORG WILHELM VON DEM BUSSCHE *und* FRANZ CHRISTIAN BENOIT, *M. 1: 144 000, 1774 (Osnabrück, Niedersächsisches Staatsarchiv: K 104 Nr. 12 H). A Grabung Oberesch. B Grabung Engter. 1 Römische Funde (lokalisierbare Altfunde sowie Prospektionsfunde 1987 bis 1992). – 2 Römische Funde (nicht genau lokalisierbare Altfunde). – 3 Denarhort Kalkriese-Lutterkrug von 1987. – 4 Vermuteter Denarhort.*

2 500 m

1   2   3   4

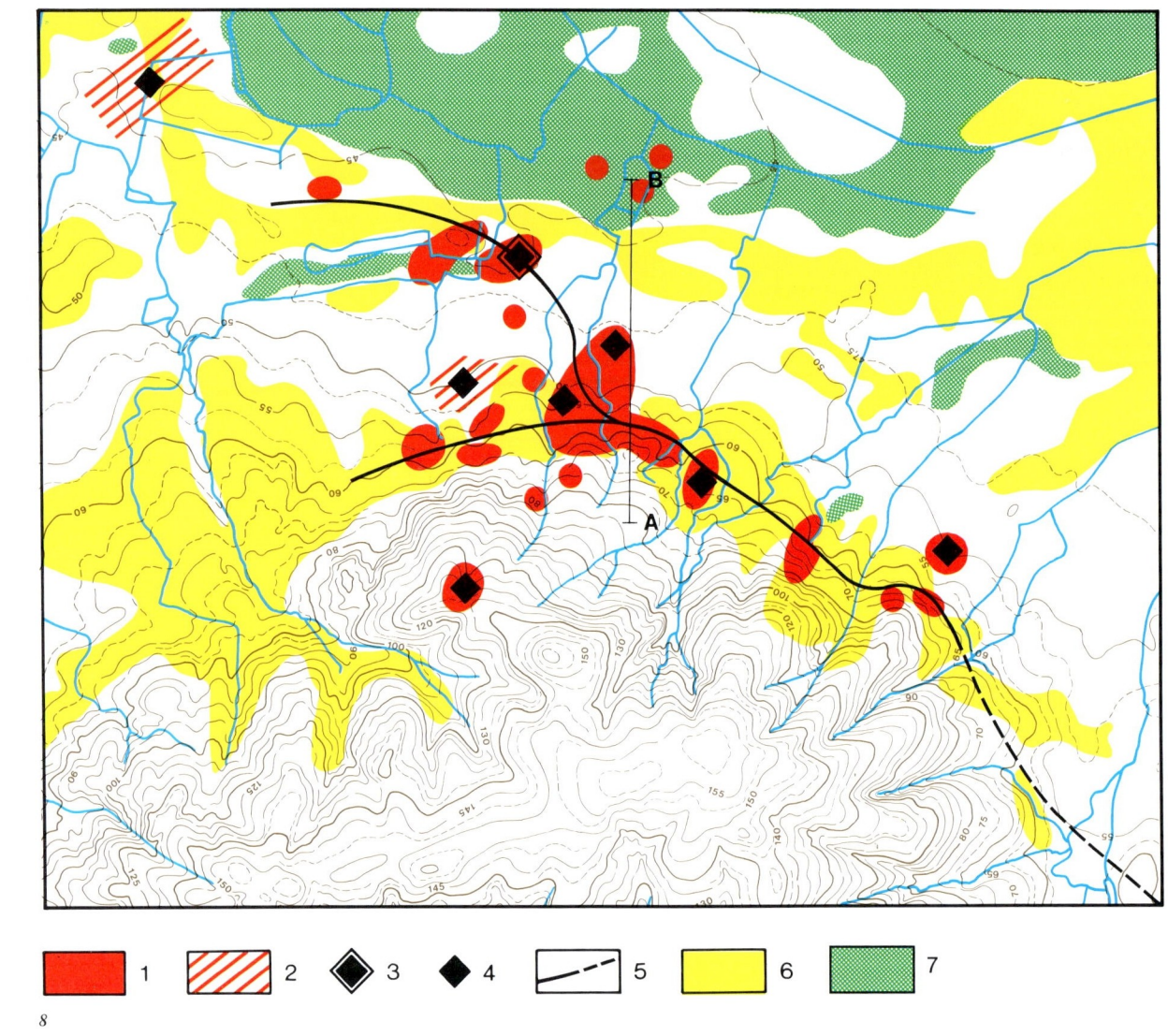

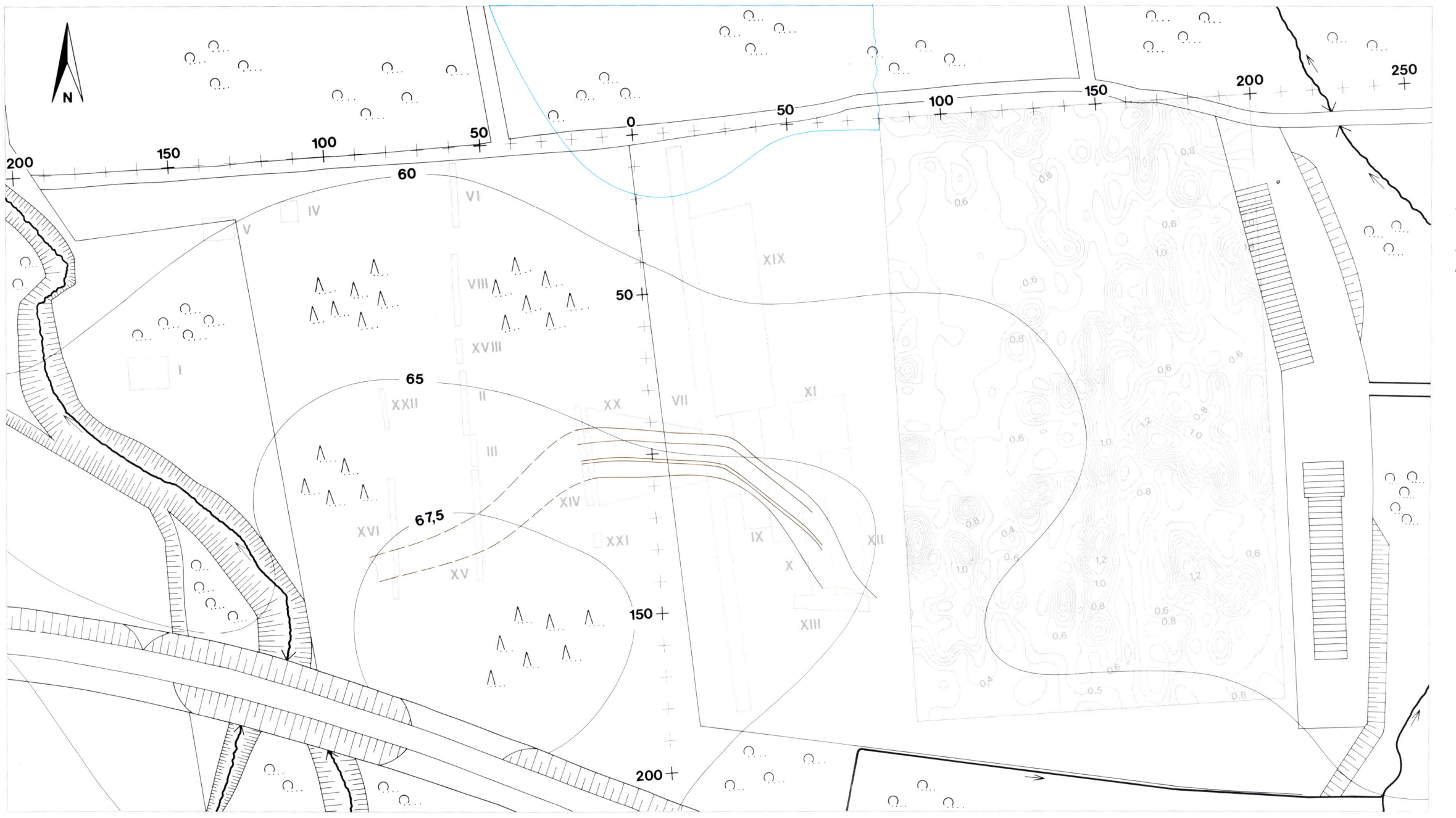

Abb. 9
Kalkrieser-Niewedder Senke.
Oberesch mit Höhenlinien, Gra-
bungsschnitten I–XXII, dem Wall
mit schematisch wiedergegebe-
nem Verlauf von Rasensoden-
mauer und Drainagegraben, der
der Befestigung gegenüberliegen-
den grundwasserbeeinflußten
Niederung sowie – östlich des
Grabungsbereiches – den durch
Bohrungen ermittelten Höhen-
linien der alten Oberfläche.

N

Abb. 8
Die Kalkrieser-Niewedder Senke zwischen dem Großen Moor (7) und dem Kalkrieser Berg mit den Bereichen römischer Funde, und zwar den lokalisierbaren Altfunden und den Prospektionsfunden 1987 bis 1992 (1) sowie den nicht genau lokalisierbaren Altfunden (2), weiterhin der Fundstelle des Denarhortes Kalkriese-Lutterkrug von 1987 (3) und vermuteten Hortfundstellen (4), sodann der anhand der Streuungen römischer Funde sowie der naturräumlichen Verhältnisse rekonstruierte Weg des römischen Militärverbandes durch den Engpaß (5) und schließlich die Bereiche trockener Sande, nämlich die Flugsandrücken am Rande des Moores und die Hangsandzone am Fuße des Berges (6).
A–B: Lage des geologischen Schnittes (vgl. Abb. 5).

sandrücken am Südrand des Moorgebietes und zum anderen auf den Hangsanden am Fuß des Kalkrieser Berges.

Nahezu ausschließlich in diesen beiden Bereichen finden sich auch Zeugnisse einer vorgeschichtlichen Besiedlung.

Die äußerst ungünstigen hydrographischen Gegebenheiten am Fuß des Nordhanges des Kalkrieser Berges bzw. am Südrand der Senke, d. h. die mit staunassen Böden bedeckten Ausläufer des Kalkrieser Berges, der Quellhorizont im Bereich der Hangsandzone und die tief eingeschnittenen Bachtäler, stellten zumindest für den Fernverkehr ein großes Hindernis dar. Dieser benutzte deshalb, wie u. a. Karten der zweiten Hälfte des 18. bzw. des frühen 19. Jhs. verdeutlichen, bis 1845, also bis zur Fertigstellung der Chaussee von Engter nach Venne, der heutigen B 218, die Flugsandrücken am Nordrand der Senke in der Trasse der Alten Heerstraße bzw. des Lutterdamms (Abb. 3 und 7). Durch Verfügung der Landdrostei Osnabrück wurde damals der Postkurs der Holländisch-Hanseatischen Reitpost auf die neue Straße umgeleitet. Die Alte Heerstraße zeigt gegenüber dem Verlauf der Flugsandrücken in Höhe der Ortsteile Lutter und Alt Barenaue eine etwa 400 m lange, durch die Niederungssande führende Verschwenkung, an der auch der bereits 1641 als Postwechselstation bezeugte Lutterkrug liegt. Noch im Mittelalter dürfte diese Trasse direkt am Moorrand und damit nur etwa 400 m südlich von Schloß Alt Barenaue entlang verlaufen sein. Diese ehemalige Gräftenburg des 12./13. Jhs. diente sicherlich der Kontrolle dieses alten Fernverkehrsweges.

Zu den trichterförmigen Mündungen der Senke hin fächerte die alte Fernverkehrsroute auf. Vom westlichen Ende aus führte ein Weg zu den Hasefurten von Osnabrück, Bramsche und Kloster Lage, während vom östlichen Ausgang die Furten durch die Hunte bei Hunteburg und Bohmte erreicht werden konnten.

Die zahlreichen vorgeschichtlichen Siedlungsreste der Hangsandzone und die Lage der wohl überwiegend in das späte Mittelalter zurückgehenden Höfe in diesem Bereich legen allerdings nahe, daß es auch am Fuß des Kalkrieser Berges zumindest einen Nahverkehrsweg gegeben hat. Der Verlauf dieses Weges ist nicht identisch mit der Trassenführung der Chaussee Engter-Venne, die im Übergangsbereich von dem nur wenig mit quartären Ablagerungen bedeckten Festgestein zum Hangsand angelegt wurde. Wahrscheinlich markieren die Reihe die Höfe 150 bis 200 m nördlich der B 218 sowie die Reste von Verbindungswegen zwischen den Höfen den Verlauf dieser Route, die dann ausschließlich

Abb. 10
Luftbild des Obereschs vom
08. 07. 1992 mit den Grabungs-
schnitten XIX und XX. In dem
zur Zeit noch landwirtschaftlich
genutzten östlichen Drittel des
Obereschs zeichnen sich als dun-
kle Verfärbungen die Quellmulde
und die Wasserrinne ab, die auch
das Relief der anhand von Bohr-
sondagen ermittelten alten Ober-
fläche prägen (vgl. Abb. 9).

NLVwA-Institut für Denkmal-
pflege Hannover. Aufnahme: Otto
Braasch; Archivnr.: 3514/004-1;
1157.

über trockene Hangsande zwischen den staunassen Ausläufern des Berglandes und den grundwasserbeeinflußten Senken der Niederungssandzone geführt hätte. Erst die aus dem Vergleich alter Karten erschließbare Erweiterung der Ackerflächen während der zweiten Hälfte des 18. Jhs. dürfte zur allmählichen Aufgabe dieses Weges beigetragen haben.

Die archäologischen Untersuchungen 1987–1992

Prospektion

Die Prospektion des Engpasses zwischen dem Fuß des Kalkrieser Berges und dem Großen Moor begann Ende 1987. Sie erfolgte in Form einer systematischen Begehung von Acker-, Wiesen- und Waldflächen mit einem Metallsuchgerät. Wegen der zahlreichen neuzeitlichen Eisenobjekte im Boden und im Interesse einer vom Zeitaufwand her vertretbaren Durchführung der Prospektion wurde auf die Anzeige von Eisen bei den Geräten verzichtet. Dabei mußte in Kauf genommen werden, daß auch einmal ein römischer Eisenfund »übersehen« wurde. Die bei der Begehung mit Hilfe des Suchgerätes aufgespürten Funde aus Bunt- und Edelmetall reichen zeitlich von der jüngeren Bronzezeit bis heute. Die gleichzeitig aufgelesenen Oberflächenfunde aus Stein, Ton, Glas und anderen Materialien decken insgesamt den Zeitraum von der ausgehenden Altsteinzeit bis in die Neuzeit ab. Von der 10 bis 12 km² großen Fläche der Kalkrieser-Niewedder Senke wurden bis Ende 1992 erst etwa 2 km² auf diese Weise prospektiert.

Dabei konnten 328 römische Funde aus Eisen-, Bunt- und Edelmetall sowie Glas geborgen werden, und zwar eine Gold-, 208 Silber- und 86 Kupfermünzen sowie 32 andere Objekte, bei denen es sich von der Funktion her um Teile oder Bruchstücke der römisch-militärischen Ausrüstung handelt. (Zu den Prospektionsfunden und den Altfunden vgl. die Beiträge von F. BERGER u. G. FRANZIUS). Davon stammen drei Glasspielsteine und 160 Denare aus einem gestörten Hortfund am Lutterkrug. Hinzu kommt eine Reihe von Altfunden, darunter mindestens 16 Aurei, mehr als 206 Denare, zwei Kupfermünzen und ein »Nicht-Münzfund«, nämlich ein bereits Ende des 19. Jahrhunderts entdeckter dreiarmiger Bronzehaken. Nur wenige dieser zumeist im 18., 19. oder frühen 20. Jahrhundert zutage getretenen Funde lassen sich mehr oder weniger genau lokalisieren.

Für die Kartierung der Prospektionsfunde und der lokalisierbaren Altfunde sind zwei Fundgruppen gebildet worden. Die erste Gruppe
umfaßt Funde, die zumeist einzeln und wohl unmittelbar infolge von
Kampfhandlungen in den Boden gelangt sind. Hier müssen in erster
Linie die Kupfermünzen und die Überreste der militärischen Ausrüstung der Römer genannt werden, aber auch einzelne Denare, soweit sie
vergesellschaftet mit den beiden anderen Fundgattungen auftreten.

Die zweite Gruppe stellen Schatzfunde aus Edelmetallmünzen. In diesem Zusammenhang sind die Berichte TH. MOMMSENS u. a. von der Auffindung oder dem Besitz einer größeren Zahl (8–12, 15–20, 24, 30, 180,
mehrere 100) oder größerer Mengen (mehrere, viele, sehr viele) römischer Münzen, hauptsächlich Gold- und Silbermünzen, in der Kalkrieser-Niewedder Senke oder ihrer unmittelbaren Umgebung von Bedeutung. Viele, wenn sicherlich auch nicht alle dieser Fundberichte werden
auf Hortfunde zurückgehen. Dies legt schon der 1987 geborgene Münz-
fund von 160 Denaren am Lutterkrug nahe. Auch die bis 1945 auf
Barenaue vorhandenen 179 Denare werden überwiegend aus einem
Schatz oder aus mehreren solcher Depots stammen.

Weiterhin dürfte das gehäufte Auftreten der im Laufe der Zeit als Einzelfunde registrierten Gold- und Silbermünzen innerhalb eines begrenzten Bereichs – als Beispiel sei hier der sog. Goldacker genannt –, noch
dazu häufig ohne die Vergesellschaftung mit Kupfermünzen und Militaria, auf solche Horte, und zwar auf gestörte Fundkomplexe wie der vom
Lutterkrug, zurückzuführen sein. Häufig werden diese Störungen durch
die Plaggengewinnung verursacht worden sein. So berichtet JUSTUS
MÖSER in seiner Osnabrückischen Geschichte von 1768 von den Münzfunden, daß »die Bauern . . . dergleichen beim Plaggenmähen (finden)«.

Allerdings hat die Plaggenwirtschaft nicht, wie in der Regel angenommen, zu einer umfassenden und weiträumigen Verlagerung von Funden
geführt, sondern – wie auch die Umwandlung von Wald, Heide und
Bruch in Ackerland und die Bodenbearbeitung – durch die Auffindung
sowie die unmittelbare oder mittelbare Zerstörung oder Beschädigung
von Objekten zu einer beträchtlichen Reduzierung des Fundbestandes
beigetragen. Alle landwirtschaftlichen Maßnahmen haben zudem eine
kleinräumige Verlagerung von Funden bewirkt, durch die auch zusammenhängende Fundkomplexe, wie z. B. Horte, auseinandergerissen wurden. Einen bedeutenden Einfluß auf das Fundbild der Prospektion hat
allerdings die Plaggenwirtschaft durch die Überlagerung und die damit
verbundene Verdeckung der Fundschichten gehabt, so daß eine Fund-

leere nicht unbedingt den tatsächlichen Verhältnissen entsprechen muß. Letzteres kann nur im Zuge der Ausgrabungen geklärt werden.

Die Kartierung der beiden Fundgruppen (Abb. 7 und 8) gibt lediglich den derzeitigen Stand der Prospektion wieder. Die Fundverteilung läßt aber mit einiger Wahrscheinlichkeit erkennen, daß die römischen Truppen zunächst einmal versucht haben, die Senke auf der von den morphologischen und hydrographischen Gegebenheiten ungünstigeren südlichen Wegetrasse zu passieren. Das aber setzt voraus, daß sie auf einer südlichen Route, hierbei möglicherweise den Hunteübergang bei Bohmte benutzend, in den der Senke östlich vorgelagerten Trichter hineinmarschiert und dann auf den Osthang des Kalkrieser Berges gestoßen sind. Der Versuch, dieses Hindernis zu umgehen, führte sie zwangsläufig auf die Hangsande am Fuße des Berges. Die bislang in diesem Bereich ermittelten Fundstellen erstrecken sich beiderseits eines ehemals hier entlangführenden Weges über eine Strecke von 3,5 km. Die fundfreien Flächen zwischen den einzelnen Fundkomplexen sind nicht ausschließlich auf den Stand der Prospektion zurückzuführen. Die Funde sind tatsächlich nicht gleichmäßig über die Hangsande verteilt, sondern konzentrieren sich an einigen Plätzen. Diese Fundhäufungen sind vor allem an Stellen anzutreffen, an denen sich die an sich relativ breite Hangsandzone zwischen zumeist staunassen Ausläufern des Kalkrieser Berges und schluffgefüllten Quellmulden auf weniger als 100 m verengt.

Dort, wo sich der Kalkrieser Berg und das Große Moor in nur 1 km Entfernung gegenüberliegen, d. h. an der schmalsten Stelle des Engpasses, haben – entgegen früheren Vermutungen – anscheinend Teile des römischen Heeres versucht, auf die von den naturräumlichen Verhältnissen her günstigere Nordroute durch die Senke, also auf die Flugsande, auszuweichen (Abb. 8). Für diese Möglichkeit spricht zum einen eine deutliche Ausbuchtung des Fundbereichs an dieser Stelle in die nasse Niederung hinein sowie die erst im Herbst 1992 entdeckten Fundkomplexe im südlichen Randbereich der Flugsandrücken, und zwar westlich der Mitte, d. h. der schmalsten Stelle, des Engpasses. Eine abschließende Beurteilung dieses Befundes kann allerdings beim derzeitigen Stand der Prospektion noch nicht erfolgen.

Offenbleiben muß auch zur Zeit noch, ob es sich bei den Horten aus Aurei und Denaren um Verwahrfunde von Römern oder um Opferfunde von Germanen aus der Kriegsbeute handelt. Zwar liegen die Schatzfunde immer am Rande der durch Kupfermünzen und Militaria bestimmten Fundbereiche und dadurch bedingt auch zumeist in ehemals nassen oder

anmoorigen Böden, doch scheinen sie – darauf deuten die neuen Fundkomplexe hin – zum Teil nicht völlig abseits der übrigen Fundgebiete
aufzutreten, so daß eine Niederlegung durch Römer durchaus im
Bereich des Möglichen liegt. Die charakteristische innere Struktur dieser
Horte spricht auf jeden Fall dafür, daß sie so, wie sie in den Boden
gekommen sind, als der angesparte Besitz eines römischen Offiziers
bezeichnet werden müssen. Auf keinen Fall kann es sich bei diesen
Schatzfunden um die willkürlich entnommenen Teile eines größeren
Münzkomplexes handeln.

Die Ausgrabungen

Auf der Grundlage der bis zu diesem Zeitpunkt vorliegenden Prospekti-
onsergebnisse setzten im September 1989 auf dem Flurstück Oberesch
am Fuß des Kalkrieser Berges Grabungen ein, die heute noch andauern.
Insgesamt wurden bei den rund dreijährigen Arbeiten etwa 5000 m²
archäologisch untersucht.

   Der Oberesch umfaßt – einschließlich des vor etwa 30 Jahren aufgeforsteten westlichen Teils – eine Fläche von 325 m in West-Ost- sowie 150
bis 200 m in Süd-Nord-Richtung, d. h. rund 6 ha (Abb. 6. 9 und 10). Eine
annähernd ovale Kuppe von etwa 200 m West-Ost- und 80 bis 100 m
Süd-Nord-Ausdehnung liegt in der Südwestecke des Obereschs oberhalb der 65-m-Höhenlinie. Sie erreicht eine maximale Höhe von gut
68 m über NN und fällt nach Norden und Osten bis zu den Rändern des
Obereschs um 8 bis 10 m ab. Bei der Kuppe handelt es sich um einen
flachen Sporn des Kalkrieser Berges mit weniger als 2 m Quartärablage-
rung, d. h. einer Bedeckung aus lehmigem Hangsand oder aus Hanglehm. Auf dem gesamten Bergsporn haben sich staunasse Böden entwickelt, wie schon die Flurbezeichnung für dieses Waldgebiet, »Sore
Holt (Saures Holz)«, erkennen läßt. Die Plaggenaufträge sind hier in der
Regel äußerst gering.

   Auch im östlichen Drittel des Obereschs finden sich unter der Plag-
geneschauflage feuchte Böden, und zwar sowohl staunasse als auch
grundwasserbeeinflußte Böden. Wie die von J. LIENEMANN anhand von
Bohrbefunden ermittelten Höhenlinien der alten Bodenoberfläche
erkennen lassen und wie anschließend durch eine Luftaufnahme von O.
BRAASCH im Juli 1992 eindrucksvoll bestätigt wurde, befand sich in der
Südostecke des Obereschs eine Quellmulde, deren Wasser über eine sich
deutlich abzeichnende Rinne nach Norden abfloß (Abb. 9 und 10).

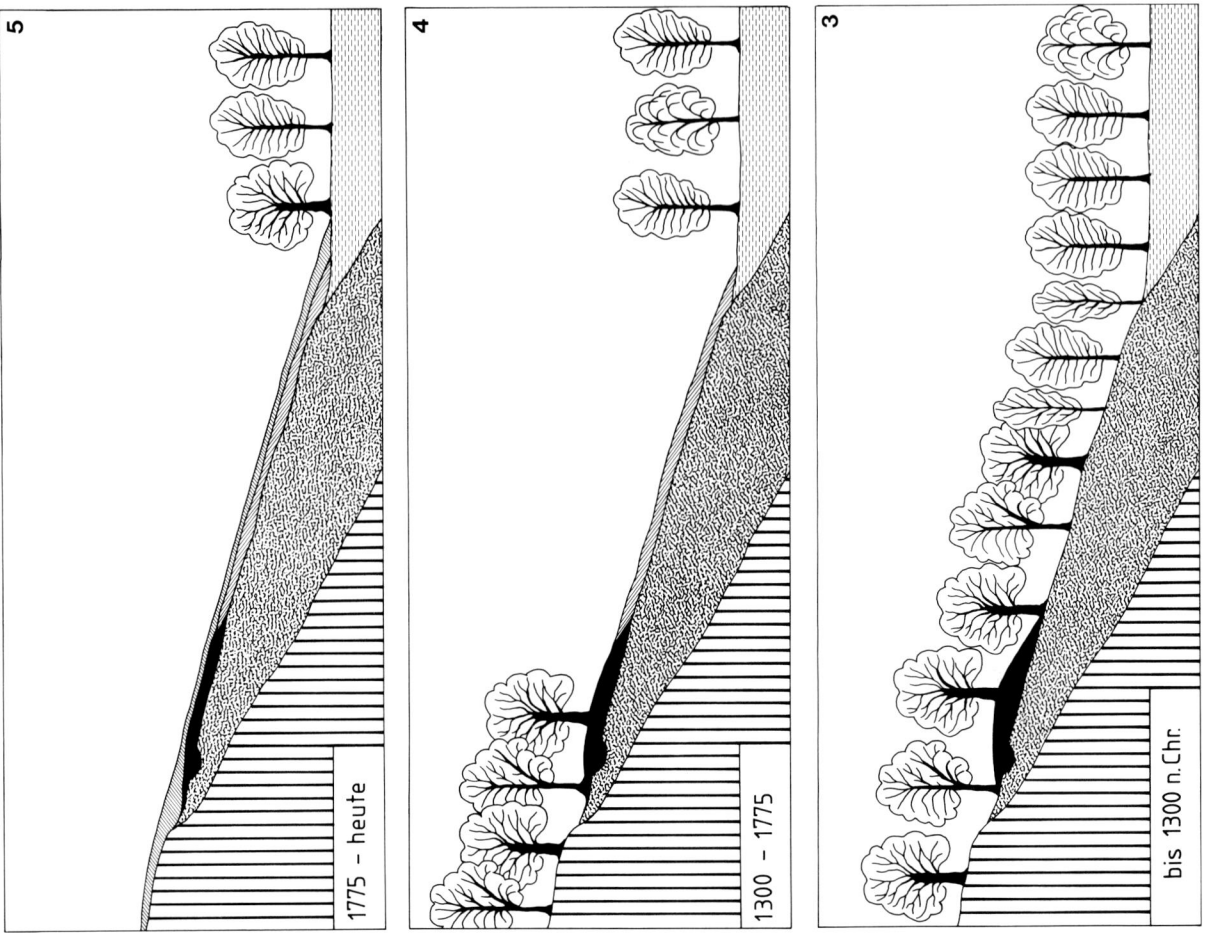

5 1775 – heute

4 1300 – 1775

3 bis 1300 n.Chr.

34

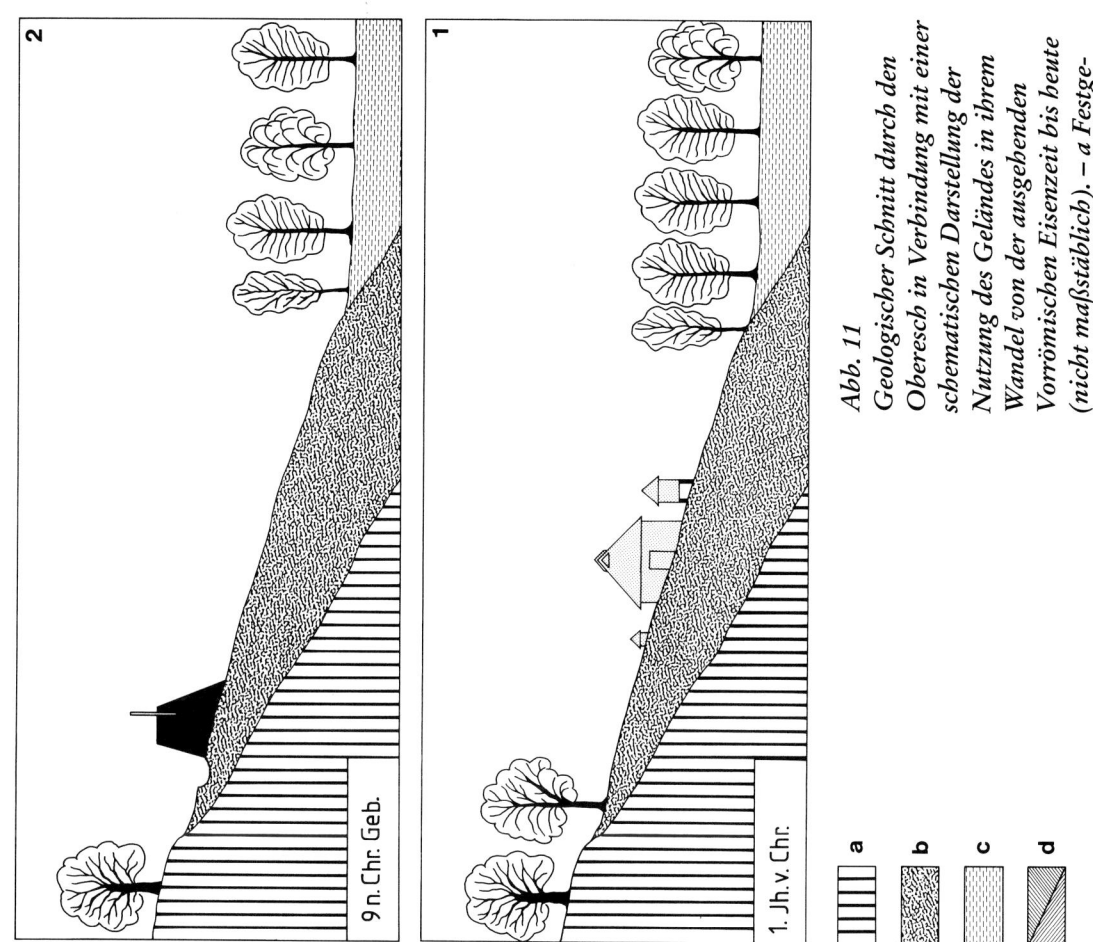

Abb. 11
Geologischer Schnitt durch den Oberesch in Verbindung mit einer schematischen Darstellung der Nutzung des Geländes in ihrem Wandel von der ausgehenden Vorrömischen Eisenzeit bis heute (nicht maßstäblich). – a Festgestein (Kalkrieser Berg). – b Hangsand. – c Niederungssand. – d Plaggenesch.

2

9 n. Chr. Geb.

1

1. Jh. v. Chr.

a

b

c

d

Der Kuppe nördlich gegenüber liegt eine heute schluffgefüllte Senke, vermutlich ebenfalls eine alte Quellmulde. Ihr südlichster Ausläufer ist heute ebenso unter dem Plaggenesch verborgen wie der südliche Rand des sich östlich an die Mulde anschließenden Feuchtgebietes.

Der ursprünglich durch trockene Hangsande charakterisierte und damit besiedelbare Bereich des Obereschs umfaßte danach lediglich 1,5 bis 2 ha, d. h. nur ein Viertel bis ein Drittel des heutigen Flurstücks. Die vorgeschichtliche bäuerliche Besiedlung begann nach Ausweis der Grabungsfunde im 3. Jahrtausend, d. h. während der Jüngeren Steinzeit, und endete, wobei man allerdings nicht von einer kontinuierlichen Besiedlung ausgehen darf, in der ersten Hälfte des 1. Jhs. v. Chr. Die Siedlungsfläche scheint aber weiterhin waldfrei geblieben und daher wohl landwirtschaftlich genutzt worden zu sein (Abb. 11,1).

Der Aufbau eines Hinterhalts im Bereich des späteren Obereschs durch germanische Stammesverbände, bezogen auf den über die Hangsande verlaufenden West-Ost-Weg, erfolgte dann – nach allem, was sich bislang zur Datierung dieses Geschehens sagen läßt – im Jahre 9 n. Chr. Die naturräumlichen Gegebenheiten – eine beiderseits von Bachtälern flankierte Verengung der Hangsandzone auf etwa 80 m zwischen einem staunassen Ausläufer des Kalkrieser Berges und einer Quellmulde – eigneten sich für ein solches Vorhaben ganz hervorragend. Sie wurden, soweit nachweisbar, zur Hangsandseite hin durch eine Rasensodenmauer verstärkt. Der Verlauf der Mauer, die im ausgegrabenen Bereich unmittelbar vor der Festgesteinkante errichtet worden war, orientierte sich vermutlich an der Waldkante, da anzunehmen ist, daß der Sporn des Kalkrieser Berges noch bewaldet war (Abb. 11,2).

Die Sohlenbreite der Mauer, die zu einem breiten, flachen Wall verschliffen und erodiert ist, ließ sich durch eine Kartierung der römischen Funde in den Grabungsschnitten ermitteln. Während Fundkonzentrationen unter den beiden Wallflanken auf unmittelbar vor und hinter der Mauer verlorengegangene Gegenstände zurückgeführt werden müssen, kann die dazwischenliegende, auf der alten Oberfläche fundfreie Zone von 5 m Breite als »Standspur« der Rasensodenmauer interpretiert werden. Über die ursprüngliche Höhe der Befestigung lassen sich keine sicheren Angaben machen, sie dürfte aber 2 m nicht überschritten haben. An der Rückseite der Mauer verlief ein 1 m breiter Drainagegraben – an einigen Stellen waren allerdings nur einzelne Gruben nachweisbar –, die das Hangwasser aufnahmen.

Bei der Frage nach der Funktion dieser Befestigung ist zunächst einmal festzuhalten, daß es sich hier nicht um das Teilstück einer ringförmigen Anlage zur Rundum-Verteidigung gehandelt hat, sondern um eine Abschnittsbefestigung von mindestens 200 m Länge, die sich im Westen eindeutig an ein tief eingeschnittenes Bachtal anlehnte. Ob sie am anderen Ende an die Quellmulde stieß oder südlich an ihr vorbei weiter nach Osten geführt worden war, ist erst noch durch Ausgrabungen zu klären.

Die Errichtung einer an den Kalkrieser Berg angelehnten Wehranlage ohne eine Verteidigungslinie gegenüber Angriffen aus dieser Richtung setzt die sichere Beherrschung und Kontrolle dieser Höhe voraus. Römische Truppen scheiden bereits aus diesem Grund als Erbauer der Rasensodenmauer aus, und damit kann auch die Auffassung von einer wie auch immer gearteten römischen Militärstation an dieser Stelle ausgeschlossen werden. Unabhängig von seiner Lage zum Kalkrieser Berg wäre der Platz der Befestigungsreste als Standort eines römischen Stützpunktes zur Überwachung des durch den Engpaß führenden Verkehrs denkbar ungeeignet, da von dort aus eine wirksame Kontrolle des vermutlichen Hauptweges durch den Engpaß von Kalkriese-Niewedde, nämlich der Trasse auf den Flugsanden am Rande des Großen Moores, wegen des dazwischenliegenden Feuchtgebietes kaum durchzuführen gewesen wäre. Eine solche Wegestation würde man vielmehr an den Aus- bzw. Eingängen des Passes erwarten, d. h. an einem Platz, von dem aus alle in die Enge hinein- oder aus ihr herausführenden Routen überwacht werden konnten.

Gegen die Vorstellung eines römischen Lagers im Bereich des Obereschs und für die Germanen als Erbauer der Befestigung spricht auch die Lage der römischen Funde zu dem Abschnittswall, nämlich einerseits ihr weitgehendes Fehlen hinter und andererseits ihr Auftreten nicht nur im Bereich der Befestigung selbst, sondern auch in ihrem gesamten Vorfeld.

Deutlich wird die Funktion der Rasensodenmauer, wenn man ihre Lage und ihre Konstruktion betrachtet. Die wegbegleitende Errichtung an einer extremen Verengung der begehbaren Zone am Fuß des Kalkrieser Berges sowie das Fehlen eines vorgelagerten Grabens und der Einbau von Durchlässen oder Toren stehen einem ausschließlich defensiven Charakter der Anlage entgegen. In erster Linie scheint die Mauer als Ausgangsstellung für Angriffe mit Fernwaffen und für Ausfälle auf einen vorbeiziehenden Gegner eine offensive Funktion erfüllt zu haben. In der Abwehr und dem Abfangen von Gegenangriffen, die anderen römischen

Truppenteilen das relativ gefahrlose Passieren der Engstelle ermöglichen sollten, wird man ihren defensiven Zweck sehen müssen.

Die Häufung römischer Funde unter den Wallflanken und eine gewisse Fundverdichtung vor dem Wall gegenüber einer nur lockeren Streuung zwischen dem Wall und dem Feuchtareal im Norden ist zumindest nicht allein auf eine Konzentration von Kampfhandlungen an der Befestigung zurückzuführen, sondern zu einem nicht geringen Teil wohl darauf, daß die Münzen und Militaria vor und hinter der Mauer von dem Mauerversturz überlagert wurden und für die Beute machenden Germanen nicht mehr sichtbar waren. Für die Auffassung, daß die geringere Funddichte im Vorfeld des Walles auf Plünderungen der Sieger beruht, spricht auch, daß alle größeren Funde, wie u. a. die Geschoßspitzen, die Lanzenschuhe, die Dolabra und die Gesichtsmaske, im Wall oder unter den Wallflanken angetroffen wurden. Dieser Befund macht aber überdies deutlich, daß die Zerstörung der Mauer bereits während der Kampfhandlungen eingesetzt hat.

Nach Beendigung der kriegerischen Auseinandersetzungen in der Kalkrieser-Niewedder Senke wurde das Gebiet, dies gilt zumindest für den Oberesch, nicht wieder besiedelt. Aus einem langen Zeitraum, der erst im späten Mittelalter um 1300 endete, fehlen Spuren menschlicher Anwesenheit. Wie zahlreiche Baumwurfgruben, die jünger als der Wall, aber älter als der Esch sind, nahelegen – die archäobotanischen Untersuchungen sind noch nicht abgeschlossen –, kam es zumindest zeitweise zu einer Wiederbewaldung (Abb. 11,3). Zudem bildete sich während dieser Zeit ein neuer Boden: es entstand ein Podsol (Bleicherde), der, wie Reste auf den Wallflanken vermuten lassen, auch über den Wall hinweglief. Der alte A-Horizont bzw. die Kulturschicht der vorgeschichtlichen Besiedlung war zum Bau der Rasensodenmauer abgetragen bzw. infolge der Kampfhandlungen zerstört worden; sie hat sich lediglich unter dem Wall erhalten.

Die Anfänge des Obereschs im 13./14. Jh. lassen sich anhand von Keramikfunden an der Unterkante der Plaggenaufträge festlegen. Die Ackerfläche beschränkte sich zunächst auf die bereits in vorgeschichtlicher Zeit besiedelte und wirtschaftlich genutzte trockene Hangsandfläche, d. h. der Kernesch wird eine Größe von 1,5 ha nicht überschritten haben. Der Wall bildete – zumindest in den ausgegrabenen Bereichen – die Grenze der Eschfläche gegenüber dem Sporn des Kalkrieser Berges (Abb. 11,4).

In die ersten Plaggenaufträge ist der oberste Teil des A-Horizonts des Podsols mit eingearbeitet worden. Der auf diese Weise entstandene Mischhorizont liegt als durchschnittlich 10 cm starkes dunkles Band über dem 20 bis 25 cm mächtigen unteren Teil des Podsols aus hellgrauem, aschefarbenem Sand. In diesen beiden Schichten finden sich bei den Ausgrabungen nahezu alle römischen Funde. Weitgehend fundleer ist demgegenüber der 65 bis 75 cm starke braune Plaggenesch oberhalb des Mischhorizonts.

Eine Erweiterung der Anbaufläche auf die feuchten bis nassen Böden nördlich, östlich und südlich des Kerneschs wird erst nach der frühen Neuzeit (16./17. Jh.) stattgefunden haben. Mit der Einbeziehung der Kuppe in die Ackerfläche ist nicht vor der zweiten Hälfte des 18. Jhs. zu rechnen. Im Zuge dieser Kultivierungsarbeiten ist die Wallkrone zwar abgepflügt, aber der flache Rest der Befestigung, einschließlich der von ihm bedeckten und umschlossenen Funde, unter den Plaggenaufträgen gut konserviert worden (Abb. 11,5).

Die Interpretation des archäologischen Befundes

Die große Zahl der römischen Funde – derzeit einschließlich der sicheren Altfunde mehr als 650 Gold-, Silber- und Kupfermünzen sowie etwa 700 andere Objekte –, weiterhin der nahezu ausschließlich militärische Charakter der Funde, wie z. B. der außerordentlich hohe Prozentsatz der gegengestempelten Asse und die in der Regel als Bestandteil der römisch-militärischen Ausrüstung anzusprechenden übrigen Fundstücke, und schließlich die Lage dieser Funde im Verhältnis zu den naturräumlichen Gegebenheiten sowie zu den befestigten germanischen Stellungen lassen als einzige Erklärung für den Fundniederschlag zu, daß sich einst römisches Militär in der Kalkrieser-Niewedder Senke aufgehalten hat.

Bereits die lediglich auf den Neufunden bei noch nicht abgeschlossener Prospektion basierende Ausdehnung des Fundgebietes – größte Länge (West-Ost) 4 km, größte Breite (Nord-Süd) 2 km (Abb. 7 und 8) – sowie die große Funddichte – allein bei den Ausgrabungen auf dem Oberesch sind auf nur 1/2 ha Fläche mehr als 130 Münzen und gut 95 % der annähernd 700 übrigen Objekte römischer Herkunft entdeckt worden – berechtigen zu dem Schluß, daß es sich bei dem in der Kalkrieser-Niewedder Senke nachgewiesenen Militär um einen größeren Verband gehandelt haben muß.

Zieht man bei der Festlegung des möglichen Fundbereichs auch Überlieferungen heran, die kaum mehr als eine grobe räumliche Einordnung von Funden erlauben, wie z. B. Aufzeichnungen über Münzfunde im Wittefeld nordwestlich, im Raum Engter südwestlich sowie in der Gemarkung Venne östlich der Kalkrieser-Niewedder Senke (zur Lage vgl. Abb. 3), könnte das Fundgebiet eine West-Ost-Erstreckung von sogar 8 bis 10 km haben.

Wenn man weiterhin berücksichtigt, daß die 5000 m², die auf dem Oberesch untersucht worden sind, lediglich 1/9 der fundträchtigen Fläche dieses Ackers ausmachen, und zudem bedenkt, daß vor dem Wall sämtliche größeren bzw. sicht- und damit aufspürbaren Gegenstände oder wiederverwertbaren Fragmente des ursprünglich vorhandenen Fundniederschlags den ausgiebigen Plünderungen des Schlachtfeldes zum Opfer fielen und eine weitere Dezimierung des Fundgutes seit dem Mittelalter durch landwirtschaftliche Maßnahmen erfolgte, läßt sich eine Vorstellung von der Zahl der Funde gewinnen, die allein im Bereich des Obereschs nach den Kampfhandlungen zurückgeblieben waren. Bei einer Vergrößerung der Materialbasis können möglicherweise später einmal anhand solcher Berechnungen und orientiert an bestimmten Fundgattungen wie z. B. Trachtbestandteilen, insbesondere Fibeln, Aussagen zu der Mindestzahl der in einem bestimmten Bereich gefallenen Römer gemacht werden.

Die Funde geben aber nicht nur Hinweise auf die zahlenmäßige Stärke des Militärverbandes, sondern auch auf seine Zusammensetzung. Den Nachweis der Anwesenheit römischer Legionssoldaten, also des schwerbewaffneten Fußvolks, erlauben Funde sowohl von Angriffs- (Gladius, Dolch, Pilum) und Schutzwaffen (Helm, Panzer, Schild) als auch von Trachtbestandteilen (Cingulum, Cingulumschurz, Sandalen, Fibeln). Durch zwei Inschriften ist sogar die erste Kohorte einer Legion, die 480 Mann starke Kerntruppe einer Legion, auf dem Oberesch nachweisbar. Die hohe soziale Stellung eines solchen Eliteverbandes mag sich in den zahlreichen ungewöhnlich qualitätvollen Fundstücken niedergeschlagen haben.

Neben Legionsabteilungen haben aber auch Auxiliareinheiten ihre Spuren hinterlassen, und zwar zum einen Schleuderer durch Schleudergeschosse aus Blei und zum anderen Reitereinheiten durch Trensenteile, Riemenlaschen, Beschläge und Amulettanhänger, sofern letztere nicht zum Geschirr von Zugtieren gehörten. In den Bereich der Hilfstruppen werden aufgrund von gefundenen Amulettanhängern und Wagenbeschlägen auch Troßeinheiten einzureihen sein.

Dagegen deuten Schanzwerkzeuge, Werkzeug zur Holz- und Lederbearbeitung, Teile von Waagen, Gewichte, Bleilote, medizinisches Gerät und Schreibgerät auf die nichtkämpfenden Einheiten einer Legion hin, d. h. auf Pioniere, Handwerker, Vermessungstrupps, Ärzte und Verwaltungspersonal.

Nicht nur die erhebliche zahlenmäßige Stärke, sondern auch die Zusammensetzung des Verbandes aus schwerem und leichtem Fußvolk, aus Reiterei sowie dem gesamten Spektrum der technischen Kontingente und der Versorgungs- und Verwaltungseinheiten sprechen zudem dafür, daß in dem Engpaß von Kalkriese-Niewedde nicht eine versprengte, zufällig entstandene Gruppe operierte, sondern ein vollständiges römisches Heer.

Der archäologische Nachweis germanischer Stammeskrieger durch Funde von Waffen oder von Trachtbestandteilen ist dagegen bislang nicht zweifelsfrei zu führen. Dies mag zum einen an der – im Gegensatz zu den römischen Legionären – gewöhnlich und in vorliegendem Fall vielleicht sogar absichtlich leichten Bewaffnung der Germanen liegen, die bereits einen starken Fundniederschlag germanischen Ursprungs auf dem Kampfplatz ausschließt. Hinzu kommt, daß die Germanen sicherlich ihre Toten bestattet haben und dabei auch verlorengegangene Waffen und Teile der Ausrüstung vom Schlachtfeld entfernt worden sein dürften. Andererseits ist es jedoch durchaus möglich, daß ein Teil der gegen die Römer kämpfenden germanischen Stammesverbände sich aus ehemaligen römischen Hilfstruppen rekrutierte und mehr oder weniger römisch bewaffnet war; in diesem Falle ließe sich häufig gar nicht entscheiden, ob eine Waffe oder ein Ausrüstungsgegenstand einem Römer oder einem Germanen gehört hatte.

Nachweisbar ist die Anwesenheit von Germanen allerdings über den archäologischen Befund, nämlich über die bei den Grabungen auf dem Oberesch entdeckte Abschnittsbefestigung, für die – wie oben ausgeführt – nur Germanen als Erbauer und Besatzung in Betracht kommen.

Der Umstand, daß die Zerstörung der Rasensodenmauer und der Verlust der römischen Funde in diesem Bereich offensichtlich zeitlich zusammenfallen, macht zudem die gleichzeitige Anwesenheit germanischer Stammeskrieger und römischer Soldaten wahrscheinlich. Darüber hinaus ermöglicht es dieser Befund, den Fundniederschlag insgesamt als eine Folge kriegerischer Auseinandersetzungen zwischen Römern und Germanen anzusehen.

Auf solche Kampfhandlungen als Ursache des Auftretens römischer Funde deuten weiterhin die topographische Gesamtsituation des Fundgebietes sowie die Häufung von Funden an besonders schwer passierbaren Stellen der begehbaren Zonen des Engpasses und die Anlage eines Hinterhaltes zumindest an einem dieser Plätze hin.

Da schließlich ein dauerhaftes Lager als Erklärung für das Vorhandensein der Funde ausscheidet, zumal der Umfang des Fundgebietes und das weitgehende Fehlen von Keramik gegen diese Möglichkeit sprechen, sind Menge und Zusammensetzung des Fundmaterials nur mit intensiven kriegerischen Auseinandersetzungen, wenn nicht sogar mit der weitgehenden Vernichtung eines größeren römischen Verbandes zu erklären.

Der nach dem archäologischen Befund im Zuge eines einzigen Ereignisses entstandene Fundniederschlag kann durch die Münzen, vor allem durch die Kupfermünzen, mit einem Höchstmaß an Wahrscheinlichkeit in das Jahr 9 n. Chr. datiert werden. Diese zeitliche Einordnung erlaubt es, einen Zusammenhang des Geschehens mit – zumindest einem Teil – der historisch überlieferten Varusschlacht herzustellen.

Dieses Ergebnis der Interpretation der Funde und Befunde aus den archäologischen Ausgrabungen in der Kalkrieser-Niewedder Senke wirft natürlich eine Reihe von Fragen auf: Woher wußten die Germanen beispielsweise bei der Anlage ihres Hinterhaltes, daß das römische Heer oder ein Teil dieses Heeres diesen Weg nehmen würde? Zur Beantwortung dieser Frage soll zunächst einmal ein Blick auf die Verbreitungskarte der vermutlich während der Germanenkriege zwischen 12 v. und 16 n. Chr. in den Boden gelangten römischen Funde – mit zwei Ausnahmen handelt es sich bei den berücksichtigten Einzel- und Hortfunden ausschließlich um Münzen – geworfen werden (Abb. 12). Die Funde aus Kalkriese-Niewedde sowie aus den römischen Lippelagern Holsterhausen, Haltern, Beckinghausen/Oberaden und Anreppen sind »en bloc« kartiert worden. Bei der Kartierung der übrigen Funde sind nicht nur Kupfermünzen, die in der Regel unmittelbar aus römischer Hand in den Boden gelangt sind, berücksichtigt worden, sondern auch Gold- und Silbermünzen, die vor ihrem Verlust, ihrer Niederlegung oder ihrer Vergrabung als Beute- oder Handelsgut erst durch germanische Hände gegangen sind und deshalb nicht so deutliche Hinweise auf die Bewegungen römischer Heere zu geben vermögen wie das »Soldatengeld«.

Abb. 12

Verbreitung der vermutlich während der Germanenkriege zwischen 12 v. und 16 n. Chr. im Raum Westfalen in den Boden gelangten römischen Funde. Bei den Münzen wurden Edelmetallprägungen der Republik und des Augustus, bei den Kupfermünzen alle bis 16 n. Chr. ausgegebenen Stücke berücksichtigt. Kartierung der Münzen nach F. BERGER 1992 mit Ergänzungen. – A Eine Münze. – B Zwei und mehr Münzen. – C Helm von Olfen, Kr. Coesfeld, sowie Terra-Sigillata von Detmold-Heidenoldendorf. – 1 Kalkriese. – 2 Holsterhausen. – 3 Haltern. – 4 Beckinghausen/ Oberaden. – 5 Anreppen.

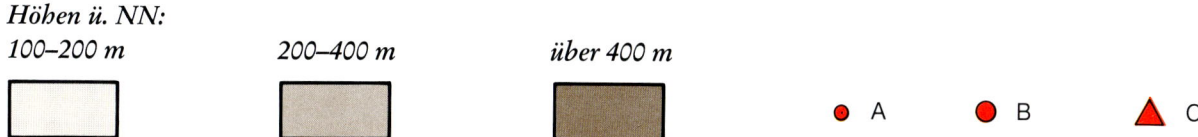

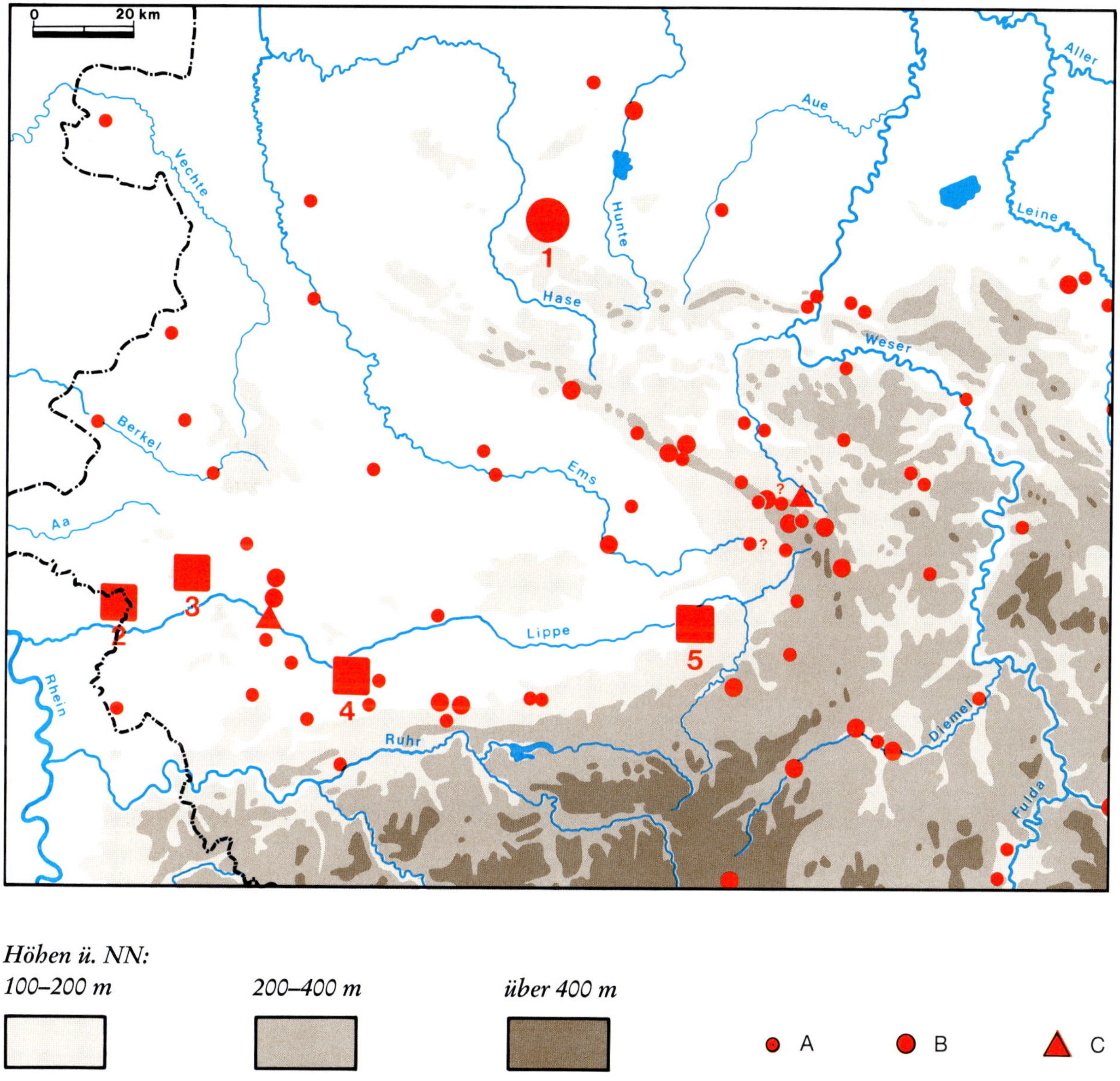

0
20 km
Vechte
Berkel
Aa
Rhein
Hase
Hunte
Aue
Aller
Leine
Weser
Ems
Lippe
Ruhr
Diemel
Fulda
1
2
3
4
5
?
Höhen ü. NN:
100–200 m
200–400 m
über 400 m
A
B
C

Dafür, daß zumindest nicht alle Edelmetallmünzen, bevor sie in den Boden gelangten, im Besitz von Germanen waren, wie z. B. die vier Denare, darunter ein Denar vom Gaius/Lucius-Typ, aus einer germanischen Siedlung in Büren-Wewelsburg-Forst Bödekken, sondern auch die Gold- und Silbermünzen in einer Reihe von Fällen unmittelbar aus römischem Besitz an ihren Fundort gelangten, lassen sich allerdings zwei Punkte anführen: Es sind erstens die Übereinstimmungen in der Verbreitung einerseits der Münzen aus Edelmetall und andererseits der Kupfermünzen (vgl. Beitrag BERGER Abb. 2 und 13 bzw. Abb. 24) und zweitens die deutlichen Unterschiede in den Verbreitungsbildern, die sich bei einem Vergleich der Karte aller Münzfunde (Abb. 12) mit Karten zeigen, die die germanische Besiedlung dieses Raums während der älteren Römischen Kaiserzeit (50 v. – 175 n. Chr.) wiedergeben, wie beispielsweise die Karte D. BÉRENGERS für Westfalen. Auffallend sind hier u. a. das Fehlen aller Münzfunde im Ravensberger Land und auch im Osnabrücker Hügelland, beides Gebiete mit einer relativ hohen Besiedlungsdichte, und die Häufung von Münzfunden in Regionen, wie z. B. im Bereich des Teutoburger Waldes, die nicht so viele Siedlungsspuren geliefert haben. Es ist deshalb zu vermuten, daß die Münzfunde in erster Linie in Beziehung zu dem von den Römern benutzten Wegenetz stehen und nicht die germanischen Siedlungsgebiete der Zeit um Christi Geburt widerspiegeln. Bei dieser Deutung des Kartenbildes ist dann allerdings aufgrund des Fehlens von Münzfunden im weiten Umkreis von Kalkriese festzustellen, daß die durch die Senke zwischen Kalkrieser Berg und Großem Moor führende West-Ost-Route von römischen Truppen nur äußerst selten benutzt worden ist. Möglicherweise war der hier in einen germanischen Hinterhalt geratene römische Verband der erste, der durch den Engpaß gezogen ist. Die wenigen Münzfunde im Westmünsterland und im Tiefland nördlich des Weserberglands könnten zudem – zumindest teilweise – in Zusammenhang mit diesem Ereignis stehen.

Andererseits läßt das Fundbild die Einfallsrouten der Römer in das Innere Germaniens deutlich hervortreten. Diese Routen sind die Lippelinie und – durch Einzelfunde wesentlich deutlicher belegt – der Hellweg, die in nordöstlicher und östlicher Richtung weiterführen zu den Pässen des Teutoburger Waldes und des Eggegebirges zwischen Bielefeld und Bad Driburg und von dort aus durch das Lipper Bergland und das Pyrmonter Land zu den Weserübergängen zwischen Minden und Höxter. Am deutlichsten zeigt diesen Befund die Karte der augusteischen Kupfermünzen (vgl. BERGER Abb. 24).

Die Armee des Varus wäre mit großer Wahrscheinlichkeit, hätte sie sich 9 n. Chr. auf einem ganz normalen Rückmarsch von einem Sommerfeldzug in die Winterquartiere an Lippe und/oder Niederrhein befunden, auf einer der genannten Routen durch das westliche Weserbergland gezogen. Aber hier, in einem den Römern sicherlich gut bekannten und wohl von ihnen auch kontrollierten Bereich, wäre ein Versuch der Germanen, einen Hinterhalt anzulegen, kaum durchführbar und wenig sinnvoll gewesen. Sie mußten die römische Führung demnach dazu bringen, einen Weg einzuschlagen, der nicht nur von der Topographie her die Einrichtung eines Hinterhaltes ermöglichte, sondern der den Römern weitgehend unbekannt war und an dem sie ihre Vorbereitungen für einen Angriff unbemerkt treffen konnten. Diese Ansicht wird untermauert durch die Überlieferung bei Cassius Dio (56,19,2f.), daß Varus zu seinem verhängnisvollen Marsch aufgrund einer fingierten Nachricht, ein weit entfernt lebender Stamm befinde sich im Aufstand, veranlaßt worden sei. Daß die Expedition zur Niederschlagung der vermeintlichen Empörung nur ein Umweg auf dem geplanten Rückmarsch zu den Stützpunkten an Rhein und Lippe sein sollte, läßt sich aus der Jahreszeit – Spätsommer, wahrscheinlich September – schließen. Hatten die Germanen das angebliche Aufstandsgebiet in das Tiefland westlich der Hase verlegt, mußten die römischen Truppen, wenn sie – einen Standort im mittleren Weserbergland oder weiter östlich vorausgesetzt – nicht einen Umweg um das westliche Weserbergland oder einen Marsch in Längsrichtung durch das Bergland in Kauf nehmen wollten, nördlich des Wiehengebirges nach Westen ziehen. Hier gibt es zwischen Weser und Hunte, im Norden durch einen Moorgürtel begrenzt (vgl. Abb. 2), auf den in West-Ost-Richtung verlaufenden Geestrücken mehrere für ein solches Vorhaben geeigneter Trassen. Nach dem Überschreiten der Hunte gelangte das römische Heer dann aber zwangsläufig in den von Moor und Wiehengebirgskamm gebildeten Trichter östlich der Kalkrieser-Niewedder Senke und damit in den »Sog« des Engpasses.

Eine Erklärung für den von den Römern eingeschlagenen Weg beantwortet aber nicht zwingend die Frage, warum sie tatsächlich in den Engpaß, d. h. in den Hinterhalt, hineinmarschiert sind. Denkbar ist, daß für dieses Verhalten eine ungenügende Aufklärung, also eine leichtfertige Führung auf römischer Seite, verantwortlich war. Nicht von der Hand zu weisen ist allerdings auch die Vorstellung, daß die römischen Befehlshaber rechtzeitig von dem Hinterhalt erfuhren oder ihn zumindest aufgrund schon vor Erreichen des Engpasses einsetzender germanischer

Angriffe vermuten konnten, aber trotz dieser Kenntnisse weitermarschierten. Möglicherweise erschien der römischen Führung in Anbetracht der Tatsache, daß seitliche Ausbrüche aus dem Trichter kaum durchführbar waren, der Versuch eines Durchbruchs durch den Engpaß im Verhältnis zu den Alternativen, Umkehr oder längeres Verbleiben an Ort und Stelle, schon aus logistischen Überlegungen heraus als das geringere Übel. Eine Rolle könnte auch eine auf jahrelangen, zumeist siegreich beendeten kriegerischen Auseinandersetzungen mit den Germanen beruhende falsche Beurteilung des Gegners gespielt haben bzw. eine Unterschätzung seiner Stärke, die ihm aus der Topographie zuwuchs.

Diese Erörterungen führen natürlich zu der Frage, wie ein mit Sicherheit waffentechnisch und möglicherweise auch zahlenmäßig unterlegenes Aufgebot von Stammeskriegern einen solchen Eliteverband, wie ihn ein überwiegend aus römischen Legionen, der besten schweren Infanterie der damaligen Zeit, zusammengesetztes Heer darstellte, nicht nur besiegen, sondern sogar weitgehend vernichten konnte. Die germanische Führung wird sich bewußt gewesen sein, daß ihre Stammesformationen dem römischen Verband, vor allem der in dichter Massierung und streng geordnet kämpfenden schweren Infanterie, selbst bei einer zahlenmäßigen Gleichwertigkeit oder gar Überlegenheit, in einer offenen Feldschlacht nicht gewachsen war. Ihr Ziel mußte es deshalb sein, den Römern die Schlacht an einem Ort aufzuzwingen, an dem diese weder ihre mögliche numerische noch ihre Überlegenheit in taktischer und waffentechnischer Hinsicht zum Tragen bringen konnten, sondern an dem die eigene Kampfesweise und Bewaffnung ihnen Vorteile verschaffen mußten, selbst bei einer zahlenmäßigen Unterlegenheit.

Ein solches Gelände bot die Kalkrieser-Niewedder Senke mit Sicherheit. Allein schon die langgestreckte, schmale Form der trockenen, begehbaren Zonen an den Rändern des Engpasses erschwerte den römischen Truppen bei germanischen Angriffen das Herstellen geschlossener Gefechtsformationen. Das durch quer zur Marschrichtung verlaufende Bachtäler und durch Verengungen vielfach zerteilte Gelände – dies gilt zwar vor allem für die Hangsandzone am Fuße des Kalkrieser Berges, aber hinsichtlich der Einschnürungen durch Feuchtbereiche auch für die Flugsandrücken – schränkte die Bewegungsmöglichkeit vor allem der schweren Infanterie, aber auch der Reiterei nahezu vollkommen ein, erlaubte den überwiegend leicht bewaffneten und in lockeren Formationen kämpfenden Germanen aber ihrerseits Angriffe auf das römische Heer.

Bei diesen Angriffen sind die Vorteile, die die naturräumlichen Gegebenheiten boten, von der germanischen Führung offensichtlich voll ausgenutzt worden. Dies bezeugt die Häufung römischer Funde vor allem an Verengungen der Hangsandzone, an denen es zu Marschstockungen, die sich dann sicherlich schnell nach hinten fortgesetzt haben, und zu Ballungen von sich gegenseitig behindernden Formationen gekommen sein muß. Wie die Ausgrabungen auf dem Oberesch belegen, sind – zumindest in diesem Abschnitt – die natürlichen Geländehindernisse – hier der sich weit in die Hangsandzone vorschiebende Ausläufer des Kalkrieser Berges – verstärkt worden, in diesem Fall durch eine Rasensodenmauer. Von dieser Stellung aus konnten die Germanen die römischen Truppen, die wegen der gegenüberliegenden Feuchtsenke gezwungen waren, in geringer Entfernung an der Befestigung vorbeizuziehen, mit Fernwaffen und durch Ausfälle bekämpfen. Die Römer wurden dadurch auch zu sicher verlustreichen Gegenangriffen veranlaßt, die anderen Formationen, u. a. den Nichtkombattanten, den Durchzug ermöglichen sollten.

Ob alle von der Topographie und den Funden her mit dem Oberesch vergleichbaren Plätze am Fuß des Kalkrieser Berges zusätzlich zu den natürlichen mit künstlichen Hindernissen versehen waren, ist nur durch weitere Ausgrabungen zu klären. Dies gilt auch für die Beantwortung der Frage, welche Vorkehrungen die Germanen getroffen hatten, um einen Durchzug des römischen Heeres auf den Flugsandrücken bzw. ein Überwechseln von den Hangsanden am Fuß des Kalkrieser Berges auf die Flugsande am Rande des Großen Moores zu erschweren oder zu verhindern.

Das bisherige Fundbild läßt in Bezug zur Topographie und in Verbindung mit den Grabungsergebnissen auf dem Oberesch aber bereits jetzt deutlich erkennen, daß die Germanen selbst in dem Engpaß bestrebt waren, frontale Zusammenstöße mit den römischen Truppen zu vermeiden und damit massierten Einsätzen der schweren Infanterie zu entgehen. Es hat vielmehr den Anschein, daß die germanischen Stammesaufgebote den römischen Verbänden – zumindest am Fuß des Kalkrieser Berges – ein sich über eine längere Strecke hinziehendes Defileegefecht lieferten, bei dem jede der römischen Einheiten gezwungen war, nacheinander an mehreren germanischen Stellungen vorbeizuziehen. Ein solches Vorgehen erlaubte den Germanen zudem, sich bei starken römischen Gegenangriffen in Richtung des Kalkrieser Berges zurückzuziehen, und bot ihnen bei ihren Attacken in die Flanke des römischen

Heeres außerdem den Vorteil der inneren Linie. Die Wahl des Schlachtortes durch die germanische Führung erfolgte also offenkundig nicht nur unter Berücksichtigung geplanter eigener, sondern auch denkbarer feindlicher Aktionen und läßt eine überlegene operative Gesamtplanung erkennen.

Literatur

Die römischen Germanenkriege um Christi Geburt, insbesondere die Varusschlacht

ASSKAMP, R., Die »Varusschlacht«. In: B. Trier (Hrsg.), 2000 Jahre Römer in Westfalen (1989) 186 ff.

GÜNTHER, K., Archäologisch-geographische Annäherung an den Ort der Varusschlacht. In: Heimatland Lippe. Zeitschrift des Lippischen Heimatbundes und des Landesverbandes Lippe 80 (1987) 182 ff.

JOHN, W., P. Quinctilius Varus. In: RE XXIV (1963) 907 ff.

KOESTERMANN, E., Die Feldzüge des Germanicus 14–16 n. Chr. In: Historia 6 (1957) 429 ff.

KÜHLBORN, J.-S., Lippe zur Zeit der augusteischen Militäroperationen. In: Der Kreis Lippe I. Führer zu archäologischen Denkmälern in Deutschland 10 (1985) 127 ff.

KÜHLBORN, J.-S., Die Zeit der augusteischen Angriffe gegen die rechtsrheinischen Germanenstämme. In: Kaiser Augustus und die verlorene Republik (1988) 530 ff.

KÜHLBORN, J.-S., Zur Geschichte der augusteischen Militärlager in Westfalen. In: B. Trier Hrsg.), 2000 Jahre Römer in Westfalen (1989) 9 ff.

LEHMANN, G. A., Die Varus-Katastrophe aus der Sicht des Historikers. In: B. Trier (Hrsg.), 2000 Jahre Römer in Westfalen (1989) 85 ff.

MOMMSEN, Th., Die Örtlichkeit der Varusschlacht (1885). In: ders., Gesammelte Schriften 4,1 (1906) 200 ff.

V. PETRIKOVITS, H., Arminius. In: Bonner Jahrbücher 166 (1966) 175 ff.

V. PETRIKOVITS, H., Clades Variana. In: Reallexikon der Germanischen Altertumskunde 5 (1982) 14 ff.

V. SCHNURBEIN, S., Untersuchungen zur Geschichte der römischen Militärlager an der Lippe. In: Bericht der Römisch-Germanischen Kommission 62 (1981) 5 ff.

SCHÖNBERGER, H., Die römischen Truppenlager der frühen und mittleren Kaiserzeit zwischen Nordsee und Inn. In: Bericht der Römisch-Germanischen Kommission 66 (1985) 321 ff.

TACKENBERG, K., Stand und Aufgaben der Untersuchungen zur Varusschlacht. In: H. Kesting (Hrsg.), Arminius und die Varusschlacht (1961) 51 ff.

TÖNNIES, B., Die Ausgrabungen in Kalkriese und Tac. ann. 1,60,3. Eine Lösung für die Varusschlachtfrage in Sicht? In: HERMES 120 (1992) 461 ff.

WILLEMS, W. J. H., Romeins Nijmegen. Vier eeuwen stad en centrum aan de Waal (1990).

WINKELMANN, W., Auf den Spuren des Varus: 700 Theorien – doch keine führt zum Schlachtfeld. In: Westfalenspiegel 32,3 (1983).

Die Funde römischer Münzen in der Kalkrieser-Niewedder Senke

BERGER, F., *Die Aussage der römischen Fundmünzen. In:* W. SCHLÜTER, *Römer im Osnabrücker Land. Die archäologischen Untersuchungen in der Kalkrieser-Niewedder Senke. In: Schriftenreihe der Kulturregion Osnabrück des Landschaftsverbandes Osnabrück e. V. 4 (1991) 63 ff.*

BERGER, F., *Die Münzfunde von Kalkriese. In:* W. SCHLÜTER, *Archäologische Zeugnisse zur Varusschlacht? Die Untersuchungen in der Kalkrieser-Niewedder Senke bei Osnabrück. In: Germania 70 (1992) 396 ff.*

BERGER, F., *Untersuchungen zu römerzeitlichen Münzfunden in Nordwestdeutschland. In: Studien zu Fundmünzen der Antike (SF 11 A) 9 (1992).*

BOLIN, ST., *Fynden av romerska Mynt i det fria Germanien (1926).*

GOEZE, Z., *De nummis dissertationes XX (Wittenberg 1716) 21.*

HARTMANN, H., *Wanderungen durch das Wittekinds- oder Wiehengebirge Osnabrück (1876) 74.*

HARTMANN, H., *Die alten Wallbefestigungen des Regierungsbezirks Osnabrück. In: Osnabrücker Mitteilungen 14 (1889) 1 ff.*

ILISCH, P., *Antike und mittelalterliche Münzfunde im Osnabrücker Land. In: Führer zu vor- und frühgeschichtlichen Denkmälern 42 (1979) 155 ff.*

KEHNE, P./BERGER, F., *Hat Varus seine Spuren hinterlassen? Sensationelle Funde römischer Münzen im Landkreis Osnabrück. In: Antike Welt 21 (1990) 120 f.*

KNOKE, F., *Fundbericht. In: Osnabrücker Mitteilungen 24 (1899) 299 f.*

KNOKE, F., *Die Kriegszüge des Germanicus in Deutschland (2. Aufl. 1922).*

MENADIER, J., *Der numismatische Nachlaß der varianischen Legionen. In: Zeitschrift für Numismatik 13 (1885) 89 ff.*

MÖSER, J., *Osnabrückische Geschichte I (Osnabrück 1768) I 3 § 5.*

MOMMSEN, TH., *Die Örtlichkeit der Varusschlacht (1885) . In: ders., Gesammelte Schriften 4,1 (1986) 200 ff.*

MÜLLER, J. H./REIMERS, J., *Vor- und frühgeschichtliche Alterthümer der Provinz Hannover (1893).*

SCHLÜTER, W., *Das Osnabrücker Land während der jüngeren römischen Kaiserzeit und der Völkerwanderungszeit. In: Osnabrücker Mitteilungen 88 (1982) 13 ff.*

STÜVE, G., *Neue Münzfunde. In: Osnabrücker Mitteilungen 29 (1904) 280 ff.*

STÜVE, J. E., *Beschreibung und Geschichte des Hochstifts und Fürstenthums Osnabrück (Osnabrück 1789) 142.*

VELTMANN, H., *Die Münzfunde in der Umgebung von Barenau und die Örtlichkeit der Varuskatastrophe (Osnabrück 1885).*

VELTMANN, H., *Funde von Römermünzen im freien Germanien und die Örtlichkeit der Varusschlacht. In: Osnabrücker Mitteilungen 13 (1886) 271 ff.*

WÄCHTER, J. K., *Statistik der im Königreich Hannover vorhandenen heidnischen Denkmäler (1841).*

Die naturräumlichen und verkehrsgeographischen Verhältnisse

BEHRE, K.-E., *Beginn und Form der Plaggenwirtschaft in Norddeutschland nach pollenanalytischen Untersuchungen in Ostfriesland. In: Neue Ausgrabungen und Forschungen in Niedersachsen 10 (1976) 197 ff.*

V. DEM BUSSCHE, G. W./BENOIT, F. CHR., Militärische Carte des Hochstifts Osnabrück. M. 1:24 000 (1765–1767). Staatsarchiv Osnabrück K 100 Nr. 64 Blätter 12 und 14.

V. DEM BUSSCHE, G. W./BENOIT, F. CHR., Generalkarte des Fürstbistums Osnabrück. M. 1:144 000 (1774). Staatsarchiv Osnabrück K 104 Nr. 12 H.

DU PLAT, J. W., Carte der Feldmark des zum Fürstlich Osnabrückischen Amte Vörden gehörigen, im Kirchspiel Engter belegenen Bauerschaft Kalkriese (1787). Staatsarchiv Osnabrück K 100 Nr. 1 H III 8 a–b und 9 a–c.

ECKELMANN, W., Plaggenesche aus Sanden, Schluffen und Lehmen sowie Oberflächenveränderungen als Folge der Plaggenwirtschaft in den Landschaften des Landkreises Osnabrück. In: Geologisches Jahrbuch 10 (1980).

ECKELMANN, W./NOUR EL DIN, N./OELKERS, K.-H., Die Böden des Landkreises Osnabrück. In: Führer zu vor- und frühgeschichtlichen Denkmälern 42 (1979) 20 ff.

Historische Kommission für Niedersachsen und Bremen/Niedersächsisches Landesverwaltungsamt – Landesvermessungsamt (Hrsg.), Gaußsche Landesaufnahme der 1815 durch Hannover erworbenen Gebiete. VII. Fürstentum Osnabrück 1834–1850 (1979) Blätter 53 Bramsche und 54 Ostercappeln.

Historische Kommission für Westfalen (Hrsg.), Le Coq, Topographische Karte von Westfalen (1805). M. 1:100 000 (1984) Blatt 9.

KLASSEN, H., Die Geologie des Landkreises Osnabrück. In: Führer zu vor- und frühgeschichtlichen Denkmälern 42 (1979) 12 ff.

KLASSEN, H., (Hrsg.) Geologie des Osnabrücker Berglandes (1984).

LIENEMANN, J./TOLKSDORF-LIENEMANN, E., Bodenkundliche Untersuchungen im Zusammenhang mit den Ausgrabungen auf dem Oberesch in Kalkriese, Stadt Bramsche, Landkreis Osnabrück. In: W. SCHLÜTER, Archäologische Zeugnisse zur Varusschlacht? Die Untersuchungen in der Kalkrieser-Niewedder Senke bei Osnabrück. In: Germania 70 (1992) 335 ff.

MÜLLER-WILLE, W., Westfalen. Landschaftliche Ordnung und Bindung eines Landes (2. Aufl. 1981).

Niedersächsisches Landesamt für Bodenforschung (Hrsg.), Bodenkarte von Niedersachsen 1:25 000, 3514 Vörden (1976).

Niedersächsisches Landesamt für Bodenforschung (Hrsg.). Geologische Karte von Niedersachsen 1:25 000, Erläuterungen zu Blatt Nr. 3514 Vörden (1986).

Niedersächsisches Landesverwaltungsamt – Landesvermessung (Hrsg.), Königl. Preuss. Landes-Aufnahme 1895. Herausgegeben 1897. M. 1:25 000 (o. J.) Vörden 3514, Hunteburg 3515, Rulle 3614 und Osterkappeln 3616.

PYRITZ, E., Binnendünen und Flugsandebenen im Niedersächsischen Tiefland. In: Göttinger Geographische Abhandlungen 61 (1972).

WARNECKE, E. F., Engter und seine Bauerschaften. Siedlungs- und Wirtschaftsentwicklung. In: Schriften der wirtschaftswissenschaftlichen Gesellschaft zum Studium Niedersachsens e. V. 59 (1958).

WREDE, G. (Hrsg.), Johann Wilhelm Du Plat, Die Landesvermessung des Fürstbistums Osnabrück 1784–1790. 5. Lieferung: Das Amt Hunteburg. In: Osnabrücker Geschichtsquellen VI (1964) Blätter 14–16; 18 (Venner Mark).

Archäologische Untersuchungen in der Kalkrieser-Niewedder Senke

BERGER, F./FRANZIUS, G./SCHLÜTER, W., Neue Hinweise zur Niederlage der Römer 9 n. Chr. In: Archäologie in Deutschland (1990) 39 ff.

50

BERGER, F./FRANZIUS, G./SCHLÜTER, W./WILBERS-ROST, S., *Archäologische Quellen zur Varusschlacht? Die Untersuchungen in Kalkriese, Stadt Bramsche, sowie Venne und Schwagstorf, Gemeinde Ostercappeln, Landkreis Osnabrück. In: Antike Welt 22 (1991) 221 ff.*

SCHLÜTER, W., *Frührömische Funde bei Osnabrück. In: Archäologie in Deutschland (1989) 38.*

SCHLÜTER, W., *Neue Erkenntnisse zum Ort der Varusschlacht? – Die Ausgrabungen in Kalkriese bei Bramsche, Ldkr. Osnabrück. In: Berichte zur Denkmalpflege in Niedersachsen 11 (1991) 10 ff.*

SCHLÜTER, W., *Römer im Osnabrücker Land. Die archäologischen Untersuchungen in der Kalkrieser-Niewedder Senke. Mit Beiträgen von BERGER, F./FRANZIUS, G./GLÜSING, P./ WIEGELS, R./WILBERS-ROST, S. In: Schriftenreihe Kulturregion Osnabrück des Landschaftsverbandes Osnabrück e. V. 4 (1991).*

SCHLÜTER, W., *Neue Erkenntnisse zur Örtlichkeit der Varusschlacht? Die archäologischen Untersuchungen in der Kalkrieser-Niewedder Senke im nördlichen Wiehengebirgsvorland. In: Geschichte, Politik und ihre Didaktik 20 (1992) 91 ff.*

SCHLÜTER, W., *Neue Erkenntnisse zur Örtlichkeit der Varusschlacht? Die archäologischen Untersuchungen in der Kalkrieser-Niewedder Senke im nördlichen Wiehengebirgsvorland. In: Heimat-Jahrbuch Osnabrücker Land (1992) 27 ff.*

SCHLÜTER, W., *Die Varus-Schlacht: neue Erkenntnisse zur Örtlichkeit. In: Spektrum der Wissenschaft H. 2 (1992) 40 ff.*

SCHLÜTER, W., *Archäologische Zeugnisse zur Varusschlacht? Die Untersuchungen in der Kalkrieser-Niewedder Senke bei Osnabrück. Mit Beiträgen von BERGER, F./ FRANZIUS, G./ LIENEMANN, J./ ROST, A./ TOLKSDORF-LIENEMANN, E./ WIEGELS, R./ WILBERS-ROST, S. In: Germania 70 (1992) 307 ff.*

Susanne Wilbers-Rost
Geschichte und Ergebnisse der Ausgrabungen in Kalkriese

Obwohl die Ausgrabungen am Kalkrieser Berg erst seit 1989 laufen und bisher nur mit einem kleinen Grabungsteam – zuletzt 2 Grabungstechniker und 5 Arbeiter – gearbeitet werden konnte, waren bereits recht detaillierte Beobachtungen möglich.

Begonnen wurde im September 1989 in einem Waldstück, in dem bei den Geländeprospektionen wie auf zwei benachbarten Feldern nicht nur einzelne römische Funde, sondern Konzentrationen von Münzen und Militaria entdeckt worden waren. Da Geldmittel weitgehend fehlten, wurden zunächst nur schmale Grabungsschnitte von 2 m Breite in Waldwegschneisen angelegt (Abb. 1); dafür mußten weder Bäume gefällt noch Ackerflächen gepachtet werden. Schicht für Schicht wurde der Boden mit Schaufeln abgetragen, bis in mehr als einem Meter Tiefe der anstehende Sand erreicht war. Bei den Grabungen wurden einzelne römische Funde geborgen, und zwar auch unter dem mittelalterlichen Plaggeneschauftrag, was den Schluß zuließ, daß nicht alle an der Oberfläche liegenden Funde aus römischer Zeit mit den Grasplaggen verlagert worden waren. Nicht zu erkennen war jedoch, in welchem Zusammenhang die römischen Funde am Kalkrieser Berg ursprünglich in den Boden gekommen waren – ob sie auf ein römisches Lager oder einen kleinen Vorposten zurückzuführen waren oder ob sie gar Einzelfunde in einer germanischen Siedlung darstellten.

Um einen Überblick über das Gelände und mögliche Befunde zu bekommen, wurde Ende 1989 auf dem östlich angrenzenden Feld ein Probeschnitt von 180 m Länge und 5 m Breite angelegt. Zur Erleichterung der Arbeiten – immerhin muß an vielen Stellen ein Plaggeneschauf-

Abb. 1
Einer der ersten schmalen Probeschnitte (Ende 1989) in einer Waldschneise. Zwar werden einzelne Funde geborgen, doch sind Bodenverfärbungen nicht zu erkennen.

trag von mehr als 0,5 m abgetragen werden, bevor die Oberfläche aus römischer Zeit erreicht ist – wurde zunächst ein Bagger eingesetzt (Abb. 2), um die weniger interessanten mittelalterlichen Plaggenschichten zügig abzugraben. Danach wurde dann mit der Hand, d.h. mit Schaufeln, weitergearbeitet (Abb. 3). Immer jedoch war auch ein Metallsuchgerät im Einsatz, um zu verhindern, daß die überwiegend sehr kleinen römischen Metallfunde zerstört oder übersehen wurden.

Neben einzelnen Münzen und Bruchstücken von militärischen Ausrüstungsgegenständen kamen gleich zu Beginn der Arbeiten aber auch die beiden bisher größten Fundstücke aus dem Boden: eine eiserne römische Pionieraxt (Abb. 4) und die eiserne, ursprünglich mit Silber belegte Gesichtsmaske eines römischen Helmes. Insbesondere die Gesichtsmaske erregte nach der Restaurierung großes Aufsehen, da es sich um einen recht seltenen Fund handelte. Als sie aus dem Boden kam, war allerdings nur ein etwa fußballgroßer Rostklumpen zu erkennen, der erst durch die Arbeit des Restaurators in der Werkstatt des Kulturgeschichtlichen Museums Osnabrück wieder sein ursprüngliches Aussehen erhielt.

Eine für die Fortsetzung der Grabungen wichtige Erkenntnis war aber, über die Entdeckung der römischen Funde hinaus, die Feststellung, daß durch die Mitte des Schnittes eine künstliche Anschüttung verlief, die bald als ehemals 5 m breiter und knapp 2 m hoher Wall aus Rasensoden gedeutet werden konnte (Abb. 5). Der Wall wurde zunächst als Umwehrung eines römischen Lagers interpretiert, da Wallanlagen dieser Art von den Germanen kaum bekannt sind. Im weiteren Verlauf der Grabungen

Abb. 2
Auch beim Abbaggern des Plaggeneschauftrags – einer z. T. mächtigen Bodenschicht, die im Laufe mehrerer Jahrhunderte durch die Aufbringung von Grasplaggen als Düngung für die Felder entstanden ist – wird mit großer Vorsicht vorgegangen. Der Bagger zieht etwa 20 cm dicke Bodenschichten ab, die freigelegte Schicht wird jeweils mit dem Metallsuchgerät nach Metallfunden abgesucht, denn auch im Esch finden sich gelegentlich Münzen oder römische Ausrüstungsteile.

Abb. 3
Dünne Bodenschichten werden flach mit der Schaufel abgetragen, so daß ebene Flächen entstehen; jeweils 10 cm tiefer wird solch ein »Planum« fotografiert und gezeichnet. Der Abraum wird mit Schiebkarren aus der Grabungsfläche gefahren.

Abb. 4a und b
Trotz zahlreicher Rostblasen ist die große eiserne Pionieraxt (dolabra) bei der Auffindung schon als Axt zu erkennen, während die Gesichtsmaske zunächst nur ein großer Rostklumpen ist.

– der Schnitt war im Wallbereich nach Osten zunächst um 5 m, dann um weitere 40 m erweitert worden – stellte sich aber heraus, daß der leicht gebogene Wall einen sehr siedlungsungünstigen Innenraum umgab; gleich hinter der Mauer beginnt das Gestein des Kalkrieser Berges mit einer Überdeckung durch wasserundurchlässigen Lehm, der zu Staunässe im Siedlungsbereich geführt hätte.

Die Kartierung der römischen Funde ergab dann ein Bild, das eine andere Interpretation erlaubte: fast alle Militaria und Münzen lagen vor dem Wall, aber nur einzelne im »Innenraum«. Dies führte zu der Vermutung, daß die Römer sich anscheinend vor dem Wall aufgehalten hatten und nicht dahinter, und daß der Wall wohl eher von Germanen angelegt worden sein mußte. Hinzu kam die Beobachtung, daß der Wall offenbar nur einen Abschnittswall zwischen zwei Bachläufen darstellte und nach hinten nicht geschlossen war. Eine geschlossene Anlage hätten aber die Römer unbedingt gebraucht, um sich zu schützen, während die Germanen einen derartigen Abschnittswall nutzen konnten, um vorbeiziehende römische Truppen aus dem Hinterhalt heraus anzugreifen.

Um die Wallstruktur genauer zu untersuchen, mußte bis in den anstehenden Sand hinunter gegraben werden, auch wenn in diesen Schichten nicht mehr viele Funde zu erwarten waren. Nicht allein der Suche nach interessanten Funden, sondern der detaillierten Beobachtung von Befunden gilt die Aufmerksamkeit bei archäologischen Forschungen; in den anstehenden Boden eingetiefte Gruben, die sich heute noch als Bodenverfärbungen abzeichnen, können ebenso wichtig sein wie sensationelle Fundstücke, da sie u.a. Rückschlüsse auf Baustrukturen erlauben.

Unerwartet wurden auch Siedlungsspuren aus vorgeschichtlichen Zeiten entdeckt (Abb. 6), die es ebenfalls zu untersuchen galt. Bei diesen
Arbeiten ist eine sorgfältige Beobachtung und Dokumentation durch
Fotos und Zeichnungen wichtig, denn eine Ausgrabung bedeutet auch
immer Zerstörung. Aufgrund dieser sorgfältigen Arbeitsweise ist eine
Ausgrabung im allgemeinen mit einem hohen Zeitaufwand verbunden.
Daß sich dieser Aufwand dennoch lohnt, belegen auch die Ergebnisse
der Grabungen am Kalkrieser Berg. Die Notwendigkeit dieser Untersuchungen zum jetzigen Zeitpunkt zeigt der Zustand der Fundstücke, die
durch die Bodenchemie sehr stark angegriffen sind. Schon in wenigen
Jahrzehnten werden die Metallobjekte so weitgehend zerstört sein, daß
sie kaum noch identifizierbar sein werden und somit die Fundverteilung
keine weiteren Aufschlüsse mehr über die Geschehnisse auf dem
Schlachtfeld am Kalkrieser Berg geben kann.

Seit 1989 sind auf dem Oberesch inzwischen etwa 5000 m² ausgegraben
worden. Die ersten Grabungsschnitte wurden im Wallbereich nach
Westen sowie im Vorfeld des Walles nach Norden erweitert; außerdem
kamen zur Überprüfung des Wallverlaufs nach Westen kleine Test-
schnitte in Waldschneisen hinzu. Von dem Wall, der auf einer Länge von
etwa 100 m vollständig ausgegraben worden ist, haben wir dadurch eine
recht genaue Vorstellung bekommen.

Abb. 6a–d
*Einige vorgeschichtliche Funde
aus der Grabung am Oberesch:*
*a) eine Feuersteinspitze der spä-
ten Altsteinzeit (Länge: 3,6 cm)
und ein Mikrolith (kleine Spitze
aus Feuerstein) der mittleren
Steinzeit; b) Feuersteinpfeilspit-
zen (Länge der oberen Spitze:
5,8 cm); und c) Keramikscherben
der jüngeren Steinzeit; d) ein
kleines Tongefäß der Vorrömischen Eisenzeit (Höhe: 5,5 cm).*

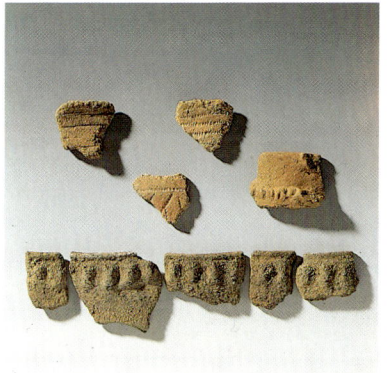

Angelegt wurde der Wall an einem Vorsprung des Kalkrieser Berges
zwischen zwei Bachläufen, die vom Berg in das nördlich angrenzende
Flachland fließen. Zum Aufbau wurde jedoch kein Erdmaterial ausgeho-
ben, sondern man hat in der Umgebung des Walles – insbesondere hangabwärts nach Norden – Rasensoden abgestochen, um diese aufeinander
zu schichten und daraus eine 4–5 m breite, ca. 1,5–2 m hohe und etwa
200 m lange Mauer, wahrscheinlich mit schrägen Fronten, zu errichten.
Von dieser Rasensodenmauer ist allerdings heute oberirdisch nichts mehr
zu sehen, und bei den Grabungen zeichnet sie sich nur noch als 30 cm
hohe, dafür aber 12–15 m breite Erhebung ab, da das Wallmaterial im
Laufe der Zeit auseinandergerutscht ist. Die Aufbringung von z.T. bis zu
einem Meter Plaggenesch seit dem Mittelalter hat darüber hinaus dazu

beigetragen, die Reste des Walles zu verbergen. Gleichzeitig aber hat der Esch als schützende Abdeckung für den Erhalt der Wallreste und der Funde gesorgt. Da für den Wall wie für den Plaggenesch Grassoden verwendet wurden, wären die Schichten heute kaum voneinander zu unterscheiden, wenn nicht die alte Erdoberfläche zwischen dem Abrutschen des Walles in den Jahrzehnten nach dem Kampf und dem Auftrag von Esch im Mittelalter sehr stark ausgeblichen wäre; dies geschieht bei bestimmten Bewuchsarten, indem humose Bestandteile des Bodens nach unten ausgewaschen werden. So entstand insbesondere an der Außenseite des Walles eine sehr gut erkennbare Trennschicht aus weißem bzw. hellgrauem Sand, die die Unterscheidung zwischen Wall und Esch erleichtert.

Abb. 7
Eine Vorratsgrube aus der Siedlung der Vorrömischen Eisenzeit im Profil. Die Grube war bereits vollständig verfüllt, als 9 n. Chr. die Rasensodenmauer errichtet wurde. Plaggen des Wallmaterials konnten somit nicht mehr hineinrutschen; das bräunliche Wallmaterial findet sich daher nur über der grau gefärbten Grube.

Eine Verwendung von Rasensoden für den Bau des Walles wurde schon bald nach Beginn der Untersuchungen vermutet, da vor dem Wall kein Graben zu erkennen war, aus dem man Erde für den Aufbau hätte entnehmen können. Außerdem fanden sich zahllose kleine Scherben im Wallmaterial, die offenbar darauf zurückzuführen sind, daß die Rasensoden im Bereich einer ehemaligen Siedlung der Vorrömischen Eisenzeit gestochen worden waren. Diese Siedlung, die am Hang unterhalb des Walles nachgewiesen wurde, war einige Jahrzehnte vor den Kampfhandlungen am Kalkrieser Berg aufgegeben worden (Abb. 7 und Grabungsplan S. 65); die Bewohner hatten vermutlich eine neue Siedlung in der Nähe errichtet. Das Areal der aufgegebenen Siedlung konnte, nachdem die aus Holzpfosten und Flechtwerkwänden gebauten Häuser verfallen waren, von den Bewohnern nahegelegener Siedlungen als Weideland für Vieh genutzt werden. Da sich bei der Beweidung kein Wald bilden konnte, dürften um Christi Geburt ausreichend Grasflächen zum Abplaggen zur Verfügung gestanden haben. Der Siedlungsabfall – vor allem Überreste zerbrochener Tongefäße, die man in allen vorgeschichtlichen Siedlungen findet, da es in vorgeschichtlichen Zeiten keine Mülldeponien gab – lag aber noch an der Erdoberfläche und wurde mit den Grassoden in den Wall gebracht.

Den eindeutigen Beweis für eine Verwendung von Rasensoden erbrachten dann bodenkundliche Untersuchungen des Wallmaterials: Die Analysen ergaben sehr hohe Werte von Phytoopalen – das sind kristalline Substanzen aus dem Stützgewebe von Pflanzen, vor allem von Gräsern – in diesem Material. Da diese Phytoopale unvergänglich sind, reichern sie sich in einer mit Gras bewachsenen Bodenoberfläche an.

Folglich weisen auch Strukturen wie der Wall, die aus Grasnarben errichtet sind, hohe Werte auf.

War das Baumaterial des Walles schon relativ bald richtig zu interpretieren, so dauerte es eine Weile, bis die ehemalige Breite und Höhe sowie der Verlauf feststanden. Schon im ersten Grabungsschnitt war zu erkennen, daß der Wall leicht nach Süden umbog. Deshalb wurde das Grabungsareal zunächst nach Osten erweitert, und zwar nicht gleich durch eine große, durchgehende Fläche, sondern durch einzelne Schnitte im Abstand von 8–10 m. Dabei wurde zum Abtragen des Esches wieder ein Bagger eingesetzt. Alles weitere wurde vorsichtig mit Schaufeln in gleichmäßigen Schichten bis zum anstehenden Sand abgegraben. Sowohl in der Grabungsfläche, dem Planum, als auch in den Wänden der einzelnen Grabungsschnitte, den Profilen, war der Wall überwiegend gut zu erkennen (Abb. 8–10).

Da bei allen Abtragsarbeiten zur Sicherheit das Metallsuchgerät eingesetzt wurde (Abb. 11), kamen weitere römische Metallfunde zutage. Alle Funde werden sehr genau eingemessen; dabei werden in einem vor Grabungsbeginn festgelegten Koordinatensystem zwei Werte ermittelt, die die Lage in der Fläche festhalten, sowie ein Wert, der die Höhe eines Fundes bezogen auf den Höhenmeßpunkt der Grabung bestimmt. Durch diese drei Werte, die auf Begleitzetteln der Fundstücke vermerkt werden, ist die exakte Lage eines Fundes jederzeit wieder zu rekonstruieren. Die auf diese Weise eingemessenen Funde können nun auf Plänen

Abb. 8
Von einem besonders aussagefähigen Profil durch den Wall wird ein sogenanntes Lackprofil hergestellt. Dazu muß die Wand zunächst gesäubert und begradigt werden. Dann wird ein Kleister aufgesprüht, mit dem breite Mullbinden auf die Wand geklebt werden. Nach dem Abtrocknen wird die Mullschicht in 2 m breite Stücke geschnitten und vorsichtig abgezogen. Dabei bleibt vom Bodenmaterial eine dünne Schicht am Mull kleben, so daß zum Schluß eine spiegelverkehrte, aber originalgetreue Dokumentation des Wallprofiles und der umgebenden Bodenschichten vorliegt. Das Foto zeigt Siegfried und Horstfried Flach aus Damme beim Abziehen der Teilstücke.

Abb. 9
Ein Teilstück des Lackprofils, das den Esch (dunkelgrau), die Bleichsandschicht (weiß), das Wallmaterial (braun) und den anstehenden Sand (gelb) deutlich zeigt.

exakt kartiert und gleichzeitig zu den Befunden der Grabung, z. B. zum Verlauf des Walles, in Beziehung gesetzt werden.

Bei den Kartierungen stellte sich heraus, daß im Frontbereich und an der Rückseite des Walles zahlreiche Funde lagen, weniger dagegen im Vorfeld. Dies ist darauf zurückzuführen, daß die schon während der Kämpfe und bei den anschließenden Plünderungen abgerutschten Wallplaggen Funde vor den Augen der plündernden Germanen verborgen haben, während der Hang vor dem Wall auch von Bewuchs weitgehend frei gewesen ist und somit die meisten Ausrüstungsgegenstände gut sichtbar waren, so daß sie von den Germanen eingesammelt werden konnten.

Abb. 10
Auch das Profil, von dem der Lackabzug genommen wurde, wird insgesamt gezeichnet.

Im Mittelteil des heute fast 15 m breiten Walles war jedoch an der Sohle ein praktisch fundfreier Streifen von ca. 5 m Breite zu erkennen. Dieser Streifen markiert offensichtlich die ursprüngliche Sohlenbreite: Da die Römer erst nach ihrer Fertigstellung an die Rasensodenmauer gelangt sind, können römische Münzen und Militaria nur vor und hinter der Mauer, nicht aber unter ihrer Sohle verlorengegangen sein.

Nachdem die Sohlenbreite bekannt war, konnte wenigstens ungefähr die Höhe berechnet werden. Dazu wurde das zu den Seiten abgerutschte Material, das sich bei der Grabung gut abgezeichnet hatte, berechnet und auf die nun bekannte Sohlenbreite bezogen. Ausgehend von schrägen Flanken wurde eine Höhe von ca. 1,5–2 m ermittelt; dabei handelt es sich allerdings nur um eine ungefähre Kalkulation, da nicht genau abzuschätzen ist, wieviel Wallmaterial im frühen Mittelalter vor dem Eschauftrag abgepflügt worden ist. Dennoch haben wir jetzt eine recht gute Vorstellung von der Größe der Rasensodenmauer.

Weitere Erkenntnisse wurden gewonnen, als das gesamte Wallmaterial bis zum anstehenden Sand abgetragen worden war. Im Sand wurden nämlich zahlreiche Gruben deutlich, die z.T. mit dem Wall in Verbindung zu bringen sind. Die Gruben zeichnen sich heute dadurch ab, daß braunes Bodenmaterial von der Erdoberfläche in das Loch im Sand gerutscht ist. Diese Verfärbung ist auch nach mehreren tausend Jahren noch deutlich sichtbar. Zwar sind viele Gruben durch umstürzende Bäume entstanden, deren Wurzeln beim Umkippen tiefe Trichter gerissen haben, und ein großer Teil der Eintiefungen sind Spuren vorgeschichtlicher Siedlungen (Pfostenlöcher von Wohnhäusern und Speichern sowie Speichergruben), doch gehören einige Gruben mit Sicherheit zur Konstruktion des Walles.

An der Wallrückseite zeichnen sich grabenartige Eintiefungen ab, die an einigen Stellen stärker eingetieft sind, an anderen anscheinend nur einen flachen Verbindungsgraben darstellen. Diese Gruben bzw. Grabenabschnitte verlaufen parallel zur Innenseite des Walles (Abb. 12), sind allerdings im östlichen Grabungsbereich nicht mehr nachweisbar; möglicherweise waren sie dort sehr flach oder nie vorhanden. Gelegentlich sind Gruben auch rechtwinklig zum Graben und scheinbar unter dem Wall angelegt worden. Da zahlreiche römische Fundstücke in diesen Gruben und Gräben lagen, müssen sie zur Zeit der Kämpfe am Kalkrieser Berg offen gewesen sein. Für die Gruben »unter« dem Wall ist daher anzunehmen, daß sie in Durchlässen bzw. Toren lagen. Als Funktion des Grubensystems kommt eigentlich nur eins in Frage: sie dienten dazu,

Abb. 11
Alle Schichten werden mit dem Metallsuchgerät kontrolliert, um die meistens sehr kleinen Objekte beim Schaufeln nicht zu beschädigen oder zu übersehen und um sie nicht Raubgräbern zu hinterlassen, die gelegentlich auch vor dem Absuchen der Grabungsflächen nicht zurückschrecken.

Abb. 12
Nach dem Abtragen des Wall-
materials werden zahlreiche Ver-
färbungen von Gruben im Sand
deutlich. Zur Wallstruktur
gehören die langgestreckten Drai-
nagegruben bzw. -gräben (am lin-
ken Bildrand) und die in diesem
Abschnitt aus dem Jahre 1991
erkennbaren, regelmäßig gesetz-
ten kleinen Pfosten (Bildmitte),
die wahrscheinlich auf eine Brust-
wehr zurückzuführen sind.

Wasser aufzufangen und abzuleiten, um zu verhindern, daß der Wall bei Regenfällen unterspült wurde. An der Wallsohle war nämlich keine Reisig- oder Holzunterlage angebracht worden, die ein Unterspülen hätte verhindern können. Wahrscheinlich sind diese Drainagen sogar nachträglich bzw. während des Baus angelegt worden, als man merkte, daß an Stellen mit stärkerem Hanggefälle die Standfestigkeit des Walles durch abfließendes Oberflächenwasser gefährdet wurde. Anscheinend mußte der Wall gelegentlich auch verschmälert werden, um die Drainagen anlegen zu können. An einer Stelle stößt der Graben direkt auf einen Vorsprung des an die Oberfläche tretenden Felsgesteins; Funde vor dem Wall zeigen, setzt man sie zum Grabenverlauf in Beziehung, daß der fundfreie Streifen der Wallsohle hier nur etwa 4 m breit ist, also möglicherweise die ursprüngliche Breite gekappt wurde, da es zu schwierig gewesen wäre, einen Graben in das Gestein einzutiefen. Das Wasser könnte auch hier durch einen Durchlaß nach außen abgeleitet worden sein.

Anzunehmen ist, daß die Gruben mit Reisig gefüllt oder mit Ästen bedeckt waren, damit die Germanen ohne Schwierigkeiten auf den Wall gelangen und die Durchlässe passieren konnten. Vielleicht hat eine solche Abdeckung dazu beigetragen, daß hineingefallene Ausrüstungsteile nicht mehr geborgen wurden; zudem haben abrutschende Wallplaggen auch hier zu einer Verschüttung geführt.

Das Fehlen des Grabensystems im Ostteil des Walles könnte, sofern nicht schlechte Erhaltungsbedingungen dafür verantwortlich sind, darauf zurückzuführen sein, daß Gruben in diesem Bereich mit geringerem Hanggefälle nicht angelegt worden sind, weil die Gefährdung des Wallaufbaus durch Oberflächenwasser hier nicht so groß war.

Schon im ersten Grabungsschnitt wurden beim allmählichen Abtragen der Schichten einige kleine Verfärbungen, die auch Holzkohlestückchen enthielten, deutlich. Sie lagen im Abstand von jeweils ca. 1,20 m und bildeten eine Reihe, die nahezu parallel zum Wall verlief (Abb. 12). Nachdem der anstehende Sand erreicht war, wurden diese Gruben wie alle

13a

anderen »geschnitten«. Beim »Schneiden« von Verfärbungen wird die eine Hälfte abgegraben, so daß an der anderen ein Profil entsteht, das Größe und Tiefe der Grube, aber auch die Form und eventuelle Pfostenspuren, häufig recht genau erkennen läßt. Bei der Grubenreihe im Wall zeichneten sich Spuren kleiner Pfosten von ca. 20 cm Durchmesser ab. Diese Pfosten lassen sich als Teile einer Brustwehr interpretieren, die aus senkrechten Holzpfosten und – auf dem Wall – vermutlich aus Flechtwerk bestand. Zwar sind die Pfosten nur auf einer Strecke von 15 m festzustellen, doch ist durchaus denkbar, daß sie an anderen Stellen nur ein Stück in den Wall, nicht aber bis in den anstehenden Sand eingetieft worden sind. Da heute nur noch höchstens 30 cm der ehemaligen Höhe erhalten sind, wäre in einem solchen Fall von den Pfosten nichts mehr zu finden. Vielleicht sind aber auch nur besonders gefährdete Abschnitte des Walles in dieser Weise gesichert und gleichzeitig stabilisiert worden.

Durch die Grabungen bis Ende 1991 wurde zunächst auf einer Länge von 50 m der Wall sehr genau untersucht. Gleichzeitig wurde im westlich angrenzenden Wald, in dem auch die ersten kleinen Probeschnitte angelegt worden waren, mit weiteren schmalen Suchschnitten in Schneisen der Verlauf nach Westen überprüft. Dazu wurden zunächst Bohrungen durchgeführt, die Anhaltspunkte für die Anlage der Schnitte liefern sollten. Die Bohrungen zeigten, daß der Wall im Westteil nur noch sehr schwach erhalten war. Während der Wall auf den ersten 50 m auch im Wald noch gut erkennbar war und ein Umbiegen nach Südwesten deutlich wurde, blieben die restlichen etwa 100 m bis zum nächsten Bachlauf unklar. Deshalb wurde ein Probeschnitt noch im eindeutig faßbaren Abschnitt angelegt (Abb. 13a–c), zwei weitere im vermuteten Verlauf.

In den beiden letzten Schnitten war der weitere Wallverlauf dann doch nachweisbar, allerdings erheblich schlechter als in den anderen Grabungsflächen. Erhalten waren hier nur noch geringe Reste des Walles von 5–10 cm Höhe. Möglicherweise ist die schlechte Erhaltung auf eine Nutzung dieses Areals zum Abstechen von Plaggen im Mittelalter zurückzuführen; zusätzlich haben neuzeitliche Eingrabungen einige Bereiche zerstört. Ohne die Erfahrungen der anderen Schnitte, die glücklicherweise sehr deutliche Befunde enthalten hatten, wären die Wallreste im Wald nicht zu erkennen gewesen.

Anfang 1992 wurden zwei neue große Grabungsflächen angelegt, um die bisherigen Erkenntnisse abzusichern: eine hangabwärts vor dem Wall, d. h. auf dem einstigen Schlachtfeld, die zweite im bereits durch Bohrungen erfaßten Wallbereich, um nochmals etwa 50 m der Wallkon-

Pfosten einer Brustwehr

Drainagegruben

Rasensodenmauer

Speicher der Vorrömischen Eisenzeit

Vorratsgruben der Vorrömischen Eisenzeit

Grenze des Festgesteins

Grabungsgrenze

Profilsteg der Grabungsfläche 1992/93

✕ Gesichtsmaske

Röm Zugtier

✕ Pionieraxt

0 1 2 3 4 5m

Die Grabungsflächen auf dem „Oberesch" von 1989 bis 1993 mit der Eintragung der wichtigsten Befunde.

Abb. 14
Die Fortsetzung der Drainagegräben ist auch in der Grabungsfläche von 1992 am linken
Bildrand deutlich zu sehen.
Rechts oben zeichnet sich als
schwarzes Rechteck die Stelle ab,
an der im März 1992 die Reste
eines römischen Zugtieres geborgen werden konnten. Die kleinen
dunklen Flecken im Drainagegraben markieren Stellen, an denen
Metallfunde entnommen worden
sind; das Loch wird mit dunklem
Erdboden verfüllt, um es für die
weiteren Grabungsarbeiten als
moderne Störung zu markieren.

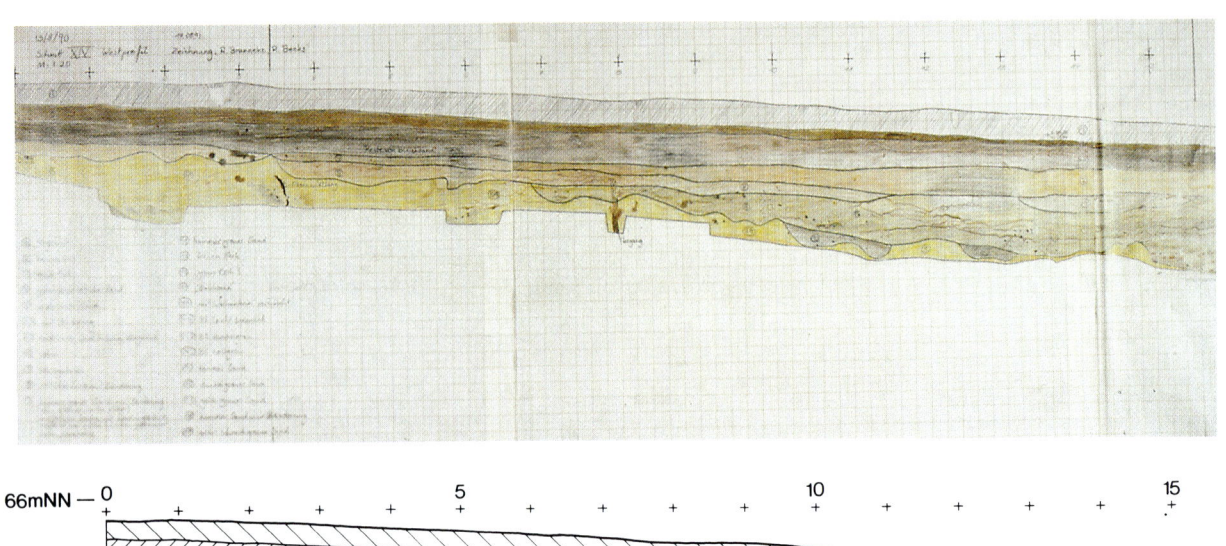

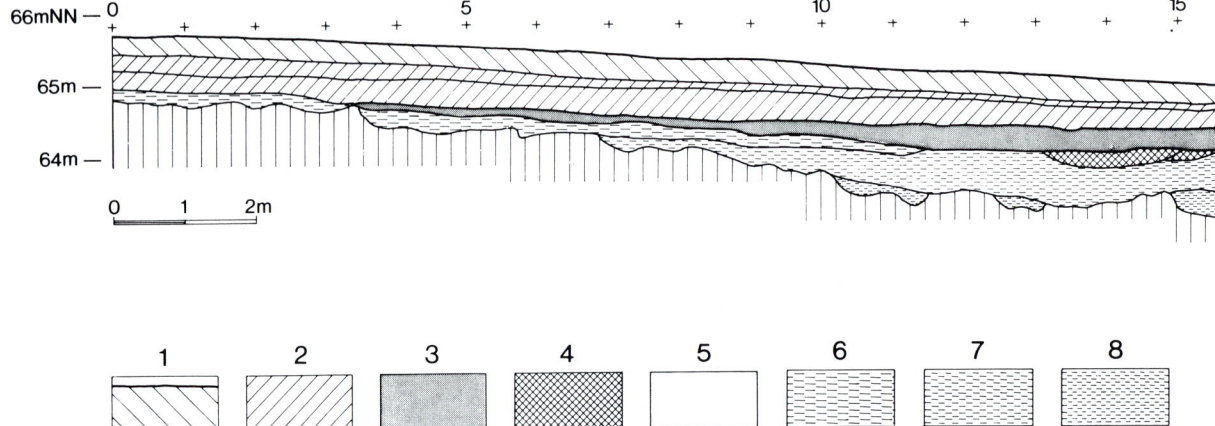

| 1 | 2 | 3 | 4 | 5 | 6 | 7 | 8 |

Kalkriese, Schnitt XIV: West-profil.
1 Pflugschicht; 2 Eschschichten;
3 Wallmaterial; 4 Drainage-graben; 5 Bleichsand; 6 rötlicher Sand; 7 Senke, verfüllt mit humosem Sand und einigen Scherben; 8 humoser Sand; 9 Sand mit gebranntem Lehm, Scherben,

etwas Holzkohle; 10 Baumwurf-gruben; 11 anstehender Sand.

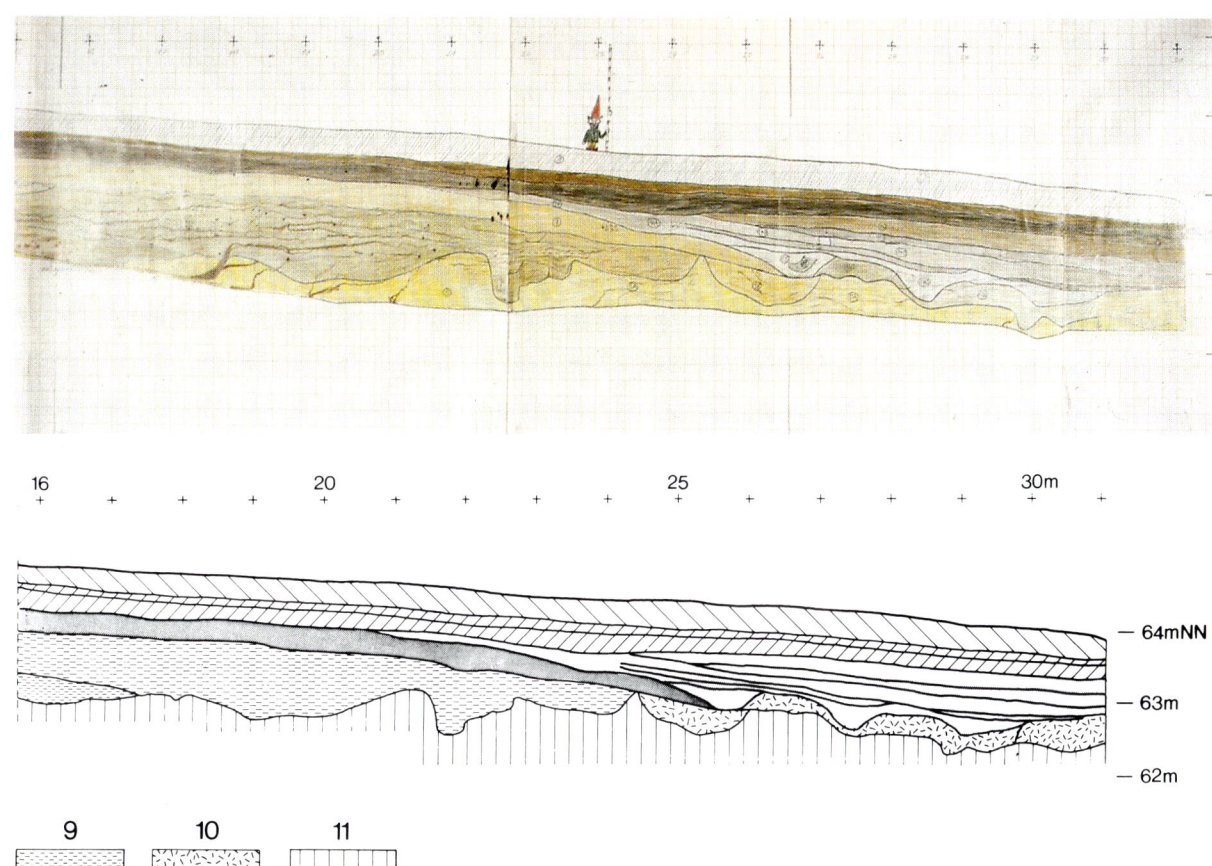

16   20   25   30m

— 64mNN

— 63m

— 62m

9   10   11

Abb. 13a–c
Bei der Grabung werden die Flächen ebenso wie die Profile der zwischen den Schnitten stehengebliebenen Stege durch Fotos (a; vgl. S. 63) und Zeichnungen (b) dokumentiert. Für Publikationen müssen die Zeichnungen schematisch umgesetzt werden (c). Am Beispiel eines Wallprofils werden diese Arbeitsschritte hier verdeutlicht.

Abb. 15
Neben den Resten eines römischen Zugtieres mit Anschirrung kamen in der Grabungsfläche des Jahres 1992 weitere Tierzähne zum Vorschein. Bei dem abgebildeten Beispiel sind die Zahnreihen, obgleich die Zähne etwas verrutscht sind, noch gut zu erkennen.

struktion genauer zu untersuchen und die in der näheren Umgebung des Walles im allgemeinen sehr zahlreichen Funde zu bergen. Beide Flächen bestätigten das Bild: Im Vorfeld des Walles waren nur wenige Funde erhalten, und die Gruben gehörten offenbar alle zu der Siedlung der Vorrömischen Eisenzeit; am Fuß der Rasensodenmauer, deren Innenseite auch hier von Drainagegräben begleitet wurde (Abb. 14), lag hingegen eine große Anzahl von römischen Münzen und Militaria.

Eine Besonderheit war allerdings in dieser Fläche festzustellen: Während bisher nur geringe Reste von Knochen entdeckt worden waren – diese vergehen in dem kalkarmen Sandboden innerhalb kurzer Zeit –, konnten hier an mehreren Stellen Knochen und Zähne geborgen werden, die überwiegend von römischen Pferden oder Maultieren stammen

(Abb. 15). Konserviert wurden diese Knochen wohl durch die Nähe zu Kalksteinbrocken, die vom nur wenige Meter entfernten anstehenden Fels des Kalkrieser Berges stammen. In einem Fall allerdings sorgte die Nähe zu großen Bronze- und Eisenteilen für die gute Erhaltung: das Kupfer einer bronzenen Deichselkappe hat die Konservierung von Schädel- und Wirbelsäulenteilen eines römischen Zugtieres bewirkt, das offenbar vor dem Wall umgekommen und teilweise sofort von abrutschenden Plaggen überdeckt worden war, so daß es nicht vollständig geplündert werden konnte. Da dieser Fundkomplex bei den Ausgrabungen rechtzeitig entdeckt worden war, konnten die Teile im Zusammenhang geborgen und in der Werkstatt des Kulturgeschichtlichen Museums Osnabrück sorgfältig weiter freigelegt werden.

Dieser Fund war eine große Überraschung, denn mit einem so großen zusammenhängenden Fundbereich hatte man nicht rechnen können. An diesem Fundkomplex aber wird das dramatische Geschehen des Jahres 9 n.Chr., das sich bei den Grabungen normalerweise nicht direkt erschließen läßt, besonders deutlich. Es bleibt zu hoffen, daß die zukünftigen Ausgrabungen am Oberesch und auf anderen Fundstellen am Kalkrieser Berg weitere Erkenntnisse liefern, die uns helfen, die damaligen Ereignisse besser zu erfassen. Offensichtlich geworden ist jedenfalls, daß nur durch sorgfältige archäologische Ausgrabungen das Problem der Varusschlacht gelöst werden kann.

Literatur

Zur vorgeschichtlichen Besiedlung am Oberesch und im Umkreis des Kalkrieser Berges:

WILBERS-ROST, S., *Die Besiedlung der Kalkrieser-Niewedder Senke in vorgeschichtlicher Zeit. In:* SCHLÜTER, W., *Römer im Osnabrücker Land. Die Ausgrabungen in Kalkriese. Bramsche 1991, 15–17.*

WILBERS-ROST, S., *Die vorgeschichtliche Besiedlung der Kalkrieser-Niewedder Senke. In:* BERGER, F., FRANZIUS, G., SCHLÜTER, W., WILBERS-ROST, S., *Archäologische Quellen zur Varusschlacht? Antike Welt 22, 1991, 227.*

ROST, A., u. WILBERS-ROST, S., *Die vorgeschichtliche Besiedlung am Kalkrieser Berg zwischen Engter und Schwagstorf. In:* SCHLÜTER, W., *und andere, Archäologische Zeugnisse zur Varusschlacht? Die Untersuchungen in der Kalkrieser-Niewedder Senke bei Osnabrück. Germania 70, 1992, 2. Halbband 344–349.*

Zu den Grabungsbefunden:

WILBERS-ROST, S., *Grabungsbefunde auf dem »Oberesch« in Kalkriese, Stadt Bramsche, Landkreis Osnabrück. In:* SCHLÜTER, W., *und andere, Archäologische Zeugnisse zur Varusschlacht? Die Untersuchungen in der Kalkrieser-Niewedder Senke bei Osnabrück. Germania 70, 1992, 2. Halbband 330–335.*

Jörg Lienemann
Der Oberesch am Kalkrieser Berg

Entstehung und Aufbau der Plaggenesche

Plaggenesche gehen auf eine historische Wirtschaftsweise zurück, die im nordwestdeutschen Raum vor annähernd 1000 Jahren eingeführt wurde und bis zum Beginn des 20. Jahrhunderts in Gebrauch war.

Der Übergang von einer sehr extensiven Landnutzung mit oft mehrjährigen Pausen bei der Bestellung eines Ackers hin zum sogenannten »ewigen Roggenbau« mit jährlicher, immer wiederkehrender Einsaat von Winterroggen, führte zu einem erheblich gesteigerten Nährstoffentzug, der vor den Erfindungen Justus' von Liebig (Entwicklung des Mineraldüngers) nicht einfach »aus der Tüte« auszugleichen war. Auch die Verwendung von Stalldung hatte ihre Grenzen, weil die damaligen Viehbestände auch nicht annähernd mit den heutigen zu vergleichen waren und nicht genügend Mist zur Verfügung stand.

Mit der Einführung der Plaggenwirtschaft fand man einen Ausweg aus dieser Misere, wenngleich einen sehr mühsamen.

Auf Flächen ohne landwirtschaftliche Nutzung, und die gab es zunächst noch reichlich, schlug man den bewachsenen, humosen Oberboden flach ab und beförderte die so gewonnenen Plaggen zum größten Teil in den Stall. Hier ersetzten sie das damals wertvolle und als Zusatzfutter verwendete Stroh als Einstreu. Die Plaggen wurden in den (Tief-) Ställen durch Eintreten intensiv mit den Ausscheidungen des Viehs vermischt und bildeten bald eine nährstoffreiche Masse, die nach einiger Zeit, d.h. spätestens, wenn sich der Fußboden allzu sehr dem Dach näherte, auf den Acker gebracht wurde.

Daß man bei diesem Verfahren neben den Nährstoffen immer auch nicht zersetzbare mineralische Bestandteile hin und her transportierte und letztlich auf dem Esch ablud, mag überwiegend eine lästige Nebenerscheinung gewesen sein. Auf jeden Fall wuchs damit der Plaggenesch mehr und mehr in die Höhe und erreichte in einigen Fällen eine Mächtigkeit von über 1 Meter. Diese Aufhöhung ist örtlich offenbar auch ganz bewußt durchgeführt worden, z.B. um aus dem Bereich eines hoch anstehenden Grund- oder Stauwasserspiegels herauszukommen.

Die in Nordwestdeutschland vorkommenden Plaggenesche sind nun nicht alle gleich. Verschiedenartige bodenkundliche und geologische Gegebenheiten auf den aufgeplaggten und den abgeplaggten Flächen haben zu Unterschieden geführt. Etwas vereinfacht kann man die Esche in den sehr verbreiteten Typ des schwarz-grauen Plaggeneschs und den nicht so häufigen Typ des braunen Plaggeneschs unterteilen.

Der schwarz-graue Plaggenesch ist vor allem in Gegenden zu finden, die vom Bodentyp des Podsol in meist sehr deutlicher Ausbildung geprägt sind. Ein Podsol liefert durch verschiedene negative Eigenschaften, vor allem auch den geringen natürlichen Vorrat an Pflanzennährstoffen, einen nur sehr kärglichen Acker. Solche Flächen hat man, nachdem man sie meist auch vorher schon beackert hatte, zu Eschen aufgeplaggt. Der ursprüngliche Boden wurde dadurch begraben. Eine intensive Durchmischung der neuen Bodenauflage mit dem alten Untergrund fand kaum statt, so daß man heute noch den alten begrabenen, d.h. fossilen Boden unter dem Esch erkennen kann. Die Auflage ist dann durch andauerndes Pflügen meist zu einer sehr homogenen Masse vermischt worden.

Es gibt jedoch auch Plaggenesche, bei denen im Laufe der Entstehung das Auftragsmaterial gewechselt hat. Das geschah wohl nicht willkürlich, sondern aus der Not heraus, noch geeignete Plaggenmattflächen zu finden. Der Wechsel geht eigentlich immer von qualitativ besseren Plaggen, z. B. Wiesenplaggen, zu minderwertigerem Material, z. B. zu Plaggen aus Heidegebieten. Diese Heiden haben sich zum großen Teil erst während der Plaggenwirtschaft durch das Plaggenschlagen gebildet. Weil die Weidegründe das anspruchsvollere Rindvieh dann nicht mehr ernähren konnten, war der rindviehhaltende Bauer häufig gezwungen, zur Schafhaltung überzugehen.

Neben der Qualitätsverbesserung auf dem Esch führte diese Wirtschaftsweise nämlich auch zu einer Landschaftszerstörung, die man gebietsweise schon als katastrophal bezeichnen muß. Durch immer wieder durchgeführtes Plaggen verschwanden die humus- und nährstoffreichen oberen Teile der Böden auf der Plaggenmatt vollständig. Die Folgen waren völlig verwüstete und von Auswehungen weiter beeinträchtigte Gebiete, die weite Teile der Landschaft einnahmen. Durch die Ablagerung des ausgewehten Materials in Form von Binnendünen und Flugsandfeldern auch auf Äckern und in Dörfern wurden weitere Schäden verursacht, die z.B. im nordwestlichen Niedersachsen heute noch gut erkennbar sind.

Die braunen Plaggenesche unterscheiden sich in gewisser Hinsicht von den grau-schwarzen Auftragsböden. Sie sind überwiegend in Gegenden mit natürlich besseren Böden zu finden. Braunerden, Parabraunerden, nicht sehr nasse Pseudogleye und auch Podsole in weniger extremer Ausprägung bildeten bessere Voraussetzungen für eine Landwirtschaft, die den Bauern auch ernähren konnte.

Auch die braunen Esche sind aus Plaggen aufgebaut. Man konnte in diesen bevorzugten Gebieten jedoch noch lange oder ausschließlich auf Plaggen von besseren Standorten zurückgreifen, die aus irgendwelchen Gründen nicht beackert wurden, weil sie z.B. zu naß (Auen) oder auch bewaldet waren.

Die braunen Plaggenesche zeigen im Untergrund überwiegend schon stärkere menschliche Beeinflussung, d.h. vor der Plaggenwirtschaft sind die entsprechenden Standorte meist schon intensiv beackert und der Boden somit stärker durchmischt worden. Auch sind die anstehenden Böden mehr in den aufliegenden Eschhorizont aufgegangen. Eine scharfe Abgrenzung zwischen Esch und ehemaliger Oberfläche ist damit nicht so leicht, allerdings oft immer noch möglich. Die Mächtigkeit des Eschhorizonts ist bei den braunen Plaggenböden meist geringer, kann in Einzelfällen aber auch 1 m erreichen. Neben der besseren Nährstoffversorgung ist bei manchen braunen Eschen wohl auch die zu starke Wasserbeeinflussung des ursprünglichen Ackers ein Grund für das Aufplaggen gewesen.

Die Eschwirtschaft bzw. das Plaggenschlagen hat somit zu Ackerstandorten geführt, die in verschiedener Hinsicht aus der Umgebung »herausgehoben« sind. Sie sind meist plateauartige Erhebungen und zeichnen sich durch eine relativ gute ackerbauliche Qualität aus. Daneben wirken sie wie Konservierungsmittel für die begrabenen Flächen, die dadurch dem Zugriff des Menschen entzogen worden sind.

Neben manchen siedlungsgeographischen und anderen Aspekten, sind Plaggenesche dadurch für Historiker und vor allem Archäologen besonders interessant, wie das Beispiel des Obereschs in Kalkriese zeigt.

Der Esch auf dem Schlachtfeld

Der »Oberesch« am Fuß des Kalkrieser Berges umfaßt heute eine Fläche von etwa 6 ha, von denen ein Teil vor etwa 30 Jahren mit Nadelholz aufgeforstet worden ist. Er ist als brauner Plaggenesch anzusprechen, dessen Beginn nach Keramikfunden an der Unterkante der Auflage in das späte Mittelalter (13./14. Jh.) zurückreicht. Der ehemals hier anstehende Bodentyp wechselt auf dieser doch relativ kleinen Fläche recht häufig.

Der dominierende Bodentyp war Podsol, der in seiner Ausprägung jedoch recht unterschiedlich ist. Am Fuß des Hanges treten neben stau- und grundwasserbeeinflußten Böden (Pseudogley und Gley) vor allem feuchte Podsole auf. Dies sind Podsol-Gleye, Podsol-Pseudogleye und Anmoorpodsole, stellenweise mit muddeartigen Einlagerungen aus sehr feinem organischen Material. Hangaufwärts geht der Boden dann in reinen Podsol über, stellenweise mit stark ausgeprägtem Ortstein. Auch in diesem Bereich ist immer wieder deutlicher Stauwassereinfluß erkennbar. Am oberen Ende des Esch wechselt der Podsol innerhalb weniger Meter zu einem sehr deutlich ausgeprägten Pseudogley. Der starke Wasserstau wird hier durch hoch anstehenden, sehr dichten, tonigen Lehm verursacht.

Die Mächtigkeit des Eschhorizonts schwankt zwischen 0,50 m und 0,70 m, stellenweise erreicht sie jedoch auch Werte von mehr als 1 m.

Abb. 1 zeigt den über weite Strecken typischen Profilaufbau des Obereschs sehr deutlich. Ganz oben ist ein dunkelbrauner Horizont erkennbar. Dies ist der jetzige gepflügte und gedüngte und dadurch dunkel verfärbte Bereich dieses Ackers. Darunter folgt eine hellbraune Zone, die auch zum Eschhorizont gehört, von der heutigen Landwirtschaft aber nicht mehr erreicht wird. Geht man noch tiefer, gelangt man in den Bereich des ehemaligen Bodens. Der alte humusreiche Oberboden (A_h- bzw. A_p-Horizont) ist verschwunden bzw. durch Einarbeitung im Eschhorizont aufgegangen. Diese Eingriffe reichen bis in das darunterliegende »weiße Band«, den Bleichhorizont des alten Podsols. Das meiste von diesem Bleichhorizont ist jedoch noch erhalten, wie auch die darunterliegenden Bereiche mit dem Anreicherungshorizont (B_{hs}-Horizont), d.h. der Zone in dem das aus dem Bleichhorizont ausgewaschene Material zum größten Teil wieder gebunden ist.

Es ist also durch derartige Gruben oder Schnitte möglich, die alte Oberfläche in etwa zu rekonstruieren. Schneller (und billiger) läßt sich das auch mit einem Bohrstock von passender Länge erreichen.

Abb. 1
Kalkriese, Oberesch, Schnitt VII,
Profilaufbau:
a Dunkelbrauner, gepflügter und
gedüngter Eschhorizont;
b hellbrauner, von der heutigen
Landwirtschaft nicht mehr
erreichter Eschhorizont;
c Bleichhorizont des alten Podsols
(der alte humusreiche Oberboden
des Podsols ist durch Einarbeitung
im Eschhorizont aufgegangen);
d Anreicherungshorizont, in dem
das aus dem Bleichhorizont ausge-
waschene Material zum größten
Teil wieder gebunden ist.

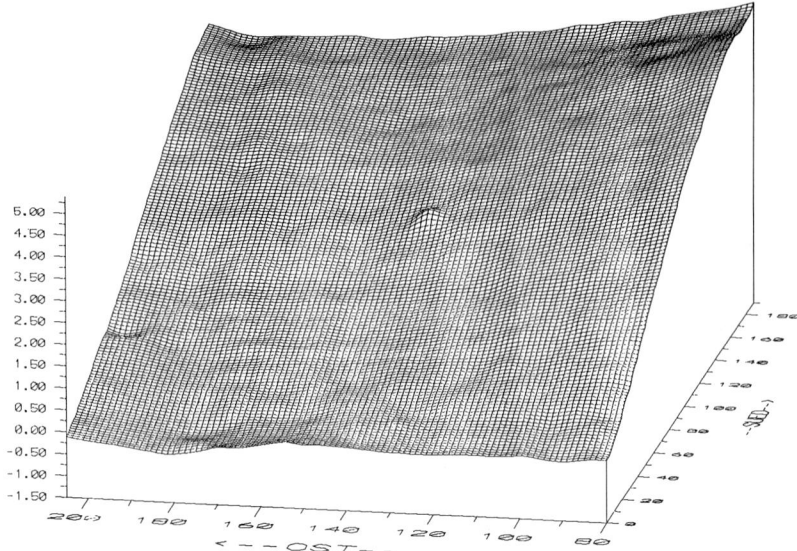

Abb. 2
Kalkriese, Oberesch.
5 m – Nivellement, 10fach über-
höht. Heutige Oberfläche.

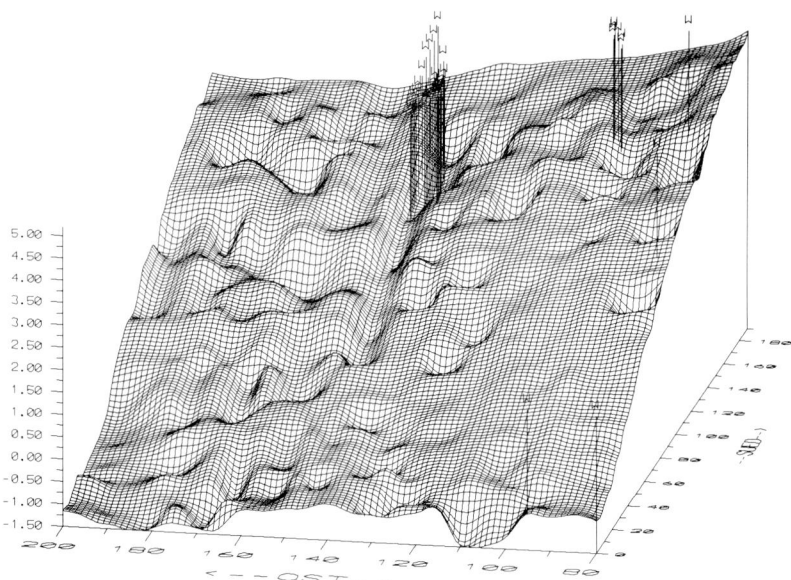

Abb. 3
Kalkriese, Oberesch.
2 m – Bohrnivellement, 10fach
überhöht. Eschunterkante mit
Störungen und fossilen Gewässern.

78

Der Oberesch von Kalkriese ist wie fast alle Esche recht eben (vgl. Abb. 2). Durch die Bohrungen zeigte sich jedoch, daß die ehemalige Oberfläche ganz anders ausgesehen hat. Manche Mulde und Senke ist zu erkennen und oft ist in diesen Vertiefungen auch noch nachweisbar, daß sie zumindest zeitweise mit Wasser gefüllt waren (vgl. Abb. 3). Die Passierbarkeit dieser Fläche war vor dem Entstehen des Plaggeneschs also deutlich schlechter und mag bei der Bedeutung dieses Gebietes als mögliches Schlachtfeld eine Rolle gespielt haben. Die Erstürmung dieses Hangs ist durch die frühere Gestalt bestimmt recht schwierig, bei entsprechender Gegenwehr und ungünstiger Witterung u. U. sogar unmöglich gewesen.

U. Dieckmann/R. Pott
Archäobotanische Untersuchungen in der Kalkrieser-Niewedder Senke

Einführung

Die Archäobotanik beschäftigt sich mit der Untersuchung von pflanzlichen Mikro- und Makroresten, Holzkohlen und Hölzern (Abb. 1). Mit der Bestimmung von Pollen, Sporen, Früchten, Samen und anderen Pflanzenresten in geeigneten Torf- und Bodenablagerungen kann der Archäobotaniker Fragen der Paläoökologie und Paläoethnobotanik klären (Abb. 2). In interdisziplinärer Zusammenarbeit mit Geologen, Klimatologen und weiteren Natur- und Geisteswissenschaftlern, insbesondere den Archäologen und Historikern, versucht der Archäobotaniker vergangene Umweltverhältnisse und die Lebensbedingungen früherer Kulturen zu rekonstruieren, wie es beispielhaft bei WILLERDING (1978) sowie BEHRE und JACOMET (1991) dargestellt ist. Hierbei interessieren insbesondere Fragen nach der Einflußnahme des prähistorischen und historischen Menschen auf seine natürliche Umwelt, seine Nahrungswirtschaft und Fragen nach dem Siedlungsgeschehen (Abb. 2). Wie veränderte sich beispielsweise die ursprüngliche Vegetations- und Landschaftsstruktur unter dem Einfluß des Menschen?

Auch die archäologischen Funde aus spätaugusteischer Zeit, die in der Kalkrieser-Niewedder Senke am Nordrand des Wiehengebirges gemacht wurden, bieten die Grundlage für eine enge Zusammenarbeit von Archäologen und Archäobotanikern.

Tatsächlich ist über die Landschaftsstruktur und Siedlungsdichte der *Germania libera* im nordwestdeutschen Raum bislang relativ wenig bekannt. Zwar berichtet Tacitus in seinem Buch »Germania«, aber land-

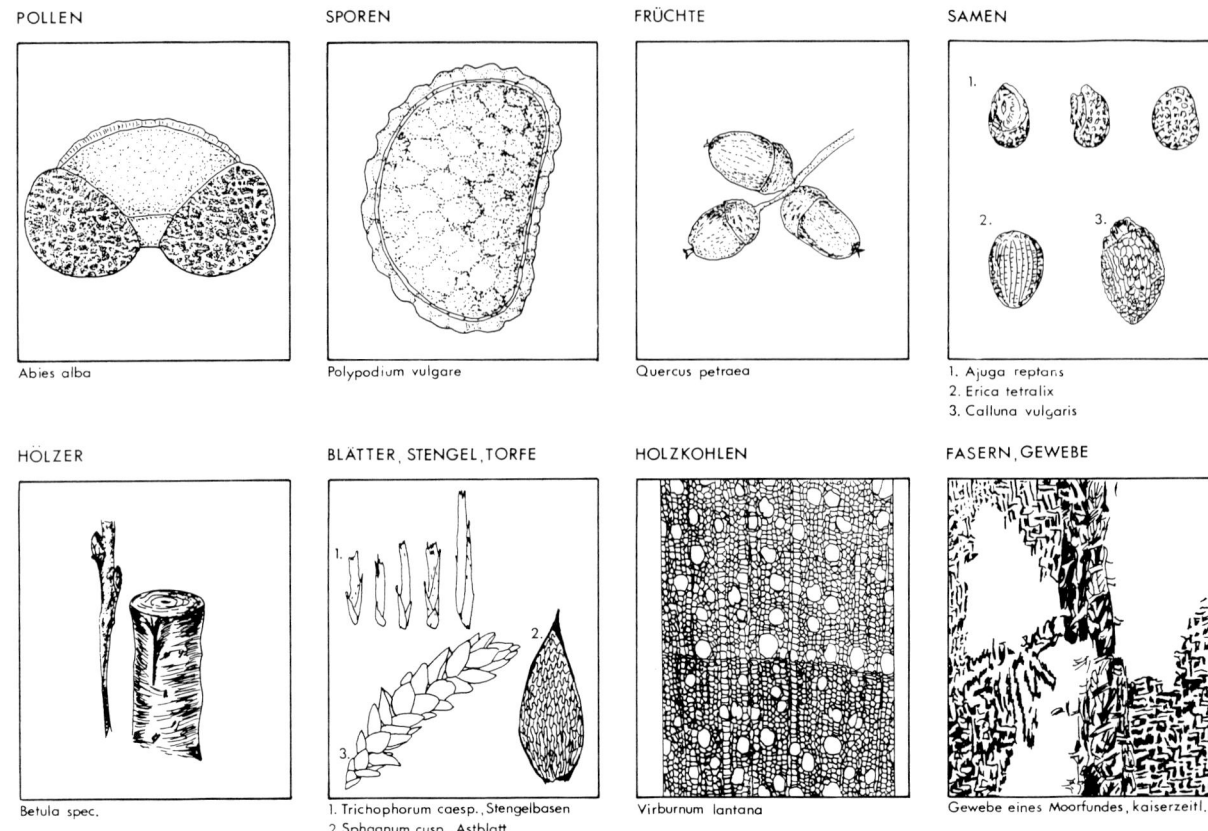

POLLEN

Abies alba

SPOREN

Polypodium vulgare

FRÜCHTE

Quercus petraea

SAMEN

1. Ajuga reptans
2. Erica tetralix
3. Calluna vulgaris

HÖLZER

Betula spec.

BLÄTTER, STENGEL, TORFE

1. Trichophorum caesp., Stengelbasen
2. Sphagnum cusp., Astblatt
3. Sphagnum magel., Ästchen

HOLZKOHLEN

Virburnum lantana

FASERN, GEWEBE

Gewebe eines Moorfundes, kaiserzeitl.

schaftsprägende naturräumliche Einheiten werden darin nur selten beschrieben.

War der Raum um den Kalkrieser Berg zu Zeiten des Varus eine mehr oder weniger unberührte, unzugängliche Waldlandschaft? Will man den Ablauf des Geschehens und die wohl nicht zufällige Lage der entdeckten germanischen Wallanlagen richtig einordnen, so erscheint die Kenntnis der damaligen Vegetationsverhältnisse eine unerläßliche Voraussetzung.

Die Reste von Siedlungsspuren, die auf eine kontinuierliche Besiedlung und damit eine zwangsläufig verbundene Einflußnahme des Menschen auf den Naturraum schließen lassen, machen die Annahme einer geschlossenen Waldlandschaft zu Zeiten der Varusschlacht eher unwahrscheinlich.

Abb. 1
Untersuchungsgegenstand archäobotanischer Forschung.

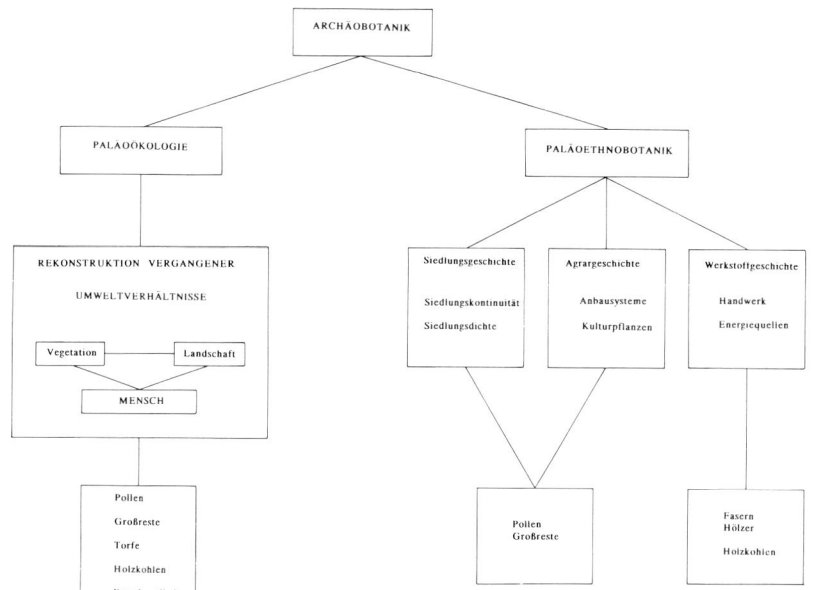

Abb. 2
Arbeitsfelder der historischen
Geobotanik.

Wurden die Wallanlagen im Engpaßbereich des Kalkrieser Berges nur aus geostrategischen Gründen dort errichtet, oder waren schon geeignete Strukturen vorhanden? Um solche und ähnliche Fragen einer wissenschaftlich fundierten Klärung näher zu bringen, erscheint eine Rekonstruktion des damaligen Landschafts-und Vegetationsbildes geradezu zwingend.

Dabei bieten sich jetzt durch die reichhaltig angefallenen botanischen Makroreste in verschiedenen Mooren der unmittelbaren Umgebung des archäologischen Ausgrabungsplatzes paläobotanische Begleituntersuchungen als besonders lohnend an. Insbesondere durch pollenanalytische Untersuchungen können die Fragen nach der Landschaftsstruktur, der Siedlungsentwicklung und natürlich der Siedlungskontinuität des Raumes geklärt werden. Hieraus ergibt sich die Möglichkeit, die archäologischen Befunde durch siedlungsarchäologische, siedlungsgeographische und paläoökologische Erkenntnisse im Gebiet zwischen Hase und Hunte bzw. im Großen Moor und am Rand des Wiehengebirges zu stützen.

Der Untersuchungsraum

Geographische Lage

Die Kalkrieser-Niewedder Senke ist ein etwa 6 km langer, ostwestlich verlaufender Engpaß zwischen dem Kalkrieser Berg im Süden und dem Großen Moor im Norden und liegt am Südrand der zur norddeutschen Tiefebene gehörenden Dümmer-Geestniederung. Unmittelbar südlich schließt mit dem Osnabrücker Berg- und Hügelland ein Teilbereich des westlichen Weserberglandes an, der im Süden durch den Teutoburger Wald und im Norden durch das Wiehengebirge begrenzt wird (Abb. 3).

Die potentielle natürliche Vegetation des Gebietes

Mit dem Begriff der »potentiellen natürlichen Vegetation« wird nach BURRICHTER, POTT und FURCH (1988) ein hypothetisch konstruierten Zustand der Vegetation, der sich unter Ausschaltung menschlicher Wirtschaftsweisen, unter Berücksichtigung der heute herrschenden Standorts- und Klimabedingungen und nach Ablauf der entsprechenden Vegetations- und Sukzessionsstadien zu entwickeln vermag.

Ohne die umgestaltenden Eingriffe des Menschen wäre das gesamte Gebiet der Kalkrieser-Niewedder Senke und das Osnabrücker Berg- und Hügelland mit Ausnahme der Gewässer und Hochmoorbiotope, von geschlossenen Laubwäldern bedeckt.

Dabei gelten die nährstoffarmen pleistozänen Niederungssande und Flugsanddecken als potentielles Wuchsgebiet des Eichen-Birkenwaldes *(Betulo-Quercetum)*. Die wissenschaftliche Bezeichnung der Pflanzensoziologischen Einheiten erfolgt nach POTT (1992b). Eine weitere potentielle Waldgesellschaft bildet der Buchen-Eichenwald *(Fago-Quercetum)*, der sich auf den nährstoffreicheren Hangsanden des Kalkrieser Berges einstellen würde. Der Eichen-Hainbuchenwald *(Stellario-Carpinetum)* kommt kleinflächig als substratbedingte, azonale Vegetationseinheit auf nährstoffreichen, staufeuchten Geschiebelehmböden im unteren Hangbereich vor. Auf den basen- und nährstoffreichen Böden des Kalkrieser Berges bzw. des Osnabrücker Hügellandes – überwiegend auf Kalk –, bildet der artenreiche Waldmeister-Buchenwald *(Galio odorati - Fagetum)* die potentielle natürliche Waldgesellschaft. Die nährstoffärmeren und basenarmen quarzitischen Böden tragen den artenarmen Hainsimsen-Buchenwald *(Luzulo-Fagetum)*.

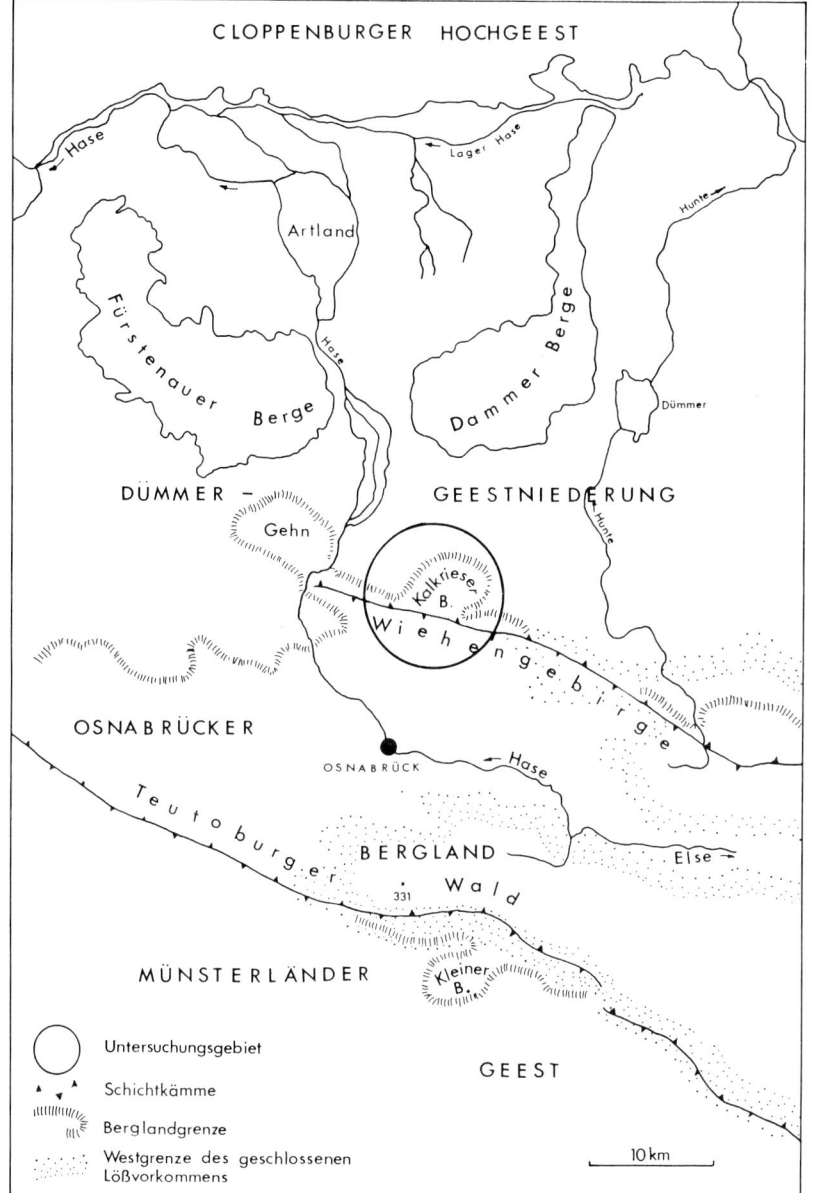

CLOPPENBURGER HOCHGEEST

Hase

Lager Hase

Hunte

Artland

Fürstenauer Berge

Dammer Berge

Hase

Dümmer

DÜMMER –

GEESTNIEDERUNG

Gehn

Hunte

Kalkrieser B.

Wiehengebirge

OSNABRÜCKER

OSNABRÜCK

Hase

Teutoburger

BERGLAND

Else

331

Wald

MÜNSTERLÄNDER

Kleiner B.

GEEST

Untersuchungsgebiet

Schichtkämme

Berglandgrenze

Westgrenze des geschlossenen
Lößvorkommens

10 km

Abb. 3
Die Lage des Untersuchungsge-
bietes am Nordrand des Wiehen-
gebirges zwischen Hase und
Hunte. Nach: Handbuch d.
naturk. Gliederung Deutschlands
1953-1962, Inst. f. Landesk. i. d.
Bundesanstalt f. Landesk. u.
Raumforsch. (Hrsg.).

Alle heute von Niedermooren gekennzeichneten Niederungen und Bachtäler sind potentielle Standorte der Erlen- und Birkenbruchwälder (*Carici-elongatae Alnetum, Betuletum pubescentis alnetosum* und *Betuletum pubescentis*). Gebiete dieses Typs finden sich in den Randbereichen des Großen Moores sowie im Verlauf von Hunte und Hase.

Einen großen Flächenanteil nehmen dabei die Hochmoore ein. Hochmoore sind ursprünglich waldlos und bedecken die ehemaligen Talsandebenen oder haben sich kleinräumig auf der Geest in Muldenlagen entwickelt. Kleinere Moorinitialen sind über weite Flächen des Umlandes transgrediert, haben sich mit anderen Initialen zusammengeschlossen und bilden deshalb größere zusammenhängende Moorkomplexe wie z.B. das Große Moor. Die äußerst artenarme Vegetation der Hochmoore gliedert sich in gehölzfreie Bult- und Schlenkengesellschaften der *Oxycocco-Sphagnetea* und *Scheuzerietalia*. In den vergangenen Jahrhunderten – besonders in den prähistorischen und frühmittelalterlichen Abschnitten – kamen Vegetations- und Landschaftsbild den natürlichen oder naturnahen Bedingungen, wie sie mit der potentiellen natürlichen Vegetation beschrieben werden können, noch sehr nahe. Deshalb sind die Komponenten dieser Vegetationseinheiten auch als mögliche Hauptlieferanten des Polleneintrages in die Moore in der Vergangenheit anzusehen, was für die Interpretation pollenanalytischer Aussagen und Ergebnisse von großer Bedeutung ist (POTT 1988a).

Die aktuelle Vegetation des Gebietes

Die aktuelle Vegetation umfaßt den augenblicklichen realen Vegetationszustand eines Gebietes.

Das ursprüngliche natürliche Vegetationsbild einer geschlossenen Waldlandschaft und ihren angrenzenden Moorflächen ist heute einer offenen, intensiv genutzten Wirtschafts- und Kulturlandschaft gewichen, die von naturnahen oder halbnatürlichen anthropogenen, kulturbedingten Pflanzengesellschaften beherrscht wird. Für die Bewertung der annuellen Vegetation und die Interpretation ihrer Herleitung nach der potentiellen Vegetation ist die historische Erfassung und Ableitung ebenfalls sehr wichtig.

Die ehemaligen Hochmoore wurden nach weitgehender Entwässerung zur Torfgewinnung abgebaut, nachfolgend kultiviert und als Grünland oder Moorgrünland landwirtschaftlich genutzt. Kleinflächig liegen sie nun als verheidete, zerkuhlte und mit Pfeifengrasbeständen oder Moor-Birkenwald besetzte Restflächen vor. Natürliche Ausbildungen bestehen nur noch fragmentarisch.

Im Zuge des Gewässer- und Kulturbaues und der damit verbundenen Absenkung des Grundwassers sind die Bereiche der Erlen- und Birkenbruchwälder in den Bach- und Flußtälern heute zumeist durch intensiv genutztes Wirtschaftsgrünland ersetzt und nur in schmalen Bändern an den Gewässerläufen als Fragmente erhalten geblieben.

Das Gebiet des Eichen-Birkenwaldes auf den pleistozänen Sanden im Umfeld der Kalkrieser Senke ist fast vollständig durch Grünländer, Äcker und Kiefernforste besetzt. Seit Mitte des vorherigen Jahrhunderts haben die Kiefernforste die durch das Heidebauerntum im Spätmittelalter und in der frühen Neuzeit großflächig entstandenen Zwergstrauchheiden abgelöst.

Auch die Buchen-Eichenwälder sind schon früh in Ackerflächen umgewandelt worden. Das geschah seit dem frühen Neolithikum (ab etwa 3200 v. Chr.) und ist für die Bewertung der römerzeitlichen Landschaft von großer Bedeutung.

Die heutige Artenkombination der Wälder entspricht aber nicht mehr den natürlichen Gegebenheiten, sondern ist rein forstökonomisch orientiert. Das Gebiet des Hainsimsen- und Waldmeister-Buchenwaldes ist aufgrund der landwirtschaftlich ungünstigen Boden- und Reliefverhältnisse zwar insgesamt noch eine Waldlandschaft geblieben, jedoch ist im Bereich der Silikatbuchenwälder der Anteil an Nadelholzbeständen erheblich gestiegen. Hier dominieren ausgedehnte Fichtenforste.

Neben den forstökonomisch beabsichtigten Holzartenwandel sind Veränderungen im Arteninventar der Wälder zu unterscheiden, die sich im Laufe der Zeit als Folge historischer Wirtschaftsweisen einstellten, z.B. Umwandlungen als Folge von Weideselektion (Viehverbiß), Schneitelung oder Niederwaldwirtschaft (BURRICHTER und POTT 1983, POTT 1985, 1987).

Die Unterschiede zwischen potentieller natürlicher Vegetation und aktueller Vegetation sind historisch und ökologisch erklärbar. Sie sind von großer Wichtigkeit für Aussagen über Vegetations- und Landschaftsveränderungen in verschiedenen Epochen. Die hier interessierende Fragestellung nach dem Landschafts- und Vegetationszustand der Kalkrieser Region vor, während und nach der Römischen Kaiserzeit kann durch geeignete Pollenanalysen und Interpretationen entsprechender Torfhorizonte erstellt werden.

Archäobotanischer Forschungsstand

In den einzelnen Regionen ***des nicht von Rom besetzten Gebietes*** ist die archäobotanische Untersuchung des Zeitraums während und nach der Römischen Kaiserzeit unterschiedlich weit fortgeschritten (WILLERDING 1992).

Über die damals herrschenden Umweltverhältnisse im Bereich der deutschen Marschenküsten und der angrenzenden Geestgebiete liegen entsprechende Arbeiten von BEHRE (1976, 1985), BEHRE und KUČAN (1986) und KÖRBER-GROHNE (1967) vor. Die Landschaftsentwicklung an der unteren Ems beschreibt BEHRE (1970, 1972, 1977). Die Vegetations- und Siedlungsentwicklung im niedersächsischen Bergland und den benachbarten Gebieten erfassen mehrere palynologische Arbeiten (BURRICHTER 1976, KRAMM 1978, MOHR 1990, PFAFFENBERG und DIENEMANN 1961, POTT 1982, 1984, 1990, SCHNEIDER und STECKMANN 1963, SCHWAAR 1976, WIERMANN und SCHULZE 1986). Zudem existiert eine Reihe von Publikationen zur extensiven Wirtschaftsweise des prähistorischen und historischen Menschen und den daraus bedingten Veränderungen des Vegetationsbildes (BEHRE 1980, 1988, BURRICHTER 1977, BURRICHTER und POTT 1983, KÜSTER 1988, POTT 1983, 1985, 1988b, 1989, POTT und HÜPPE 1991, WILLERDING 1989).

Archäobotanische Forschungsziele

Die angestrebten archäobotanischen/paläoökologischen Untersuchungen ermöglichen eine weiterreichende Interpretation und Erweiterung des derzeitigen archäologischen Forschungsstandes hinsichtlich der historischen Interpretation und Rekonstruktion der Altlandschaft. Neben der Bearbeitung von historischen Quellen liefern die palynologischen Untersuchungen einen unabhängigen und naturwissenschaftlich fundierten Beitrag zur Siedlungsgeschichte.

Im Einzelnen sollen folgende Punkte mittels archäobotanischer Untersuchungen geklärt werden:
- Prospektion weiterer Moore auf ihre Eignung für die archäobotanischen Untersuchungen.
- Moorstratigraphische Untersuchungen hinsichtlich der Moor- und Vegetationsentwicklung.

- Rekonstruktion der lokalen und regionalen Vegetations- und Siedlungsgeschichte zur Erfassung und Dokumentation der prähistorischen und historischen Umweltsituationen in verschiedenen Zeitepochen.
- Paläoökologische Untersuchungen zur regionalen und lokalen Landschafts- und Vegetationsentwicklung unter dem Einfluß des Menschen.
- Paläoökologische Untersuchungen zur anthropogenen Veränderung der Landschaft in *nachaugusteischer Zeit* und ihre Korrelation zur heutigen archäologischen Fundverteilung.
- Pollenanalytische Untersuchungen zur Datierung des Plaggenmateriales im archäologischen Ausgrabungsfeld »Oberesch«/Kalkriese.
- Pollenanalytische Untersuchungen zur Datierung des Wallmateriales der Holz-Erde-Mauer im archäologischen Ausgrabungsfeld »Oberesch«/Kalkriese.
- Bestimmung von pflanzlichen Makroresten aus den archäologischen Ausgrabungen und aus den für die Pollenanalyse ausgewählten Torf- und Bodenprofilen.
- Bestimmung von Holzkohlen und Brandpartikeln aus den archäologischen Ausgrabungen und aus den für die Pollenanalyse ausgewählten Torf- und Bodenprofilen
- Vergleich pollenanalytischer Befunde mit pflanzensoziologischen, arealgeographischen Ergebnissen sowie den landschaftsökologischen Rahmenbedingungen
- Darstellung und Interpretation eines historischen Landschaftsbildes auf der Basis des paläoökologischen Datenmaterials.

Archäobotanischer Forschungsstand

Erfassung und Auswahl der Profilentnahmestellen für die palynologischen Untersuchungen

Untersuchungsgegenstand bisher durchgeführter, prospektiver Arbeiten sind vor allem Moorstandorte in der näheren Umgebung des archäologischen Ausgrabungsfeldes »Oberesch« in Kalkriese, sowie Boden-

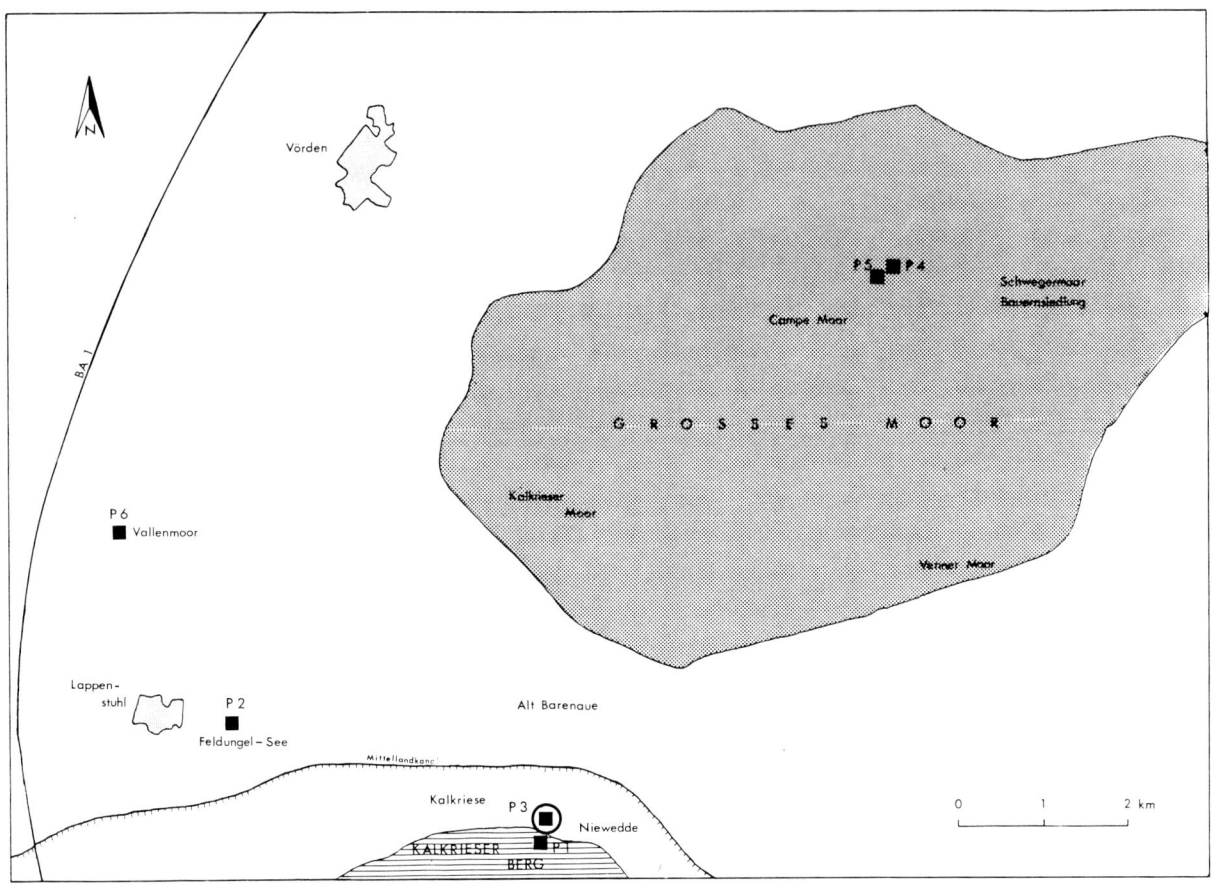

Abb. 4
Profilentnahmestellen für die
palynologischen Untersuchungen.

und Plaggenmaterial aus dem archäologischen Ausgrabungsfeld selbst.

Erste prospektive Sondierungen von Hochmooren und verschiedenen minerogenen Kleinstmooren im Untersuchungsgebiet haben ergeben, daß ein großes Spektrum der lokalen und regionalen Vegetationsgeschichte durch entsprechende palynologische Untersuchungen aufgedeckt werden kann. Aus der Vielzahl der verschiedenen Möglichkeiten wurden für die Pollenanalyse vier bis sechs geeignete Standorte ausgewählt (Abb. 4), wobei besonders Augenmerk darauf gelegt wurde, daß zum einen die Fundpunkte in möglichst großer Nähe zu den Ausgrabungen in Kalkriese-Niewedde zu liegen kamen und zum anderen eine möglichst ungestörte Torf- und Sedimentablagerung gegeben war.

Ein dichtes Netz von Pollendiagrammen in einem archäologisch und historisch begrenzten Raum ist besonders gut geeignet zur Erfassung des lokalen Vegetations- und Siedlungsganges (vgl. auch POTT 1985, 1988a). Die in Betracht gezogenen Fundpunkte wurden besonders genau sondiert, um die jeweiligen Moorbildungszentren zu lokalisieren und eine Erfassung der vollständigen zeitlichen Abfolge der Moorentwicklung zu gewährleisten. Das zeigen die folgenden Profildarstellungen.

Feldmethoden

Die Bergung der Torf- und Bodenprofile zur Prospektion des Terrains erfolgte nach Möglichkeit im »Handstichverfahren« (Abb. 5), d.h. das Profil wurde im Handstich von der Oberfläche her ergraben und geborgen. An einer Profilwand wurden von oben nach unten Torf- oder Bodenblöcke gestochen bzw. mit einer Spezialsäge aus der Torfwand herausgeschnitten, sodaß eine Kontamination des Materials mit rezenten Polleneinträgen verhindert werden konnte.

Zum besseren Transport wurden die Blöcke mit Holzbrettchen abgedeckt und in beschriftete, numerierte Polyethylentüten überführt.

Im Labor des Geobotanischen Institutes der Universität Hannover soll aus den Torfblöcken Probenmaterial für die Pollen- und Makrorestanalyse gewonnen werden. Deshalb sind die Proben in definierten Größen chronologisch in numerierten Polyethylentüten zur Lagerung tiefgefroren. Zum Zwecke der paläoökologischen Interpretation der Moor- und Landschaftsentwicklung wurde im gleichen Arbeitsgang das Torfmaterial weitergehend moorstratigraphisch analysiert.

Bei ungünstigen Wasserverhältnissen oder zu mächtigen Torfablagerungen erfolgte die prospektive Bergung mit einen Gützbohrer. Die 1 m-Bohrkerne wurden noch vor Ort in vorbereitete numerierte Plastikrinnen überführt, die sofort mit Plastikfolie verklebt wurden. Nach jeder Leerung der 1 m langen Bohrkammer erfolgte eine Wasserspülung, um eine Kontamination der folgenden Bohrkerne zu vermeiden. Die so gewonnenen Torfprofile sollen im Labor näher stratigraphisch untersucht werden. Sie sind in engen Probenabständen (2 cm-Proben) zerlegt, einzeln in numerierte Polyethylentüten verpackt und bis zur chemischen Aufbereitung in einer Tiefkühltruhe gelagert.

Abb. 5
Bergung eines Torfprofiles im Campemoor.

Labormethode

Von den fünf geborgenen Torf- bzw. Bodenprofilen wurden bislang vier Profile chemisch aufbereitet und zur ersten Orientierung palynologisch grob angezählt.

Die Aufbereitung erfolgt nach einer kombinierten Kalilauge-Acetolyse-Methode nach ERDTMAN (1954) im Labor des Geobotanischen Institutes der Universität Hannover. Das gewonnene »Pollenextrakt« wird nach der Behandlung in Glycerin eingebettet. Bei hohem Sandanteil werden die Proben zusätzlich mit Flußsäure behandelt sowie durch Absieben der Fraktion über 10 µ mit Hilfe von Ultraschall angereichert.

Zur Analyse pflanzlicher Makroreste wird ein von GROSSE-BRAUCK-MANN (1962) beschriebenes Verfahren verwandt, bei dem die Proben in 5% KOH gekocht werden, damit die nicht strukturierten Bestandteile völlig in Lösung gehen.

Probenauswertung

Für die mikroskopische Auswertung der vorliegenden Proben wird ein Lichtmikroskop mit Binokularaufsatz verwandt. Eine 400fache Vergrößerung erweist sich in den meisten Fällen als ausreichend. Ein zweites Mikroskop dient zum Vergleich schwer bestimmbarer Pollentypen mit rezentem, acetolysierten Pollenmaterial. Zur Vermeidung einer mehrmaligen Erfassung eines bereits gezählten Pollens wird die durch das Deckglas vorgegebene Fläche im Rasterverfahren mittels eines Kreuztisches abgesucht.

Die Großrestuntersuchungen erfolgen mit einem Stereomikroskop.

Die Bestimmung der Pollentypen erfolgt mit gebräuchlichen Standardwerken MOORE u. WEBB (1991), PUNT (1976), STRAKA (1976) sowie mit Hilfe einer im Geobotanischen Institut vorhandenen umfangreichen Sammlung rezenten Pollenmaterials.

In jeder Probe werden, wenn möglich, mindestens 1000 Baumpollen gezählt, um gesicherte Pollenkurven zu erhalten, die regionale und lokale Vegetationsentwicklungen aufzeigen und um Zufälligkeiten auszuschließen. Nicht immer kann die angestrebte Menge eingehalten werden; in gering pollenhaltigen Proben sollen dann nur 3–500 Baumpollen ausgezählt werden. Bestimmt und anschließend in Zählprotokolle übertragen werden alle im Sichtfeld erscheinenden Pollen- und Sporentypen.

Ergebnisdarstellung

Die absoluten Pollenzahlen werden je Probe in die entsprechenden Prozentwerte nach v. POST (1924) umgerechnet. Der Berechnung liegt die gesamte Summe der gezählten Baumpollen als Bezugsgröße zugrunde, also die Darstellung eines konventionellen Diagrammtyps.

Des weiteren werden die Verhältnisse Baumpollen (AP) und Nichtbaumpollen (NAP) berechnet und gegenübergestellt, um eventuelle Auflichtungsphasen von Wäldern zu dokumentieren.

Die kartographische Darstellung der Ergebnisse der Mikrofossilanalyse erfolgt von Hand in Form von Balkendiagrammen (Histogrammen).

Vegetationskartierung

Zusätzlich zu den pollenanalytischen Ergebnissen soll eine Kartierung der aktuellen Vegetation der Kalkrieser-Niewedder Senke mit in die Interpretation der historischen Altlandschaft einfließen.

Eine gesicherte und nachvollziehbare Rekonstruktion ehemaliger Vegetationsverhältnisse läßt sich nur mit Kenntnissen über die heutigen Pflanzengesellschaften und ihre Standortansprüche erarbeiten.

So hilft z.B. eine Dokumentation noch vorhandener Reste extensiver Landnutzungsformen, den Standortfaktor »Mensch« im Zusammenwirken mit endogenen und exogenen Regulationsmechanismen der Vegetationsentwicklung konkreter zu beurteilen. Schon der prähistorische Mensch und insbesondere der historische Mensch haben mehr oder wenig nachhaltig in die vegetationsdynamischen Prozesse eingegriffen. Die Auswirkungen vergangener anthropogener Einflüsse auf Vegetation und Landschaft prägen im Zusammenspiel mit den veränderten Standortbedingungen und die dadurch ausgelösten vegetationsdynamischen Prozesse das jeweilige historische Landschaftsbild (POTT 1988b, 1992a, KÜSTER 1990, VAN ZEIST et al. 1991). Hier bieten sich erfolgversprechende Ansätze zur Erfassung der römerzeitlichen Umwelt im Gebiet der Kalkrieser-Niewedder Senke.

Profil 1 – Kalktuffquelle Kalkriese

Das erste Torfprofil wurde innerhalb eines Kalksinter-Ringwalles mit zentraler Vermoorung bei Fisse-Niewedde an der Bundesstraße 218 geborgen.

Kalksinter sind mineralische Ausscheidungen an Quellaustritten, die sich durch Entweichen von CO^2, Änderungen von Druck und Temperatur oder durch Mitwirkung von Pflanzen bilden.

Der Wall, dessen lichte Weite 11 m und dessen Höhe rund 1 m mißt, besteht aus hartem, porösem, weißen Sandstein. Im Inneren ist der Ring mit einem etwa 100 m² großen Moor ausgefüllt. Wall sowie Moor sind nach dessen Entwässerung in den letzten zwanzig Jahren von dem Kleinen Immergrün *(Vinca minor)* überwuchert (DANISCH 1960).

Im Zentrum der Vermoorung wurde mit einem Gützbohrer ein 290 cm mächtiges Torfprofil geborgen. In 3 m Tiefe wird es von Sand unterlagert, dem nach oben hin bald Kalk, Ton und Pflanzen- und Moosreste beigemengt sind. Das Profil ist in vielen Abschnitten holz- und großrestereich (Abb. 6).

Eine stichprobenartige pollenanalytische Auswertung läßt den Beginn der Vermoorung ins Subboreal datieren und endet in jüngeren Subatlantikum.

Profil 2 – Feldungel-See

Das zweite Torfprofil stammt aus dem Naturschutzgebiet »Feldungel-See«, etwa 4 km östlich der Stadt Bramsche.

Das Naturschutzgebiet »Feldungel-See« umfaßt 5,14 ha, der See selbst nimmt davon eine Fläche von 2,01 ha ein (HOFMEISTER 1970). Die Entstehung des Sees ist auf einen Erdfall zurückzuführen.

Als eutropher See weist der Feldungel-See entsprechende Verlandungsgesellschaften auf, die z.T. nur noch fragmentarisch oder als Mischbestände vorhanden sind (WAHMHOFF 1984).

Die Torfmächtigkeiten des Feldungel-Sees liegen im südlichen Teil des Gebietes zwischen 100 und 50 cm. Die geringsten Torfablagerungen finden sich im westlichen und nördlichen Teil mit maximal 50 cm Torf. Eine

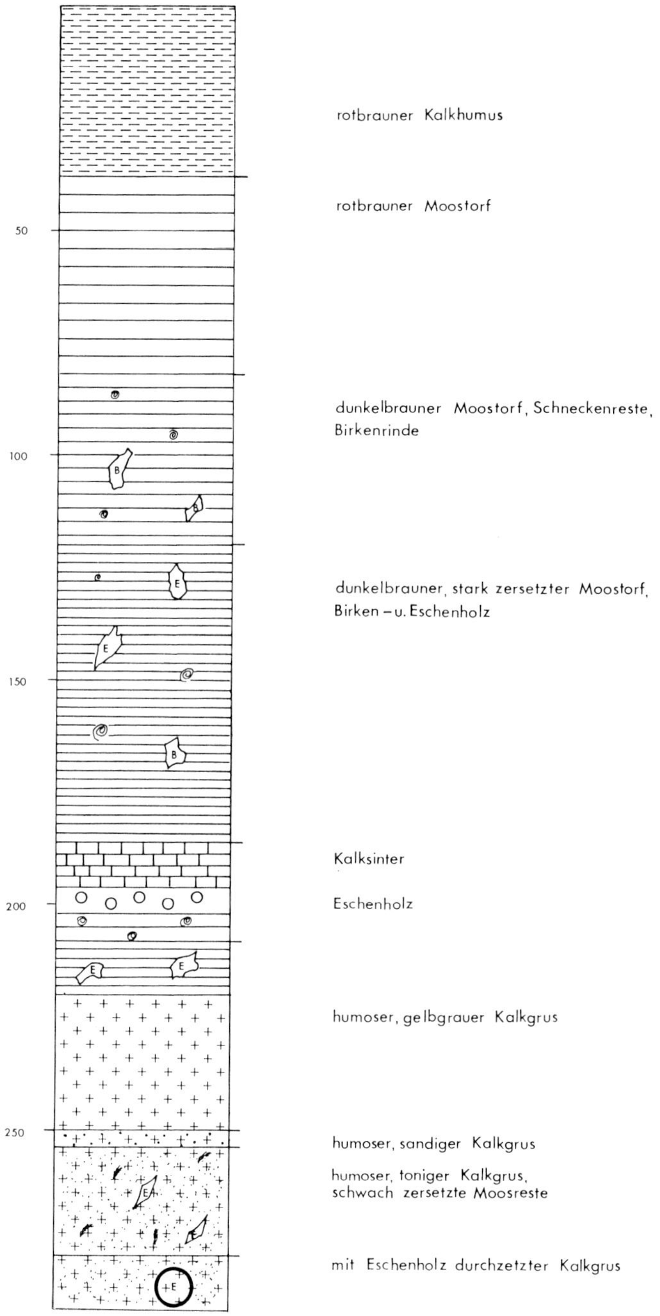

Abb. 6
Stratigramm des Boden- und Torf-profiles Kalktuffquelle Kalkriese.

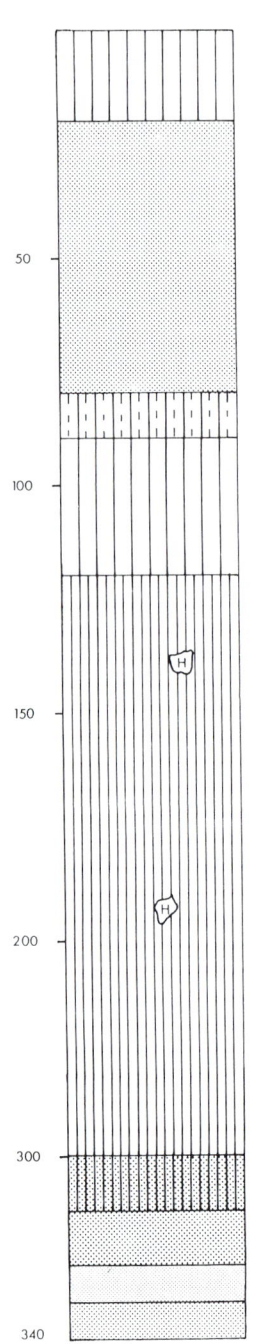

dunkelbrauner, schwach zersetzter Niedermoortorf (Hn)

hellbrauner, humoser Mittelfeinsand (mfS)

50

rotbrauner Hn, mit Phragmitesblattresten

100

schwarzbrauner, stark zersetzter Hn, Holzreste

150

200

300

schwarzgrauer, stark humoser mfS

gelbgrauer mfS
gelbgrauer toniger Feinsand (tfS)

340

Abb. 7
Stratigramm des Torfprofiles Feld-ungel-See.

Abb. 8
Bodenprofil Oberesch Kalkriese.

96

genauere Sondierung des östlichen Verlandungsbereiches ergab dort die mächtigsten Torfablagerungen mit 120 – 340 cm. In diesem Bereich wurde auch mit einem Gützbohrer ein 340 cm mächtiges Torfprofil geborgen, das sich zum größten Teil aus Niedermoortorfen zusammensetzt (Abb. 7).

Einige Proben lassen ein Alter von ca. 7000 Jahren vermuten, sodaß hier die Möglichkeit besteht, Grundlagen in Form pollenanalytischer Standardprofile für den Gang der gesamten nacheiszeitlichen Vegetations- und Siedlungsgeschichte zu schaffen. Das wird den regionalen Aspekt des Naturraumes Kalkriese gut ausleuchten und eine Bezugsbasis für die anderen Pollenprofile und vegetationsgeschichtlichen Daten liefern.

Profil 3 – »Oberesch«/Kalkriese

Das dritte Profil wurde als Bodenprofil mit Eschauflage direkt im archäologischen Ausgrabungsfeld »Oberesch«/Kalkriese geborgen. Reste der ehemaligen germanischen Befestigung (Holz-Erde-Mauer) sind im Profil erhalten (Abb. 8). Durch die Überlagerung mit Plaggenaufträgen sind sie konserviert worden.

Im Handstichverfahren konnte ein 180 cm mächtiges Profil ergraben werden.

Das gesamte Profil ist bis in 120 cm Tiefe mit Holzkohlen durchmischt (Abb. 9), die sich mittels der absoluten ^{14}C-Altersbestimmung datieren lassen. Da die Eschauflagen meist erst in Karolingischer Zeit und im anschließenden Hoch- und Spätmittelalter angelegt und aufgehäuft wurden, bieten sich hier möglicherweise zahlreiche Hinweise zur römerzeitlichen Landschaft und Vegetation.

Profil 4 – Campemoor

In einer zum Dümmer hin offenen flachen Mulde liegt das sogenannte »Campemoor« als Teil des »Großen Moores«. Das Große Moor ist ein ehemals nur undeutlich aufgewölbtes flaches Geesthochmoor (TÜXEN 1979). Eine detaillierte stratigraphische Beschreibung des Moorkomplexes findet sich bei MENGELING (1986).

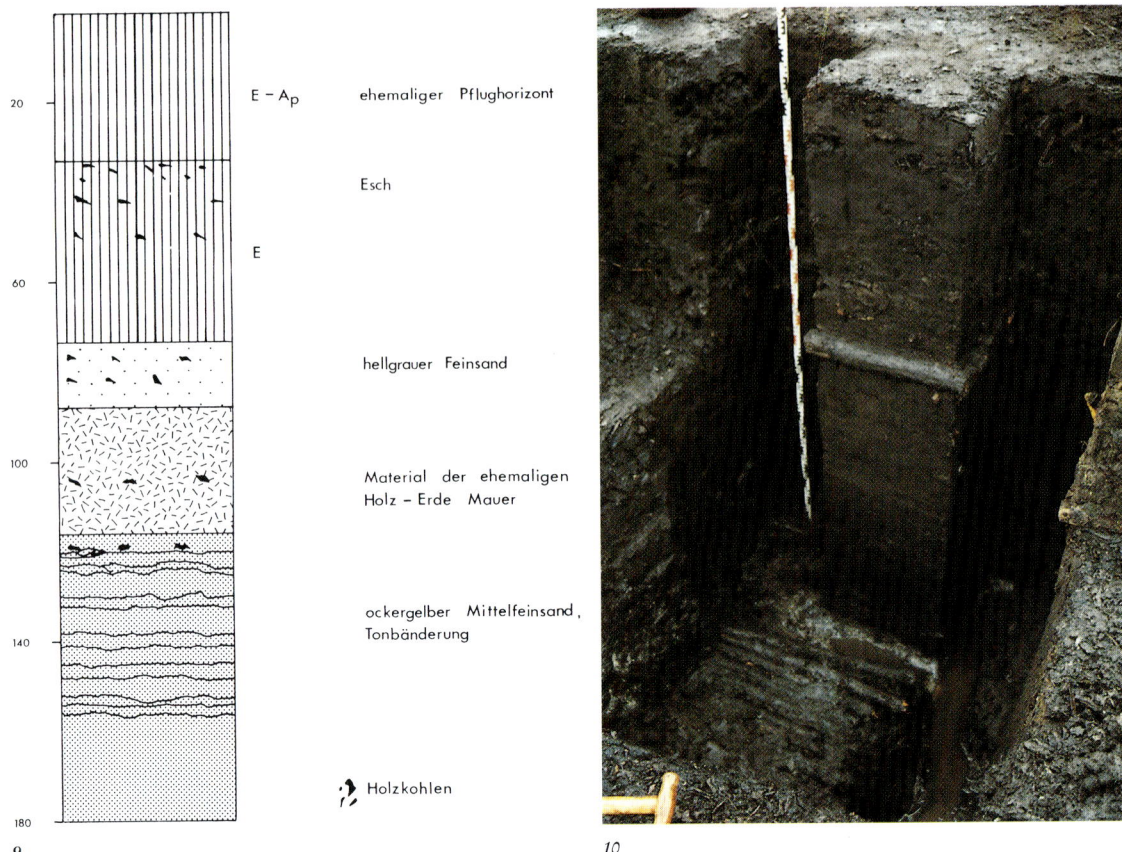

20	E – A$_p$ ehemaliger Pflughorizont
	Esch
60	E
	hellgrauer Feinsand
100	Material der ehemaligen Holz – Erde Mauer
140	ockergelber Mittelfeinsand, Tonbänderung
180	⁝ Holzkohlen

9   10

Die Schweger Moorzentrale baute früher im Großen Moor großflächig Schwarztorf zur Brenntorfgewinnung ab; heute wird überwiegend Weißtorf gewonnen.

Die Randgebiete des Moores sind heute stark verbuscht und mit Moor-Birkenwald bestanden. Dies gilt auch für große Teile des südöstlich angrenzenden Naturschutzgebiet »Venner Moor«.

Die Profilentnahmestelle des vierten Profiles liegt ca. 1,5 km nordwestlich der Bauernsiedlung »Schweger Moor« (Abb. 4).

Im Handstichverfahren konnten Torfblöcke ergraben werden, die ein dekapitiertes 240 cm mächtiges Profil ergaben (Abb. 10); Abb. 11 beschreibt den stratigraphischen Aufbau des Profiles.

Abb. 9
Stratigramm des Bodenprofiles
Oberesch Kalkriese.

Abb. 10
Torfprofil P4 Campemoor.

98

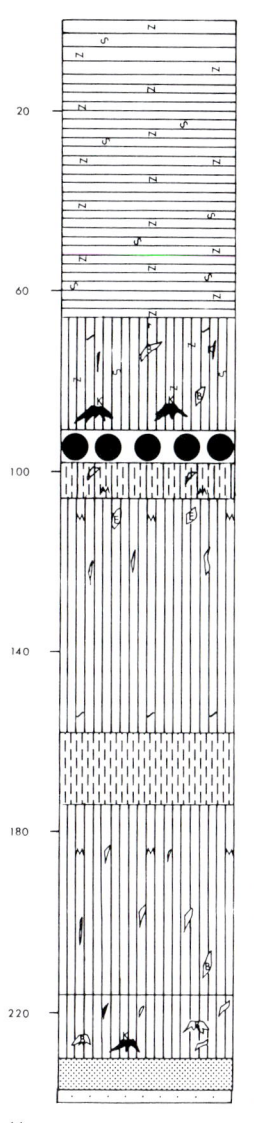

stark bis sehr stark zersetzter *Sphagnum*-Torf (Hsp), *Eriophorum* Lagen, *Ericaceen* Reiser

stark zersetzter Hn, viel *Pinus*- und *Betula*-holz

Kiefernbohlen eines Bohlenweges

stark bis sehr stark zersetzter Hn, *Phragmites* Blattreste, *Menyanthes* Samen

stark bis sehr stark zersetzter Hn, bis 110 cm *Alnus*holz, *Menyanthes* Samen, *Betula*holz

stark bis sehr stark zersetzter Hn, Seggenrhizome

sehr stark zersetzter Hn, *Betula*holz zunehmend, *Menyanthes* Samen

sehr stark zersetzter Kiefer-Birken-Bruch-waldtorf

Schluffmudde

mfS

11

12

Abb. 12
Torfprofil P5 Campemoor

Abb. 11
Stratigramm des Torfprofiles P4 Campemoor.

Die Bergung des Torfprofiles erfolgte in Zusammenarbeit mit Mitarbeitern des Niedersächsischen Institutes für Denkmalpflege, die zuvor im Vorfeld der Profilentnahmestelle vorgeschichtliche Moorwege aus Kiefernbohlen geborgen haben (Abb. 14), sowie Fachkräften des Institutes für Geobotanik.

Schon seit dem Neolithikum hat man sich bemüht, Moorgebiete mit Hilfe von Bohlen-, Pfahl- oder Reisigwegen zu überqueren. Diese Holzkonstruktionen haben sich in Torfablagerungen unter Sauerstoffabschluß bis heute vorzüglich erhalten. Nach Breite und Bauweise sind Fußwege und befahrbare Straßen zu unterscheiden. Wichtige Informationen über den frühgeschichtlichen Wegebau lieferten die Grabungen der letzten Jahrzehnte in den ausgedehnten Mooren Niedersachsens, in denen sich wie im Campemoor z.T. komplett konservierte Bohlenwege fanden (METZLER 1991, METZLER und WILBERTZ 1991, HAYEN 1979, HAYEN 1989, MEURERS-BALKE 1992).

Die Rekonstruktion ganzer Wegesysteme erlaubt, vorgeschichtliche Siedlungsräume in ihrer räumlichen Ausdehnung genauer zu fassen.

Auch hier machen palynologische Untersuchungen eine mehr oder weniger präzise Datierung möglich.

Profil 5 – Campemoor

Die Entnahmestelle des fünften Profiles liegt in unmittelbarer Nachbarschaft zum vierten Profil (Abb. 12).

Im Handstichverfahren konnte ein 170 cm mächtiges dekapitiertes Torfprofil geborgen worden. Wie im Profil 4 ist auch im Profil 5 die Hochmoortorfablage dekapitiert. Die übrigen Torfe (Abb. 13) setzen sich aus Niedermoortorfen und Bruchwaldtorfen zusammen.

Eine stichprobenartige pollenanalytische Auswertung des Profiles 4 läßt den Beginn der Vermoorung in den Zeitraum Boreal/Atlantikum vermuten.

Auch hier ist im Vorfeld ein vorgeschichtlicher Bohlenweg ergraben worden.

Profil 6 – Vallenmoor

Für eine weitere Profilentnahme ist das Naturschutzgebiet »Vallenmoor« vorgesehen.

Das Vallenmoor ist ein nach TÜXEN in MENGELING (1986) ein Erdfall, der wahrscheinlich im Alleröd eingebrochen ist.

Die Verlandung des Sees begann, indem sich eine Torfdecke vom Rande darüber schob. Zur Mitte hin nimmt die Tendenz zur Hochmoor-

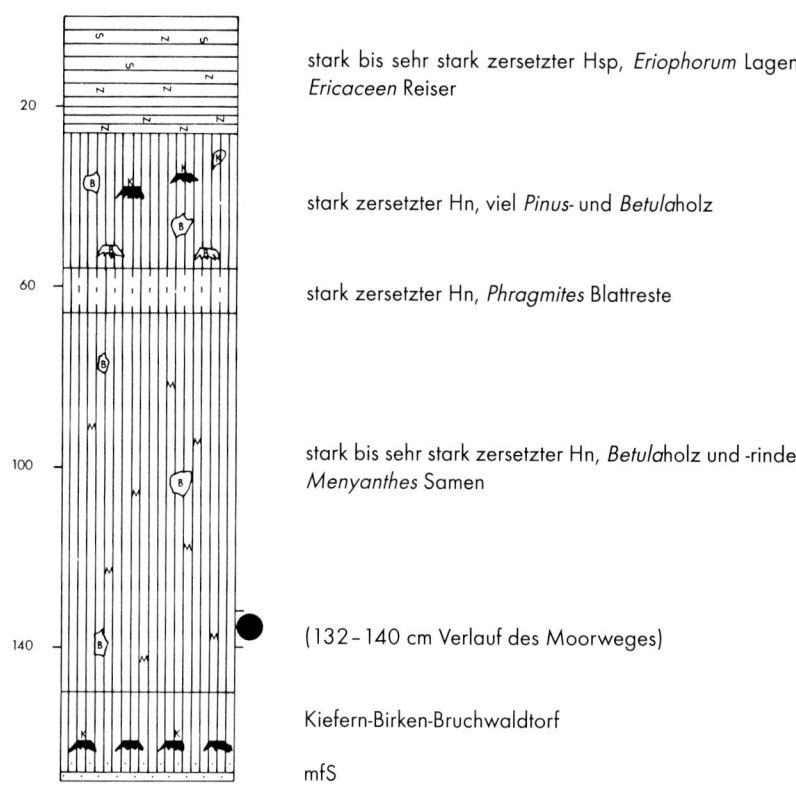

stark bis sehr stark zersetzter Hsp, *Eriophorum* Lagen, *Ericaceen* Reiser

stark zersetzter Hn, viel *Pinus*- und *Betula*holz

stark zersetzter Hn, *Phragmites* Blattreste

stark bis sehr stark zersetzter Hn, *Betula*holz und -rinde, *Menyanthes* Samen

(132 – 140 cm Verlauf des Moorweges)

Kiefern-Birken-Bruchwaldtorf

mfS

Abb. 13
Stratigramm des Torfprofiles P5 Campemoor.

bildung zu, während der Rand von meist stark zersetztem Seggentorf gebildet wird.

Der heutige See im Zentrum des Vallenmoores ist ein ehemaliger Torfstich.

Die Untersuchungen des Niedersächsischen Landesamt für Bodenforschung MENGELING (1986) sowie eigene Sondierungen ergaben eine Torfmächtigkeit für das Vallenmoor bis zu 600 cm.

Die Angaben über das Alter des Vallenmoores und die mächtigen Torfablagerungen erlauben die Annahme, daß auch hier Grundlagen in Form von pollenanalytischen Standardprofilen für den Gang der Vegetations- und Siedlungsgeschichte zu schaffen sind.

Das Vallenmoor ist heute von einem *sphagnum*- und *molinia*reichen Birkenbruchwald bedeckt, in dem verstreut winzige flache Torfstiche liegen. Der größere ehemalige Torfstich im Zentrum des Vallenmoores

Abb. 14
Vorgeschichtlicher Moorweg.

wird von einem breiten *Myrica gale* Gebüsch gesäumt, an das sich wasserwärts ausgedehnte *Menyanthes* Bestände anschließen.

Ausblick

Die stichprobenartigen pollenanalytischen Auswertungen der Profile lassen erkennen, daß der hier interessierende Zeitraum kurz vor Christi Geburt und der Römischen Kaiserzeit in allen Profilen erfasst ist.

Eine Interpretation und Rekonstruktion der damaligen Umweltverhältnisse wird so mit Hilfe des paläoökologischen Datenmateriales möglich.

Literatur

BEHRE, K. E. (1976), Pollenanlytische Untersuchungen zur Vegetations- und Siedlungsgeschichte bei Flögeln im Ahlenmoor (Elbe-Weser-Winkel). Probl. d. Küstenforsch. südl. Nordseegebiet 11, 101-118.

BEHRE, K. E. (1977), Acker, Grünland und natürliche Vegetation während der römischen Kaiserzeit im Gebiet der Marschensiedlung Bentumersiel/Unterems. Probl. d. Küstenforsch. südl. Nordseegebiet 12, 67-84.

BEHRE, K. E. (1980), Zur mittelalterlichen Plaggenwirtschaft in Nordwestdeutschland und angrenzenden Gebieten nach botanischen Untersuchungen. Abh. Akad. d. Wiss. Göttingen 3, 30-44.

BEHRE, K. E. (1985), Die ursprüngliche Vegetation in den deutschen Marschengebieten und deren Veränderungen durch prähistorische Besiedlung und Meeresspiegelschwankungen. Verh. Ges. Ökol. 13, 85-96.

BEHRE, K. E. (1988), The role of man in European vegetation history. In: Huntley, B./ Webb, T., Vegetation history, 633-672.

BEHRE, K. E./JACOMET, S. (1991), The ecological interpretation of archaeobotanical data. In: van Zeist, W., et al. (eds.), Progress on old world palaeoethnobotany, pp. 81–108.

BEHRE, K. E./ KUČAN, D. (1986), Die Reflektion archäologisch bekannter Siedlungen in Pollendiagrammen verschiedener Entfernung – Beispiel aus der Siedlungskammer Flögeln, Nordwestdeutschland. In: Behre, K. E., Anthropogenic indicators in pollen diagramms, 95-114.

BURRICHTER, E. (1977), Vegetationsbereicherung und Verarmung unter dem Einfluß des prähistorischen und historischen Menschen. Natur und Heimat 37, 46-52.

BURRICHTER, E./POTT, R. (1983), Verbreitung und Geschichte der Schneitelwirtschaft mit ihren Zeugnissen in Nordwestdeutschland. Tuexenia 3, 43-452.

BURRICHTER, E./POTT, R./FURCH, H. (1988), Die potentielle natürliche Vegetation von Westfalen. In: Geograph. Kommission für Westfalen Landschaftsverband Westfalen-Lippe, Geograph.- landesk. Atlas von Westfalen. Liefg. 3. Doppelblatt: Potentielle natürl. Veg. Text und Kartenteil, pp. 42.

DANISCH, E. (1960), Eine Quelle mit Kalktuff-Ringwall in Kalkriese (Wiehengebirge). Veröff. d. Naturw. Ver. Osnabrück 29, 57-63.

ERDTMAN, G. (1954), An introduction to Pollen Analysis, pp. 239.

GROSSE-BRAUCKMANN, G. (1962), Zur Moorgliederung und Ansprache. Zeitschrift für Kulturtechnik 3.

HAYEN, H. (1979), Der Bohlenweg VI (PR) im Großen Moor am Dümmer. Materialh. z. Ur- und Frühgesch. Nieders. 15, pp. 102.

HAYEN, H. (1989), Bau und Funktion der hölzernen Moorwege. Abh. d. Akad. d. Wiss. Göttingen.

HOFMEISTER, W. (1970), Tätigkeitsbericht der Arbeitsgemeinschaft für Hydrobiologie mit praktischen Beispielen von Arbeiten und Teilergebnissen am Feldungel-See. Veröff. naturwiss. Ver. Osnabrück 33, 323-327.

KRAMM, E. (1978), Pollenanalytische Untersuchungen zur Floren- und Siedlungsgeschichte zwischen Ems und Hase. Abh. Landesmus. f. Naturk. Münster 40, pp. 49.

KÜSTER, H. J. (1988), Vom Werden einer Kulturlandschaft. Vegetationsgeschichtliche Studien am Auerberg (Südbayern). In: Kossack, G./ Martin, M./ Ulbert, G., Quellen und Forschungen zur prähistorischen und provinzialrömischen Archäologie 3, pp. 214.

MENGELING, H. (1986), Erläuterungen zu Blatt Nr. 3514 Vörden. In: Nds. Landesamt für Bodenforschung, Geologische Karte von Niedersachsen 1:25000, pp. 125.

METZLER, A. (1991), Ein vorgeschichtlicher Verkehrsweg durch das Ipweger Moor, Ldkr. Wesermarsch. Ber. z. Denkmalpflege 11, 6-8.

METZLER, A./WILBERTZ, O. M. (1991), Bronzezeit. In: Häßler H. J., Ur- und Frühgeschichte Niedersachsen (1.), pp. 592.

MEURERS-BALKE, J. (1992), Palynologische Untersuchungen zum neolithischen Bohlenweg VII (Pr) im Großen Moor am Dümmer. Archäolog. Mitt. aus Nordwestdeutschland 15, 119-146.

MOHR, R. (1990), Untersuchungen zur nacheiszeitlichen Vegetations- und Moorentwicklung im nordwestlichen Niedersachsen. In: Jordan, E./ Seele, E./ Windhorst, H.-W., Vechtaer Arbeiten zur Geographie und Regionalwissenschaft (1.) 12, pp. 144.

MOORE, P. D./ WEBB, J. A. (1991), Pollen analysis (2.), pp. 216 .

PFAFFENBERG, K./ DIENEMANN, W. (1984), Das Dümmerbecken – Beiträge zur Geologie und Botanik. Schriften d. wirtschaftswiss. Ges. z. Studium Niedersachsens e.V. A, pp. 121.

VAN POST, L. (1924), Ur de sydsvenska skoganas regionala historia und er pstartisk tid. Geol. Förhandl. 46, 83-128.

POTT, R. (1982), Das Naturschutzgebiet »Hiddeser Bent-Donoper Teich« in vegetationsgeschichtlicher und pflanzensoziologischer Sicht. Abh. Landesmus. f. Naturk. Münster 44, pp. 106.

POTT, R. (1983), Geschichte der Hude- und Schneitelwirtschaft in Nordwestdeutschland und ihre Auswirkungen auf die Vegetation. Oldenburger Jahrbuch 83, 357-376.

POTT, R. (1984), Pollenanalytische Untersuchungen zur Vegetations- und Siedlungsgeschichte im Gebiet der Borkenberge bei Haltern in Westf. Abh. Landesmus. f. Naturk. Münster 46 (2.), pp. 28.

POTT, R. (1985), Beiträge zur Wald- und Siedlungsentwicklung des Westfälischen Berg- und Hügellandes auf Grund neuer pollen-analytischer Untersuchungen. Siedlung und Landschaft in Westfalen, 1-38.

POTT, R. (1988 a), Der Nachweis anthropogener Vegetationsveränderungen im Pollendiagramm. Flora, 153-160.

POTT, R. (1988 b), Entstehung von Vegetationstypen und Pflanzengesellschaften unter dem Einfluß des Menschen. Düsseldorfer Geobot. Kolloq. 5, 27-54.

POTT, R. (1989), *Die Formierung von Buchenwaldgesellschaften im Umfeld der Mittelgebirge Nordwestdeutschlands unter dem Einfluß des Menschen. Tätigkeitsbericht. Institut für Geobotanik Universität Hannover 1987 u. 1988, 30-44.*

POTT, R. (1990), *Die Haubergswirtschaft im Siegerland. Wilhelm-Münster Stiftung 28, 6-41.*

POTT, R. (1992 a), *Entwicklung der Kulturlandschaft Nordwestdeutschlands unter dem Einfluß des Menschen. Z. Univ. Hannover – Mitt.bl. Hann. Hochschulgem. 19, 3-48.*

POTT, R. (1992 b), *Die Pflanzengesellschaften Deutschlands, pp. 427.*

POTT, R./HÜPPE, J. (1991), *Die Hudelandschaften Nordwestdeutschlands (1.), pp. 313.*

PUNT, W. (1976), *The North-west european pollenflora 1, pp. 145.*

SCHNEIDER, S./STECKHAN, H. U. (1963), *Das Große Moor bei Barnstorf (Kr. Grafschaft Diepholz). Beih. Geol. Jb. 55, 139-191.*

SCHWAAR, J. (1976), *Paläogeobotanische Untersuchungen im Belmer Bruch. Abh. Naturwiss. Verein Bremen 38, 208-253.*

STRAKA, H. (1975), *Pollen und Sporenkunde, pp. 238.*

TÜXEN, J. (1979), *Vorschlag einer typologischen Ordnung der niedersächsischen Hochmoore. Telma 9, 15-29.*

WAHMHOFF, E. M. (1984), *Die Vegetation des Naturschutzgebietes Feldungel-See bei Bramsche und ihre Veränderungen seit Unterschutzstellung im Jahre 1932. Osnabrücker Naturwiss. Mitt. 11, 139-168.*

WIERMANN, R./SCHULZE, D. (1986), *Pollenanalytische Untersuchungen im großen Torfmoor bei Nettelstedt (Kreis Minden-Lübbecke). Abhandl. Westf. Mus. f. Naturk. Münster 48, 481-495.*

WILLERDING, U. (1978), *Die Paläo-Ethnobotanik und ihre Stellung im System der Wissenschaften. In: Behre, K. E./Lorenzen, H./Willerding, U., Beiträge zur Paläo-Ethnobotanik von Europa, 3-30.*

WILLERDING, U. (1989), *Relikte alter Landnutzungsformen. In: Hermann, B./Budde, A., Natur und Geschichte. Naturwissenschaftliche und historische Beiträge zu einer ökologischen Grundbildung, 207-224.*

WILLERDING, U. (1992), *Klima und Vegetation der Germania nach vegetationsgeschichtlichen und paläoethnobotanischen Quellen. Beiträge zum Verständnis der Germania des Tacitus, Teil II, 332-374.*

VAN ZEIST, W./WASYLIKOWA, A./BEHRE, K. E. (1991), *Progress on old world palaeoethnobotany, pp. 350.*

Georgia Franzius
Die römischen Funde aus Kalkriese

Einleitung

Es ist Aufgabe dieses Teils des vorliegenden Ausstellungskatalogs, einen kulturgeschichtlichen Überblick über den bisher geborgenen und restaurierten Fundbestand aus Kalkriese zu geben[1].

Sowohl die Bronzen – bisher etwa 200 Stück – als auch die Objekte aus Eisen – etwa 400 – zeigen ein breites Spektrum von Gegenständen verschiedener Fundgattungen.

Vorherrschend sind Funde militärischer Art. Es sind dies in erster Linie Waffen und Teile der Ausrüstung sowie der Uniform des römischen Soldaten. Außerdem sind Pferdegeschirrteile und Wagenzubehör, Werkzeug und Gerät – auch Pioniergerät – bis hin zu Waageteilen und Gewichten, Spielsteinen sowie Geschirr- und Eßbesteckteilen geborgen worden. Auch Frauenschmuck ist mit einigen wenigen Beispielen vertreten.

Derartige Gegenstände finden sich in mehr oder weniger großer Zahl in allen römischen Militäranlagen der frühen Kaiserzeit. Jedoch fehlt in Kalkriese fast vollständig die römische Keramik, die üblicherweise den größten Bestandteil der militärischen Fundinventare ausmacht. Das bedeutet, daß in Kalkriese Fundstücke geborgen worden sind, die von römischen Truppen nach einem kurzzeitigem »Aufenthalt«, bzw. nach einem Aufeinandertreffen wohl auch von dem »Gegner« liegengelassen worden sind (vgl. S. 159).

Brandspuren sind an den Fundgegenständen nicht beobachtet worden. Der größte Teil der Funde sieht wenig oder nicht benutzt aus. Gebrauchsspuren weisen die wenigsten Stücke auf. Die Korrosion ist bei Prospektions- und Grabungsfunden verschieden: Prospektionsfunde von moorigem Boden weisen eine braune Patina auf (z. B. die Schwertscheidenklammer, Abb. 17 unten), während Funde, die im Sand gefunden wurden, durch grüne Patina gekennzeichnet sind. Der Pflug und die plaggenbedingte Lageverschiebung haben bei einigen Stücken den schlechten Erhaltungszustand verursacht. Bestens erhalten sind Funde, die sich unter den Flanken der Rasensodenmauer finden, da der Wall die Gegenstände quasi konserviert hat.

Mit Ausnahme z. B. der Maske eines Gesichtshelms, der Sandalen *(caligae)* und den Geräten besteht das Fundmaterial aus sehr kleinen Gegenständen, die in ihrer Mehrzahl fragmentiert sind. Jedoch sind auch die meisten der kleinsten Teile von guter kunsthandwerklicher Qualität. Dies ist charakteristisch für das Fundgut augusteischer Zeit, da in diese

[1] Auf einen umfangreichen Anmerkungsapparat wurde verzichtet; Ausnahme bildet die Nennung der bisherigen Publikationen zum Kalkrieser Fundkomplex am Schluß eines jeden Kapitels. Literatur zu den einzelnen Fundgattungen wird am Ende des Katalogs vorgelegt. Wissenschaftliche Fundpublikationen werden fortlaufend in archäologischen Fachzeitschriften und z. T. auch in der regionalen Schriftenreihe des Landschaftsverbandes Osnabrück e. V. erfolgen.

Für tatkräftige Unterstützung danke ich A. Friederichs, J. Harnecker, I. Weichel und besonders E. Menking, Seminar für Alte Geschichte der Universität Osnabrück. – Einen besonderen Dank möchte ich den Museen aussprechen, die uns Photos zur Verfügung gestellt haben und die Erlaubnis zur Veröffentlichung von Abbildungen gegeben haben.

Zeit die Blüte des römischen Kunsthandwerks fällt, was vor allem dem Einfluß des östlichen Mittelmeerraums zu verdanken ist.

Die stabilen politischen Verhältnisse unter Augustus und der rege Kulturaustausch zwischen allen Gegenden des Römischen Reiches führten zum Aufschwung für Handel und Handwerk. Künstler und Handwerker, überwiegend aus den östlichen Provinzen, strömten nach Rom, das politisches und wirtschaftliches Zentrum der damaligen Welt war, alle Einnahmen des Imperiums vereinigte und verschwenderisch für die Modernisierung der Hauptstadt einsetzte.

Die häufige Abkommandierung der Offiziere und der einfachen Soldaten sowie der Verwaltungsbeamten führte dazu, daß sich die Gegenstände der römischen Alltagskultur über das Heer in alle Provinzen des Reiches ausbreiteten. Über sichere Handelswege gelangten Erzeugnisse von Manufakturen, z. B. *Terra sigillata* aus Arezzo *(Arretium)*, aber auch von kleineren Handwerksbetrieben an die römische Armee in jeder Gegend des Reiches.

Natürlich gab es im Bereich der Kastelle ebenfalls handwerkliche Betriebe. Dort reparierten Spezialhandwerker Dinge des alltäglichen Lebens und auch Luxusgüter; sie fertigten darüber hinaus selbst Waffen und Werkzeug, Gebrauchskeramik und sogar Glasgefäße an. Diese »Militärhandwerker« waren den Legionen zugeordnete Zivilhandwerker oder Soldaten, die handwerklich spezialisiert waren.

Bis jetzt treten in Kalkriese keine Gegenstände der Silbertoreutik auf, eines der bedeutendsten Zweige des augusteischen Kunsthandwerks (vgl. Beitrag STUPPERICH, z.B. Abb. 3. 5. 7). Jedoch sind Arbeiten im vergleichsweise bescheidenen Material Blei bei z. T. aufwendiger, präziser Reliefausführung kleine Zeugnisse augusteischer Glyptik. Kostspielige italische Bronzegefäße, seltene medizinische Instrumente und last but not least die Maske eines Gesichtshelms belegen in Kalkriese, wenn auch vorläufig in kleinem Maß, das Kunsthandwerk augusteischer Zeit.

Ob die archäologischen Befunde von Kalkriese in Verbindung stehen mit der durch dürftige Schilderungen der antiken Historiker CASSIUS DIO, VELLEIUS PATERCULUS, TACITUS u. a. überlieferten Niederlage des P. Quinctilius Varus im Jahr 9 n. Chr., wird definitiv erst dann zu beantworten sein, wenn einzelne Fundstücke die beteiligten Truppenteile zu identifizieren gestatten. Auf jeden Fall bleibt Kalkriese bis heute der einzige Fundort militärischen Charakters östlich der Ems, der nach der numismatisch erfolgten Datierung eindeutig mit diesem Ereignis in Zusammenhang steht, das die Expansion Roms, seine Sprache und Kultur nach Mitteleuropa beendete.

Der Kalkrieser Fundbestand ergänzt das wertvolle Fundgut aus den spätaugusteischen Lagern in Haltern und Anreppen. Zugleich bietet er der Wissenschaft und dem interessierten Laien eine neue Perspektive: Erstmalig erscheint ein über 2000 Jahre »eingefrorener« Querschnitt der Ausrüstung eines sich in Operation befindlichen römischen Truppenteils. Nicht die sich im Lauf der Zeit im Boden sammelnden Gebrauchsgegenstände, sondern die für längere Operationen notwendigen Ausrüstungsgegenstände und den persönlichen Besitz der Angehörigen einer Legion können wir hier erwarten.

Die Gliederung des römischen Heeres

Seit der Regierungszeit des Kaisers Augustus (31 v. Chr. – 14 n. Chr.) schützte das Römische Reich seine Grenzen mit einem stehenden Berufsheer.

Charakteristischer und repräsentativer Bestandteil des römischen Heeres waren die Legionen, die sich aus Freiwilligen, die das römische Bürgerrecht besaßen – bis Vespasian (69–79 n. Chr.) überwiegend Römer und Italiker –, rekrutierten.

Die Stärke einer aufgefüllten Legion betrug etwa 6000 Mann – in Friedenszeiten manchmal nur die Hälfte – und 120 Reiter (equites legionis), deren Aufgabe in der Nachrichtenübermittlung und Aufklärung bestand.

Eine Legion gliederte sich in zehn Kohorten, von denen die erste ca. 800, die zweite bis zehnte jeweils 480–500 Mann umfaßte. Jede Kohorte gliederte sich in sechs Centurien, die jeweils eine Kampftruppe von 80 Fußsoldaten (pedites) hatten. Offiziersstab, Verwaltungsangestellte, Pioniere, Ärzte, Architekten und Handwerker bildeten den Rest. Eine Legion verfügte auch über Geschütze.

Der Legionskommandeur (legatus legionis) gehörte dem Senatorenstand an, der ersten römischen Adelsschicht. Der Kommandant der 1. Kohorte (primus pilus) war der ranghöchste centurio der Legion.

Die Dienstzeit eines Legionärs betrug 25 Jahre. Unter Augustus erhielt der Legionär einen Tagessold von zehn Assen, was einem Jahressold von 225 Denaren entsprach. Den Soldaten wurden bestimmte Beträge für Verpflegung, Waffen, Uniform usw. abgezogen.

Den zweiten Bestandteil des römischen Heeres bildeten die Hilfstruppen *(auxilia)*, die sich in der frühen Kaiserzeit aus den Provinzen des Römischen Reiches rekrutierten: Sie bestanden also aus Soldaten ohne römisches Bürgerrecht. Die Auxiliarsoldaten gliederten sich in drei Gruppen: 1. Infanterie *(cohortes peditatae)*, 2. Kavallerieeinheiten *(alae)* und 3. gemischte Verbände (Infanterie mit Kavallerie: *cohortes equitatae)* von unterschiedlicher Stärke und Zusammensetzung: etwa 500 Mann *(cohors quingenaria)* oder 1000 Mann *(cohors milliaria)*.

In julisch-claudischer Zeit gehörten die *auxilia* taktisch zu den Legionen, sie waren in den Legionslagern oder deren nächster Nähe konzentriert. Gegen Ende des 1. Jahrhunderts n. Chr. lockerte sich ihre Anbindung an die Legionen, als sie infolge der defensiven Politik mit der ständigen Bewachung des Limes beauftragt wurden.

Die Offiziere waren römische Bürger, die vom Statthalter der jeweiligen Provinz ernannt wurden. Die *praefecti alarum,* die Anführer der Kavallerieeinheiten, stammten aus dem Ritterstand – es waren einheimische *nobiles,* die vorher zivile Ämter in ihrer Heimat verwaltet hatten – und wurden vom Kaiser selbst eingesetzt.

Als *auxilia* bezeichnet wurden auch die aus Angehörigen fremder Völker gebildeten Abteilungen, national organisierte Hilfstruppen, die von einheimischen Führern befehligt wurden.

Schutzwaffen

Die Waffen werden wie üblich in sog. Schutzwaffen und Angriffswaffen eingeteilt. Unter Schutzwaffen verstehen wir sämtliche passiven Teile der militärischen Ausrüstung, während als Angriffswaffen die aktiv eingesetzten Fern- und Nahkampfwaffen wie Wurfspeer *(pilum)* oder Schwert *(gladius)* bezeichnet werden.

Helmteile

Neben einem vollständig erhaltenen Exemplar (Abb. 1f.) konnten unter den noch nicht restaurierten Funden weitere Teile eines Helmbuschhalters identifiziert werden. Hier seien noch einmal (vgl. S. 108) die zu Hunderten gefundenen kleinen Eisenfragmente aus Kalkriese erwähnt,

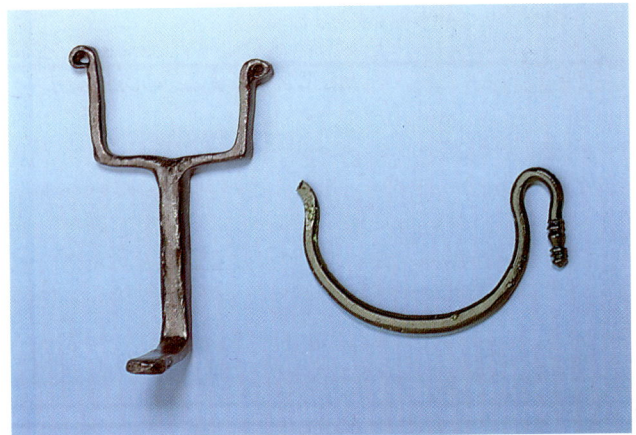

Abb. 1
Eiserner Helmbuschträger und
bronzener Tragegriff eines Helms. –
H. des Helmbuschträgers 7,5 bzw.
8,1 cm.

unter denen sich sicherlich auch solche von militärischen Ausrüstungs-teilen befinden.

Helmaufsätze wie das Stück aus Kalkriese dienten zur Aufnahme und Befestigung des Helmbusches. Der Halter wurde mit dem unteren horizontalen Teil in eine tüllenähnliche Führung aus Bronzeblech, das auf dem Helm *(cassis)* aufgenietet war, hineingeschoben.

Solche Helmbuschaufsätze gehören zu Helmen vom Typus Weisenau, benannt nach dem Fundort Mainz-Weisenau. Dieser typisch römische Helmtypus entwickelte sich hauptsächlich um die Mitte des 1. Jahrhunderts und war bis zum Beginn des 3. Jahrhunderts in Gebrauch. Er findet sich jedoch schon in den frühaugusteischen Lagern von Dangstetten und Oberaden (vgl. Abb. 2) sowie auch im spätaugusteischen Lager von Haltern.

Der bronzene Griff (Abb. 1, rechts) ist als Helmteil zu interpretieren. In auf dem Nackenschutz des Helms festgenietete Ringe eingehängt, am Marschgepäck oder am Panzer befestigt, diente er zum Transportieren des Helms (vgl. Abb. 3).

Schildteile

Der Schild *(scutum)* bestand aus Holz und war mit Leder bespannt. Der Rand wurde durch eine bronzene U-förmige Einfassung geschützt. Von einer solchen Schildrandeinfassung sind in Kalkriese zwei Fragmente (Abb. 4 oben) sowie ein stark fragmentiertes Bronzeblech mit Holzresten und Niet (Abb. 5a und b) gefunden worden. Es ist anzunehmen, daß

sich unter den zahlreichen nicht identifizierbaren Bronzeblechfragmen-
ten aus Kalkriese auch weitere Teile von Schildrandeinfassungen befinden.

An der inneren Seite des Schildes war ein Tragegriff *(ansa)* angebracht,
außen in der Mitte ein aufgenieteter runder Schildbuckel *(umbo)* zum
Schutz der linken Hand des Soldaten, mit der dieser den Schild hielt.

Der Schild der Legionäre war in der Regel hochrechteckig und in der
Länge nach außen gewölbt, der leichtere Schild der Auxiliare – besonders
der Reiter – oval, rund oder sechseckig.

Abb. 4 zeigt zwei z. T. längs nach außen gewölbte Fragmente orna-
mentaler Beschläge aus Silberblech mit vergoldeter Oberseite. Das eine
davon läuft pfeilartig spitz zu, das andere ist kantig U-förmig. Meines

Abb. 3
Legionäre auf dem Marsch. Relief der Trajanssäule, Rom. Nach C. CICHORIUS, Die Reliefs der Trajanssäule II (1896), Szene IV; K. LEHMAN-HARTLEBEN, Die Trajanssäule (1926), Taf. 6.
Die Trajanssäule ist ein Denkmal, das in einem spiralförmig angelegten Reliefband von über 200 m Länge die dakischen Feldzüge der Jahre 101/102 und 105/106 zeigt.

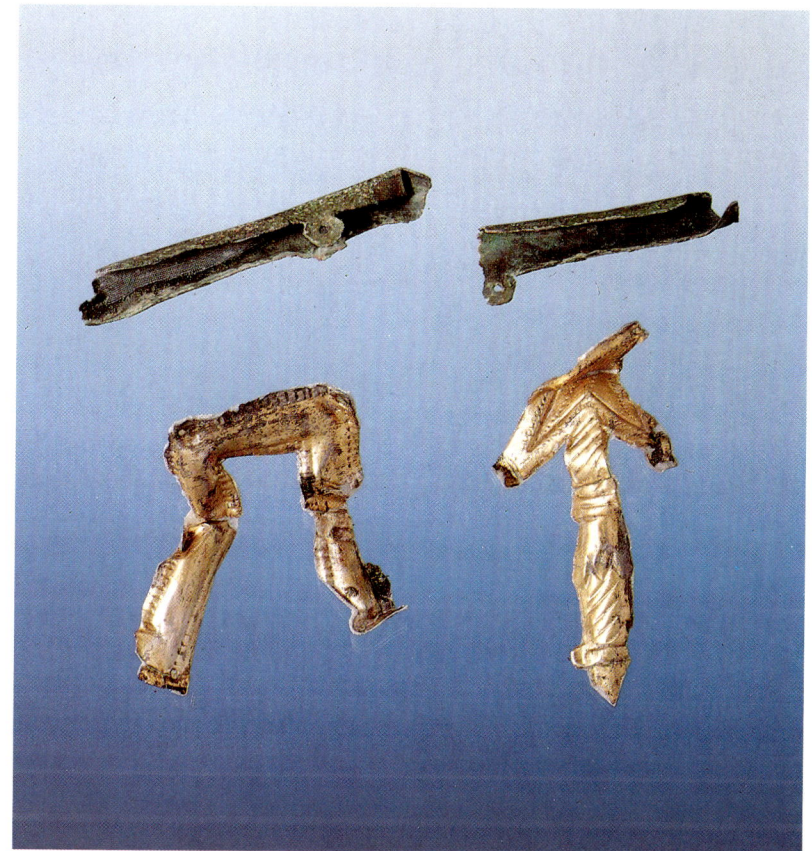

Wissens sind diese Beschläge bisher ohne Parallelen. Mit der entsprechenden Vorsicht, von der Form und den Maßen sowie der Blechwölbung und dem zugehörigem Niet ausgehend, vermute ich, daß es sich um Fragmente vom sog. Blitzbündel als Schilddekor handelt. Bildlich ist das Blitzbündel Jupiters auf Schilden von Legionären und Reitern auf mehreren Reliefs belegt. Auch auf dem hier abgebildeten (Abb. 43b) Relief der Trajanssäule zeigen die abgelegten Schilde der Legionäre das Blitzbündel, das neben dem Adler als Siegverkünder das wichtigste, die Macht offenbarende Symbol Jupiters (griech. Zeus) im Militärbereich war. Sollten diese Silberblechfragmente zu einem Schild gehört haben, wäre der Kalkrieser Fundbestand um einen weiteren Bestandteil der Prunkrüstung bereichert.

Abb. 5a und b.
Reste einer Schildrandeinfassung. –
b M. 1 : 1.

5a

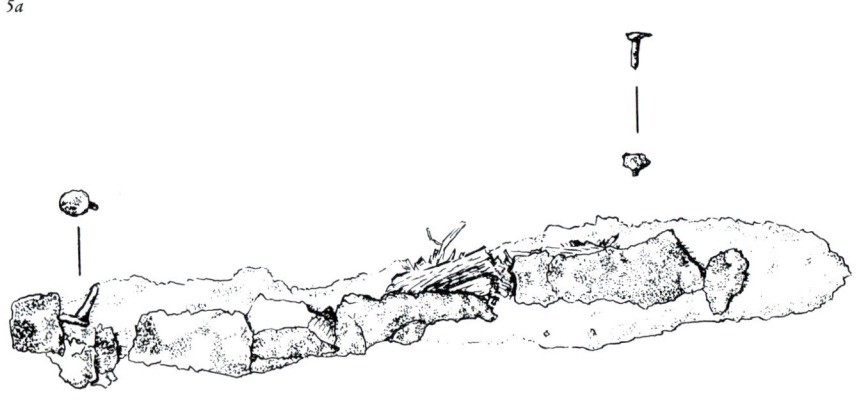

5b

116

Panzerteile

Der Panzer *(lorica)* zum Schutz des Oberkörpers der Soldaten wird in Kalkriese durch beide bekannten Typen belegt: den Kettenpanzer *(lorica hamata)* und den Schienenpanzer *(lorica segmentata)*.

Der Kettenpanzer bestand aus ca. 30 000 Ringen, die zum Teil geschlossen *(circuli)*, zum Teil vernietet *(hami)* und untereinander verbunden waren. Die vernieteten Ringe bestanden aus Draht, die geschlossenen waren ausgestanzt. Der Kettenpanzer hatte Schulterklappen, die, nach vorn geführt, mit einer Schließe aus S-förmigen Haken zusammengehalten wurden.

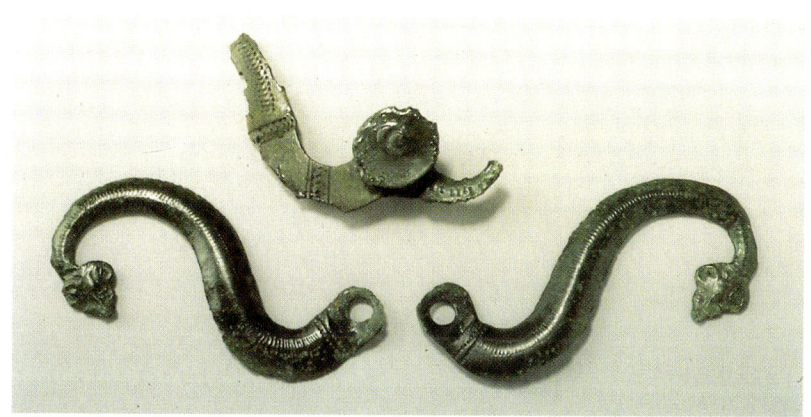

Abb. 6
Bronzene, jeweils aus zwei Haken bestehende Schließen zum Zusammenhalten der Schulterstücke eines Kettenpanzers vor der Brust. – L. des Hakens unten links 5,4 cm.

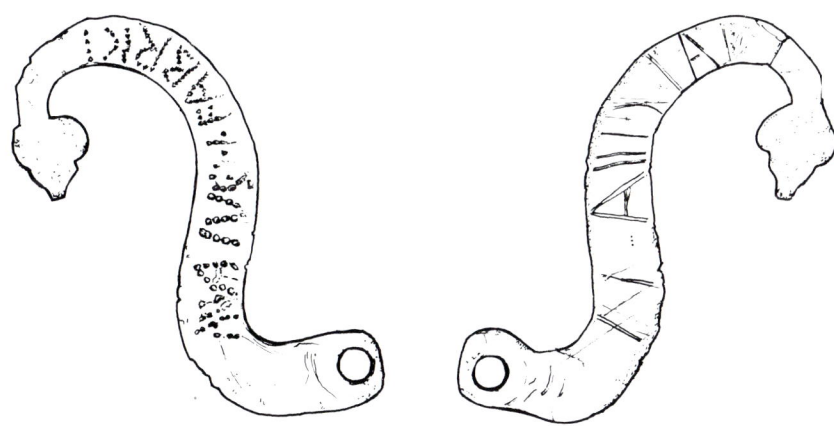

Abb. 7
Zwei bronzene, S-förmige Haken einer Schließe von einem Kettenpanzer (Abb. 6 unten). Rückseite mit je einer Punz- und Ritzinschrift versehen. – M. 1 : 1.

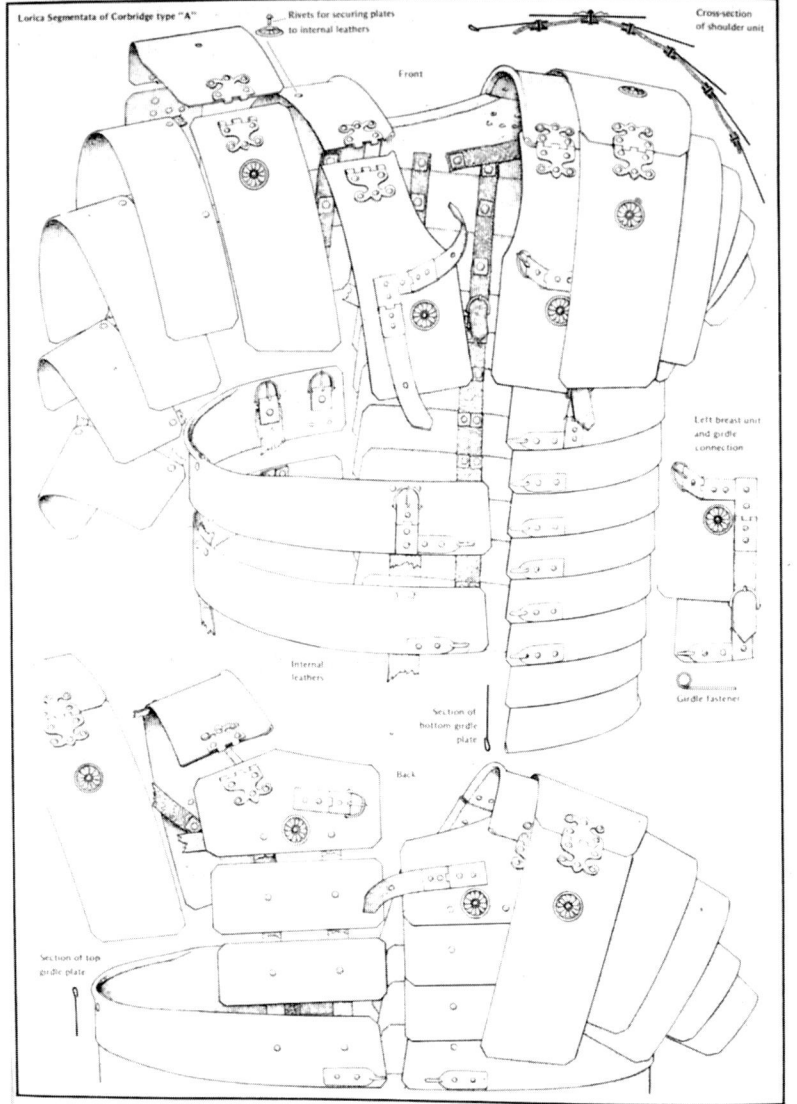

Lorica Segmentata of Corbridge type "A"

Rivets for securing plates to internal leathers

Front

Cross-section of shoulder unit

Left breast unit and girdle connection

Internal leathers

Section of bottom girdle plate

Back

Girdle fastener

Section of top girdle plate

Abb. 8
Rekonstruktion eines Schienen-
panzers des Typus Corbridge A
(Zeichnung P. Conolly). Nach H. R.
ROBINSON, The Armour of Impe-
rial Rome (1975), S. 176.

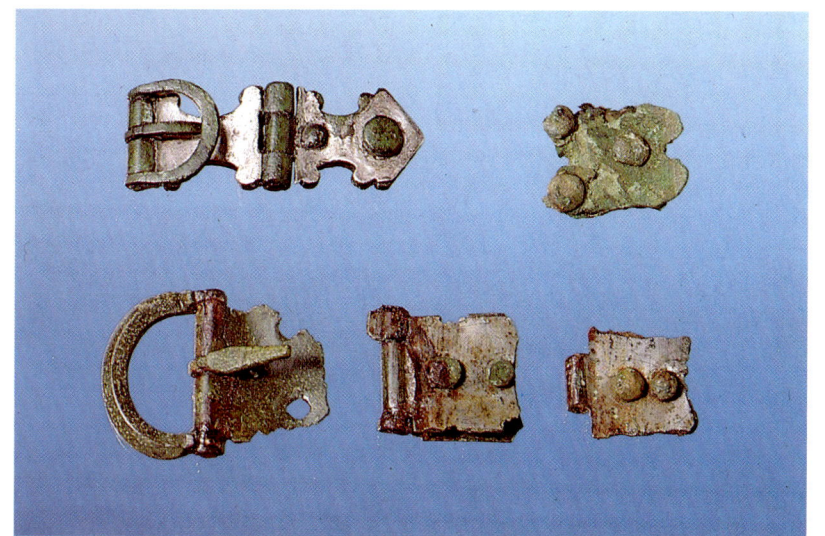

Zwei dieser Schließen sind in Kalkriese gefunden worden (Abb. 6). Jeder Haken der Schließe auf Abb. 7 trägt auf der Rückseite eine Inschrift. Die eine, eingepunzte Inschrift könnte lauten: *M. Aius (cohorte) I (prima) (centuria) Fabrici(i)*. Die Ritzinschrift lautet ähnlich wie die Punzinschrift: *M. Aii (cohorte) I (prima)>(centuria) Fa*ḅ*(ricii)*. Die Inschrift bedeutet, daß der Legionär M. Aius, in dessen Besitz die Schließe war, in der ersten Cohorte *(prima cohors)* und der Centurie des Fabricius diente. Dadurch wäre erwiesen, daß zumindest ein Teil der Kerntruppe (= erste Cohorte) einer Legion in Kalkriese anwesend und wahrscheinlich in kämpferische Auseinandersetzungen verwickelt war.

Die Lesung und Deutung der Inschriften beweist, daß der Kettenpanzer nicht nur von Fußsoldaten der Hilfstruppen und von Reitern, sondern auch von Legionären getragen wurde.

Schienenpanzer können erst seit einigen Jahren anhand der in einer Kiste im Kastell Corbridge (Nordengland) gefundenen Teile von sechs Panzern rekonstruiert werden (s. Rek. Abb. 8). Der Panzer besteht aus zwei Hauptteilen: den sogenannten Gürtelschienen und den Schulterschienen. Unter Gürtelschienen verstehen wir die sieben bis acht übereinandergereihten Eisenbänder an Vorder- und Rückseite, die durch auf Lederriemen aufgenietete Scharnierchen und Schnallen sowie vorn durch horizontal angebrachte Schnürhaken zusammengehalten und geöffnet werden konnten. Die Schulterschienen waren breiter und stark gebogen. Sie bedeckten auch den Armansatz, während die mittlere Brustpartie von zwei großen Eisenbändern bedeckt wurde, die durch dekorative bronzene Scharniere mit den entsprechenden Schulterschienen verbunden waren. Auch der Schienenpanzer entbehrte nicht des Dekors: Runde, durch Rosetten verzierte bronzene Niete schmückten die Schulter- und Brustschienen.

Aus Kalkriese stammen einige Scharnierchen und Schnallen solcher Panzer (Abb. 9). Die kleine bronzene Panzerschnalle mit dem anschließenden Scharnier ist unter den üblichen, mehr oder weniger gleichförmigen derartigen Teilen, die sich zahlreich in anderen Militärplätzen finden, ein seltenes Beispiel. Das sorgfältig gearbeitete Fundstück mit Silberplattierung war sicherlich auf der vorderen Brustplatte eines Schienenpanzers angebracht.

Cingulumteile

Der Ledergürtel *(cingulum)* des römischen Soldaten war im 1. Jahrhundert ein reich verzierter Ausrüstungsteil. Aus zwei, später aus einem Lederriemen bestehend und mit einfachen, meistens jedoch versilberten oder verzierten Beschlägen versehen, wurde der Militärgürtel durch zwei oder eine gegossene, dekorative Bronzeschnalle mit eingerollten Bügelenden verschlossen.

Abb. 10
Zwei bronzene Schnallen vom cingulum. Die Schnalle rechts weist Reste von Silberplattierung auf. – L. der Schnalle rechts 2,4 cm.

Abb. 11
Hängeschurzbesatz aus silberplattierter Bronze. – L. des Riemenendbeschlags 0,29 cm.

Zwei Schnallen aus Kalkriese (Abb. 10) besitzen die für die erste Hälfte des 1. Jahrhunderts charakteristische Form der Cingulumschnallen.

Vor der Körpermitte hing vom Gürtel herab ein aus drei bis acht Lederstreifen bestehender Schurz als Schutz für den Unterleib. Die Lederriemen waren mit kleinen Bronzeplättchen unterschiedlicher Form und Anhängern besetzt. 16 rechteckige Bronzeplättchen und ein Riemenendbeschlag (Abb. 11) sind zusammenhängend in Kalkriese gefunden worden. Hinzu kommen mehrere Bronzeplättchen, die einzeln gefunden worden sind.

Abb. 12
Verschiedene Lederbeschläge, wahrscheinlich von der soldatischen Ausrüstung. Silberplattierte Bronze. – L. der Platte links unten 4,5 cm.

Phalerae

Die hier im Zustand vor der endgültigen Restaurierung abgebildeten Fragmente von drei Zierscheiben *(phalerae)* (Abb. 13/14) mit Porträts in Bleirelief von Angehörigen des julisch-claudischen Hauses werden zusammen mit den Siegelkapseln (Abb. 66) gesondert publiziert. Zwei Zierscheiben (Abb. 13) weisen das übliche bronzene Rückenteil mit Doppelöse auf, ihre Vorderseite aus Blei ist fragmentiert. Das dritte Beispiel (Abb. 14) weist zusätzlich zu der Öse, von der nur der kräftige Ansatz erhalten ist, ein großes Loch auf, das eventuell auf eine Sekundärverwendung hinweist, aber auch bemerkenswerterweise bei einigen Schwertscheidenmedaillons vorkommt.

Auf die Frage der Verwendung kleinerer Zierscheiben kann im Rahmen dieser Arbeit nicht eingegangen werden.

Grundsätzlich wurden jedoch Zierscheiben mit Darstellungen der Angehörigen des Kaiserhauses, Apotropaia u. a. an einem ledernen Riemenwerk auf der Brust getragen. Sie gehörten zu den Orden *(dona militaria),* die sowohl Offizieren als auch einfachen Soldaten verliehen wurden. Außer *phalerae* gehörten zu den *dona militaria* Halsringe *(torques)* und Armringe *(armillae).* Nur höheren Offizieren wurden Auszeichnungen wie *hasta pura* und *vexillum,* Edelmetall-Nachbildungen von Lanze und Standarte, verliehen.

»Ich kann zu meiner Beglaubigung keine Ahnenbilder und auch keine Triumphe oder Konsulate meiner Vorfahren vorzeigen, jedoch, wenn es verlangt würde, Ehrenlanzen, eine Standarte, Orden *(phaleras)* und andere militärische Auszeichnungen, außerdem die Narben auf meiner Brust« (SALLUST, Bellum Iugurthinum LXXXV, 29–30).

Militärische Auszeichnungen werden an Reiter auch als Kopfschmuck für deren Pferde verliehen, wie z. B. POLYBIOS VI, 39, 3 berichtet: »Wenn einer in der Schlacht besondere Tapferkeit bewiesen hat, beruft der Feldherr eine Heeresversammlung, stellt ihr die Leute vor, die sich durch eine ungewöhnliche Tat ausgezeichnet haben, richtet zuerst an jeden anerkennende Worte für seine Tapferkeit und was sonst in seinem Leben rühmende Hervorhebung verdient, und überreicht dann dem Mann, der einen Feind verwundet hat, einen Speer, dem, der ihn getötet und der Rüstung beraubt hat, wenn er ein Infanterist ist, eine Trinkschale, dem Reiter einen Kopfschmuck für das Pferd (...), während ursprünglich auch in diesem Fall nur ein Speer überreicht wurde«.

Abb. 13
Fragmentierte Zierscheiben (phalerae) aus Bronze und Blei. Aufnahme vor der endgültigen Restaurierung. – Dm. der linken Zierscheibe noch 2,0 cm.

Abb. 14
Zierscheibe mit Porträt eines Angehörigen des julisch-claudischen Kaiserhauses. Bronze/Blei.

Literatur
FRANZIUS 1992, 361 f., Abb. 6,1 (Helmbuschhalter)
FRANZIUS 1991, 22, Taf. 7,5.6; dies. 1992, 364, Abb. 10,3–4 (Schildrandbeschläge)
FRANZIUS 1991, 22; 23, Abb. 6 oben; Taf. 5,1; Abb. 6 unten und 13; Taf. 5,5; dies. 1992, 362 Abb. 8,1–2 (Schließen von Kettenpanzern)
WIEGELS 1991, 60–62; ders. 1992, 383–396 (Inschriften)
FRANZIUS 1991, 23 f., Abb. 7 rechts; Taf. 5,3; Abb. 7 links; Taf. 5,4; dies. 1992, 362 f., Abb. 9,1.3.6–7 (Schienenpanzerteile)
FRANZIUS 1991, 25, Farbtaf. 5,1; Taf. 6,2; dies. 1992, 364 f., Abb. 11,7–8 (Cingulumschnallen)
FRANZIUS 1991, 25 f., Farbtaf. 5,2; Taf. 6,4.5.7; dies. 1992, 365, Abb. 11,3–4.6 (Hängeschurzbesatz)
FRANZIUS 1992, 367, Abb. 10,1.2 (Zierscheiben)
Der Rest der hier erwähnten und abgebildeten Gegenstände ist unpubliziert.

Die antiken Zitate sind entnommen aus:
EISENHUT, W./LINADAUER, J., Sallust, Werke. Lateinisch-Deutsch (Darmstadt 1985)
PATON, W. R., Polybios, The Histories. Griechisch-Englisch, Bd. III (London 1972) (= The Loeb Classical Library 138)
DREXLER, H., Polybios, Geschichte Bd. I. Deutsch (Zürich/München 1978²)

Angriffswaffen

Schwertteile

Das Schwert (*gladius*) und der Dolch (*pugio*) sind die Hauptbestandteile der Bewaffnung beim Nahkampf.

Der *gladius* ist ein zweischneidiges Kurzschwert von 50 bis 60 cm Länge, dessen Seiten geradlinig parallel laufen. Auf der Angel sitzt ein profilierter Griff mit kugeligem Knauf aus Bein oder Holz. Der *gladius* wurde am Gürtel auf der rechten Seite getragen, wie wir den Darstellungen auf zahlreichen Grabsteinen römischer Soldaten entnehmen können (vgl. Abb. 15 und 16). Zwei an der Scheide angebrachte Klammern besaßen links und rechts je eine Ausbuchtung, an denen je ein kleiner Bronzering befestigt war. An den Ringen waren die Riemen, in denen das Schwert eingehängt war, befestigt. Mehrere solche Schwertscheidenklammern sind in Kalkriese sowohl bei der Prospektion als auch bei den Grabungen gefunden worden (Abb. 17).

Die Schwertscheide bestand aus zwei Holzschalen, Leder oder Metallblech, das von einer zweiteiligen Bronzeblecheinfassung zusammengehalten wurde. Die Schwertscheideneinfassungen laufen unten in einem profilierten Endknopf aus, dem sogenannten Ortband. Die Schwert-

Grabstein des Quintus Petilius Secundus (Abb. 15)

Der Legionär Petilius hält in der Linken die typische Wurflanze der Legionäre, das *pilum*. Am zweiteiligen Gürtel sind der Dolch links, das Schwert rechts befestigt. Von dem Gürtel hängen vorn vier Lederstreifen herab, die mit Metallplättchen und Anhängern besetzt sind.

Der verstorbene Legionär ist ohne Panzer, Helm und Schild dargestellt. Über der *tunica* trägt er einen Mantel.

Die Inschrift lautet:
Q(uintus) Petilius Q(uinti) f(ilius) O(u)fent(ina tribu)/ Secundus dom(o)/ Medio(lano) miles leg(ionis)/ XV Prim(igeniae) ann(orum) XXV/ stip(endiorum) V/ h(eres) ex t(estamento) f(aciendum) c(uravit).

Quintus Petilius Secundus, Sohn des Quintus, aus der Tribus Oufentina, geboren in Mailand, Soldat der 15. Legion mit Beinamen Primigenia, 25 Jahre alt, mit fünf Dienstjahren. Der Erbe ließ (den Grabstein) nach den Bestimmungen des Testamentes setzen.

Datierung: Mitte des 1. Jahrhunderts n. Chr.
Rheinisches Landesmuseum Bonn, Inv. V 86. – Gefunden 1755 in Bonn. – Kalkstein. – H. 1,63 m.

Literatur
CIL (Corpus Inscriptionum Latinarum) XIII 8079
BAUCHHENSS, G., CSIR (Corpus signorum Imperii Romani), Deutschland III 1. Germania inferior. Bonn und Umgebung. Militärische Grabdenkmäler (1978), 276, Nr. 6, Taf. 11;
KÜNZL, E., Römische Steindenkmäler 1 (Bonn 1981) 16,4
Frdl. Mitt. zu den Inschriften von R. Wiegels, der auch die Inschriften des RLM Bonn zwecks Erstellung eines Supplementums zum CIL XIII seinerzeit überprüfte und bearbeitete.

Abb. 15

Grabstein des Firmus (Abb. 16)

Die Bewaffnung des Auxiliarsoldaten Firmus besteht aus
Dolch und Schwert sowie aus zwei Lanzen, der Hauptwaffe
der Hilfstruppen im Gegensatz zu dem *pilum* der Legionäre.
Vorn, von dem zweiteiligen Gürtel hängen sechs mit Metallplättchen besetzte Lederriemen herab. Welchen Panzer Firmus über der *tunica* trägt, geht aus der Darstellung nicht eindeutig hervor. Es ist aber vermutlich der Kettenpanzer
(lorica hamata).

Die Inschrift lautet:

*[F]irmus/Ecconis f(ilius) / mil(es) ex coh(orte) / Raetorum /
natione M/ontanus / ann(orum) XXXVI / stip(endiorum)
X[II]II (?)/heres [e]x tes(tamento)/po[sui]t.*

Links: *Fuscus/serv[us].*
Rechts: Zwei unleserliche Zeilen

Firmus, Sohn des Ecco, aus der Kohorte der Raeter, aus
dem Stamm der Montani (= Bewohner der ligurischen See-
alpen), 36 Jahre alt, mit 14 (?) Dienstjahren (liegt hier bestattet). Der Erbe ließ (den Grabstein) nach den Bestimmungen
des Testaments setzen.

Links: Fuscus, Sklave.
Rechts: ?

Datierung: Mitte des 1. Jahrhunderts n. Chr.

*Rheinisches Landesmuseum Bonn, Inv. 2801/2082. – Gefunden 1882 in
Andernach. – Kalkstein. – H. 2,95 m.*

Literatur
CIL XIII 7684
BAUCHHENSS, G., Jahrb. RGZM 22, 1975, 81ff., Taf. 27,1
KÜNZL, E., Römische Steindenkmäler 1 (Bonn 1981) 22,7

Abb. 16

125

scheiden der ersten Hälfte des 1. Jahrhunderts n. Chr. tragen meistens reich verzierte getriebene oder durchbrochen gearbeitete Bronzebleche(vgl. Abb. 18). Einige Fragmente bronzener Scheidenbleche in Durchbruchtechnik sowie Teile der Einfassung sind auch in Kalkriese gefunden worden. Aus restauratorischen Gründen konnten diese Teile hier nicht abgebildet werden.

Abb. 18
Schwertscheide in Durchbruch-technik aus Bremen-Seehausen. – Bremen, Focke-Museum (Photo: Der Landesarchäologe von Bremen).

Dolchteile

Der Dolch besitzt im frühen 1. Jahrhundert eine leicht eingezogene, geschweifte Klinge. Der Aufbau des Griffes ist kompliziert, charakteristisch ist die Verdickung in der Mitte der Griffangel (vgl. Abb. 19). Die frühen Exemplare besitzen eine aufwendig verzierte eiserne Scheide, die in einer runden Scheibe ausläuft. Die Verzierung bestand aus eingelegten Ornamenten (Tauschierung), buntem Email (Glasfluß) oder Schwefelsilber (Niello). Der Dolch wurde am Gürtel auf der linken Seite getragen. An dem jeweils knopfartigen Abschluß zweier Scharniere am *cingulum* wurde die Dolchscheide mit Riemen fest geknüpft, die durch Ösen an die Scheide gezogen wurden. In Kalkriese ist die fragmentierte Klinge eines Dolches gefunden worden (Abb. 21 rechts).

Abb. 17
Zwei Schwertscheidenklammern aus Bronze. – L. der größeren Klammer (unten) 9,3 cm.

Pilumteile

Die typische Waffe der Legionäre war die massive Wurflanze *(pilum)*. Sie bestand im Vorderteil aus einem etwa 1 m langen, dünnen Schaft aus Weicheisen, der in einer massiven pyramidenförmigen Spitze endete. Der metallene Schaft endete in einem Dorn, der in einer vierkantigen, trapezförmigen Verdickung des im hinteren Teil anschließenden Holzschaftes mit Nägeln befestigt war. Diese Verdickung wurde z. T. durch eine entsprechend geformte eiserne Zwinge verkleidet. Der Holzschaft war etwa so lang wie der metallene Schaft. Der dünne Weicheisenschaft dieser

126

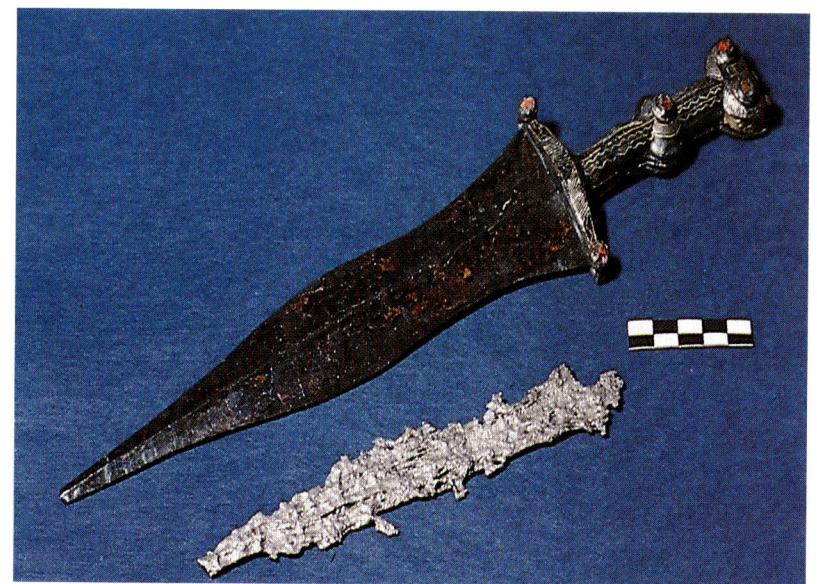

Waffe verbog sich beim Aufschlagen z. B. auf dem Schild des Gegners. Die aufgeworfenen *pila* konnten deshalb nicht sofort wiederverwendet werden. Schon CAESAR (De Bello Gallico I, XXV) beschreibt die Wir-kung dieser Waffe: »Seine [Caesars] Soldaten schleuderten von oben ihre Wurfspeere *(pilis)* und durchbrachen leicht die feindliche Angriffsfront. Als diese gesprengt war, gingen sie mit gezückten Schwertern vor. Die Gallier behinderte beim Kampfe folgendes sehr: Mehrere ihrer Schilde waren mit dem Wurf von einem einzigen der Wurfspeere *(pilorum)* zugleich durchbohrt und aneinandergeheftet worden. Da sich die Eisen-spitze umgebogen hatte (weil das Eisen an dieser Stelle nicht gehärtet war), sie sie weder herausziehen noch infolge der behinderten Linken richtig kämpfen konnten, zogen es viele, nachdem ihr Arm lange hin- und hergezerrt worden war, vor, den Schild wegzuwerfen und mit unge-decktem Leib zu kämpfen«.

»Das Fußvolk verwendete als Wurfspeer das Pilum; vorne war ein fein ausgedachtes Dreieck aus Eisen angebracht, es hatte neun Zoll oder ein Fuß Länge. Dieser Wurfspeer konnte nicht mehr herausgerissen werden, wenn er einmal im Schild steckte. Richtig und kräftig geworfen, durch-bohrte er jede Rüstung« (VEGETIUS, Epitoma Rei Militaris I,20).

Kalkriese bietet keine Pilumspitzen, aber mehrere Zwingen, von denen hier zwei abgebildet sind (Abb. 20).

Abb. 20
Eiserne Pilumzwingen. – H. 4,8 cm.

Lanzenspitzen

Lanzenspitzen kommen in verschiedenen Größen in den römischen Kastellen vor, ohne daß man bis heute ihre Funktion im einzelnen sicher bestimmen konnte. Generell gehört die Lanze zu der Bewaffnung der Hilfstruppen. Man nimmt an, daß kleine Lanzenspitzen von den Reitern in einem Köcher mitgeführt und mittels einer Lederschlaufe abgeschossen wurden. Die Stoßlanze der Reiter dürfte allerdings viel größer sein. Lanzenspitzen mittlerer Größe können zur Ausrüstung der Leichtbewaffneten gehört haben.

Die Lanzen und *pila* wurden bei den Marschpausen in den Boden gerammt. Deshalb und auch zum Schutz vor Splittern waren die Enden

Abb. 21
Zwei Geschoßbolzen, ein Lanzen-schuh, drei Lanzenspitzen und fragmentierte Klinge eines Dol-ches (von links nach rechts). Eisen. – L. der größten Lanzen-spitze 20,5 cm.

mit einer kegelförmigen Eisentülle beschlagen, dem sogenannten Lanzenschuh. Lanzenschuhe sind mit mehreren Exemplaren in Kalkriese vertreten (Abb. 21, 3. von links).

Geschoßbolzen

Ebenfalls problematisch ist die Bestimmung der Funktion der massivpyramidenförmigen Spitzen mit Tülle (Abb. 21, 1. und 2. links). Da derartige Spitzen in frühen Legionslagern in großer Zahl auftreten, vermutet man, daß sie Bolzen von leichten Geschützen (Katapulten) sind, zumal sich Geschütze im 1. Jahrhundert eigentlich nur mit den Legionen in Verbindung bringen lassen.

Schleuderbleie

Die Schleuder *(funda)* gehört neben Pfeil und Bogen *(sagitta* und *arcus)* zu der Ausrüstung von Spezialeinheiten mit eigener Nationalidentität. Diese »fremden« Verbände gehörten zu den Auxiliartruppen und wurden zur römischen Armee herangezogen, weil sie traditionell mit der entsprechenden Waffe kämpfen konnten. Die *funda* war eine einfache Handschleuder aus Lederriemen mit erweitertem Mittelteil für die Schleudergeschosse, die aus Ton, Blei oder Stein gefertigt waren. Da sich keine antike Handschleuder erhalten hat, entnehmen wir die Konstruktion aus den antiken Quellen und bildlichen Darstellungen, wie z. B. einem Relief der Trajanssäule (vgl. Abb. 22).

In den schriftlichen Quellen werden die Balearen (CAESAR, De Bello Gallico II,7; STRABO, Geographica 3,5) und Kreta (LIVIUS, Ab Urbe condita XXXVII,41) öfter als andere Gebiete als Heimat der Schleuderer im römischen Militär erwähnt.

»Als Eumenes das sah, befahl er, weil ihm nicht unbekannt war, wie zweischneidig die Kampfweise und die Art der Unterstützung war, wenn man den Pferden mehr Angst einjagte als sie in regelrechtem Kampf angriff, den kretischen Bogenschützen und Schleuderern *(funditores)* und Speerwerfern mit einigen Schwadronen der Reiter, nicht dichtgedrängt, sondern so weit auseinandergezogen, wie sie könnten, vorzustürmen und von allen Seiten zugleich ihre Geschosse auf sie zu schleudern« (LIVIUS, Ab Urbe Condita XXXVII,41).

Abb. 23
Schleudergeschosse aus Blei. – L. des Exemplars unten links 3,7 cm.

Abb. 22
Drei Schleuderer. Relief der Trajanssäule, Rom. Nach C. CICHORIUS, Die Reliefs der Trajansäule II (1896), Szene 66.113.

»Caesar schickte dorthin noch um Mitternacht (…) den Städtern Numider, Kreter und Balearen zu Hilfe« (CAESAR, De Bello Gallico II,7).

Archäologisch belegen Inschriften und Legionsnamen auf Schleuderbleien der späten Republik wahrscheinlich den Gebrauch der Schleuder auch von Legionären. Ob wir für die Römische Kaiserzeit annehmen dürfen, daß die Legion ihre eigenen Schleuderer hatte, bleibt fraglich, da wir zwar keine Schleuderbleie mit Legionsnamen besitzen, jedoch zahlreiche Exemplare aus den Legionslagern.

Drei Schleudergeschosse aus Blei (Abb. 23) sind in Kalkriese gefunden worden. Es sind Prospektionsfunde, die Grabung hat bis heute keine Schleuderbleie erbracht.

Literatur
FRANZIUS *1991, 21, Abb. 5; Taf. 15,2 (Lanzenspitze – hier Abb. 21, zweite Spitze von rechts)*
FRANZIUS *1992, 357–361, Abb. 6,2–3; Abb. 7,1–9 (Pilumzwingen, Lanzen- und Geschoßbolzen, Lanzenschuhe)*
FRANZIUS *1991, 19 f. Abb. 4; Taf. 14,3–5; dies. 1992, 361, Abb. 6,4–6 (Schleuderbleie)*
Die erste Lanzenspitze von rechts (Abb. 21) ist unpubliziert

Die antiken Zitate sind entnommen aus:
DORMINGER, *G. (Hrsg.), C. Julius Caesar, Der Gallische Krieg. Lateinisch-Deutsch (München 1962¹)*
HILLEN, *H. S. (Hrsg), T. Livius, Römische Geschichte Buch XXXV–XXXVIII. Lateinisch-Deutsch (Darmstadt 1982)*
WILLE, *F., Flavius Renatus Vegetius, Epitoma Rei Militaris, Das gesamte Kriegswesen. Lateinisch/Deutsch (Frankfurt 1986)*

Die Maske eines Gesichtshelms (Abb. 24a und b)

Im Winter 1989/90 ist unter der vorderen Flanke der Rasensodenmauer in Kalkriese die eiserne Maske eines Gesichtshelms gefunden worden. Die Maske war ursprünglich mit Silberblech überzogen, wie Reste davon in der bronzenen Randeinfassung bezeugen.

Als Teil eines sogenannten Gesichtshelms, der den Kopf samt Gesicht bedeckte, war die Maske oben wahrscheinlich durch ein Scharnier, unten durch Riemen mit dem eigentlichen Helm verbunden (vgl. FRANZIUS 1991, 53).

Die Stirn ist niedrig, glatt, die Augenbrauen haben die Form von linearen Erhebungen. Die Öffnungen für die Augen sind schmal und leicht nach unten gezogen. Scharfkantig und betont herausgearbeitet sind die

24a

Abb. 25a
Gesichtsmaske aus Homs/Emesa
(Syrien). Eisen mit Silber vergol-
det. – H. 24 cm. – Damaskus,
Nationalmuseum, Inv. 7024 bzw.
C 3287. Anfang 1. Jahrhundert
n. Chr. – Nach H. R. ROBINSON,
The Armour of Imperial Rome
(1975), Taf. 149.

Abb. 25b
Maske eines Gesichtshelms aus
Vechten/Fectio (Niederlande).
Eisen mit Bronzeüberzug. – H.
16,0 cm; Br. 13,8 cm. – Rijksmuseum van Oudheden, Leiden, Inv.
1047. Zweite Hälfte 1. Jahrhundert n. Chr.

Abb. 24a und b
Eiserne, ursprünglich mit Silber-
blech überzogene Maske eines
Gesichtshelms. – a Frontalansicht;
b Seitenansicht. – H. 16,9 cm;
Br. oben 16,2 cm; T. 8,2–8,4 cm.

Abb. 25c
Maske eines Gesichtshelms aus
Nijmegen (Niederlande; aus der
Waal?). Eisen mit versilberter und
vergoldeter Bronze. – H. 24,0 cm;
Br. 22,0 cm. – Provinciaal
Museum G. M. Kam, Nijmegen,
Inv. XII, 1,4. Etwa 50–70 n. Chr.

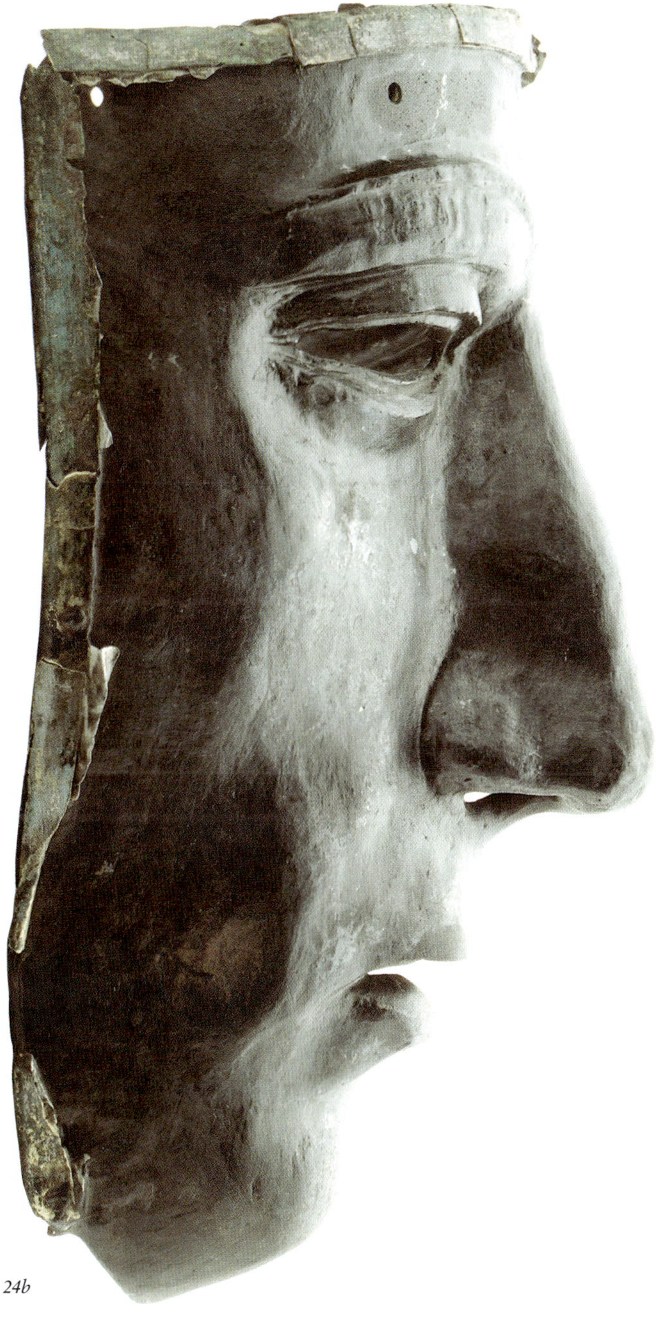

25a

25b

25c

24b

Augenlider. Die Nase ist groß und weist einen starken Nasenrücken auf. Die Oberlippe war wegen der starken Korrosion nicht mehr im Ursprungszustand rekonstruierbar. Die Unterlippe ist mäßig plastisch. Die Mundwinkel sind leicht nach unten gezogen. Die Kinnpartie ist schmal, das Kinn selbst fliehend. Die differenzierte Modellierung der Gesichtszüge und -oberflächen gibt der Maske im Vergleich zu den jüngeren, starr und maskenhaft wirkenden Beispielen ein individuelles Gepräge (zum stilistischen Vergleich der Kalkrieser Maske mit den Beispielen aus Homs und Vechten [Abb. 25a und b] vgl. FRANZIUS 1991,55).

Gesichtshelme aus Eisen wurden geschmiedet – der Eisenguß war in der Antike unbekannt –, bronzene Beispiele wurden getrieben.

Der Verwendungszweck der Gesichtshelme im frühen 1. Jahrhundert ist nicht sicher bestimmbar. Es ist anzunehmen, daß auch die frühen, besonders repräsentativ ausgestalteten Gesichtshelme, die plötzlich in augusteischer Zeit auftreten – die Maske aus Kalkriese ist nach dem derzeitigen Forschungsstand die älteste –, von Reitern bei besonderen Gelegenheiten als Bestandteil der Prunkrüstung getragen wurden. Den Grund zu dieser Annahme liefern die Mitfunde der Gesichtshelme des mittleren und späten 1. Jahrhunderts, die u. a. Pferdegeschirr-, z. T. Prunkrüstungsteile sind. Ob die Gesichtshelme generell bei Paraden und evtl. auch bei turnierartigen Vorführungen im frühen 1. Jahrhundert verwendet wurden, geht weder aus den antiken Quellen noch aus dem spärlichen archäologischen Material eindeutig hervor.

Erst ab Hadrian (117–138 n. Chr.) dürfen die Gesichtshelme generell aufgrund der Mitfunde mit den Reiterspielen in Verbindung gebracht werden, die der römische Historiker ARRIAN (FLAVIUS ARRIANUS) in seinem Reiter-Traktat –ιππικά γυμνάσια – von 136 n. Chr. – beschreibt.

Gegen eine Verwendung der Gesichtsmaske aus Kalkriese im Kampfeinsatz spricht, daß das Gesichtsfeld des Trägers sehr eingeschränkt ist und die Öffnungen in Nase und Mund zu klein für das Atmen unter schwerer Kampfbelastung sind.

Allein der militärische Charakter von Kalkriese und die Fundlage der Maske – unter den eingestürzten Wallflanken – reichen als Begründung nicht aus, um dieses Fundstück als »Kampfmaske« zu interpretieren. Unter dem Wall sind nicht nur spezifisch militärische Gegenstände, sondern auch eine ganze Reihe von Gegenständen zivilen Charakters gefunden worden, die wohl mitgeführt wurden.

Dann ergibt sich aber die Frage, warum eine dekorativ ausgestaltete Maske aus Eisen geschmiedet ist. Eine eiserne Maske bietet bei gleichem

Abb. 26
Rekonstruktion der gallo-römischen Frauentracht in frühaugusteischer Zeit nach Funden in einem Grab in Wederath-Belginium. Aus METZLER, J., Eine traditionsbewußte treverische Frau in augusteischer Zeit, Grab 2050. In: HAFFNER, A., Gräber – Spiegel des Lebens (Mainz 1989), 246 Abb. 6.– Mit freundlicher Genehmigung des Rheinischen Landesmuseums Trier.

Gewicht wie eine bronzene einen viel größeren Schutz gegen Gesichtsverletzung durch Wurfgeschosse, so daß für kämpfende Reiter der Schutz- und Schreckeffekt durchaus im Kampf von Vorteil sein mag.

Andererseits ist eine Maske mit Silberblechüberzug eine unpraktische Konstruktion im Kampf, da das Silberblech bei der geringsten Verletzung zerkratzt wird oder reißt, was den optischen Wert der Maske stark mindert.

Die hervorragende Qualität und die damit verbundene Individualität der eindrucksvollen Kalkrieser Maske deuten auf einen Träger hin, der durch seinen militärischen Rang hervorragt, z. B. den Anführer einer Reitereinheit *(praefectus alae)*.

Literatur
FRANZIUS 1991, 53–59; Farbtaf. 1 u. 2

Trachtzubehör

Fibeln, eigentlich auch der Militärgürtel (s. S. 120), Mantel und Sandalen sind Teile der Uniform des römischen Soldaten. Da einige Fibeln sowie eine Nadel aus Kalkriese der Frauentracht zugeschrieben werden, sind hier die von Männern bzw. Soldaten oder Frauen getragenen Gebrauchsgegenstände, die z. T. als Schmuck gelten, dem Begriff Trachtzubehör zugeordnet.

Fibeln

Fibeln *(fibula,* von *figere* = passiv haften, festhaften) sind Gewandnadeln, vergleichbar mit großdimensionierten Sicherheitsnadeln, die in erster Linie dem Zusammenhalten des Gewandes dienten. Von Frauen und/oder Männern getragen, dienten die Fibeln je nach Ausführung auch als Schmuck.

Frauenfibeln (vgl. Abb. 26) hielten das Obergewand oft paarweise auf den Schultern zusammen. Eine Scheibenfibel schmückte vorn auf der Brust das dünne Untergewand.

Männer- bzw. Soldatenfibeln kennzeichnet ein hochgewölbter Bügel zur Aufnahme schwererer Stoffe, z. B. des Soldatenmantels *(sagum),*

26

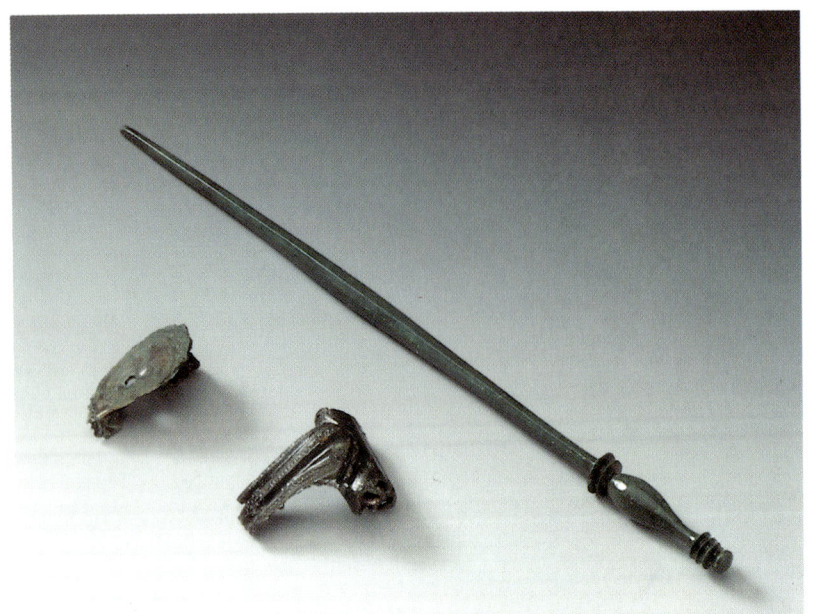

Abb. 27
Bronzene Nadel mit facettiertem Schaft und balusterartigem Kopf. Links zwei fragmentierte Fibeln aus Bronze: Scheibenfibel mit Spirale oben links und Hülsenspiralfibel vom Typ Langton-Down (unten links). – L. der Nadel 13,5 cm.

Abb. 28
Augenfibel, Aucissafibel und Fibel der Form Almgren 22 (hinten von links nach rechts) sowie Fibel der Form Almgren 19 (vorn), alle aus Bronze. – L. der Aucissafibel 5,5 cm.

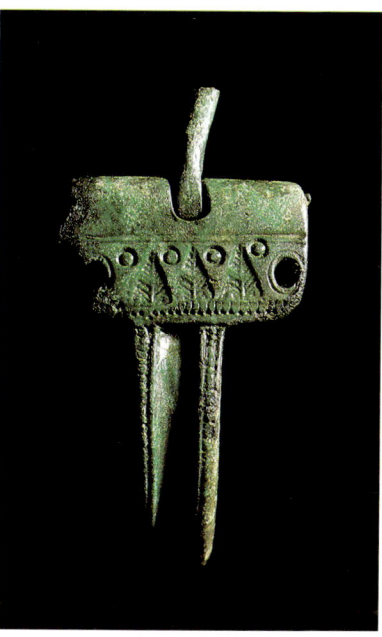

Abb. 29a und b
Bronzene Aucissafibel. Die Kopfplatte mit geschlossenen Augen ist
durch ein eingestempeltes Tan-
nenzweigmuster verziert. –
L. 6,2 cm.

Abb. 30a
Herstellung einer Fibel vom
Spätlatèneschema. Nach H.
DRESCHER, Die Herstellung von
Fibelspiralen, Germania 33, 1954,
341, 1.
Die eingliedrige Fibel wird aus
einem Metallstab hergestellt. Nach
dem Treiben der bronzenen bzw.
Schmieden der eisernen Nadel auf
etwa 20 cm Länge wird diese am
Bügel zu zwei gegenläufigen Spi-
ralen mit je drei bis vier Win-
dungen und einem geraden Zwi-
schenstück aufgedreht, die dann
so zusammengebogen werden, daß
die frühen Enden in der Mitte liegen und auf eine gemeinsame
Achse aufgebracht werden können. Durch diese Anordnung liegen Körper und Nadel auf einer
Ebene.

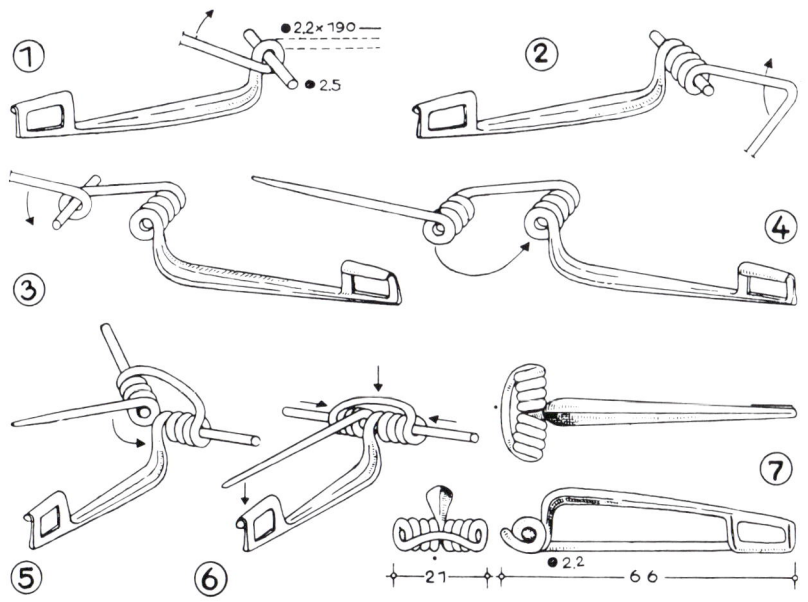

eines rechteckigen schweren Tuchs, das auf der linken Schulter mit einer Fibel festgehalten wurde.

Viele Fibelformen waren über einen längeren Zeitraum in Mode; wenige Formen, die nur kurze Zeit gebraucht wurden, z. B. die Langton-Down-Fibel (Abb. 27 unten links), kann der Archäologe als Datierungshilfe heranziehen.

Die römischen Fibeln aus Kalkriese lassen sich aufgrund ihrer Konstruktion in drei Gruppen einteilen: *Scharnierfibeln, Spiralfibeln* und sogenannte *Omegafibeln*. Bei den Scharnierfibeln war die frei bewegliche Nadel in der Mitte des Scharniers am Bügelkopf befestigt. Die Gruppe der Scharnierfibeln wird in Kalkriese durch die Aucissafibeln vertreten (Abb. 28 oben Mitte und 29a und b), so benannt nach dem Herstellernamen AVCISSA, der auf der Kopfplatte zahlreicher Stücke eingestempelt ist. Die Aucissafibel, die sogar bis über die Mitte des 1. Jahrhunderts hinaus in allen Provinzen des römischen Reiches vorkommt, war die typische Soldatenfibel augusteischer Zeit. Mehr als die Hälfte des Fibelbestandes aus Kalkriese besteht aus Aucissafibeln.

Die Spiralfibeln waren aus einem Metallstück angefertigt. Abb. 30a zeigt die Herstellung einer Spiralfibel vom Spätlatèneschema, an die die provinzialrömischen Spiralfibeln anknüpfen.

Zwei Spiralfibeln vorrömischer Zeit (Abb. 31) weisen eine einteilige Konstruktion auf. Beide datieren in die Spätlatènezeit (Latènezeit – benannt nach einem Fundort am Neuenburger See [Schweiz] – = ca. 500 v. Chr. bis um Christi Geburt; Spätlatène = ca. 100 v. Chr. bis um Christi Geburt) und sind in Zusammenhang mit der Siedlung in Kalkriese zu sehen.

Mit Ausnahme der beiden sogenannten Omegafibeln (Abb. 32) – nach der Form des griechischen Buchstabens Omega –, weisen die übrigen römischen Fibeln die Spiralkonstruktion auf. Davon sind die Augenfibeln, so genannt nach den innerhalb des Fibelkopfes angebrachten oder seitlich davon heraustretenden »Augen«, eine weitverbreitete Fibelform. Sie tritt nicht nur im Rheinland gehäuft auf, sondern auch im elbgermanischen Raum, vor allem in den frühkaiserzeitlichen Gräbern Böhmens. Letzteres führte zu der umstrittenen Ansicht zu Ursprung und Herstellung der Augenfibel. Das Hauptverbreitungsgebiet der beiden anderen Spiralfibeln (Abb. 28 und oben rechts) der Form Almgren 19 und Almgren 22 ist das Rheinland, das der Form Almgren 22 vor allem der Niederrhein.

Sind römische Spiralfibeln der oben genannten Typen mit einem Sehnenhaken zum Festhalten der Spirale versehen (vgl. Abb. 30b), verhält es

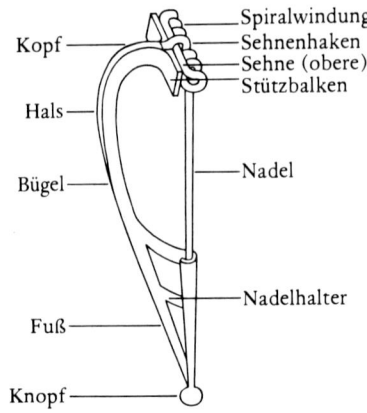

Abb. 30b
Schematische Zeichnung einer Spiralfibel. Aus: Trier, Augustusstadt der Treverer. Ausst. Kat. Rhein. Landesmuseum Trier (Mainz 1984), 218. – Mit freundlicher Genehmigung des Rheinischen Landesmuseums Trier.

Abb. 31
Zwei Latènefibeln: Fibel vom Mittellatèneschema des Typs Kostrzewski Variante B (oben) und Fibel vom Spätlatèneschema (unten). Bronze. – L. der Spätlatènefibel 6,5 cm.

Abb. 32
Bronzene Omegafibeln. – Dm. der linken Fibel 4,2 cm.

sich bei der Fibel Abb. 27 unten links anders: Die Spirale bekommt Halt in einer Hülse. Diese Konstruktion ist eine Erfindung augusteischer Zeit, in der Fibeln dieses Typs überwiegend auftreten. Die Kalkrieser Hülsenspiralfibel gehört zum »Langton-Down-Typus«, benannt nach einem englischen Fundort. Hauptverbreitungsgebiet derartiger Fibeln, die der Frauentracht augusteischer Zeit zugeschrieben werden, ist Gallien.

Literatur
FRANZIUS 1991, 30; Farbtaf. 8,1; Taf. 10, 1–4, und 11, 1–3; dies. 1992, 353, Abb. 3,3.4 (Aucissafibeln)
GLÜSING/FRANZIUS 1991, 18 Abb. 3; Taf. 12,7.8; Franzius 1992, 351, Abb. 1,1.2 (Latène-fibeln)
FRANZIUS 1991, 30; Farbtaf. 8,2; Taf. 9,1.3; dies. 1992, 356f., Abb. 2,5.6 (Omegafibeln)
FRANZIUS 1991, 28 Abb. 8; Taf. 9,4.5; dies. 1992, 351, Abb. 1,3.4 (Fibeln der Form Almgren 19)
FRANZIUS 1992, 351f., Abb. 1,1–3 (Fibeln der Form Almgren 22)
Die übrigen hier vorgelegten Fibeln sind unpubliziert

Nadel

Im Alltagsleben der Römerinnen spielte die Haarpflege eine wichtige Rolle. Haarfärben und sogar Perücken aus dem hellen Haar der Germaninnen waren nichts Ungewöhnliches, wie JUVENAL (Saturae VI,120) schildert: »(…) und mit der blonden Perücke die schwärzlichen Locken bedeckend, trat sie hinein (…)«.
Die Römerin schmückte ihr Haar mit verschiedenen Accessoires wie Kämmen und Nadeln aus Bein oder Bronze, auch aus Edelmetall. Eine

139

Haarnadel *(acus comatoria)* hatte zugleich auch den praktischen Zweck, einzelne Haarpartien zusammenzuhalten. Von einem anderen (!) Verwendungszweck der Haarnadel berichtet der Satiriker PETRON: »Wir wollten in unserer Not schreien, aber erstens war niemand zur Hilfe da, und dann zerstach hier Psyche, als ich an die Verantwortung der Öffentlichkeit appellieren wollte, mit einer Haarnadel *(acu comatoria)* meine Backen und setzte dort das Mädel mit einem Pinsel, den es auch noch mit dem Stimulans getränkt hatte, Askyltos zu (…)«, (PETRON, Satyrica 21).

Haarnadeln finden sich sowohl in zivilen Plätzen, wo sie zahlreich auftreten, als auch in Militärplätzen der Römischen Kaiserzeit sowie in Frauengräbern.

Die überall verbreiteten Porträts der Kaiserinnen waren Vorbild für die Haarmode in allen Gegenden des Römischen Reiches. Die modische Frisur der Frau in augusteischer Zeit war die sogenannte »Octaviafrisur« nach den Münzbildnissen der Schwester des Augustus Octavia. Charakteristisch ist der flache Knoten über der Stirn aus einer nach vorn über dem Scheitel verlaufenden Haarpartie. Das übrige Haar war in einem Knoten am Hinterkopf zusammengefaßt. Der Hinterkopfknoten wurde in spätaugusteisch-tiberischer Zeit durch einen Nackenzopf, der Knoten über der Stirn ab claudischer Zeit durch Löckchen abgelöst (vgl. Abb. 33).

In Kalkriese ist eine sorgfältig gearbeitete Nadel aus Bronze gefunden worden (Abb. 27). Sie besitzt einen verdickten, facettierten Schaft und einen balusterartigen, dekorativen Kopf.

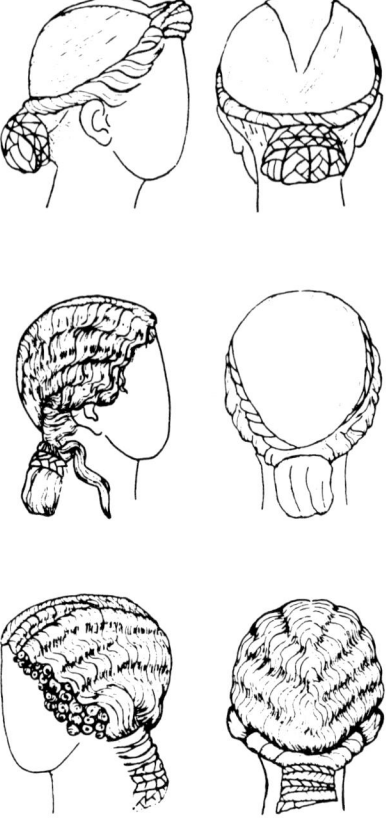

Abb. 33
Frisuren julisch-claudischer Zeit: a augusteisch; b tiberisch; c spättiberisch-frühclaudisch. – Nach K. POLASCHEK, Studien zu einem Frauenkopf im Landesmuseum Trier und zur weiblichen Haartracht der julisch-claudischen Zeit. Trierer Zeitschrift 35, 1972, 141–210, Abb. 6,3; 8,3–4; 9,7).

Literatur
unpubliziert

Die antiken Zitate sind entnommen:
KRENKEL, W. (Hrsg.), u. a., Römische Satiren (Berlin/Weimar 19²) (= Bibliothek der Antike, Römische Reihe)
MÜLLER, K./EHLERS W., Petronius, Satyrica. Lateinisch-Deutsch (München 1978²)

Fingerring mit Gemme

Der eiserne Fingerring Abb. 34a und b mit innen flachem, außen gewölbtem Reif trägt eine eingelegte Gemme aus orange-dunkelbraunfarbenem Karneol. Unter »Gemme« (lat. *gemma* – Knospe, metaph. ungeschnittener wie geschnittener Edelstein) verstehen wir in der Regel einen Stein mit hohlem, eingetieft geschnittenem Bild, das zum Siegeln geeignet war;

im Unterschied zu »Kameo« = Stein mit geschnittenem Reliefbild. Der Karneol war das häufigste Material der kaiserzeitlichen Gemmen.

Die hochovale Gemme – 1,5 x 1,2 cm – zeigt das Motiv des Doppelfüllhorns: zwei diagonal gekreuzte Füllhörner, dazwischen – nicht eindeutig im Bild – wahrscheinlich ein »Merkur«-stab *(caduceus)* (griech. kerykeion = der glücksbringende Zauberstab des Merkurius, des Hermes der Griechen). Aus den Füllhörnern ragen Weintrauben heraus, im unteren Bildabschnitt sind zwei Ähren dargestellt.

Das Füllhorn, aus dem die Früchte quellen, ist das Symbol der Tyche-Fortuna, der Göttin des Glücks. Es gehörte wie Mohnkolben und Ähren zu den Segenssymbolen, die auch auf Augustus-Darstellungen erscheinen und für die augusteische Epoche den Reichtum und den Überfluß propagierten.

Gemmen mit Glücks- und Schutzsymbolen bzw. Schutzgottheiten waren in erster Linie auf Ringen angebracht, die für die Soldaten bestimmt waren. Die Soldatenringe mit Gemmen wurden von größeren Herstellungszentren importiert oder in lokalen Werkstätten hergestellt.

Andererseits wurden in Rom und in den Hauptprovinzen von renommierten Steinschneidern, deren offizielle Auftraggeber in Rom Kaiser Augustus selbst, in den Hauptstädten der Provinzen die *principes* waren, anspruchsvolle Steinbilder hergestellt.

Der Hoflieferant par excellence war der Grieche Dioskurides aus Aigai in der Nähe von Pergamon, dessen Werkstatt Meistergemmen bis in die claudische Zeit geliefert hat. Von Dioskurides selbst stammen z. B. der signierte Sardonyx-Kameo mit Herkules, der den Kerberos bändigt, in Berlin und ein Karneol mit Bild des Hermes in London. Aus seiner Werkstatt stammen wahrscheinlich die berühmte »Gemma Augustea« und der »Große Kameo von Frankreich«.

Abb. 34
Eiserner Fingerring mit Gemme. Doppelfüllhorn, dazwischen Heroldsstab des Merkur (caduceus), unten Ähren. Karneol. – 1,5 × 1,2 cm.

Römerinnen und Römer trugen in der Kaiserzeit mehrere Ringe gleichzeitig, und zwar an allen Fingern mit Ausnahme des Mittelfingers. Im römischen Militär wurden Eisenringe seit dem 2. Jahrhundert v. Chr. von einfachen Soldaten getragen, während die Offiziere aus dem Ritterstand goldene Fingerringe tragen durften. Später, im 2. Jahrhundert n. Chr,. wurde auch den Soldaten das Tragen goldener Fingerringe gestattet.

Literatur
unpubliziert

Die caligae

Die Soldaten trugen Sandalen *(caligae)*, deren Sohle aus drei Schichten Leder bestand und mit bis zu 90 in Mustern angeordneten Eisennägeln beschlagen war. Das Oberteil bestand aus einem Stück Leder und war in Streifen ausgeschnitten.

Die zivile römische Bevölkerung trug leichte Sandalen *(soleae* oder *sandalia)* nur im Haus; zum Ausgehen trugen Römerinnen und Römer den *calceus,* einen geschlossenen Schuh, der über das Knöchelgelenk reichte.

Da die Bodenverhältnisse – trockener Sandboden – die Verrottung organischen Materials wie Leder fördern, finden sich Sandalen selten.

Abb. 35
Reste dreier Militärsandalen. Das linke Exemplar von unten, die beiden übrigen caligae von oben bzw. innen gesehen.

Dagegen treten Sandalennägel in Militärplätzen oft in großen Mengen auf, was natürlich von der Art, Größe und Dauer der Anlage abhängt.

Einzigartig ist der Fund der Kalkrieser Sandalen (Abb. 35). Während vom Leder nichts übriggeblieben ist, haben sich die Nägel im Sandbett in der ursprünglichen Anordnung gehalten. Auch einzelne Sandalennägel sind in Kalkriese gefunden worden.

Literatur
FRANZIUS 1992, 357, Abb. 5

Pferdegeschirr

Pferdegeschirr ist zwar nicht unbedingt militärischen Ursprungs, tritt aber natürlich auch in militärischem Kontext auf. Mehrere Teile von Pferdegeschirr belegen die Anwesenheit von Reitertruppen in Kalkriese.

Ein Bestandteil des Zaumzeugs ist die Querstange (Abb. 36 unten) – auch Kinnstange genannt – einer Hebelstangentrense. Dieser Trensentypus tritt seit dem 3. Jahrhundert v. Chr. in Italien auf – Grab von Canossa in Unteritalien –, beschränkt sich aber nicht nur auf Italien. Die Hebelstangentrense (vgl. Abb. 37) besteht aus einem Mundstück mit »Mittelbucht«, es handelt sich also um eine »Gebißstange«, die dem Pferd »Zungenfreiheit« gewährleistete. Es gab auch Mundstücke, die mit gezackten Ringen *(echinoi)* versehen waren, eine Eigentümlichkeit der östlichen »thrakischen« Trense. Kinnstangen wie das Beispiel aus Kalkriese konnten zu den mit dreifach durchbohrtem Mittelteil versehenen Seitenstangen verstellt werden.

Zur Ausschmückung des ledernen Zaumzeuges dienten kleinere runde Bronzescheiben sowie längliche Beschläge (Abb. 36, 2. von links, und oben Mitte), die mit einer oder mehreren Nieten auf den Lederriemen montiert waren.

Größere runde Zierscheiben aus Bronze, sogenannte Phaleren, dienten zur Verdeckung der Riemenkreuzungen und gleichzeitig als Schmuck. Derartige Phaleren mit ornamentalen Mustern, oft in Niellotechnik, gibt es aus Kalkriese nicht; sie finden sich ab etwa claudischer Zeit. Statt Phaleren waren in augusteisch-tiberischer Zeit Bronzeringe – Riemenverteiler genannt – an den Riemenkreuzungen des Pferdegeschirrs angebracht. In dem Riemenverteiler waren bis zu vier Riemenlaschen eingehängt, die die Enden der Lederriemen aufnahmen (vgl. Abb. 38).

Abb. 36
Eiserne Kinnstange einer Hebelstangentrense (unten), verschiedene Anhänger vom Pferdegeschirr, Riemenbeschläge und zwei
Laschen von Riemenverteilern.
Anhänger, Beschläge und Riemenlaschen sind z. T. silberplattiert. –
L. der Kinnstange 15,0 cm.

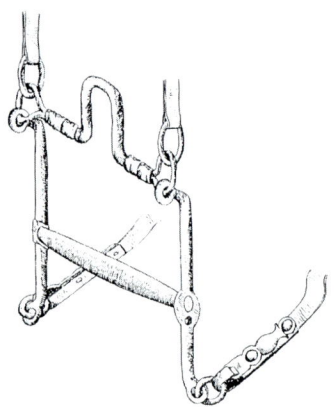

Abb. 37
Zeichnerische Rekonstruktion
einer Hebelstangentrense. Nach E.
RITTERLING, Das frührömische
Lager bei Hofheim im Taunus.
Nass. Ann. 40, 1912, Abb. 36.

Grabstein des Niger (Abb. 38)

Der Reiter Niger hält in der Rechten die Lanze, in der Linken den Schild. Von seinem Gürtel hängt das Langschwert, die *spatha*. Niger ist mit dem Schuppen- oder Kettenpanzer bekleidet.

Eindeutig zu erkennen an der Brust und an den Hinterbacken des Pferdes sind die Ringe, die als Riemenverteiler dienten (vgl. S. 143).

Die Inschrift lautet:
Niger/Aetonis f(ilius)/Nemês ala Pomponi/ani anno(rum) L / aera XXV/h(ic) s(itus) e(st).

Niger, Sohn des Aeto, Nemeter, aus der Ala Pomponiani (= benannt nach einem Pomponianus), 50 Jahre alt, mit 25 Dienstjahren, liegt hier bestattet.

Datierung: spättiberisch – frühclaudisch

Rheinisches Landesmuseum Bonn, Inv. 6545. – Gefunden in Bonn. – Kalkstein. –H. 1,42 cm.

Literatur
CIL XIII 8790
BAUCHHENSS, G., CSIR III, 1, 35f. Nr. 15, Taf. 19.

Abb. 38

Zwei Riemenlaschen sind in Kalkriese gefunden worden (Abb. 36 unten Mitte und Abb. 39 oben). Auch derartige Teile waren meistens dekorativ. Das eine relativ gut erhaltene Fundstück trägt Reste von Silberplattierung, das Fragment der zweiten Lasche ist einfacher verziert.

Römisches Militär zu Pferd ist ohne schützende, übelabwehrende Amulette unvorstellbar. Diesem Zweck dienten Phallus- und halbmondförmige Anhänger *(lunulae)* (Abb. 40 und 36 oben, Abb. 41), die sich in der Form der Exemplare aus Kalkriese überwiegend in der ersten Hälfte des 1. Jahrhunderts finden. In jüngeren Fundzusammenhängen sind die Phallusamulette von gröberer, einfacher Machart.

Vier Jochbeschläge (Abb. 42) in dekorativer Ausführung belegen, daß Gespanne und Lastwagen von den römischen Truppen in Kalkriese mitgeführt wurden. Es dürfte sich um Fahrzeuge im Troß, evtl. auch von nichtmilitärischem Begleitpersonal, gehandelt haben.

Literatur
FRANZIUS 1991, 27, Farbtaf. 6,1 unten; Taf. 8,4; dies. 1992, 371, Abb. 12,6 (Kinnstange einer Hebelstangentrense)
FRANZIUS 1992, 370, Abb. 12,1 (länglicher Riemenbeschlag)
FRANZIUS 1991, 26, Taf. 6,6; dies. 1992, 370, Abb. 12,4 (Fragment einer Riemenlasche)
FRANZIUS 1992, 370, Abb. 12,4 (Riemenlasche)
FRANZIUS 1991, 26, Farbtaf. 6,1 oben links; Taf. 8,2; dies. 1992, 370, Abb. 12,2 (Phallusamulett)
FRANZIUS 1991, 19, Taf. 8,3; dies. 1992, 368, Abb. 12,7 (keltische Lunula)
FRANZIUS 1992, 368, Abb. 12,8 (römische Lunula)
FRANZIUS 1991, 26, Farbtaf. 6,1 oben rechts; Taf. 8,1; dies. 1992, 368, Abb. 12,3 (Lunula mit gezacktem Mittelteil)
FRANZIUS 1991, 27f., Farbtaf. 6,2; Taf. 7,1.7; dies. 1992, 371, Abb. 13,1.4 (Jochbeschläge, hier Abb. 42 oben und unten rechts)
FRANZIUS 1992, 371, Abb. 13,1.3 (Jochbeschläge, hier Abb. 42 oben und unten links)

Die übrigen hier erwähnten und abgebildeten Stücke sind unpubliziert.

Abb. 39
Zwei bronzene Laschen von Riemenverteilern und ein bronzener Riemenbeschlag. – L. des Beschlags 6,3 cm.

Abb. 40
Bronzener Phallusanhänger. – H. 3,8 cm.

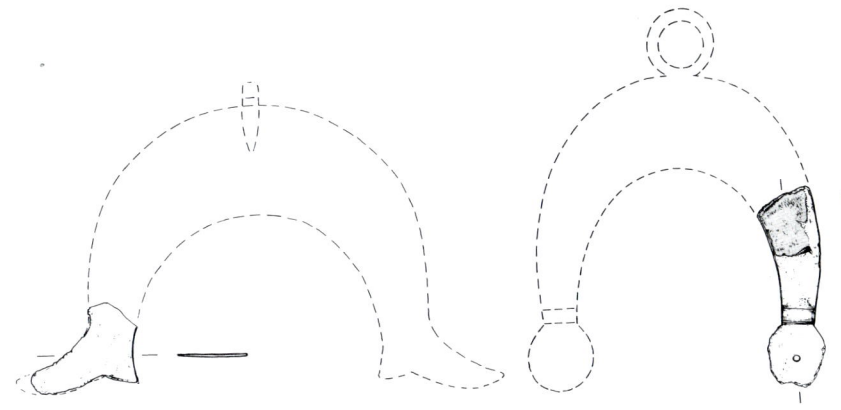

Abb. 41
Zeichnerisch rekonstruierte lu-
nulae, links eine keltische, rechts
eine römische lunula, M. 1:2.

Abb. 42
Vier Jochbeschläge aus Bronze. –
H. des Jochbeschlags rechts oben
6,2 cm.

Gerät und Werkzeug

Dieser Fundgruppe werden Pionier- und Vermessungsgerät sowie Werkzeug zur Holz- und Lederbearbeitung zugeordnet. Die genannten Arbeitsbereiche sind mit wenigen, aber wenigstens z. T. für das 2. Jahrhundert charakteristischen Beispielen aus Kalkriese vertreten, wie die *dolabra* und der Lochbeitel.

Pionier- und Vermessungsgerät

Das typische Schanzgerät des römischen Legionärs ist die *dolabra*, eine Kombination aus Axt und Hacke (Abb. 43a oben). *Dolabrae* sind mit mehreren Beispielen in den frühkaiserzeitlichen Lagern vertreten. Sie werden in der antiken Literatur überwiegend als Schanzgerät, z. B. von LIVIUS und TACITUS, erwähnt: »Da sah Hannibal seine Gelegenheit gekommen und schickte ungefähr 500 Afrer mit Hacken *(dolabris)* gegen die Mauer vor, um sie unten aufzureißen« (LIVIUS, Ab Urbe Condita XXI,11).

»Zu den einzelnen gewendet, fragt er (Antonius), ob sie Beile und Hacken *(dolabras)* und das übrige, für die Eroberung einer Stadt nötige Gerät mitgebracht hätten« (TACITUS, Historien, III,20).

»In der Folge gab es eine kleine Pause, da man zunächst von den Landgütern in der Nähe Hauen, Hacken *(dolabras)* und ferner Sicheln und Leitern zusammenschleppte. Dann rückte man, die Schilde über den Kopf haltend, unter dichtem Schilddach an« (TACITUS, Historien III,27).

Abb. 43a
Pioniergerät: Dolabra mit ovalem »Auge« und viereckigen Schaftlochlappen. Eisen. – L. 53,0 cm. – Im Bild unten das Blatt einer Sichel mit z. T. erhaltenem Griffansatz. Eisen.

Dolabrae erscheinen auch auf bildlichen Darstellungen, u. a. auf der Trajanssäule, wo Soldaten eine Mauer einreißen, Gelände planieren oder Bäume fällen (vgl. Abb. 43b).

Wie die *dolabra* findet sich auch die Sichel *(falx)* meistens mit mehreren Exemplaren in jedem frühkaiserzeitlichen Militärplatz. Die Sichel gehört zu den Geräten, die seit dem Altertum in bis heute kaum veränderter Form vorkommen.

Die Sichel aus Kalkriese (Abb. 43a unten) zeigt Merkmale – schmales, kräftiges Blatt, relativ kurze, wenig einbiegende Spitze, nicht weit aus-schwingendes Blatt am Beginn des Bogens –, die nicht zu dem üblichen Typus der Sichel gehören. Meines Erachtens eignet sich das kräftige Kal-

Abb. 44a
Vier Bleilote. – L. des unteren
Lotes noch 1,8 cm.

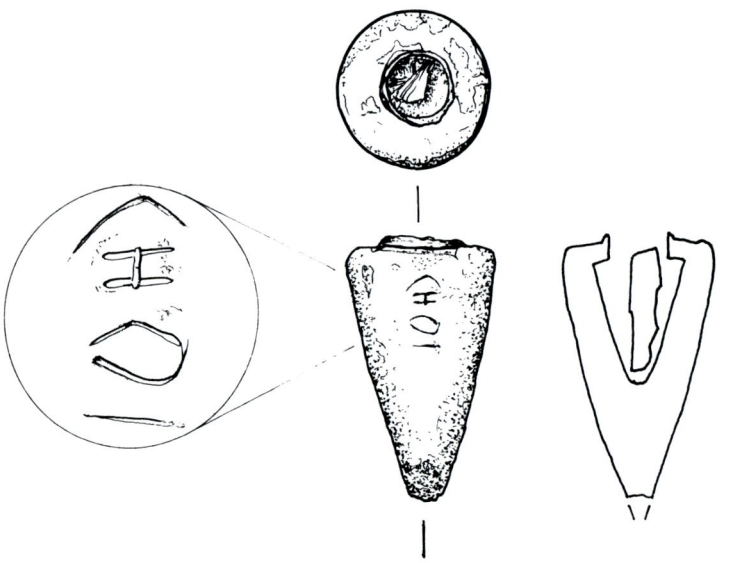

Abb. 44b
Bleilot mit der Ritzinschrift
CHOI = c(o)ho(rtis) I = prima
cohors (vgl. die Inschriften der
Kettenpanzerhaken S. 119). –
M. 1 : 1.

krieser Exemplar eher zum Entfernen von störendem Bewuchs aus einer Fläche, als zum Schneiden von Getreide.

Mehrere Bleilote (Abb. 44a und b) aus Prospektion und Grabungen in Kalkriese belegen die Bedeutung der Vermessung beim römischen Militär. Bleilote sind in großen Mengen vor allem aus den Lippelagern Oberaden und Haltern bekannt. Der Gebrauch von Loten bei den Griechen überliefert Plinius: »Die Griechen haben, ausgenommen dort, wo sie das Mauerwerk aus Naturstein ausführen konnten, Wände aus Ziegelsteinen vorgezogen. Denn sie halten ewig, wenn sie lotgerecht *(ad perpendiculum)* gebaut werden« (PLINIUS, Naturalis Historiae l. XXXV,49).

JULIUS CAESAR schildert den Verwendungszweck eines Lotes *(perpendiculum)* in Verwendung mit dem Brückenbau: »Je zwei anderthalb Fuß dicke, unten ein wenig zugespitzte Balken in Länge der Flußtiefe ließ er in einem Zwischenraum von zwei Fuß miteinander verbinden mit Maschinen in das Flußbett einsetzen und mit Rammböcken in den Grund treiben, nicht senkrecht wie gewöhnliche Brückenpfähle, sondern schräg nach vorn, so daß sie zur Flußrichtung hin standen.« (CAESAR, De Bello Gallico IV,17).

Das seltene Vorkommen von Loten aus Bronze in militärischen Fundzusammenhängen liegt vielleicht daran, daß der Bleiguß einfacher als der Bronzeguß und Blei billiger als Bronze war. Die Römer haben deshalb bei verschiedenen Gegenständen, z. B. bei Gewichten, den Bleiguß bevorzugt. Sogar Wasserleitungen bestanden aus Blei, dessen toxische Wirkung den Römern unbekannt war. Oft bezeugen Objekte, wie die Siegelkapseln (Abb. 66) und andere Bleigegenstände aus Kalkriese (Abb. 13 und 14) ein qualitätvolles Kunsthandwerk, das an den Bereich der römischen Toreutik anknüpft.

Für die Vermessung bei der Anlage der militärischen Lager wurde die *groma* verwendet (Abb. 45). Archäologisch ist ihre Verwendung in den römischen Militäranlagen durch den Fund einer *groma* aus dem Limes-Kastell Pfünz belegt. Die *groma* (aus dem griech. gnomon, griech. γνωμων = Winkelmeßgerät) war ein Meßinstrument, das aus zwei auf einer Stange aufgesetzten, sich rechtwinklig kreuzenden Armen bestand. Von den vier Enden der waagerechten Arme hingen vier gleich lange Lote herab. Durch die auf diese Weise herabhängenden Lote konnten die Landvermesser *(agrimensores)* gerade Fluchten, rechte Winkel und senkrechte und waagerechte Linien anpeilen oder ausrichten.

Das Gerät der Baumeister war die Setzwaage (*libella*, von *libra* = Waage). In der Form des großen A war die Setzwaage mit einem Lot

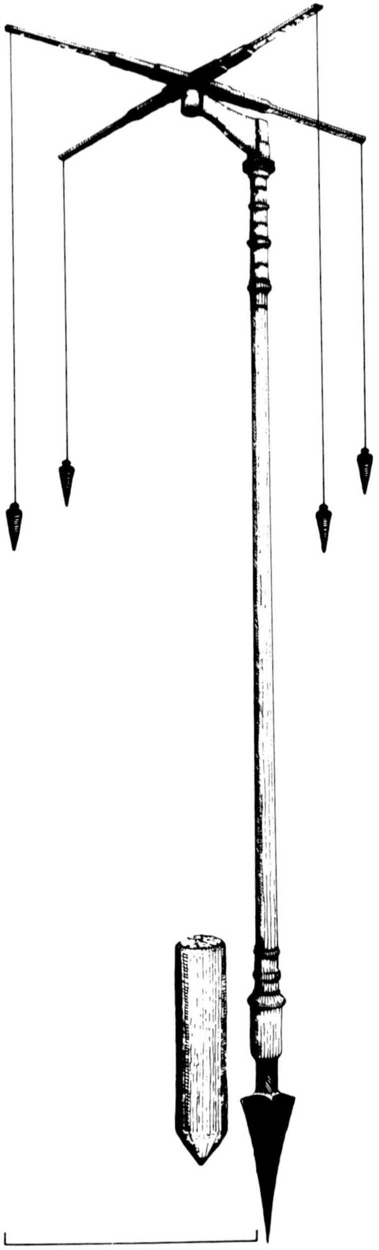

Abb. 46
Platte mit Reliefdarstellung einer Setzwaage (libella), Stechzirkel (circinus rectus) und Maßstab (regula). Marmor. Rom, Museo Capitolino, Inv. 214. Nach GERHARD ZIMMER, Römische Berufsdarstellungen. Archäol. Forschungen, Band 12 (Berlin 1982), 176 Nr. 104. – Mit freundlicher Genehmigung des DAI Berlin.

Abb. 45
Zeichnung einer Groma aus Pompeji. Nach NOVOTNY, Germania 7, 1923, 23.

(perpendiculum) an der Spitze und mit einer Markierung am Querbalken versehen. Liegt die Lotschnur über der Markierung, ist die Fläche waagerecht (vgl. Abb. 46).

Geräte für die Holzbearbeitung

Ausschließlich der Holzbearbeitung dienten die zwei Meißel (Abb. 47). Die süddeutsche Bezeichnung »Beitel« für Holzmeißel ist bei den Archäologen üblich. Auch hier wird der Tüllenmeißel »Lochbeitel«, der Flachmeißel »Stechbeitel« genannt.

Der Lochbeitel wurde zum Stemmen von Löchern und Nuten an einem starken Holz, der Stechbeitel für feinere Arbeiten wie zum Ausstechen von Falzen und Nuten sowie zum Schnitzen verwendet. Auf dem Griffdorn des Stechbeitels saß ursprünglich ein Holzgriff.

Abb. 47
Werkzeug zur Holzbearbeitung. Stechbeitel mit Griffangel (links) und Lochbeitel mit bogengeschwungener Klinge und Griff mit Tülle. Eisen. – L. des Lochbeitels noch 19,6 cm.

Geräte für die Lederverarbeitung

Die beiden Pfrieme (auch Ahlen genannt) (Abb. 48) für die Lederverarbeitung zeigen unterschiedliches Aussehen. Das schlanke Exemplar wurde sicherlich zum Stechen kleinerer Löcher, die dem Vernähen von Leder dienten, verwendet. Das stärkere Stück mit vierkantigem, bikonischem Schaft wurde für Löcher unterschiedlicher Größe, z. B. bei Sattlerarbeiten, benutzt.

Für Werkzeuge, Geräte und Waffen gab es in jedem Kastell Spezialisten, die in den Werkstätten *(fabricae)* derartige Metallgegenstände nicht nur reparierten, sondern auch herstellten. Eisenschlacke und Abfälle, Ambosse und unfertige Metallgegenstände belegen archäologisch die Arbeit der Schmiede, Gußtiegel und »Gußtropfen« sowie Modeln die des Bronze- und Bleigießers. Feinere Metallgegenstände wie Bronzegeschirr wurden importiert.

Abb. 48
Zwei Pfrieme aus Eisen. Der Pfriem mit dem vierkantigen, bikonischen Schaft (im Bild rechts) ist mit einem flachkugeligen Bronzekopf versehen. – L. des linken Pfriems 14,4 cm.

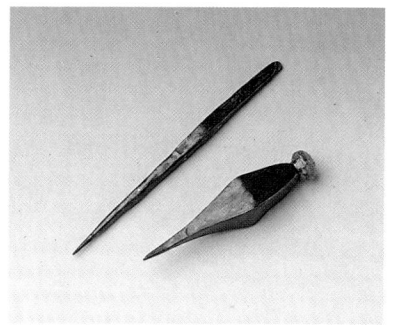

Literatur
FRANZIUS 1991, 41, Abb. 11; Taf. 16,1; dies. 1992, 376, Abb. 18,1 *(dolabra)*
FRANZIUS 1992, 376, Abb. 18,2 *(Sichel)*
FRANZIUS 1991, 43; Taf. 14,1; dies. 1992, 378, Abb. 14,7–8 *(Bleilote)*
FRANZIUS 1991, 41f.; Taf. 15,8; dies. 1992, 374 Abb. 18,3 *(Lochbeitel)*

FRANZIUS 1991, 42; Taf. 15,3; dies. 1992, 374, Abb. 17,1 (Pfriem Abb. 48 links); ebenda Abb. 17,2 (Pfriem Abb. 48 rechts)
Der Stechbeitel ist unpubliziert.

Die antiken Zitate sind entnommen aus:
FEIX, J., T. Livius, Römische Geschichte (Buch XXI–XXIII) Lateinisch-Deutsch (München 1974)
BORST, J. (Hrsg.), P. Cornelius Tacitus, Historien. Lateinisch-Deutsch (München 1950⁴)
KÖNIG, R. (Hrsg.), C. Plinius Secundus d. Ä., Naturkunde, Buch XXXV, Lateinisch-Deutsch (München 1978)

Medizinische Instrumente

Unter den Gegenständen »zivilen Charakters« aus Kalkriese befinden sich zwei medizinisch-chrirurgische Instrumente: ein Knochenheber und der Griff eines Messers (Abb. 49).

Viel häufiger als der Knochenheber (griech. αναβολεύs. lat. *elevatorium*) finden sich vor allem in Arztgräbern chirurgische Messer (griech. μάχαιρα , μαχειρίον, lat. *scalpellus*). Das typische Skalpell der Römischen Kaiserzeit besitzt einen Griff mit spatelförmigem Ende (Abb. 50). Die meistens kurze, geschwungene Klinge ist wegen der erhöhten Korrosion von Stahl selten erhalten. In dem in der Regel bronzenen Griff war die Klinge so eingefügt, daß sie wieder herausgezogen und durch eine neue ersetzt werden konnte. Das stumpfe, spatelförmige Ende wurde nach dem Schnitt zum Erweitern eingesetzt.

Die Form des Griffes aus Kalkriese ist für ein chirurgisches Messer der Antike ungewöhnlich. Die Einlassung für die Klinge, auf der Eisenreste haften, ist aber für chirurgische Messer typisch. In frühen Gräbern, wie z. B. in einem Grab in Ephesos, kommen Messer vor, die nicht den typischen Skalpellgriff besitzen.

Der Knochenheber aus Kalkriese (Abb. 49 unten) ist ein aufwendig gestaltetes Instrument mit klassizistischem Griff und Silbereinlagen. Knochenheber wurden vor allem bei Schädelverletzungen zum Entfernen von Knochensplittern eingesetzt.

Fast ausschließlich Griechen bildeten am Anfang die Ärzteschaft Roms. Zwei der am häufigsten in den schriftlichen Quellen erwähnten Ärzte sind Antonius Musa, der persönliche Arzt des Kaisers Augustus, und Q. Stertinius Xenophon aus Kos, der Leibarzt der Kaiser Tiberius und Claudius war. Für Antonius Musa wurde laut SUETON »aus freiwilligen Beiträgen ein Standbild neben der Bildsäule des Aeskulap« errich-

Abb. 49
Zwei medizinische Instrumente:
Knochenheber und Griff eines
Messers. Die Enden des Griffes des
Knochenhebers sind mit schräg
eingelegten rhomboiden Silber-
plättchen verziert. Der Messergriff
trägt gänzlich eine Verzierung aus
einem rhomboidem Muster.
Bronze. – L. des Knochenhebers
14,3 cm.

tet, nachdem der Kaiser durch seine Hilfe »von einer gefährlichen Krankheit hergestellt worden war« (SUETON, Augustus LIX). Auch CASSIUS DIO berichtet über ihn: »Als Augustus – zusammen mit Calpurnius Piso – zum elften Male das Konsulat angetreten hatte, erkrankte er wiederum so ernstlich [23 v. Chr.], daß es keine Hoffnung auf Genesung mehr zu geben schien (…) Doch obschon Augustus nicht einmal die wichtigsten Geschäfte mehr zu erledigen imstande war, stellte ihn ein gewisser Antonius Musa mit Hilfe kalter Bäder und Tränke wieder her. Dafür erhielt Musa sowohl von Augustus wie auch vom Senat viel Geld, sodann das Recht – er war nämlich ein Freigelassener –, goldene Ringe zu tragen, und Steuerfreiheit für sich selbst und seine Berufsgenossen, nicht nur für die augenblicklich lebenden, sondern auch für die der künftigen

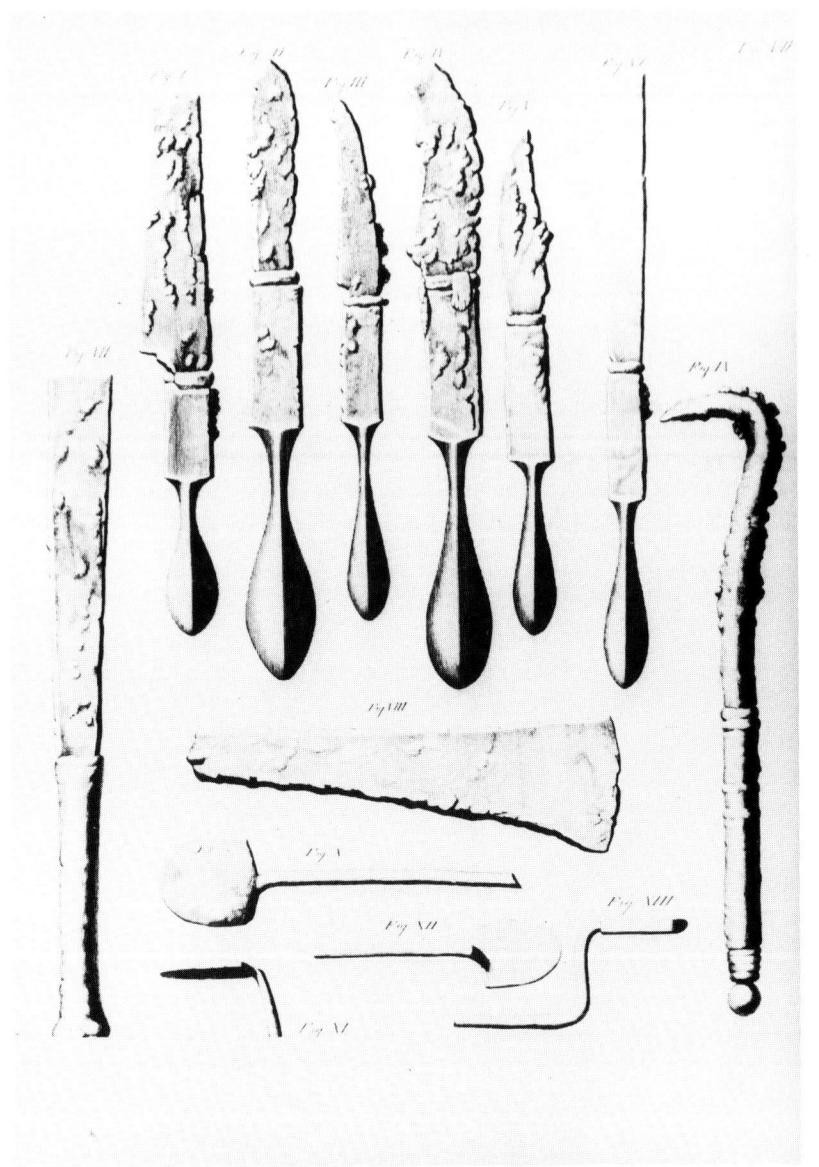

Abb. 50
Medizinische Instrumente aus
Pompeji. Aus: B. VULPES, Illustra-
zione di tutti gli strumenti chirur-
gici scavati in Ercolano e in Pom-
peji (Neapel 1847), Taf. VII.
Nachdruck (part.): Ant. Welt Son-
dernr. 15, 1984, 78.

Generationen« (Cassius Dio, Historia Romana LIII,30). Hatten die berühmtesten Ärzte nach Plinius »bei den führenden Männern ein Jahresgehalt von 250 000 Sesterzen«, so schildert er vom Leibarzt der Kaiser Tiberius und Claudius: »Q. Stertinius erklärte ihnen, daß er mit 500 000 Sesterzen zufrieden wäre; durch Aufzählen seiner Häuser zeigte er nämlich, daß er in der Stadt ein Einkommen von 600 000 Sesterzen gehabt habe« (Plinius, Naturalis Historiae l. XXIX,5).

Der Arzt als Dienstgrad wurde unter Kaiser Augustus auch in die römische Armee eingegliedert. Die Legion hatte in erster Linie die eigenen *medici*, die für die Behandlung von Verletzungen und Krankheiten generell zuständig waren. In der Legion gab es aber auch Spezialisten wie Augenärzte *(medici ocularii)* und Chirurgen *(chirurgi)*. Selbst jede Auxiliareinheit hatte ihren eigenen Arzt. In den festen Lagern wurden die Kranken in Krankenstationen *(valetudinaria)* behandelt.

Literatur
Franzius 1991, 41, Farbtaf. 7,2; Taf. 6,1; dies. 1992, 371, Abb. 14,1 u. Abb. 15,1
Der Messergriff ist unpubliziert.

Die antiken Zitate sind entnommen aus:
Rolfe, J. C., Suetonius. Lateinisch-Englisch, Bd. I (London 1979) (= The Loeb Classical Library 31)
Stahr, A./ Krenkel, W., Sueton, Kaiserbiographien, Deutsch (Berlin/Weimar 1985²)
Veh, O., Cassius Dio, Römische Geschichte, Bd. IV (Bücher 51–60) (Zürich/München 1986) (= Bibliothek der Alten Welt; Griechische Reihe)
König, R. (Hrsg.), C. Plinius Secundus d. Ä., Naturkunde, Bücher XXIX/XXX, Lateinisch-Deutsch (München/Zürich 1991)

Gegenstände des römischen Alltags

Unter diesem Sammelbegriff werden die wenigen Gebrauchsgegenstände aus Kalkriese bzw. die Teile davon zusammengefaßt, die zu den Bereichen Essen, Trinken, Wohnen sowie Schreiben, Spielen, Wiegen und Hygiene bzw. Körperpflege gehören.

Tongeschirrteile

Einfaches Tongeschirr zum Kochen und für den Tisch war eher für die römische Unterschicht sowie für die Soldaten in allen Gebieten des Reiches bestimmt. In den römischen Kastellen finden sich in unzähligen

Abb. 51
Keramikbruchstücke: Randfragment eines Einhenkelkruges. Weicher, beige-weißlicher Ton, schwach unterschnittener, innen gekehlter, schräger Rand (Form Haltern 48). – Randdm. 5,0 cm. – Henkel einer Öllampe aus weißem Ton mit Resten von rotbraunem Überzug. – St. 0,6 cm. – Scherbe oben rechts nicht identifizierbar.

Abb. 52
Einhenkelkrug aus Haltern. – H. 16,3 cm. – Westfälisches Museum für Archäologie Münster.

158

Mengen Scherben von Küchengeschirr, vor allem Reibschüsseln, in denen der Soldat dicke Gewürzsoßen zubereitete oder die Gewürze zerstieß. Ähnlich verhält es sich mit den Amphoren für den Transport von Wein, der aus den südlichen Ländern, vor allem aus Spanien, bezogen wurde, und mit den Krügen.

Das Trinkgeschirr aus Ton ist in Kalkriese nur durch eine einzige Randscherbe eines Krügleins vertreten (Abb. 51 links). Dies ist für die Interpretation des Fundkomplexes in Kalkriese wichtig. Der einzelne Soldat trug in der Regel unterwegs kein zerbrechliches Tongeschirr mit sich, allenfalls einen Trinkbecher. Wagen mit Amphoren, Krügen u. a. wurden im Troß mitgeführt. Tongeschirr dagegen war von den Töpfern in dem jeweiligen Standlager leicht neu herzustellen. In römischen Kastellen findet sich nicht nur zerscherbtes, sondern auch ganz erhaltenes Tongeschirr, das die Soldaten dort liegenließen.

Von dem feinen importierten Tafelgeschirr aus Ton mit rot glänzendem Überzug, der *Terra sigillata*, das der Archäologe anhand der eingestempelten Herstellernamen zur Datierung eines Fundkomplexes heranzieht, ist keine einzige Scherbe gefunden worden.

Außer Geschirr aus *Terra sigillata* benutzen die besser gestellten Kreise auch Geschirr aus Glas sowie Bronze- und Silbergeschirr, vor allem als Tafel- bzw. Serviergeschirr.

Bronzegeschirrteile

Bronzegeschirr findet sich in römischen Militärplätzen nicht so häufig. In der Regel finden sich die angelöteten, daher leicht abfallenden Teile wie Eimerfüßchen und Attaschen. Das mit plastisch verzierten Teilen versehene Bronzegeschirr wurde importiert, es war also kostspielig und langlebiger als Tongeschirr. Deswegen wurde es beim Verlassen des Lagers wieder mitgenommen. Außerdem konnte beschädigtes Bronzegeschirr erneut eingeschmolzen oder repariert werden. Es gehört seit alters zur Berufsauffassung und Sparsamkeit des Schmieds, der hohen Materialkosten wegen alles Metall wiederzuverwenden.

Schon in der Spätlatènezeit wurde nicht nur in die westlichen Provinzen, sondern auch in das freie Germanien das in Ober- und Unteritalien hergestellte Bronzegeschirr exportiert. Wir kennen reich ausgestattete Gräber mit Bestandteilen von Bronzegeschirr, z. B. ein reiches Grab von Goeblingen-Nospelt in Luxemburg oder in dieser Zeit die Gräber im böhmischen Becken und an der Niederelbe, z. B. Apensen. Beispiele auf

Abb. 53
Fragmente dreier Bronzegefäße. Massives Füßchen eines Eimers (Eggers Typ 24) mit zwei runden Aussparungen und Flechtmuster (unten rechts); kannelierte Henkelattasche eines sog. Fußbeckens (Eggers Typ 92) (oben links) und Fragment eines sog. Schwanenkopfgriffs einer Kasserolle (Eggers Typ 131–133). – L. des Füßchens noch 5,2 cm.

159

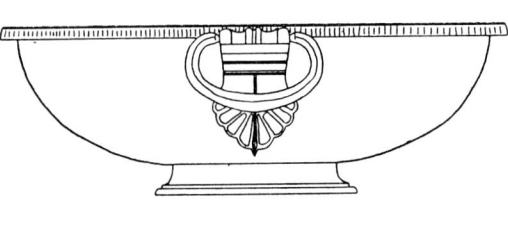

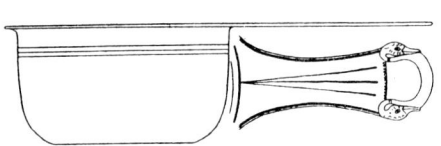

italischem Boden sind die vom Vesuv verschütteten Städte und Villen wie z. B. Boscoreale.

Kalkriese bietet kleine Teile von drei verschiedenen Bronzegefäßen: Eimer, Schüssel und Kasserolle.

Der Eimer *(situla)* diente vorwiegend zum Mischen von Wein mit Wasser, gehörte also zum Weinservice. Im kultischen Bereich diente der Eimer als Urne. Von einem Eimer, der ursprünglich mit dekorativen Attaschen, die einen Frauenkopf darstellten, versehen war, stammt ein massives Füßchen mit zwei runden Aussparungen und Flechtmuster (Abb. 53 rechts).

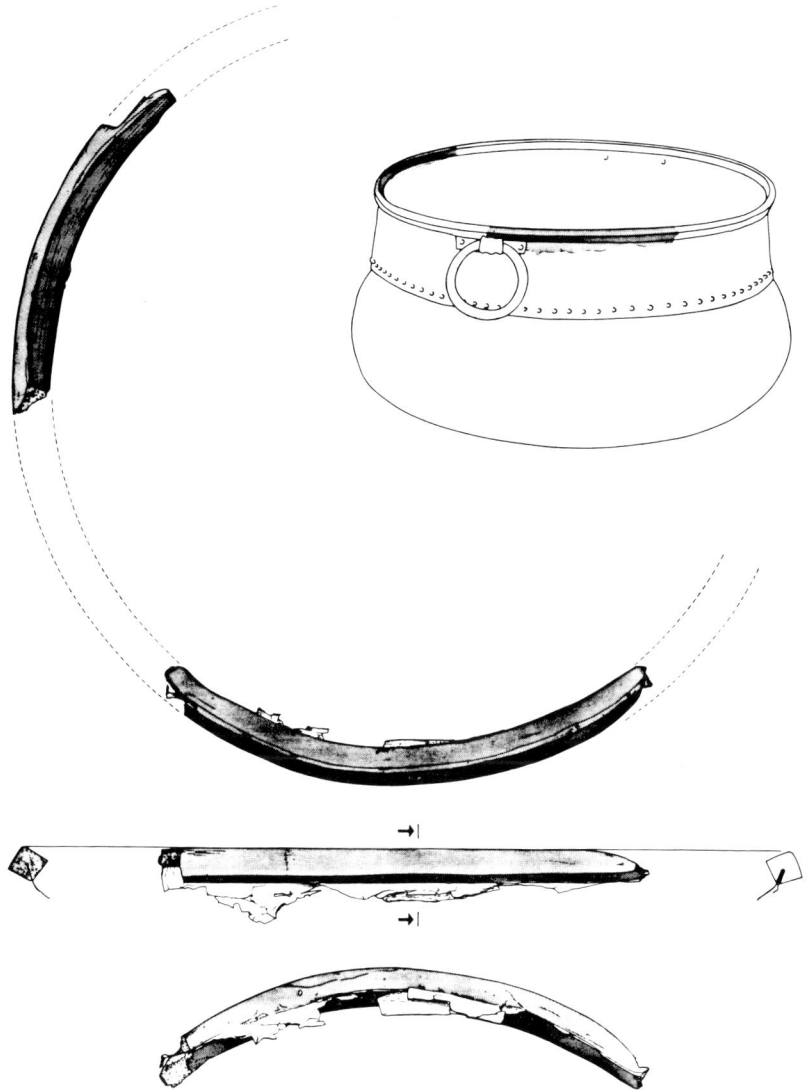

Abb. 58
Rekonstruktion eines Bronzekessels. Fragmente des Kessels sind in einem Treverer-Frauengrab in Wincheringen in der Nähe von Trier (Kr. Trier-Saarburg) gefunden worden. – Dm. des Kessels ca. 30 cm. – Aus: Trier, Augustusstadt der Treverer. Ausst. Rhein. Landesmuseum Trier (Mainz 1984), 304. – Mit freundlicher Genehmigung des Rheinischen Landesmuseums Trier.

Bestandteil des Küchengeschirrs ist das sog. Fußbecken, ein schüsselartiges Gefäß, das die Archäologen Fußbecken nennen, weil es mit einem Fuß versehen war, im Gegensatz zu Bronzebecken ohne Fuß. Ein Fußbecken wird in Kalkriese durch eine kannellierte Henkelattasche (Abb. 53 oben links), in die der Griff eingehängt werden konnte, belegt. Die lateinische Bezeichnung dieser Gefäße ist unbekannt. So wie Eimerfüßchen waren auch Beckenattaschen angelötet. Das Kalkrieser Fundstück bildete den oberen Teil, den Ösenteil der Attasche, der untere nicht vorhandene Teil bestand aus einer Palmette (vgl. Rek. Abb. 55).

Das winzige Fragment mit schön graviertem Schwanenkopf saß vorn an der einen Seite des durchlochten Griffs einer Kasserolle (vgl. Rek. Abb. 56). Diese Gefäße werden Kasserollen mit Schwanenkopfbügel genannt. Der antike Name ist unbekannt. Der Verwendungszweck der Kasserollen ist nicht sicher. Wahrscheinlich wurden sie hauptsächlich zum Schöpfen des Weins oder mit Wasser gemischten Weins gebraucht. Derartige Kasserollen sind in campanischen Herstellungszentren angefertigt worden. Ein schönes vollständiges Exemplar ist in Bremen in der Weser gefunden worden (vgl. Beitrag STUPPERICH, Abb. 2).

Schließlich sei auch hier noch einmal ein Bronzekessel vorgelegt (Abb. 57), von dem zwei eiserne Randfragmente mit anhaftenden Bronzeblechstücken von der Wandung gefunden wurden. Die Kesselteile gehören zu den ältesten Prospektionsfunden aus Kalkriese (1989, Probeschnitt III). Die Herstellung derartiger Bronzekessel – einfach, in Treibtechnik hergestellt – in gallischen oder italischen Werkstätten ist umstritten; sie finden sich im gallorömischen Bereich, aber sehr häufig auch im Bereich der Niederelbe. Die Bronzekessel fanden als Kochgeschirr Verwendung (vgl. Abb. 58), sekundär dienten sie bei den Germanen als Urnen. Es ist anzunehmen, daß der Kessel von einem Auxiliarsoldaten mitgeführt wurde.

Literatur
FRANZIUS 1992, 382, Abb. 20,1 (Einhenkelkrug)
FRANZIUS 1991, 45, Taf. 16,2; dies. 1992 380f., Abb. 19,2 (Bronzekessel Eggers Typ 8)
Die übrigen Fundstücke sind unpubliziert

Eßbesteckteile

Die Römer aßen feste Speisen mit den Fingern der rechten Hand. Als Eßbesteck diente fast ausschließlich der Löffel. Die Gabel war den Römern nicht bekannt, sie kam erst in der Renaissance auf. Vielleicht wurden kleine Messer bei Tisch zum Zerschneiden der festen Speisen verwendet, aber in der Regel wurde das Messer in der Küche gebraucht.

Für flüssige Speisen wie Suppen und Saucen wurden größere Löffel *(ligulae)*, für Süßspeisen, Muscheln, Schnecken und Eier kleine Löffel *(cochlearia* – coc[h]lea = die Schnecke) wie das Beispiel aus Kalkriese (Abb. 59) verwendet.

In zivilen Plätzen des 1. Jahrhunderts n. Chr. finden sich kleine Löffel aus Bronze oder Bein in großen Mengen, in militärischen Fundzusammenhängen nicht ganz so zahlreich.

Die große Zahl von Amphoren, mit denen südliche Weine und Olivenöl für die römischen Truppen importiert wurden, verrät uns, daß

Abb. 59
Löffel mit geriefeltem Stiel und runder Laffe. Stiel verbogen. Silber. – L. 11,3 cm.

auch die Soldaten auf Gaumenfreuden und den Tafelluxus wohlhabender Römer nicht verzichten wollten. Austern und Früchte aus dem Mittelmeergebiet wie Feigen, Oliven und Kichererbsen sowie das Gewürz *garum* oder *liquamen*, eine aus stark gesalzenen an der Sonne zersetzten Fischen gewonnenen Flüssigkeit, wurden für die Armee importiert.

Sicherlich war das Silberlöffelchen aus Kalkriese Bestandteil des Eßbestecks eines römischen Offiziers und nicht eines einfachen Soldaten.

Da derartige Löffelchen manchmal auch in Frauen- sowie in Arztgräbern vorkommen, vermutet man, daß sie sekundär zu den Schminkutensilien einiger Damen gehört haben und z. B. zur Entnahme von Schminkpulver aus einer Dose oder zur Entnahme von Heilkräutern für pharmazeutische Zwecke benutzt worden sind.

Literatur
unpubliziert

Lampenteile

Ein typisch römischer Beleuchtungsgegenstand ist die Öllampe aus Ton. Sie wurde mit Öl gefüllt, der in der Schnauze liegende Docht erzeugte die Flamme. Außer Lampen aus Ton gab es in der Kaiserzeit auch Bronzelampen, weniger häufig auch Lampen aus Eisen, die, aus den gleichen Gründen wie oben beim Bronzegeschirr erwähnt, sich nicht so häufig in militärischen Fundplätzen finden wie die Tonlampen.

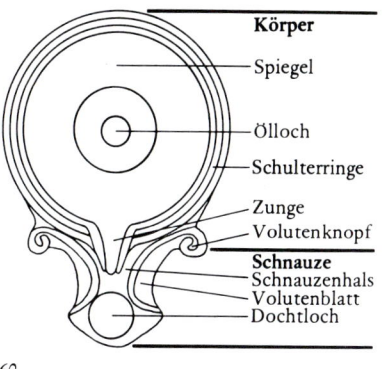

61

60

Nur der Griff eines Tonlämpchens ist in Kalkriese gefunden worden (Abb. 51 unten rechts). Er gehörte wahrscheinlich zu einem Lampentypus, der nach den Voluten an den beiden Seiten der Schnauze »Lampe mit Volutenschnauze« genannt wird (vgl. Abb. 60). Der »Spiegel« solcher Lampen – Spiegel nennen die Archäologen die obere, deckelartige Lampenfläche, die den Ölbehälter verschließt – war mit verschiedenen Motiven wie Rosetten, Tieren, jedoch überwiegend mit figürlichen Darstellungen wie tanzenden Mänaden, Gladiatoren u. a. verziert (vgl. Abb. 61).

Literatur
FRANZIUS 1992, 381f., Abb. 20,2

Abb. 60
Schematische Zeichnung einer Tonlampe. Aus: Trier, Augustusstadt der Treverer. Ausst. Kat. Rhein. Landesmuseum Trier (Mainz 1984), 228. – Mit freundlicher Genehmigung des Rheinischen Landesmuseums Trier.

Abb. 61
Tonlampe aus Haltern. – L. 10 cm – Westfälisches Museum für Archäologie Münster.

Schlüssel

Schlüssel, Schlösser und Scharniere für Türen, Truhen und Kästen finden sich in der Römischen Kaiserzeit in großer Zahl sowohl in zivilen als auch in militärischen Fundplätzen.

In Kalkriese sind zwei eiserne Schlüssel (Abb. 62) gefunden worden, die zu dem Haupttypus des römischen Schlüssels, Hebe- oder Schiebeschlüssel genannt, gehören. Sie könnten zum Verschließen größerer Truhen verwendet worden sein. Derartige Schlüssel werden nach dem Verschließvorgang Schiebeschlüssel genannt. Die auf die gleiche Weise wie die Bartstifte des Schlüssels angeordneten, senkrecht steckenden Sperr-

Abb. 62
Zwei eiserne Schiebeschlüssel mit umgebogenem Bart und 5 bzw. 7 Bartstiften. Unten rechts zwei bronzene Griffe von Kombinationsschlössern. Durch derartige kleine Griffe wurde die Sperrvorrichtung an der Unterseite des Schloßbleches bewegt. Zumal der Griff nur in einer bestimmten Stellung die Sperrvorrichtung bewegen konnte, wurde größere Sicherheit als nur durch das übliche Schloß mit Schlüssel gewährleistet. – L. des Schlüssels links 7,8 cm.

Abb. 63
Zeichnerische Rekonstruktion eines Schloßriegels mit Schiebeschlüssel nach Originalteilen der Sammlung J. J. Schmid. – L. des Riegels noch 11,9 cm, des neunzinkigen Schlüssels noch 6,6 cm. – Römermuseum Augst Inv. Nr. 1924.451. Aus: M. MARTIN, Augster Museumshefte 4, 1987, 80 Abb. 69. – Mit freundlicher Genehmigung A. Furger/S. Huck, Römermuseum Augst.

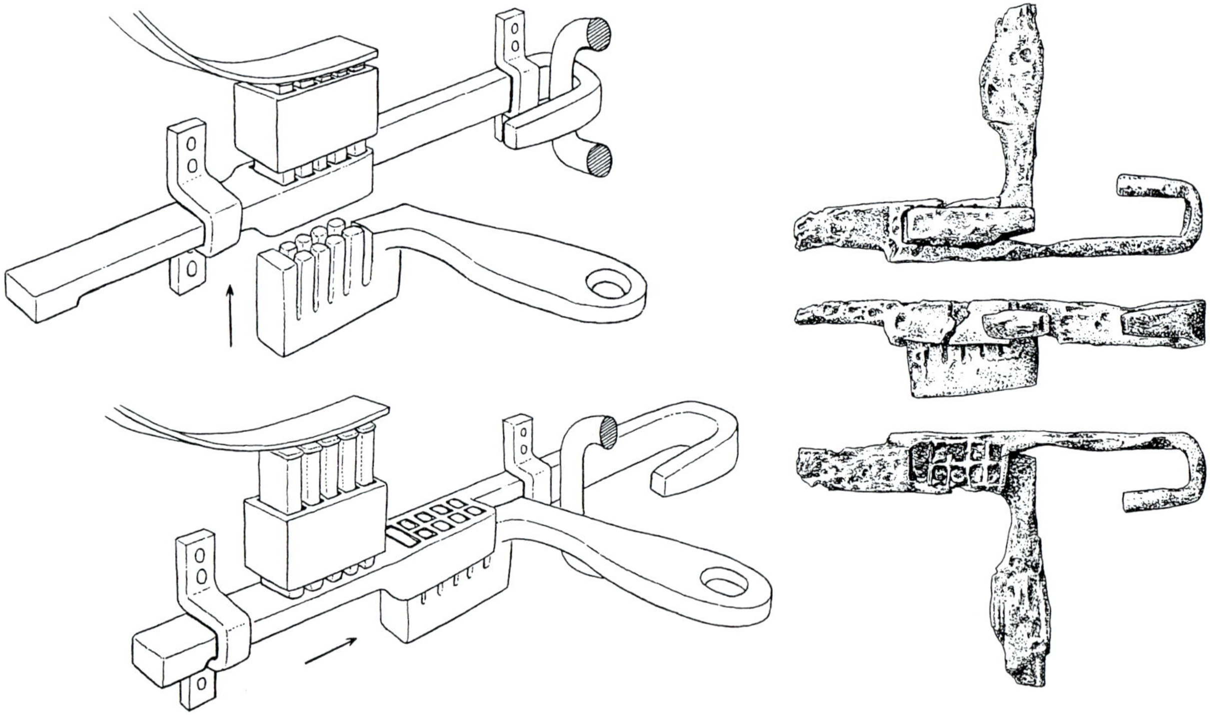

Abb. 64
Rekonstruktionsversuch einer
Kiste nach Originalteilen aus
Nijmegen (Hunnerberg, röm.
Gräberfeld). Zum Kombinations-
schloß der Kiste gehören ein bron-
zener Schlüssel und ein bronzener
Griff für die Sperrvorrichtung
(rechts unten). Vgl. die Griffe aus
Kalkriese (Abb. 62). Provinciaal
Museum G. M. Kam Nijmegen.
Nach W. Vermeulen S. J., Een
Romeinsch Grafveld op den
Hunnerberg te Nijmegen,
(Amsterdam 1932), 205 Abb. 24.–
Mit freundlicher Genehmigung
A. Koster, Provinciaal Museum
G. M. Kam Nijmegen.

stifte des Riegels wurden nach oben gestoßen; auf diese Weise wurde der Riegel im Normalzustand arretiert (vgl. Abb. 63).

Zwei gleichartige bronzene Griffe (Abb. 62 unten) mit Eisenresten am Stift stammen von Kombinationsschlössern von Kisten (s. Abb. 64).

Literatur
FRANZIUS 1992, 378, Abb. 17,4 (Schlüssel); Abb. 20,9.10 (Griffe)

Schreibzubehör

Zahlreiche Schreibgriffel *(stili)* und Siegelkapseln aus vielen Militärplätzen der Römischen Kaiserzeit dokumentieren die Art, wie man in der römischen Armee schrieb, nämlich auf Holztäfelchen, die mit einer dünnen Schicht Wachs überzogen waren. Der Rahmen der Täfelchen war erhöht, damit die Schrift nicht verwischt wurde. Solche Holztäfelchen waren zusammenklappbar und mit einer Schnur, einem Draht oder Scharnier verbunden, deren Enden in einer kleinen Kapsel versiegelt waren (vgl. Abb. 65).

Der römische Offizier, aber – nach den zahlreichen Funden von Schreibutensilien zu schließen – auch viele Soldaten, ritzten mit dem spitzen Ende eines Griffels, der aus Eisen oder Bronze war, die Mitteilungen ein; mit dem stumpfen Ende des Griffels wurden die Schreibfehler geglättet. Die Siegelkapseln sind kleine quadratische oder runde Scharnierkästchen aus Bronze oder Bein. Selten tragen sie auf der oberen Seite Darstellungen. In Kalkriese sind vier Siegelkapseln geborgen wor

66

Abb. 65
Zwei zusammengebundene höl-
zerne Schreibtäfelchen und bron-
zene Siegelkapsel mit Adlerdar-
stellung aus Windisch (Vindo-
nissa). Nach M. HARTMANN, Die
Römer im Aargau (1986), Taf. 31.

Abb. 66
Drei Siegelkapseln aus Bronze mit
figürlichem Bleirelief. In dem
unteren Teil (links unten) der
rechts unten abgebildeten Siegel-
kapsel sind Reste von Wachs und
der Schnur erhalten. – H. der Sie-
gelkapsel links oben 2,1 cm.

den, von denen drei eine wahrscheinlich mit Porträts reliefverzierte Oberfläche haben (Abb. 66). Nur ein einziger *stilus* ist bis heute in Kalkriese gefunden worden.

Literatur
FRANZIUS *1991, 31f., Abb. 10; Taf. 13,2.9; dies. 1992, 374, Abb. 14,2.6 (Stilus und Siegel-kapsel)*
FRANZIUS *1992, 374, Abb. 14,2–4 (Siegelkapseln mit Relief)*

Spielsteine

Die auch in militärischen Fundzusammenhängen zahlreich auftretenden Glasspielsteine sind in Kalkriese mit vier Beispielen vertreten (Abb. 67). Die drei weißen Spielsteine sind Ende 1987 am Lutterkrug zusammen mit dem Schatzfund von 160 Denaren geborgen worden. Der Spielstein aus schwarzem Opakglas stammt aus dem Probeschnitt V 1989.

Halbkugelige Spielsteine aus opakem Glas wurden in der Antike bei Brettspielen verwendet. Schach- und mühleähnliche Spielfelder wurden aufgemalt oder eingeritzt auf Holzbretter, Ziegel, Steinplatten. Es wurde sogar auf dem Straßenpflaster gespielt. Die Soldaten haben für Brettspiele in der Regel Ziegel und Steinplatten benutzt. Beliebte Brettspiele bei den Soldaten waren die »Kleine Mühle« und der *ludus latrunculorum* (von *latro* = Söldner), ein Belagerungsspiel etwa wie das heutige Damenspiel (vgl. Abb. 68).

Literatur
FRANZIUS 1991, 46, Abb. 12; dies. 1992, 378, Abb. 20

Abb. 67
Spielsteine aus opakem Glas. –
Dm. des schwarzen Spielsteins
1,3 cm.

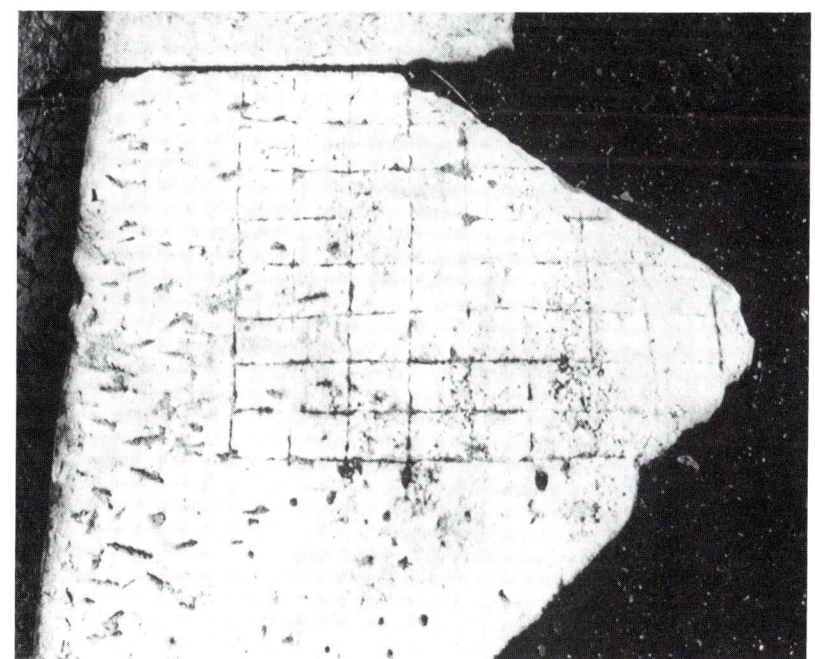

Abb. 68
Spielfeld für Ludus Latrunculorum. Basilica Julia, Forum Romanum. Aus: A. RIECHE, Römische Kinder- und Gesellschaftsspiele. Schriften d. Limesmuseum Aalen Nr. 34, 1984, 53 Abb. 28. – Mit freundlicher Genehmigung von Anita Rieche, Regionalmuseum Xanten. Bekannt sind von »ludus latrunculorum« Spielsteine (lutrunculi) und Spielunterlagen mit Schachbrettaufteilung in 8 × 8 Felder. Die Spielregeln sind nicht bekannt. Da es aber nur Spielsteine einer Art gibt, wird das Spiel entweder in der Art des Dame- oder Halmaspieles gespielt worden sein.

Waage und Gewichte

In Militärplätzen bezeugen Teile von Waagen wie Balken, Aufhängehaken, Waagschalen, aber überwiegend Gewichte aus Blei die wichtige Rolle des Wiegens im täglichen Leben der römischen Armee. Zahlreiche Bleigewichte sowohl für die gleicharmige Waage als auch für die Schnellwaage sind z. B. in den Lippelagern Oberaden und Haltern gefunden worden.

Die gleicharmige Waage mit zwei Schalen, bei der in die eine Schale das Wägegut, in die andere das Gewicht gelegt wurde, gab es je nach Einsatzzweck in verschieden großen Abmessungen. Auf die eine Waagschale mußten so lange Gewichte gelegt werden, bis die Last auf der anderen

Abb. 69
Verschiedene Gewichte aus Blei. –
Dm. des Schiebegewichtes links
oben 3,8 cm.

Waagschale austariert wurde und der Waagbalken horizontal war. Der Gewichtssatz der gleicharmigen Waage war vom Eichamt geeicht.

Häufiger wurde die sogenannte Schnellwaage benutzt, weil sie leichter zu handhaben und transportieren war. Dieser weit verbreitete Waagetyp beruht auf dem Prinzip der Hebelwirkung. Je nach Aufhängung an einem von den zwei oder drei Haken hatte die Schnellwaage zwei oder drei Wiegebereiche. Entsprechend der am kürzeren Arm am Ende des Balkens aufgehängten Last wurde das Laufgewicht auf dem längeren Balkenteil solange hin- und hergeschoben, bis der Balken waagerecht stand. Auf der Skala des geeichten Balkens konnte man das Gewicht ablesen.

Die Gewichte der Schnellwaage hatten z. T. phantasievolle Formen, so z. B. mit Blei gefüllte Götterbüsten.

Gewichtseinheit war das Pfund *(libra)* zu 327,45 g, unterteilt in 12 Unzen *(unciae)* zu je 27,28 g.

Aus Kalkriese gibt es zwei Laufgewichte aus Blei und drei weitere Blei-gegenstände, die möglicherweise auch als Gewichte gebraucht wurden bzw. ursprünglich Gewichte waren (Abb. 69).

Abb. 70
Dreiarmiger Bronzehaken einer
Waage. – H. 6,9 cm.

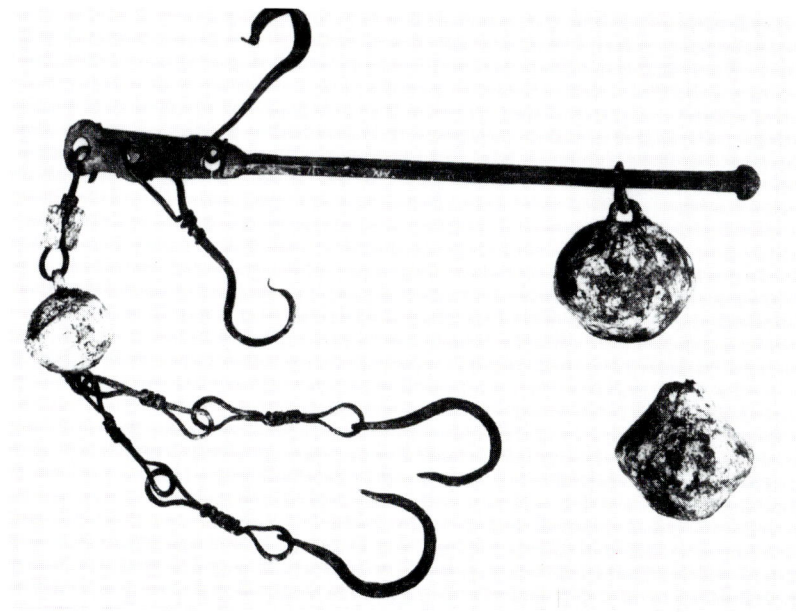

Abb. 71
Schnellwaage aus Schleiden.
Bronze. – L. 34,9 cm. – Aus: H. G.
Horn (Hrsg.), Die Römer in
Nordrhein-Westfalen (Stuttgart
1987), Abb. 130.

Außerdem sind Waagen durch einen dreiarmigen Aufhängehaken aus Bronze vertreten (Abb. 70).

Literatur
FRANZIUS 1991, 43, Farbtaf. 7, 1.2; Taf., 14, 2.6–8; dies. 1992, 378, Abb. 14, 3–5.9 (Gewichte)
FRANZIUS 1991, 44 Taf. 15,1; dies. 1992, 378, Abb. 19,1 (Dreifachhaken)

Toilettegerät

Die sowohl in der Literatur als auch bildlich überlieferte *strigilis* (von *stringo* = vorbeistreichen, streifen) ist nahezu in jedem römischen militärischen Fundplatz vorhanden.

Im antiken Griechenland rieben die Ringer ihren Körper mit Öl vor den Übungen und den Sportspielen in der *palästra* ein, um auf diese Weise dem Gegner das Festhalten zu erschweren. Zum sofortigen Entfernen der Staub- und Ölschicht nach dem Sport benutzten sie die *strigilis*, einen gekrümmten Hautschaber mit festem Griff, dessen Form über viele Jahrhunderte fast unverändert blieb.

Die Römer andererseits hatten die Gewohnheit, beim täglichen Besuch des Badegebäudes *(thermae)* an einem Tragering ein mit einem Kettchen befestigtes Ölfläschchen *(aryballos)* aus Glas oder Bronze und eine oder mehrere *strigiles* mitzuführen (vgl. Abb. 72 und 73 rechts), um vor dem Bad Schweiß und Schmutz von ihrem Körper abzustreifen.

Von dem heftigen Gebrauch der *strigilis* auch als Hautkratzer im eigentlichen Sinn und dessen schlimmen Folgen berichtet SUETON (Augustus LXXX): »Sein Körper war, wie erzählt wird, mit Flecken und Mälern besetzt, die über Brust und Unterleib so zerstreut waren, daß sie Form, Ordnung und Zahl des Siebengestirns, bildeten, sowie auch mit Schwielen, die wie Flechtenausschlag anzusehen waren und die er sich durch beständigen und heftigen Gebrauch der Badestriegel *(strigilis)* infolge des Hautjuckens zugezogen hatte.«

Wie die *strigilis* findet sich auch die Schere *(forfex)* als Bügel- oder Gelenkschere in zivilen und militärischen Fundzusammenhängen der römischen Kaiserzeit. Auch in Männer- und Frauengräbern, selten in Arztgräbern kommen Scheren vor.

Das Fundstück aus Kalkriese ist eine Bügelschere mit omegaförmiger Bügelkonstruktion (Abb. 73 links). Zum Schneiden drückte man die Bügelarme zusammen, danach federten sie auseinander.

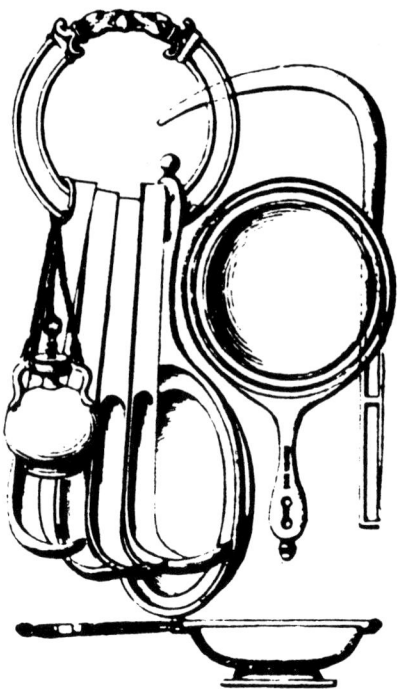

Abb. 72
Körperpflegezubehör aus Pompeji. Strigiles, Aryballos und Wasserschale an einem Tragring. Aus: A. MAU, Pompeji in Leben und Kunst (Leipzig 1900).

Abb. 73
Bronzener Tragring für strigilis (-es) und eine eiserne Bügelschere mit omegaförmigem Bügel. – L. der Schere 16,4 cm.

Bügelscheren, aber mit U-förmigem Bügel, waren für die Spätlatène-zeit typisch. Die meisten in Gräbern mit anderem Toilettegerät zusammengefundenen Bügelscheren werden als Toilette- oder Schafscheren erklärt.

Die Verwendung der Schere in der Römischen Kaiserzeit scheint nach den schriftlichen Quellen und den bildlichen Darstellungen vielfältig gewesen zu sein. In den schriftlichen Quellen wird allerdings zwischen Bügel- und Gelenkschere nicht unterschieden. Scheren wurden allgemein als Toilettegerät, zur Schafschur, zum Schneiden von Leder und Stoff, auch beim Gärtnern und in der Chirurgie verwendet. Man nimmt an, daß große Bügelscheren ab 30–40 cm Länge als Tuchscheren verwendet wurden. Kleinere Beispiele wie die Schere aus Kalkriese sind wahrscheinlich eher als Toilettegerät zu deuten.

Literatur
unpubliziert

Die antiken Zitate sind entnommen aus:
STUHR, A./KRENKEL, W., Sueton, Kaiserbiographien, Deutsch (Berlin/Weimar 1985²)

Varia

Wie in jedem militärischen Zusammenhang sind auch in Kalkriese mehrere Bronze- und Eisenringe gefunden worden (Abb. 74 und 75). Ihre Funktion war vielfältig. Kleinere Bronzeringe waren eher für die soldatische Ausrüstung bestimmt. Zum Beispiel am Rand der Dolch- und Schwertscheide angebracht, verbanden sie mittels Lederriemen solche

Waffen mit dem *cingulum*. Sehr kleine Ringe in Metallzwingen saßen u. a. auf dem Nackenschutz des Helms und dienten zur Befestigung des Tragegriffes. Aber auch an Ketten von kleineren Metallgegenständen wie Bronzelampen, Ölbehältern (grch. *aryballoi*) u. a. waren kleinere Bronzeringe befestigt. Beim Pferdegeschirr dienten starke Bronzeringe z. B. als Riementeiler.

Viele Eisenringe sind mit dem Pferdegeschirr zu verbinden, so z. B. mit der Trense. Sie dienten aber auch als Kettenglieder oder Trag- bzw. Befestigungsringe von verschiedenen Gegenständen.

Kleinere Ringbänder könnten an Werkzeugen als Zwinge für den hölzernen Griff z. B. von Stechbeiteln gedient haben, breite und größere ab etwa 10 cm Durchmesser als Radnaben.

Ziernägel bzw. Niete aus Bronze oder Eisen mit besonderer Kopfform oder mit Silberplattierung dienten zur Befestigung und Zierde verschiedener Gegenstände oder hatten nur Schmuckcharakter.

Die Archäologen können einige Ziernageltypen mit bestimmten Gegenständen verbinden: Bronzeniete mit Rosette zierten einen bestimmten Helmtyp, aber auch Brust- und Schulterschienen des Schienenpanzers. Winzige Bronzeniete in Näpfchenform mit erhöhter Mitte und kurzem Stift kommen auf Dolchscheiden vor, mit längerem Stift scheinen sie auch auf anderen Stücke angebracht worden zu sein. Solche sog. Dolchniete sind auch in Kalkriese gefunden worden.

Abb. 75
Verschiedene Eisenringe. – Dm.
des Eisenringes oben rechts
6,7 cm.

Abb. 76
Zwei eiserne Ziernägel (oben)
und weitere Ziernägel aus Eisen
oder Bronze mit umgebördeltem
Silberblech. – Dm. des Bronze-
nagels oben rechts 1,6 cm; L. des
Stiftes 3,0 cm.

Ziernägel aus Eisen mit Kreuzarmen wie die beiden hier abgebildeten Beispiele aus Kalkriese (Abb. 76) kommen in vielen kaiserzeitlichen Militärplätzen vor, oft sogar zahlreich wie in Haltern, wo sich mindestens hundert in eine Grube geworfene Stücke gefunden haben. Derartige Ziernägel scheinen nicht nur die trapezförmige Verdickung des Holzschaftes mit dem eisernen Dorn des Eisenschaftes von *pila* verbunden zu haben, wie einigen Beispielen aus Oberaden zu entnehmen ist. Im Legionslager von Dangstetten z. B. finden sie sich auch auf einer eisernen, rechteckigen Platte direkt montiert.

Ähnlich verhält es sich mit den übrigen hier abgebildeten Ziernägeln aus Eisen und Bronze, über deren Funktion wir sagen können, daß sie wegen ihrer Silberplattierung besondere, jedoch wahrscheinlich unterschiedliche Gegenstände geziert haben.

Der militärische Kontext von Kalkriese weist bei Stücken mit dünnem, kurzem Stift auf das Lederzeug der Soldaten oder/und vom Pferd. Bei solchen mit langem, kräftigem Stift und umgebördelter, starker Silberfolie (Abb. 76 oben rechts, mittlere Reihe und Mitte rechts), die sich in großer Zahl – über 100 – aus Prospektion und Grabung in Kalkriese gefunden haben, kommt z. B. eine Truhe wie auch ein Wagen in Betracht.

Literatur
FRANZIUS 1991, 44, Taf. 13,1.3–8; dies. 1992, 378, Abb. 22,1–8 (Bronzeringe)
FRANZIUS 1991, 45, Taf. 15,2.4–6; dies. 1992, 378, Abb. 22,9–13 (Eisenringe)
FRANZIUS 1992, 367, Abb. 11,9–11 (Ziernägel)

Abgekürzt zitierte Literatur

FRANZIUS 1991   *FRANZIUS, G., Die römischen Funde. In: W. Schlüter, Römer im Osnabrücker Land – Die archäologischen Untersuchungen in der Kalkrieser-Niewedder Senke. Mit Beiträgen von F. Berger/G. Franzius/P. Glüsing/R. Wiegels/S. Wilbers-Rost. Schriftenr. Kulturregion Osnabrück des Landschaftsverbandes Osnabrück e. V. 4 (Bramsche 1991), 19–52.*

FRANZIUS 1992   *FRANZIUS, G., Die Fundgegenstände aus Prospektion und Grabungen in der Kalkrieser-Niewedder Senke bei Osnabrück. Germania 70, 1992, 349–383.*

GLÜSING/FRANZIUS 1991 GLÜSING, P., und FRANZIUS, G., Bronzefunde der Jüngeren Vorrömischen Eisenzeit. In: W. Schlüter . . . (s. u. FRANZIUS 1991), 18–19.

WIEGELS 1991   WIEGELS, R., *Die Inschriften auf der Panzerschließe. In: W. Schlüter . . . (s. u. FRANZIUS 1991), 60–62.*

WIEGELS 1992   WIEGELS, R., *Zwei römische Besitzerinschriften aus Kalkriese, Kreis Osnabrück, Germania 70, 1992, 383–396.*

Ausgewählte Bibliographie

Zu der Literatur über die Funde aus frühkaiserlichen Militärplätzen vgl. FRANZIUS 1991, 51f.; dies. 1992, 349–383

Die römische Armee, Bewaffnung und Ausrüstung

BAATZ, D., *Zur Geschützbewaffnung römischer Auxiliareinheiten in der frühen und mittleren Kaiserzeit. Bonner Jahrb. 166, 1966, 194ff.*

BAATZ, D., *Eine Katapult-Spannbuchse aus Pityus, Georgien (UdSSR). Saalburg-Jahrb. 44, 1988, 59ff.*

BISHOP, M. C. (Hrsg.), *Roman Military Equipment (Sheffield 1983).*

BISHOP, M. C. (Hrsg.), *Production and Distribution of Roman Military Equipment. BAR 275 (Oxford 1985).*

CONOLLY, P., *Greece and Rome at War (London 1981).*

COULSTON, J. C. (Hrsg.), *Military Equipment and the Identity of Roman Soldiers. BAR 394 (Oxford 1988).*

DAVIES, R. W., *The Daily Life of the Roman Soldier under the Principate. In: ANRW II 1 (1974) 299ff.*

DAWSON, M. (Hrsg.), *Roman Military Equipment. The Accoutrements of War. BAR 336 (Oxford 1987).*

V. DOMASZEWSKI, A., *Die Rangordnung des römischen Heeres. Bonner Jahrb. 117, 1908, 113ff. (2. verbesserte Auflage von Brian Dobson, Beih. Bonner Jahrb. 14, 1967).*

V. DRIEL-MURRAY, C. (Hrsg.), *Roman Military Equipment. The Sources of Evidence. BAR 476 (Oxford 1989).*

GARBSCH, J., *Römische Paraderüstungen (München 1978).*

JUNKELMANN, M., *Die Legionen des Augustus (Mainz 1986).*

JUNKELMANN, M., *Die Reiter Roms, Bd. 1 (Mainz 1990), 2 (Mainz 1991), 3 (Mainz 1992).*

KRAFT, K., *Die Rekrutierung der Alen und Kohorten an Rhein und Donau (Diss. Bern 1951).*

KROMAYER, J./VEITH, G., *Heerwesen und Kriegführung der Griechen und Römer. Handb. d. Altertumswissenschaft 4,3,2 (Nachdruck München 1963).*

LINDENSCHMIDT, L., *Tracht und Bewaffnung des römischen Heeres während der Kaiserzeit, mit besonderer Berücksichtigung der rheinischen Denkmale und Fundstücke* (Braunschweig 1882).

OLDENSTEIN, J., *Zur Ausrüstung römischer Auxiliareinheiten. Ber. RGK 57, 1976, 49ff.*

ROBINSON, H. R., *The Armour of Imperial Rome (London 1975).*

SCHRAMM, E., *Die antiken Geschütze der Saalburg. Bemerkungen zu ihrer Rekonstruktion (Berlin 1918, Reprint Bad Homburg 1990).*

SPEIDEL, M. P., *Roman Army Studies I (Amsterdam 1984).*

STEIN, E., *Die kaiserlichen Beamten und Truppenkörper im römischen Deutschland unter dem Prinzipat (Amsterdam 1965).*

ULBERT, G., *Römische Waffen des 1. Jahrhunderts n. Chr. (Stuttgart 1968).*

WAURICK, G., *Römische Helme. In: Antike Helme, Monographien Röm.-Germ. Zentralmus. 4 (Mainz 1988) 327ff.*

WEBSTER, G., *The Roman Imperial Army (London 1985[3]).*

Fibeln und Tracht (allg.)

ALMGREN, O., *Studien über nordeuropäische Fibelformen. Mannus-Bibliothek Nr. 32 (Leipzig 1923).*

BECHERT, T., *Römische Fibeln des 1. und 2. Jahrhunderts n. Chr. Funde aus Asciburgium 1 (Duisburg und Rheinhausen 1973).*

BECKMANN, B., *Studien über die Metallnadeln der römischen Kaiserzeit im freien Germanien. Saalburg Jahrb. XXIII, 1966, 5–101.*

V.BUCHEM, H., *De Fibulae van Nijmegen, Deel 1: Inleiding en Kataloog (Nijmegen 1941).*

COSACK, E., *Die Fibeln der Älteren Römischen Kaiserzeit in der Germania libera, Teil I (Neumünster 1979).*

ETTLINGER, E., *Die römischen Fibeln in der Schweiz (Bern 1973).*

FEUGÈRE, M., *Les fibules en Gaule Mèridionale. Revue Archèologique de Narbonnaise, Suppl. 12, 1985.*

GARBSCH, J., *Die norisch-pannonische Frauentracht im 1. und 2. Jahrhundert. Münchner Beitr. z. Vor- und Frühgeschichte 11 (München 1965).*

GLÜSING, P., *Studien zur Chronologie und Trachtgeschichte der Spätlatènezeit und der frühen römischen Kaiserzeit, Teil I. Die Fibeln (Kiel 1972).*

HAALEBOS, J. K., *Fibulae uit Maurik. Oudheidk. Mededelingen, Suppl. 65, 1984–85.*

RIHA, E., *Die römischen Fibeln aus Augst und Kaiseraugst. Forsch. in Augst 3 (Augst 1979).*

SANDER, E., *Die Kleidung des römischen Soldaten. Historia 12, 1963, 144ff.*

WILD, J. P., *Clothing in the North-West Provinces of the Roman Empire. Bonner Jahrb. 168, 1968, 166ff.*

Römische Fingerringe

HENKEL, F., *Die römischen Fingerringe der Rheinlande und der benachbarten Gebiete (Berlin 1973).*

Gemmen (allg.)

Antike Gemmen in deutschen Sammlungen: abgekürzt AGD: AGD I 1 (München 1968); I 2 (München 1970); I 3 (München 1972); II (Berlin 1969); III (Kassel 1970); IV (Hamburg 1975).

FURTWÄNGLER, A., *Die antiken Gemmen 1–3 (Leipzig 1900).*

FURTWÄNGLER, A., *Beschreibung der geschnittenen Steine im Antiquarium, Königliche Museen zu Berlin (Berlin 1896).*

WALTERS, H. B., *Catalogue of the Engraved Gems and Cameos, Greek, Etruscan and Roman in the British Museum (London 1926).*

ZAZOFF, P., *Die antiken Gemmen. Handbuch d. Arch. (München 1983).*

ZWIERLEIN-DIEHL, E., *Die antiken Gemmen des Kunsthistorischen Museums in Wien 1–2 (München 1975; 1979).*

Römische Gemmen

V. GONZENBACH, V., *Römische Gemmen aus Vindonissa. Zeitschr. Schweizerische Arch. u. Kunstgeschichte 13, 1952, 65ff.*

KRUG, A., *Römische Gemmen und Fingerringe im Museum für Vor- und Frühgeschichte Frankfurt a. M. Germania 53, 1975, 113ff.*

KRUG, A., *Römische Fundgemmen 2. Wiesbaden und Berlin. Germania 55, 1977, 77ff.*

KRUG, A., *Römische Fundgemmen 3. Speyer, Worms, Bad Kreuznach, Mainz und Saalburg. Germania 56, 1978, 476ff.*

KRUG, A., *Römische Fundgemmen 4. Neuwied, Friedberg, Florstadt, Darmstadt, Hanau, Aschaffenburg und Koblenz. Germania 58, 1980, 117ff.*

KRUG, A., *Antike Gemmen im Römisch-Germanischen Museum Köln. Wissenschaftliche Kat. Röm.-Germ. Mus. Köln 4 (= Ber. RGK 61, 1980, 152ff.).*

PLATZ-HORSTER, G., *Die antiken Gemmen im Rheinischen Landesmuseum Bonn (Köln/Bonn 1984).*

PLATZ-HORSTER, G., *Die antiken Gemmen aus Xanten (Bonn 1987).*

STEIGER, R., *Gemmen und Kameen im Römermuseum Augst. Antike Kunst 9, 1966, 29ff.*

VOLLENWEIDER, M. L., *Die Steinschneidekunst und ihre Künstler in spätrepublikanischer und augusteischer Zeit (Baden-Baden 1966).*

Pferdegeschirr und Wagenzubehör

BISHOP, M. C., *Cavalry equipment of the Roman army in the first century A. D. BAR Intern. Ser. 394 (1988).*

BROUWER, M., *Römische Phalerae und anderer Lederbeschlag aus dem Rhein. Oudheidk. Mededelingen 63, 1982, 145–199.*

GARBSCH, J., *Mann und Roß und Wagen. Transport und Verkehr im antiken Bayern (München 1986).*

LAWSON, A., *Studien zum römischen Pferdegeschirr. Jahrb. RGZM 25, 1978, 131–172.*

Gerät und Werkzeug

GAITZSCH, W., *Römische Werkzeuge. Kl. Schr. z. Kenntnis röm. Besetzungsgesch. Südwest-deutschland 19 (Stuttgart 1978).*

GAITZSCH, W., *Eiserne römische Werkzeuge. BAR intern. Ser. 78 (Oxford 1980).*

HEIMBERG, U., *Römische Landvermessung. Kl. Schr. z. Kenntnis röm. Besetzungsgesch. Südwestdeutschland 17 (Stuttgart 1977).*

MANNING, W. H., *Catalogue of Romano-British Ironwork in the Museum of Antiquities Newcastle upon Tyne (London 1976).*

REES, S. E., *Agricultural Implements in Prehistoric and Roman Britain. BAR British Ser. 69 (Oxford 1979).*

Römisches Militärhandwerk

OLDENSTEIN, J., *Manufacture and Supply of the Roman Army with Bronze Fittings. In:* BISHOP, M. C. (Hrsg.), *Production and Distribution of Roman Military Equipment. BAR 275 (Oxford 1985), 82ff.*

V. PETRIKOVITS, H., *Römisches Militärhandwerk. Archäologische Forschungen der letzten Jahre. Anzeiger der Österr. Akademie der Wissenschaften Wien, phil.-hist. Klasse 111, 1974, Nr. 1, 1ff.; Nachdruck in: Beiträge zur römischen Geschichte und Archäologie. Beih. der Bonner Jahrbücher 36, 1976, 598–612.*

Medizinische Instrumente und Toilettgerät

KRUG, A., *Heilkunst und Heilkult. Medizin in der Antike (München 1985).*

KÜNZL, E., *Medizinische Instrumente aus Sepulkralfunden der römischen Kaiserzeit. Bonner Jahrb. 182, 1982, 1ff.*

MATTHÄUS, H., *Der Arzt in römischer Zeit. Schr. d. Limesmuseum Aalen 34 (Stuttgart 1987).*

RIHA, E., *Römisches Toilettgerät und medizinische Instrumente aus Augst und Kaiser-augst. Forsch. in Augst 6 (Augst 1986).*

Gegenstände des römischen Alltags

Bronzegefäße

BOESTERD, M. H. P. DEN, *The Bronze Vessels in the Rijksmuseum G. M. Kam at Nijmegen. Description of the Collections in the Rijksmuseum G. M. Kam at Nijmegen 5 (Nijmegen 1956).*

EGGERS, H. J., *Der römische Import im freien Germanien. Atlas der Urgeschichte 1 (Hamburg 1951).*

HILGERS, W., *Lateinische Gefäßnamen. Beih. Bonner Jahrb. 31 (Düsseldorf 1969).*

KUNOW, J., *Der römische Import in der Germania libera bis zu den Markomannenkriegen. Göttinger Schriften zur Vor- und Frühgeschichte 21 (Neumünster 1983).*

RADNÓTI, A., *Die römischen Bronzegefäße in Pannonien. Dissertationes Pannonicae, Serie II, Nr. 6 (Budapest 1938).*

WEGEWITZ, W., *Der Urnenfriedhof von Ehestorf-Varendorf im Kreise Harburg aus der vorrömischen Eisen- und der älteren römischen Kaiserzeit. Die Urnenfriedhöfe in Niedersachsen 6 (Hildesheim 1962).*

WILLERS, H., *Neue Untersuchungen über die römische Bronzeindustrie von Capua und von Niedergermanien (Hannover/Leipzig 1907).*

WILLERS, H., *Die römischen Bronzeeimer von Hemmoor (Hannover/Leipzig 1901).*

Eßbesteck, Essen und Trinken

ALFÖLDI-ROSENBAUM, E., *Das Kochbuch der Römer. Rezepte aus der Kochkunst des Apicius (Stuttgart 1973).*

BLANCK, H., *Essen und Trinken bei Griechen und Römern. Ant. Welt 1, 1980, 17ff.*

RIHA, E./STERN, W. B., *Die römischen Löffel aus Augst und Kaiseraugst. Forsch. in Augst 5 (Augst 1982).*

SPARKES, B. A., *L'Instrumentum domesticum di Ercolano e Pompei nella prima età imperiale (Rom 1977).*

Lampen

LEIBUNDGUT, A., *Die römischen Lampen in der Schweiz (Bern 1977).*

Spiel

RIECHE, A., *Römische Kinder- und Gesellschaftsspiele. Schr. d. Limesmuseum Aalen 34 (Stuttgart 1984).*

Waagen und Gewichte

JENEMANN, H. J., *Zur Geschichte der Waagen mit variablem Armlängenverhältnis im Altertum. Trierer Zeitschr. 52, 1989, 319–352.*

PARET, O., *Von römischen Schnellwaagen und Gewichten, Saalburg-Jahrb. 9, 1939, 73–86.*

MUTZ, A., *Römische Waagen und Gewichte aus Augst und Kaiseraugst. Augster Museumshefte 6, 1983.*

Abbildungsnachweis

Focke-Museum Bremen (der Landesarchäologe von Bremen)
Fotoarchiv des Seminars für Alte Geschichte der Universität Osnabrück (R. Wiegels)
Provinciaal Museum G. M. Kam Nijmegen (A. Koster/L. Swinkels)
Rheinisches Landesmuseum Bonn (B. Follmann-Schulz/U. Heimberg)
Rheinisches landesmuseum Trier (H. Nortmann)
Rijksmuseum van Oudheden Leiden (M. Brouwer)
Römermuseum Augst (A. Furger/S. Huck)
Westfälisches Museum für Archäologie Münster (R. Asskamp/J. S. Kühlborn)

Exkurs a: Die antiken schriftlichen Quellen zur clades Variana

Die durch die bisherigen Publikationen von Mitarbeitern des Projektes »Kalkriese«, überwiegend jedoch durch die Medien – und hier z. T. leider unseriös – an die breite Öffentlichkeit gelangte Nachricht über die Verbindung des Fundplatzes Kalkriese mit der Niederlage des Varus 9 n. Chr. hat mehrmals Anlaß zu der Frage nach den antiken schriftlichen Quellen gegeben. Da sicherlich nicht jedem interessierten Laien die antike Literatur zugänglich ist, lege ich hier die entsprechenden Passagen der antiken Schriftsteller in deutscher Übersetzung vor. Entnommen wurden sie der neuesten kommentierten Quellensammlung von: HERRMANN, J. (Hrsg.), Griechische und lateinische Quellen zur Frühgeschichte Mitteleuropas bis zur Mitte des 1. Jahrtausends u. Z., 2. u. 3. Teil. Akademie Verlag, Berlin 1991. – Für die freundliche Genehmigung gilt dem genannten Verlag mein besonderer Dank.

VELLEIUS PATERCULUS *2, 117–119:*
Die Niederlage des Varus

Der Caesar (d. h. Tiberius) hatte gerade erst den pannonischen und dalmatischen Krieg beendet, als innerhalb von fünf Tagen nach Vollendung eines so gewaltigen Werkes Trauerbotschaften aus Germanien die Nachricht brachten, (P. Quintilius) Varus sei getötet, drei Legionen und ebensoviele Reitergeschwader sowie sechs Kohorten seien niedergemacht worden, als ob wenigstens darin das Schicksal mit uns Nachsicht übte, daß nicht <***>, als der Feldherr (noch anderwärts) beschäftigt war. Sowohl die Angelegenheit selbst als auch die Person erfordern, ausführlicher darauf einzugehen. Quintilius Varus stammte aus einer eher berühmten als vornehmen Familie, war von sanfter Gemütsart, ruhigen Umgangsformen und körperlich wie geistig etwas schwerfällig. Er war mehr an das geruhsame Lagerleben als an den Gefechtsdienst gewöhnt. Wie wenig er wahrlich das Geld verachtete, kann Syrien bezeugen, das er verwaltet hatte. Arm kam er in ein reiches Land, reich verließ er ein armes Land. Als er das Heer, das in Germanien stand, kommandierte, meinte er, (die Germanen) seien Menschen, die außer Sprache und Gestalt nichts Menschliches hätten, und wer sich mit dem Schwert nicht bändigen lasse, könne mittels des Rechts besänftigt werden. Mit diesem

Vorsatz ging er ins Innere Germaniens wie zu Menschen, die sich an der Süßigkeit des Friedens freuten, und zog die Sommerkampagne hin mit Rechtsprechen und formvollendeter Verhandlungsführung.

Jene hingegen sind, wie kaum einer glaubt, der sie nicht kennt, bei all ihrer Wildheit äußerst schlau und ein zur Lüge geborener Menschenschlag. Sie täuschen eine erdichtete Reihe von Rechtsstreitigkeiten vor, fordern einander vor Gericht, sagen dann wieder Dank, weil die römische Gerechtigkeit den Fall geschlichtet habe, und ihre Wildheit durch das Neue der bisher unbekannten Ordnung sich schon mildere. Denn was man gewohnt war, mit den Waffen zu entscheiden, werde nun durch das Recht geordnet. So verleiteten sie den Quintilius zu größter Sorglosigkeit, und es kam sogar dahin, daß er glaubte, er spräche als Stadtprätor auf dem Forum (in Rom) Recht und stehe nicht mitten im germanischen Gebiet an der Spitze eines Heeres. Da nutzte ein junger Mann aus edlem Geschlecht, stark heißblütig und von weit rascherem Verstand als (üblicherweise) Barbaren, namens Arminius, der Sohn des Sigimerus, eines Fürsten dieses Stammes, der sein Temperament im Mienenspiel und in seinen Blicken zeigte, unsere voraufgehenden Kriegszüge ständig begleitet und neben dem römischen Bürgerrecht auch die Würde des Ritterstandes erreicht hatte, die Nachlässigkeit des Heerführers zu einem Verbrechen aus. Sehr klug hatte er erkannt, daß derjenige besonders rasch besiegt werden kann, der nichts befürchtet, und daß fast immer Sorglosigkeit am Beginn eines Unglücks steht. Zunächst weihte er nur wenige, dann mehrere in seine Pläne ein. Er sagt und beweist ihnen, daß die Römer besiegt werden können. Den Beschlüssen läßt er Taten folgen und bestimmt den Zeitpunkt des Überfalls. Dies wird Varus durch einen treuen Mann dieses Stammes aus berühmter Familie, Segestes, angezeigt. Er forderte auch <***>. Doch das Schicksal (war schon stärker als) die Entschlüsse (des Varus) und hatte ihm all seine Verstandesschärfe genommen. So geschieht es gewöhnlich, daß die Gottheit, die das Glück eines Menschen wandeln will, ihn der Urteilsfähigkeit beraubt und, was am meisten zu beklagen ist, den Eindruck hervorruft, was geschehen ist, sei ihm auch ganz recht geschehen. So wird der Unfall zur Schuld. Daher weigert er sich, der Sache Glauben zu schenken, und erklärt, daß er die Erwartung auf loyale Haltung ihm gegenüber nach den Verdiensten (eines Mannes) einschätze. Nach der ersten Anzeige blieb nicht länger Zeit für eine zweite.

Den Ablauf des schrecklichsten Unglücks, wie es nach der Niederlage des (M. Licinius) Crassus bei den Parthern kein schlimmeres unter fremden Völkern für die Römer gegeben hat, will ich, so wie andere dies getan haben, in einem entsprechenden Buch darzulegen versuchen. Hier soll nur das Wichtigste in Trauer berichtet werden. Das Heer – es war das tapferste von allen und nach Zucht, Schlagkraft und Erfahrung in vielen Kriegen unter allen römischen Truppen das erste – wurde durch die Schlaffheit des Führers, die Hinterlist des Feindes und ein ungerechtes Schicksal eingeschlossen, wobei ihnen, wie gern sie dies auch wollten, nicht einmal eine straflose Gelegenheit zum Kampf oder Ausbruch gegeben war, ja sogar mit harter Strafe wurden einige belegt, weil sie Römerwaffen und Römermut gebrauchten. Das Heer wurde von Wäldern, Sümpfen und Hinterhalten eingeschlossen und von einem Feinde bis zur völligen Vernichtung niedergemetzelt, den es stets wie Vieh abgeschlachtet und über dessen Leben oder Tod es einmal im Zorn ein anderes Mal mit Nachsicht entschieden hatte. Der Heerführer hatte mehr Mut zu sterben als zu kämpfen und tötete sich selbst, dem Beispiel seines Vaters und Großvaters folgend. So rühmlich wenigstens das Beispiel des einen Lagerpräfekten, des L. Eggius, war, so schimpflich verhielt sich der andere, Ceionius, der, als die Schlacht den weitaus größten Teil der Soldaten schon vernichtet hatte, die Kapitulation veranlaßte und lieber durch das Henkerbeil als im Kampf sterben wollte. Numonius Vala aber, der Legat des Varus, gewöhnlich ein ruhiger und rechtschaffener Mann, gab ein unheilvolles Beispiel, indem er das Fußvolk ohne Reiterschutz ließ und mit den Alen fluchtartig abrückte, um den Rhein zu erreichen. Seine Untat wurde vom Schicksal gerächt, denn er überlebte die von ihm im Stich gelassenen Soldaten nicht, sondern fiel als Deserteur. Den halbverbrannten Körper des Varus hatte der wilde Feind zerfleischt. Sein Haupt wurde vom Rumpf getrennt, zu Maroboduus gebracht und von diesem zum Kaiser (d. h. Augustus) geschickt und trotz allem durch Beisetzung im Familiengrab geehrt.

TACITUS, Ann. I, 59–62: Der Sommerfeldzug des Jahres 15 n. Chr.

Die Kunde von der Unterwerfung und der wohlwollenden Aufnahme des Segestes wird, je nachdem man dem Kriege abgeneigt war oder ihn wünschte, mit Hoffnung oder mit Schmerz aufgenommen. Arminius trieb außer seiner angeborenen Heftigkeit der Gedanke, daß seine Gattin geraubt und ihre Leibesfrucht der Sklaverei unterworfen sei, wie einen

Rasenden umher. Er flog durch das Land der Cherusker und rief zum Kampf gegen Segestes, zum Kampf gegen den Caesar (d. h. Germanicus) auf. Auch Schmähungen hielt er nicht zurück: Ein herrlicher Vater, ein großer Feldherr, ein tapferes Heer, die mit zahllosen Händen ein einziges schwaches Weib fortgeschleppt hätten! Vor ihm seien drei Legionen und ebensoviel Legaten in den Staub gesunken! Denn er führe Krieg nicht mit Verrat und nicht gegen schwangere Frauen, sondern offen gegen bewaffnete Männer. Noch seien in den Hainen der Germanen die römischen Feldzeichen zu sehen, die er den heimischen Göttern geweiht habe. Möge Segestes auf dem unterworfenen Rheinufer wohnen! Möge er seinem Sohn das Priestertum für Menschen wiederverschaffen! Niemals würden die Germanen ganz verzeihen, daß sie zwischen Elbe und Rhein Ruten und Beile und die Toga hätten sehen müssen! Andere Stämme, die nichts vom Römischen Reich wissen, hätten Hinrichtungen noch nicht kennengelernt und wüßten nichts von Steuern. Da sie das alles nun abgeschüttelt hätten, da unverrichteterdinge jener unter die Götter erhobene Augustus, jener auserkorene Tiberius abgezogen seien, sollten sie sich doch nicht vor einem unerfahrenen Jüngling, vor einem aufrührerischen Heer fürchten! Wenn sie die Heimat, die Eltern und die alten Verhältnisse mehr liebten als Zwingherren und neue Römerstädte, sollten sie lieber dem Arminius als Führer zu Ruhm und Freiheit folgen als Segestes, der sie zu schmachvoller Knechtschaft führe.

Durch solche Reden wurden nicht nur die Cherusker, sondern auch die Nachbarstämme aufgewiegelt, und Inguiomerus, des Arminius Onkel von väterlicher Seite, wurde auf dessen Seite hinübergezogen, obwohl er bei den Römern seit langer Zeit in Ansehen stand. Dieser Vorfall steigerte die Besorgnis des Caesars. Und damit der Krieg nicht auf einmal mit voller Wut hereinbreche, schickte er, um die feindlichen Kräfte zu zersplittern, Caecina (Severus) mit vierzig römischen Kohorten durchs Bruktererland bis an die Ems. Die Reiterei führte der Präfekt (Albinovanus) Pedo durch das Gebiet der Friesen. Er selbst ließ vier legionen einschiffen und fuhr mit ihnen über die Seen, und zu gleicher Zeit trafen Fußtruppen, Reiterei und Flotte an dem vorher bestimmten Fluß zusammen. Die Chauken wurden, da sie die Stellung von Hilfstruppen versprachen, in die Heeresgemeinschaft aufgenommen. Die Bruktererer, die ihr eigenes Land niederbrannten, schlug L. Stertinius, von Germanicus abkommandiert, mit leichtbewaffneten Truppen in die Flucht. Während des Mordens und des Plünderns fand er den Adler der XIX. Legion, der mit (Quintilius) Varus verlorengegangen war. Sodann wurde der Heereszug bis in die äußersten Teile des Bruktererlandes geführt und alles Land zwischen den Flüssen Ems und Lippe verwüstet, nicht weit vom Teutoburger Wald, in dem, wie es hieß, die Überreste des Varus und seiner Legionen noch unbestattet lagen.

Da ergriff den Caesar das Verlangen, den Soldaten und ihrem Feldherrn die letzte Ehre zu erweisen, und das gesamte anwesende Heer war in wehmütiger Stimmung im Gedanken an Verwandte und Freunde, ja auch wegen der Wechselfälle des Krieges und des Loses der Menschen. Caecina wurde vorausgeschickt, um die verborgenen Schluchten des Waldgebirges zu durchforschen sowie Brücken und Dämme in dem feuchten Sumpfland und den trügerischen Ebenen anzulegen. Dann gelangte man an die traurigen Stätten, die für den Anblick wie für die Erinnerung grauenvoll waren. Das erste Lager des Varus ließ an seinem weiten Umfang und an der Absteckung des Hauptplatzes die Arbeit von drei Legionen erkennen. Danach sah man an dem halbeingestürzten Wall und dem niedrigen Graben die Stelle, an der sich die bereits zusammengeschmolzenen Reste festgesetzt hatten. Mitten auf dem Felde lagen bleichende Knochen, zerstreut oder in Haufen, je nachdem sie von Flüchtigen oder von einer noch Widerstand leistenden Truppe stammten. Daneben lagen zerbrochene Waffen und Pferdegeripppe, an Baumstämmen waren Schädel befestigt. In Hainen in der Nähe standen die Altäre der Barbaren, an denen sie die Tribunen und die Zenturionen ersten Ranges geschlachtet hatten. Männer, die jene Niederlage überlebt hatten und aus der Schlacht oder der Gefangenschaft entkommen waren, berichteten, hier seien die Legaten gefallen, dort seien die Legionsadler erbeutet worden, wo Varus die erste Wunde erhalten, wo er durch einen mit unseliger Hand selbstgeführten Stoß den Tod gefunden habe, von welcher Erhöhung herab Arminius zu dem versammelten Heer gesprochen, wieviele Kreuzbalken für die Gefangenen, welche Gruben er habe machen lassen, und wie er im Übermut die Feldzeichen und Adler verspottet habe.

So bestattete das römische Heer, das jetzt da war, sechs Jahre nach der Niederlage die Gebeine der drei Legionen. Da niemand wußte, ob er die Reste Fremder oder die seiner Angehörigen mit Erde bedeckte, begruben sie sie alle als Freunde und Blutsverwandte, unter wachsendem Zorn gegen die Feinde, trauernd und zugleich erbittert. Das erste Rasenstück zur Errichtung des Grabhügels legte der Caesar hin. So erwies er den Toten den größten Liebesdienst und bekundete den Lebenden seine Teilnahme an ihrer Trauer. Tiberius billigte dies alles nicht, sei es, weil er jede

Maßnahme des Germanicus negativ beurteilte, sei es, weil er glaubte, der Anblick der Erschlagenen und Unbestatteten müßte den Kampfgeist des Heeres lähmen und es furchtsamer gegenüber den Feinden machen. Auch hätte sich der Oberfeldherr als Inhaber der Augurenwürde und uralter religiöser Weihen nicht mit Leichenbestattung befassen dürfen.

FLORUS 2,30: Die Niederlage des Varus (9 n. Chr.)

Doch es ist schwieriger, Provinzen zu behalten, als sie zu schaffen. Mit bewaffneter Macht erringt man sie, durch Gerechtigkeit erhält man sie sich. So war die Freude nur kurz. Denn die Germanen waren eher besiegt als gebändigt, und sie achteten unter dem Feldherrn Drusus unsere Lebensart mehr als die Militärmacht. Nachdem dieser gestorben war, begannen sie, die Gier und den Hochmut des Quintilius Varus nicht weniger als seine Grausamkeit zu hassen. Er wagte es, einen Landtag abzuhalten, und erließ unvorsichtig Vorschriften, als könnte er der Gewalttätigkeit der Barbaren durch die Ruten des Liktors und die Stimme des Herolds Einhalt gebieten. Jene dagegen, die schon längst wegen ihrer roststumpfen Schwerter und der untätig herumstehenden Pferde murrten, griffen, sobald sie der (römischen) Togen gewahr wurden und der Gerichtsentscheidungen, die schlimmer als die Waffen wüteten, unter der Führung des Arminius zu den Waffen. Derweil vertraute Varus dem Frieden so sehr, daß er sich nicht einmal beunruhigte, als Segestes als einziger der Fürsten die Verschwörung verriet. So griffen sie den Ahnungslosen und nichts derartiges Befürchtenden überraschend an, als jener – welche Sorglosigkeit! – Leute vor Gericht lud, und von allen Seiten brachen sie herein. Das Lager wurde ausgeraubt, drei Legionen wurden überwältigt. Varus folgte dem allgemeinen Untergang mit gleichem Schicksal und in gleichem Geist wie (L. Aemilius) Paulus am Tag (der Schlacht) von Cannae. Nichts war blutiger als dieses Gemetzel in Sümpfen und Wäldern, nichts war unerträglicher als der Hohn der Barbaren, besonders aber gegenüber den Gerichtsherren. Den einen stachen sie die Augen aus, den anderen hieben sie die Hände ab; einem wurde der Mund zugenäht, zuvor aber die Zunge herausgeschnitten. Diese hielt ein Barbar in der Hand und sagte: »Endlich hast du Natter aufgehört zu zischen.« Selbst der Leichnam des Konsuls, den die Soldaten aus Ehrfurcht beerdigt hatten, wurde wieder ausgegraben. Feldzeichen und zwei Legionsadler besitzen die Barbaren noch heute; bevor der dritte in die Hände der Feinde geraten konnte, riß ihn der Standartenträger ab, steckte in ihn die Öffnungen seines Wehrgehenks und verbarg sich so im blutigen Sumpf. Diese Niederlage bewirkte, daß die (römische) Herrschaft, die an der Küste des Ozeans nicht halt gemacht hatte, am Rheinufer ihre Grenze fand.

CASS. DIO 65,18–23: Die Schlacht im Teutoburger Wald 9 n. Chr.

All diese Beschlüsse (über Ehrungen für Tiberius und Germanicus) waren kaum angenommen worden, als eine furchtbare Nachricht aus Germanien kam, die sie zum Abbruch der Siegesfeiern zwang. Denn gerade zu jener Zeit war folgendes im Keltenland (d. h. Germanien) geschehen: Die Römer besaßen zwar einige Teile dieses Landes, doch kein zusammenhängendes Gebiet, sondern wie sie es gerade zufällig erobert hatten; deshalb berichtet auch die geschichtliche Überlieferung darüber nichts. Ihre Soldaten bezogen hier ihre Winterquartiere, Städte wurden gegründet, und die Barbaren paßten sich ihrer (d. h. der römischen) Lebensweise an, besuchten die Märkte und hielten friedlich Zusammenkünfte ab. Freilich hatten sie auch nicht die Sitten ihrer Väter, ihre angeborene Wesensart, ihre unabhängige Lebensweise und die Macht ihrer Waffen vergessen. Solange sie also nur allmählich und auf behutsame Weise hierin umlernten, fiel ihnen der Wechsel ihrer Lebensweise nicht schwer, ja sie fühlten die Veränderung nicht einmal. Als aber Quintilius Varus den Oberbefehl über Germanien übernahm und sie zu rasch umformen wollte, indem er ihre Verhältnisse kraft seiner Amtsgewalt regelte, ihnen auch sonst wie Unterworfenen Vorschriften machte und insbesondere von ihnen wie von Untertanen Tribut eintrieb, da hatte ihre Geduld ein Ende. Die Anführer versuchten sich wieder der früheren Herrschaft zu bemächtigen, und das Volk wollte lieber den altgewohnten Zustand als die fremde Tyrannei. Eine offene Empörung vermieden sie zwar, weil sie die große Zahl der Römer sowohl am Rhein als auch im Innern ihres eigenen Landes sahen. Vielmehr empfingen sie Varus, als ob sie all seine Forderungen erfüllen wollten, und lockten ihn so weit vom Rhein weg in das Gebiet der Cherusker und zur Weser. Auch hier verhielten sie sich so friedlich und freundschaftlich, daß sie ihn zu dem Glauben verleiteten, sie würden auch ohne militärischen Zwang die

Knechtschaft ertragen. Daher hielt er auch seine Legionen nicht, wie es doch in Feindesland angebracht gewesen wäre, zusammen, sondern stellte zahlreiche Mannschaften zur Verfügung, wenn sie (d. h. die Germanen), weil sie selbst zu schwach seien, ihn darum zum Schutz gewisser Landesteile, zur Ergreifung von Räubern oder zum Geleit von Lebensmittelfuhren ersuchten. Die eigentlichen Häupter der Verschwörung und Anstifter des Anschlages und des Krieges waren aber vor allem Arminius und Segimerus, die ihn ständig begleiteten und oft auch seine Tischgäste waren. Als er nun voll Selbstvertrauen war, nichts Böses erwartete und allen, die die Vorgänge mit Mißtrauen betrachteten und ihn zur Vorsicht mahnten, nicht nur keinen Glauben schenkte, sondern sie sogar zurechtwies, weil sie sich grundlos beunruhigten und jene Männer verleumdeten, da erhoben sich als erste einige entfernt von ihm wohnende (Stämme), und zwar nach abgesprochenem Plan, damit Varus, wenn er gegen diese zöge, auf dem Marsche leichter überrumpelt werden könne, da er ja durch Freundesland zu ziehen glaubte, und damit er nicht, wie bei einem plötzlichen allgemeinen Losschlagen, besondere Sicherheitsvorkehrungen treffe. Und so geschah es; sie begleiteten ihn beim Aufbruch, blieben dann aber zurück, um, wie sie sagten, die Streitkräfte der Bundesgenossen zusammenzuziehen und ihm so schnell wie möglich zu Hilfe zu kommen, übernahmen ihre Truppen, die irgendwo bereit standen, ließen die bei ihnen jeweils stationierten und vorher angeforderten (römischen) Soldaten umbringen und zogen nun gegen ihn, als er schon in schwer passierbare Gebirgswälder geraten war. Und kaum hatte es sich herausgestellt, daß sie Feinde statt Unterworfene waren, da richteten sie auch schon unermeßliches Unheil an.

Das Gebirge war nämlich reich an Schluchten und uneben, die Bäume standen dicht und überhoch gewachsen, so daß die Römer schon vor dem feindlichen Überfall mit dem Fällen der Bäume, dem Bauen von Wegen und Brücken, wo es sich erforderlich machte, große Mühe hatten. Sie führten auch viele Wagen und Lasttiere mit sich, wie mitten im Frieden. Dazu folgten ihnen nicht wenige Kinder und Frauen sowie der übrige riesige Troß, so daß sie schon deshalb weit auseinandergezogen marschieren mußten. Gleichzeitig brachen noch heftiger Regen und Sturm los und zersprengten sie noch mehr; der Boden, um die Wurzeln und unten um die Baumstämme herum schlüpfrig geworden, machte jeden Schritt für sie zu einer Gefahr, und abbrechende und herabstürzende Baumkronen schufen ein großes Durcheinander. Während sich die Römer in einer derart verzweifelten Lage befanden, kreisten sie die Barbaren, die ja alle Schleichwege kannten und unvermutet selbst aus den dichtesten Wäldern hervorkamen, von allen Seiten zugleich ein. Anfangs schossen sie nur von weitem, dann aber, als sich keiner wehrte und viele verwundet wurden, begannen sie den Nahkampf. Denn da sie (d. h. die Römer) nicht irgendwie geordnet, vielmehr mitten zwischen den Wagen und dem unbewaffneten Troß marschierten, sich auch nicht so leicht zusammenschließen konnten und so den immer wieder angreifenden Feinden jeweils an Zahl unterlegen waren, erlitten sie viele Verluste, ohne selbst dagegen irgend etwas auszurichten.

Sobald sie einen geeigneten Platz gefunden hatten, soweit dies in einem Waldgebirge überhaupt möglich war, schlugen sie dort ein Lager auf, dann verbrannten sie die Mehrzahl der Wagen und alles andere, was sie nicht unbedingt brauchten, oder ließen es zurück, brachen dann am anderen Morgen in etwas besserer Ordnung auf, so daß sie bis zu einer Lichtung kamen; doch war ihr Abzug nicht ohne blutige Verluste geblieben. Von dort brachen sie erneut auf und gerieten wieder in die Wälder, wehrten sich zwar gegen ihre Angreifer, doch brachte gerade dies ihnen die Verluste; denn wenn sich auf dem engen Raum Reiter und Fußsoldaten zusammenschlossen, um sie gemeinsam anzugreifen, kamen sie zu Fall, weil sie entweder über einander oder auch über die Baumwurzeln stolperten. So brach der vierte Tag ihres Marsches an, als erneut ein starker Regen und ein furchtbarer Sturm sie überfielen, so daß sie weder vorwärtskommen noch fest auf der Stelle stehen, ja nicht einmal ihre Waffen gebrauchen konnten. Denn Pfeile, Wurfspieße, sogar auch die Schilde waren, da alles völlig durchnäßt war, kaum zu benutzen. Die Feinde dagegen, die größtenteils leicht bewaffnet waren und ohne Gefahr die Möglichkeit zum Angriff und Rückzug hatten, traf das weniger. Dazu konnten sie, da ihre Zahl sich stark vergrößert hatte – denn von den übrigen, die vorher noch vorsichtig gewesen waren, eilten viele herbei, hauptsächlich um Beute zu machen –, jene, deren Zahl sich bereits verringert hatte – denn viele waren in den vorhergehenden Kämpfen gefallen –, (jetzt) leichter umzingeln und niederhauen. Da entschlossen sich Varus und die übrigen hohen Offiziere aus Furcht, lebendig gefangen oder gar von ihren unerbittertsten Feinden umgebracht zu werden, zumal sie bereits verwundet waren, zu einer furchtbaren, aber notwendigen Tat: sie töteten sich selbst.

Als dies bekannt wurde, da gab auch jeder andere, selbst wenn er noch bei Kräften war, seinen Widerstand auf. Die einen folgten dem Beispiel ihres Feldherrn, die anderen warfen ihre Waffen weg und ließen sich von dem ersten besten töten, denn an Flucht war überhaupt nicht zu denken, selbst wenn man es noch so gern gewollt hätte. So wurde denn ohne eigene Gefahr alles niedergemetzelt, Mann und Roß, und ...

***Und die Barbaren erstürmten sämtliche Kastelle außer einem; dieses aber hielt sie so lange auf, daß sie weder den Rhein überschritten noch nach Gallien einfielen. Vielmehr konnten sie nicht einmal diess (Kastell) in ihre Gewalt bringen, da sie sich nicht auf die Belagerung verstanden und zudem die Römer zahlreiche Bogenschützen hatten, von denen sie unter sehr starken Verlusten zurückgedrängt wurden.

Als sie dann die Nachricht erhielten, daß die Römer am Rhein Wache hielten und daß Tiberius mit einem starken Heer im Anmarsch sei, ließen die meisten vom Kastell ab; die Zurückgebliebenen entfernten sich etwas von ihm, um nicht durch plötzliche Ausfälle der Besatzung Schaden zu erleiden, und behielten die Anmarschwege scharf im Auge, in der Hoffnung, durch Lebensmittelknappheit die Übergabe zu erzwingen. Die römische Besatzung aber harrte aus, solange sie genügend Proviant hatte, und hoffte auf Entsatz. Als ihnen aber niemand zu Hilfe kam und der Hunger sie quälte, warteten sie eine stürmische Nacht ab und zogen ab. Es waren wenige Soldaten, viele ohne Waffen. Und...

sie kamen auch an deren erstem und zweiten Wachtposten vorbei; als sie sich aber dem dritten näherten, wurden sie bemerkt, da die Frauen und Kinder aus Erschöpfung und Angst und wegen der Dunkelheit und Kälte andauernd die Männer zurückriefen. Und sie wären alle zugrunde-gegangen oder auch in Gefangenschaft geraten, wenn sich die Barbaren nicht zu sehr mit dem Erraffen der Beute aufgehalten hätten. Denn so gewannen die Stärksten einen großen Vorsprung, und indem die Trompeter, die bei ihnen waren, das bei schnellem Marsch übliche Signal blie-sen, erweckten sie beim Feinde den Glauben, daß sie von (L. Nonius) Asprenas geschickt seien. Daher ließen diese von der Verfolgung ab, und als Asprenas von dem Vorfall hörte, kam er ihnen tatsächlich zu Hilfe. Später kamen auch einige Gefangene zurück, die von ihren Verwandten losgekauft worden waren; doch war ihnen dies nur unter der Bedingung gestattet worden, daß sie außerhalb Italiens blieben.

Exkurs b: Kurzer Abriß der Leben und Werke der in dieser Arbeit zitierten antiken Autoren

POLYBIOS

Um 200 bis nach 120 v. Chr. – Hellenistischer Historiker. Teilnahme an politischen Aktionen. 169/68 Hipparch des Bundes. 168, nach dem Sieg bei Pydna, zur Aburteilung nach Italien deportiert. Von 148 bis zur Zerstörung Karthagos in Afrika gehörte er Scipios Stab an. Forschungsreise längs der Nord- und Westküste Afrikas. Nach dem Fall Karthagos kehrt er nach Achaia zurück. Nach der Zerstörung von Korinth wurde er mit der Durchführung der Neuordnung beauftragt. Kurzer Aufenthalt in Rom – bis zu seinem Tod in der Heimat gelebt. – Hauptwerk: Universalgeschichte. Ein bedeutendes, umfangreiches Werk in 15 Büchern, von denen nur die Bücher 1–5 vollständig erhalten sind. Schilderung der Geschichte des römischen Staates von Beginn des 2. punischen Krieges, 220, bis zum Zusammenbruch des Makedonischen Reiches durch die Schlacht bei Pydna, 168.

CAESAR, GAIUS JULIUS

13. Juli 100 – 15. März 44 v. Chr. – Staatsmann, Feldherr und Schriftsteller. Von dem schriftstellerischen Werk Caesars sind erhalten die 7 Bücher *commentarii de bello gallico* und die 3 Bücher *de bello civili*.

SALLUSTIUS, GAIUS CRISPUS

86–34 v. Chr. – Röm. Politiker und Geschichtsschreiber. Werke: *Invectiva in Ciceronem; Epistulae ad Caesarem; Bellum Cantilinarium*, eine Schilderung des Aufstandes des L. Sergius Catilina aus den Jahren 64–62; *Bellum Iugurthinum* (ca. 40 v. Chr.), eine Darstellung des Krieges mit dem Numiderfürsten Iugurtha; *Historiae*, 5 Bücher Zeitgeschichte in Fragmenten erhalten; Reden.

LIVIUS, TITUS

59 v. Chr. – 17 n. Chr. – Römischer Geschichtsschreiber. Werk: *Ab Urbe condita libri*, ein Geschichtswerk bis zum Tode des Drusus (9 v. Chr.) aus 142 Büchern. Erhalten sind 35: Bücher 1–10 (bis 293 v. Chr.) und Bücher 21–45 (218–167 v. Chr.); ab Buch 41 lückenhaft.

PATERCULUS C. (?) VELLEIUS
Ca. 20 v. Chr., Todesjahr unbekannt. – Römischer Geschichtsschreiber, Offizier. Er nahm als *praefectus equitum*, dann als *legatus legionis* an den germanisch-pannonischen Feldzügen des Tiberius teil (4–12 n. Chr.). Werk: Römische Geschichte (der Titel *Historia Romana* ist nicht authentisch). Buch 2 enthält den einzigen zeitgenössischen Bericht über Tiberius, der erhalten blieb.

PETRONIUS, GAIUS
Geburtsjahr unbekannt, gestorben 66 n. Chr. – Dichter. Werk: *Satyricon*, eine Schilderung zeitgenössischer, literarischer und sozialer Ereignisse.

PLINIUS, GAIUS SECUNDUS (major)
23/24–79 n. Chr. – Offizier, Staatsbeamter, Historiker und Fachschriftsteller. 47–52 leistet er Militärdienst in Untergermanien unter Domitius Corbulo, den er beim Vorstoß in das Gebiet der Chauken begleitet, dann 50/51 in Obergermanien unter C. Pomponius Secundus, an dessen Chattenfeldzug er teilnimmt. – Hauptwerk: *Naturalis historiae* l. XXXVII, eine enzyklopädische Naturkunde.

TACITUS, CORNELIUS
55–120 n. Chr. – Bekleidung höherer Ämter. Nach dem Tod Domitians (96 n. Chr.) Verfasser der Werke: *Agricola; Germania; Dialogus de oratoribus; Historiae; Annalen.* Der eigentliche Titel der *Annalen* – geschrieben etwa 110–120 n. Chr. – lautet: *Ab excessu divi Augusti* (Geschichte seit dem Tode des vergöttlichten Augustus). Die *Annalen* schildern in 16 Büchern die Geschichte des römischen Reiches unter den Kaisern der julisch-claudischen Dynastie in der Zeit von 14 bis 68 n. Chr. Überliefert sind die ersten sechs Bücher durch den Codex aus dem 9. Jahrhundert (Mediceus I), die übrigen, 11–16, durch den Codex aus dem 11. Jahrhundert (Mediceus II). Bücher 7–10 sind verloren.

FLORUS, L. A.
Geburts- u. Todesjahr unbekannt. – Dichter, Rhetor. Werke: *Epitome de Tito Livio*; Abriß der Römischen Geschichte. Im letzten Werk schildert Florus die Ausdehnung des Römischen Reiches. Die Schilderung der Varus-Niederlage bei Florus wird von den anderen Quellen nicht (!) bestätigt.

JUVENALIS, D. JUNIUS
Ungefähr 60–127 n. Chr. – Werke: 16 Satiren in 5 Büchern.

SUETONIUS, C. TRANQUILLUS
etwa 70–150 n. Chr. – Bis 121 kaiserlicher Sekretär. Werke: *De vita Caesarum* (Kaiserbiographien).

DIO, CASSIUS
(ΔΙΩΝ, ΚΑΣΣΙΟΣ): 162 oder 163 n. Chr. – Todesjahr unbekannt. – Historiker. Geboren in Nikaia in Bithynien (Kleinasien), auch dort gestorben. Ab. 180 n. Chr. in Rom. Senatsmitglied, um 205 Konsul. Ab 225 Statthalter Kaiserlicher Provinzen. Hauptwerk in griechischer Sprache verfaßt: Ρωμαϊκή ιστορία (auch Ρωμαϊκά). Gesamtdarstellung der Geschichte Roms in 80 Büchern von den Anfängen bis in Dios Gegenwart. Direkt überliefert, aber lückenhaft sind die Bücher 36 bis 60 mit der Darstellung der Zeit von 69 v. Chr. bis 47 n. Chr. und Reste aus den Büchern 78 und 79 zu den Jahren 218–229. Der Rest ist in Auszügen byzantinischer Historiker faßbar: in den Exzerpten des Konstantinos Porphyrogennetos (10. Jahrhundert), in der Epitome des Ioannes Xiphilinos (11. Jahrhundert) und bei Ioannes Zonaras (12. Jahrhundert) aus den Büchern 1–21 und 44–80. Auf welche Quellen sich Cassius Dio gestützt hat, ist nicht geklärt.

VEGETIUS, P. V. RENATUS
Lebte Ende des 4. Jahrhunderts n. Chr. und befaßte sich mit Pferdezucht. Hauptwerk: *Epitoma rei militaris*. Die *epitoma* besteht aus 4 Büchern und befaßt sich mit der Aushebung und Ausbildung der Rekruten, mit der Legion, der Kriegskunst und dem Festungs- und Seekrieg.

Literatur
ZIEGLER, K./SONTHEIMER, W. (Hrsg.), Der Kleine Pauly, Lexikon der Antike in fünf Bänden (München 1979)

Die wichtigsten Daten zur römischen Geschichte Germaniens von Augustus bis Nero (30 v. Chr.–68 n. Chr. Julisch-claudisches Kaiserhaus).

30 v. Chr.–476 n. Chr.	Kaisertum in Rom
30 v. Chr.	Ende der römischen Bürgerkriege
27 v. Chr.–14 n. Chr.	Augustus ist römischer Kaiser
16 v. Chr.	Niederlage des Statthalters M. Lollius gegen die Sugambrer, Usipeten und Tenkterer nördlich von Bonn. Plan der Unterwerfung Germaniens bis zur Elbe. Erstmalige Stationierung römischer Truppen am Rhein, der nach der Unterwerfung Galliens (58–61 v. Chr.) durch C. Julius Caesar (100–44 v. Chr.) zur Grenze des Imperiums wurde.
15–13 v. Chr.	Augustus in Gallien. Verwaltungsneuordnung. Alpenfeldzug des Drusus und des Tiberius, der Stiefsöhne des Augustus.
12–9 v. Chr.	Germanenfeldzüge des Drusus bis zur Elbe. Tod des Drusus auf dem Rückmarsch (9 v. Chr.). Tiberius übernimmt das Oberkommando (9–7 v. Chr.). Abschluß der ersten Germanienoffensive.
6 v. Chr.	L. Domitius Ahenobarbus ist Oberbefehlshaber in Germanien.
2 v. Chr.	Auseinandersetzungen mit den Cheruskern. Abberufung des Domitius Ahenobarbus.
4 n. Chr.	Rückkehr des Tiberius aus Rhodos (freiwillige Verbannung, 6 v. Chr.–4 n. Chr.)
4–6 n. Chr.	Tiberius wird Oberbefehlshaber der Rheinarmee. Germanien wird wahrscheinlich bis zur Elbe römische Provinz. Provinzhauptstadt ist Köln *(Oppidum Ubiorum)*.
7 n. Chr.	Weitere Romanisierung der Gebiete zwischen Rhein und Elbe durch P. Quinctilius Varus, Statthalter in Germanien.

9 n. Chr.	Niederlage des Varus im »Teutoburger Wald«. Unter der Führung des Cheruskers Arminius vernichten germanische Stämme drei Legionen (17, 18 und 19), drei Reiter- und sechs Infanterieeinheiten (20–25 000 Soldaten).
13–16 n. Chr.	Germanicus, Sohn des Drusus wird Statthalter in Gallien. Oberbefehlshaber der Truppen am Rhein
14 n. Chr.	Tod des Augustus. Tiberius wird römischer Kaiser (bis 37).
15/16 n. Chr.	Feldzüge des Germanicus in Germanien. Operation des A. Caecina Severus, Statthalter in Germanien, von Xanten *(Castra Vetera)* gegen die Cherusker. Germanicus besucht den Ort der Varus-Niederlage. Schlacht bei *Idistaviso* (am Angrivarierwall). Rückmarsch. Abberufung des Germanicus. Der Rhein wird erneut zur Grenze des Römischen Reiches.
21 n. Chr.	Ermordung des Arminius
37–41 n. Chr.	Caligula (Gaius Caesar Germanicus), Sohn des Germanicus, ist römischer Kaiser. Chattenfeldzug, Sieg (40–41). Zurückeroberung des letzten der in der Varusschlacht verlorenen Legionsadler (durch P. Gabinius Secundus, Oberbefehlshaber der Truppen in Niedergermanien).
42–56 n. Chr.	Claudius, jüngerer Bruder des Germanicus wird römischer Kaiser. Ausbau der Fernverkehrsstraße von Italien an die Donau *(Via Claudia Augusta)*.
54–68 n. Chr.	Nero wird römischer Kaiser. Selbstmord des Nero (68).

Achim Rost/Susanne Wilbers-Rost
Fragmente eines römischen Zugtieres mit Resten der Anschirrung

Den weitaus größten Teil der bei den Grabungen in Kalkriese entdeckten Funde aus römischer Zeit stellen Einzelfunde dar. Auf Schlachtfeldern sind selbstverständlich nicht die kompletten Ausrüstungen der Toten und Verwundeten überliefert, sondern es sind lediglich Bruchstücke oder kleine Objekte erhalten geblieben, die bei der Plünderung des Schlachtfeldes abgerissen sind oder übersehen wurden. Für den Fachmann ergeben sich aus der Verteilung dieser kleinen Fragmente im gesamten Untersuchungsgebiet dennoch wichtige Erkenntnisse.

In der Grabungsfläche am Oberesch in Kalkriese gibt es an einigen Stellen jedoch für ein Schlachtfeld ungewöhnlich gute Erhaltungsbedingungen. Die wohl erst kurz vor den Kämpfen angelegte Rasensodenmauer, die vermutlich bereits im Verlauf der Schlacht und im Zuge der Plünderung zum Teil beschädigt und eingerissen wurde, hat für den Erhalt einiger größerer Fundstücke und gelegentlich sogar kleiner Fundzusammenhänge gesorgt. Direkt vor und hinter der Rasensodenmauer wurden auf die damalige Erdoberfläche gefallene Ausrüstungsgegenstände sehr früh von abgerutschten Rasensoden bedeckt. In diesen Bereichen waren die Funde vor den Augen der plündernden Germanen geschützt, und auch Raubtiere konnten die Fundzusammenhänge nicht zerstören.

Das interessanteste Fundensemble kam am 30. 3. 1992 ans Tageslicht. Bei der Vorbereitung einer neuen Grabungsfläche wurden relativ nah beieinanderliegend mit Hilfe des Metallsuchgerätes Knochen, Eisen und Bronzefragmente erfaßt (Abb. 1 u. 2). Eine erste oberflächliche Freilegung ergab ein so interessantes Bild, daß entschieden wurde, den Fundbereich von etwa 1 x 0,70 m mitsamt umgebendem Sandboden auf der

199

Abb. 1
In der Grabungsfläche wird eine Ansammlung von Funden sichtbar: neben Bronze- und Eisenteilen kommen auch Tierzähne und Knochen zum Vorschein.

Abb. 2
Der Fundbereich wird maßstabsgerecht gezeichnet.

Grabung zu bergen (Abb. 3). Dazu wurde um die Fundkonzentration vorsichtig ein schmaler Graben eingetieft, der bis in fundfreie Sandschichten hinabreichte. Danach stand in der Grabungsfläche ein etwa 1 x 1 m großer und 30 cm dicker Block aus Sand, auf dessen Oberfläche die Fundstücke lagen. An einer Längsseite mußte der Graben auf eine Breite von etwa 1 m verbreitert werden, um unter den Sandblock eine stabile Eisenplatte für den anschließenden Transport schieben zu können. Der Sandblock wurde dann an allen Seiten mit Gipsbinden, wie sie auch in der Medizin verwendet werden, fest umwickelt (Abb. 4).

Nach der Austrocknung der nun vollkommen festen Gipsmanschette wurde in den Sand unter dem Block vorsichtig eine an einer Kante angeschliffene Eisenplatte geschoben. Darauf konnte der Block – er war gerade noch ohne den Einsatz von Maschinen mit mehreren Personen zu tragen – aus dem Boden gehoben und – nach der Anbringung eines Deckels ebenfalls aus Gips – nach Osnabrück transportiert werden.

Die weitere Freilegung wurde als »Miniaturgrabung« in der Restaurierungswerkstatt des Kulturgeschichtlichen Museums Osnabrück durchgeführt (Abb. 5). Mit Spatel und Pinsel wurde der allmählich ausgetrocknete Sand Schicht für Schicht vorsichtig abgetragen, gelegentlich mit einem kleinen Schlauch sogar weggeblasen, wobei zunehmend mehr

Abb. 3
Um den Fundzusammenhang nicht zu zerstören, sollen die Objekte mitsamt umgebendem Sand geborgen werden. Zum Anlegen einer Gipsmanschette wird daher ein Graben um die Funde eingetieft. Das Profil zeigt, daß die Funde ursprünglich auf der Erdoberfläche gelegen haben, nicht in einer Grube.

Abb. 4
Der Sandblock ist vollständig von einer Gipsmanschette umschlossen. Nach dem Abtrocknen kann eine Eisenplatte für den Transport darunter geschoben werden.

Details und weitere Funde ans Tageslicht kamen. Durch Situations- und Detailfotos sowie Zeichnungen wurde jeder Schritt dieser Arbeiten dokumentiert.

Insgesamt ergab sich für den freigelegten Block folgendes Bild (Abb. 6): Von einem Tier – vermutlich einem Zugtier – fanden sich Teile des Schädels, der Wirbelsäule und eines Schulterblattes. Mit der rechten Schädelhälfte lag das Tier auf dem Untergrund auf. Erhalten waren vom Schädel vor allem die Zähne, die in Reihen nebeneinander lagen und eine geschlossene Maulstellung zeigten. Von der rechten – unten liegenden – Schädelseite waren auch Teile der Unter- und Oberkieferknochen erhalten; die linke – oben liegende – Schädelhälfte wies nur noch stark zerstörte Reste von Kieferknochen auf.

Vom vorderen Bereich des Maules nahe den Schneidezähnen ging ein etwa 60 cm langer, doppelter Strang von Eisenkettengliedern aus (Abb. 7); er kann aufgrund von Röntgenaufnahmen als Ketten mit achtförmigen Gliedern sowie Trense interpretiert werden. Umgeben von einigen größeren Eisenringen lag in der Nähe des anderen Kettenendes ein ca. 20 cm langer und 10 cm breiter Bronzekasten mit Öse, der als Kappe einer Wagendeichsel anzusprechen ist. Die der Deichselkappe zugewandten Teile der Halswirbelsäule waren grünlich verfärbt und relativ gut erhalten, was sicherlich auf die Nähe zur Deichselkappe und die Einwirkung des Kupfers auf die Knochen zurückzuführen ist. Die andere Seite der Wirbel sowie größere Teile des Schulterblattes waren bereits sehr porös und nur teilweise erhalten.

Im Winkel zwischen Deichselkappe und Wirbelknochen fanden sich zwei Bronzeanhänger des Pferdegeschirrs (Abb. 9). Zunächst wurde ein kleines phallusförmiges Amulett entdeckt, auf dessen Oberfläche sich Reste eines kleinen Lederstreifens erhalten hatten. Darunter fand sich ein stark zerdrückter tropfenförmiger Anhänger. Etwas abseits am Rand des Blockes lag das Fragment eines kleinen Scharnieres, möglicherweise der Teil eines weiteren Anhängers. In der Umgebung des Phallusanhängers und vor der Deichselkappe zum Rand des Blockes hin lagen vier Glasperlen sowie drei winzige gelochte runde Bronzeplättchen von etwa 4,5 mm Durchmesser. An der Deichselkappe anliegend fanden sich Reste zweier verschieden breiter Lederstreifen (Abb. 10).

Die Deichselkappe selbst schien zunächst weitgehend mit Sand verfüllt. Bei der Entfernung des Sandes aus dem Mittelteil wurden dann ein rechteckiger Bronzebeschlag mit Silberüberzug (Abb. 11a), eine weitere

Abb. 5
Restaurator Günter Becker bei der Arbeit mit Spatel und Pinsel in der Restaurierungswerkstatt des Kulturgeschichtlichen Museums Osnabrück: im Vordergrund sind die Zähne und ein Teil der Eisenkette zu erkennen; hinten liegt ein großer Bronzegegenstand, davor deuten sich einige Eisenringe an.

Abb. 6
Übersichtsfoto nach dem weiteren Abtragen des Sandes. Das Bronzeobjekt ist als Kappe einer hölzernen Wagendeichsel zu deuten. Unter der anfangs sichtbaren Zahnreihe ist eine weitere zu erkennen.

Abb. 7
Detail der Eisenkette (Mitte) und der Zähne (oben); die Schneidezähne am Kettenende sind mit Mullstückchen gefestigt worden.

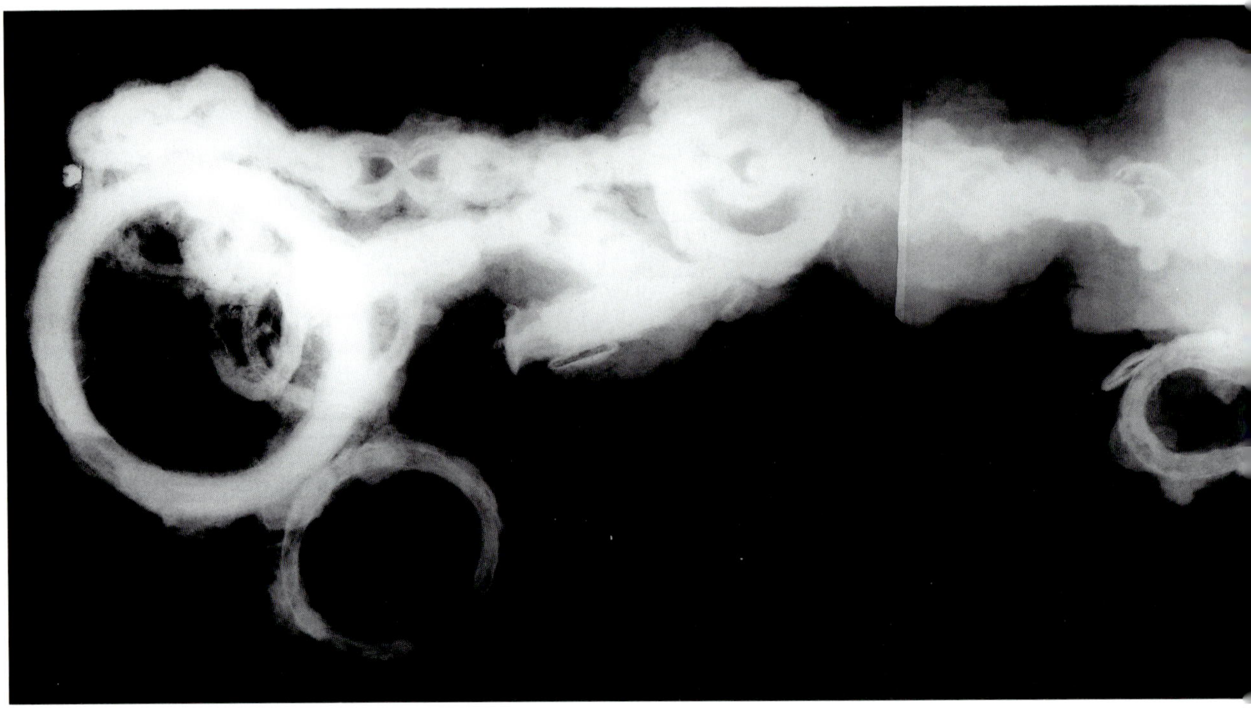

8

Abb. 9
Detailfoto bei der Freilegung: links im Bild die Deichselkappe, oben Wirbelknochen, die mit Hilfe kleiner Holzstäbe im Verband gehalten werden; vor den Knochen liegt ein Phallusamulett.

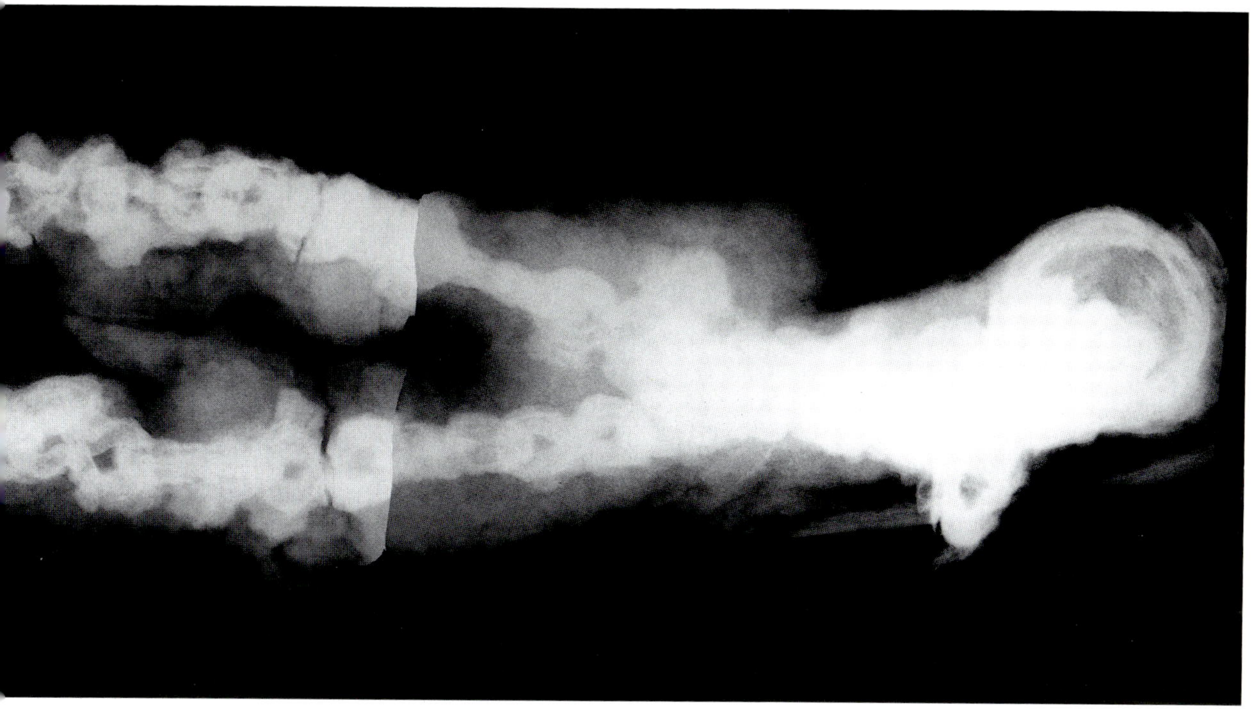

Abb. 8
Röntgenfoto der Eisenkette, auf
dem die achtförmigen Kettenglieder und ein Teil der Trense (Ring
und zweiteiliges Mundstück) zu
erkennen sind.

Abb. 10
Die bronzene Deichselkappe: an
der Wandung ist ein Stück Leder
erhalten, außerdem zeichnen sich
in der Patina Abdrücke weiterer
Lederriemen ab; in der Öse sind
Eisen- und Lederreste zu erkennen.

Glasperle (Abb. 11b) und zwei weitere Bronzeplättchen entdeckt. Nachdem der Sand entfernt war, ergab sich ein zapfenförmiger Hohlraum von etwa 14 cm Tiefe. Der übrige Innenraum der Deichselkappe war mit einem strohartigen Material ausgekleidet, das in die Deichselkappenspitze sowie an die Wandung gepreßt worden war. Zur genaueren Untersuchung wurde dieses Material an einen Paläoethnobotaniker, einen Spezialisten für die Bestimmung vorgeschichtlicher und mittelalterlicher Pflanzenreste, übergeben. Nach einer vorläufigen Beurteilung durch Prof. Dr. U. Willerding, Göttingen, handelt es sich vermutlich um Erbsen- oder Bohnenstroh.

Von besonderem Interesse ist das Fundensemble aus Zugtierknochen und Anschirrungsfragmenten deshalb, weil die Lage der Zähne und das Verhältnis von Ober- zu Unterkiefer ebenso wie die im Verband liegenden Wirbelknochen deutlich machen, daß es sich um einen weitgehend unveränderten Fundzusammenhang handelt. Da in römischen Gräbern der frühen Kaiserzeit eine Beigabe von Wagen unbekannt war – in anderen Epochen, auch in der späten Römischen Kaiserzeit, war dies in verschiedenen Gebieten auch außerhalb des Römischen Reiches bei der Bestattung vornehmer Toter durchaus üblich – und auch bildliche Darstellungen, wie z. B. auf der Traianssäule, keine detaillierten Informationen zur Anschirrungstechnik römischer Zugtiere vermitteln können, bieten die Funde aus Kalkriese zum ersten Mal die Chance, einige Details genauer zu betrachten.

Waren Anhänger wie der phallus- und der tropfenförmige – sie sollten als Amulette zur Abwehr von Übel und Unheil bei Pferd und Reiter dienen – bei Reitpferden der augusteischen Zeit durchaus gebräuchlich, so ist der Umfang, mit dem das Kalkrieser Zugtier (nach Informationen von Prof. Dr. H.-P. Uerpmann, Tübingen, ein Maultier) geschmückt war, beachtlich (Abb. 12). Neben den Anhängern können die Perlen als zusätzlicher Schmuck verstanden werden; sie waren vielleicht in die Mähne eingeflochten oder auf Lederzaumzeug aufgesetzt. Auch die kleinen Bronzeplättchen mit Lochung könnten auf dem Lederzeug angebracht gewesen sein.

Bisher unklar ist, ob die vom Pferdemaul ausgehenden Ketten mit der Deichselkappe ursprünglich in Verbindung gestanden haben. Erst die weitere Restaurierung der Eisenketten kann Aufschluß über ihre Funktion geben.

Die Lederreste, die sich an der Deichselkappe und auf dem Phallusamulett befanden, weisen auf verschieden breite Riemen der Anschir-

Abb. 12
Funde aus dem Gipsblock: oben links die Deichselkappe, darunter ein tropfenförmiges Amulett (links) und ein Phallusanhänger sowie das Bruchstück eines weiteren Bronzeanhängers (Mitte); unten ein Bronzebeschlag mit Silberauflage, rechts daneben zwei von fünf Glasperlen und eines von vier kleinen Bronzeplättchen. Länge des Bronzebeschlages: 4,7 cm.

rung hin. Möglicherweise läßt sich in Verbindung mit den Bronzeplättchen auch der Verlauf dieser Lederbänder erkennen.

Die Deichselkappe erlaubt die meisten Detailbeobachtungen und wirft gleichzeitig die meisten Fragen auf. Es ist sehr wahrscheinlich, daß das Strohmaterial in der Deichselkappe dazu gedient hat, die Bronzekappe auf die Holzdeichsel aufzupfropfen. Da auf die Deichselkappe keine größeren Zugkräfte wirken, wird eine derartige Befestigung ausreichend gewesen sein. Es ergibt sich aber die Frage, ob diese Art der Befestigung ein Provisorium, möglicherweise eine Reparatur während des Marsches im Freien Germanien, gewesen sein könnte. Am Bronzekörper der Deichselkappe fallen einige Reparaturen auf, die teils gut, teils weniger geschickt ausgeführt wurden. Die Öse ist relativ stark beansprucht und deshalb durch einen aufgelegten Bronzestreifen, der am Deichselkappen-körper festgenietet ist, verstärkt worden (Abb. 12). Eisen- und Leder-reste könnten auf einen weiteren Versuch, die Öse zu stabilisieren, hin-weisen. Die Löcher, durch die das Eisenstück ins Innere der Deichsel-kappe geführt wurde, sind viereckig und weisen nach innen einen Wulst auf; sie sind möglicherweise nachträglich angebracht worden. An der Wandung befinden sich Flickstellen, die auf einen nicht besonders gut geglückten Guß der Deichselkappe zurückzuführen sein könnten. Um die aufgesetzten Bronzeflicken der übrigen Oberfläche ein wenig anzu-passen, wurden große Teile der Außenseite gefeilt; die Feilspuren, die diagonal über die Flächen laufen, sind nach der Restaurierung gut zu erkennen. Einige kleine Löcher, die von den Handwerkern vor 2000 Jah-ren nicht geschlossen worden waren, zeigen heute deutlich, wie unzurei-chend der Rohling dieser Kappe gearbeitet war. Metallanalysen sowie Untersuchungen des Strohmaterials und möglicher darin enthaltener Unkräuter können vielleicht dazu beitragen, die Fragen zu klären, wo die verschiedenen Reparaturen angefertigt worden sind – im mediterran-römischen oder im provinzialrömischen Raum oder möglicherweise auf dem Marsch im Freien Germanien.

Faßt man die Beobachtungen zu diesem Fundkomplex zusammen, ergibt sich folgender Eindruck: Ein direkt vor der Rasensodenmauer zusammengebrochenes Zugtier wurde während der Kampfhandlungen oder bei Beginn der Plünderungen so mit herabstürzenden Rasensoden der Rasensodenmauer überdeckt, daß Teile ungestört bis zur Ausgra-bung erhalten blieben. Unter Rasensoden begraben wurden größere Teile des Schädels sowie der Hals- und Schulterpartie des Zugtieres. Das Phallusamulett und der tropfenförmige Anhänger wurden im Schulter-/Brustbereich gefunden, wo ähnliche Anhänger, zumindest bei Reitpfer-den, bekannt sind. Die weiteren Teile des Zugtieres dürften, da vermut-lich nicht überdeckt, den Raubtieren zum Opfer gefallen, die Ausrü-stung von Germanen bei der Plünderung mitgenommen worden sein.

Die Deichselkappe bedarf einer zusätzlichen Erklärung. Während sich das Strohmaterial in der Kappe aufgrund der Nähe zur Bronze sehr gut erhalten hat, fanden sich von der hölzernen Deichsel keinerlei Spuren. Lediglich ein sandverfüllter Hohlraum blieb als Nachweis. Deshalb ist davon auszugehen, daß die hölzerne Deichsel, für die grundsätzlich ebenso gute Erhaltungsbedingungen wie für das Strohmaterial gegeben waren, sehr früh entfernt worden sein muß. Dies hätte geschehen können, indem die hölzerne Deichsel samt Wagen bei der Plünderung des Schlachtfeldes mitgenommen wurde, während die Deichselkappe, begraben unter Rasensoden und möglicherweise unter Teilen des Zugtieres, hängengeblieben und deshalb nicht mit der Deichsel beseitigt worden wäre. Da sich an der Deichselkappe aber keine Leisten oder Vorsprünge befinden, die die Kappe hätten zurückhalten können, als die Holzdeichsel entfernt wurde, erscheint diese Interpretation weniger wahrscheinlich.

In die Erklärungsversuche muß aber auch das Gelände am Kalkrieser Berg mit einbezogen werden. Es ist zu bedenken, daß sich der römische Heereszug über einen schmalen, nicht befestigten germanischen Verkehrsweg bewegt hat. Ein Wagen – möglicherweise vom Troß – könnte unweit der heutigen Fundstelle beim Überqueren eines der vielen vom Kalkrieser Berg hinunterführenden Bäche den Steg oder die Brücke verfehlt haben und in eines der Tälchen geraten sein, wo der Wagen verunglückte. Die Verbindung zwischen Kummet oder Joch und Wagen könnte sich dabei gelöst haben, so daß kurzfristig die Zugkraft eines der Zugtiere direkt auf die Deichselkappe gewirkt haben dürfte. Man könnte sich vorstellen, daß ein auf diese Weise vom Wagen getrenntes Zugtier mit Resten der Anschirrung einschließlich der Deichselkappe herrenlos vor den Wall geraten und dort zusammengebrochen ist. Der zu dem Zugtier gehörende Wagen, vor den ursprünglich mindestens ein weiteres Tier gespannt war, wäre in diesem Fall niemals bis an den Wall gelangt.

Erst nach Abschluß der Restaurierung wird eine endgültige Auswertung und Klärung der angesprochenen Fragen zur Anschirrung möglich sein. Zusätzliche Aufschlüsse sind von weiteren Tierknochen und Metallfunden in der Umgebung des vorgestellten Fundes zu erwarten, unter denen sich nach Aussage der Röntgenfotos zumindest eine weitere Trense befindet.

Literatur

JUNKELMANN, M., Die Reiter Roms (Bände I–III). Mainz 1990, 1991, 1992.

BENDER, H., Römischer Reiseverkehr – Cursus publicus und Privatreisen. Schriften des Limesmuseums Aalen, Heft 20. Stuttgart 1978.

Frank Berger
Das Geld der römischen Soldaten

Sold und Geldwert

Die römischen Soldaten erhielten zur Zeit des Augustus eine feste regelmäßige Besoldung, das *Stipendium*. Der Legionär bekam jährlich 225 Denare, die in drei Raten zu 75 Denaren alle vier Monate ausgezahlt wurden. Das ergibt einen täglichen Verdienst von ca. 10 Kupferassen. Über die Bezahlung der Auxiliarsoldaten (Hilfstruppen) haben wir keine genauen Angaben, doch dürften sie 5/6 des Solds eines Legionärs, also 187 Denare 2 Sesterzen, erhalten haben. Höhere Chargen erhielten jeweils ein erheblich mehrfaches des Stipendiums, so etwa ein *Centurio ordinarius* das 15fache und ein *Primipilus* (Kommandant der 1. Kohorte der Legion) das 60fache.

Das Stipendium wurde nicht in voller Höhe ausgezahlt. Zuerst gab es einen generellen Abzug von 1 % auf alle Soldrechnungen, wohl eine Art Buchungsgebühr. Des weiteren wurden den Soldaten recht hohe Beträge für Kleidung, Essen, Waffenreparaturen und anderes in Rechnung gestellt. Damit blieb oft nur der halbe Geldbetrag des Stipendiums übrig. Und auch dieses scheint die Legionäre nicht reich gemacht zu haben. Es gibt Nachrichten darüber, daß die *Centurionen* (Unteroffiziere) das Bargeld ihrer Soldaten verwalteten und sie damit auch erpreßten. Diese mußten sich regelrecht Schutz und Dienstfreiheit von den Centurionen erkaufen (Tac. ann. 1,17,4). Es gehörte zu den häufigen Forderungen der Soldaten, daß die Zahlungen für Urlaub an die Centurionen erlassen wurden; oft war ein Viertel des Mannschaftsbestandes auf Urlaub oder hatte dienstfrei, wenn sie nur zahlten (Tac. hist. 1,46). Freikaufen konnte man sich auch von den Wall- und Grabenarbeiten, dem Heranholen von Lebensmitteln, von Bau- und Brennholz und ähnlichen harten Diensten (TAC. ann. 1,35). Es wundert kaum, daß Centurionen bei Soldatenrevolten oft als erste umgebracht wurden.

In späterer Zeit gab es neben dem Stipendium noch zwei andere Arten der Besoldung, die *Annona* und das *Donativum*. Die Annona war eine regelmäßige Schenkung von Lebensmitteln, insbesondere Kornfrüchten, an die Soldaten; es gab sie wohl erst seit dem 2. oder 3. Jh. n. Chr.

Das Donativum war eine außerordentliche Zahlung an Soldaten, die unabhängig vom Stipendium erfolgte. Diese Gelder wurden unregelmäßig zu bestimmten Anlässen gegeben. In julisch-claudischer Zeit wurden Donative als Vermächtnisse verstorbener Principes, als Geschenk des neuen Herrschers zum Regierungsbeginn und als Auszeichnung für soldatische Leistungen erwähnt. Auch ein Regierungsjubiläum kann Anlaß für Donative sein. Das Donativ wurde nicht gleichmäßig an alle ausgezahlt, sondern an bestimmte Empfängerkreise. Mal waren es nur die Prätorianer, mal nur die Offiziere, mal eine bestimmte tapfere Einheit oder es wurde von Kommandeuren »privat« an die eigenen Truppen gezahlt.

In Zusammenhang mit diesen Donativen stehen Gegenstempel auf den As-Münzen der augusteischen Zeit. Diese Gegenstempel – meist sind sie rechteckig – kommen fast ausschließlich in Militärlagern vor. Dort, und nicht in den Münzstätten Lyon, Nimes oder Rom, wurden diese Kontermarken auf alte und neue Asses geschlagen. Zweck der Gegenstempelung war die Kenntlichmachung eines Geschenks oder Geschenkgebers an die Truppe. Auf diese Weise sind mit H. CHANTRAINE die Namen hoher Kommandeure auf den Gegenstempeln zu erklären; auch Varus ist mit Gegenstempeln auf Asses in Kalkriese, Haltern und dem ganzen Rheinland vertreten. Die meisten der auf Gegenstempeln identifizierbaren Personen sind Männer, die die *Ornamenta Triumphalia* erhalten haben, womit die kontermarkierten Münzen Geschenke in ihrem Namen an die Soldaten sein könnten.

Die genannte Handhabung von Stipendium und Donativ erklärt, daß die römischen Soldaten in Germanien sowohl in den Lagern (Haltern: 2 Gold-, 293 Silber-, 2561 Kupfermünzen) als auch unterwegs Geld bei sich hatten. Sie brauchtes es bei gefährlichen Unternehmungen im Feindesland untereinander, weil Willkür, Bestechung und Freikauf von Diensten wohl zum Alltagsleben gehörten.

Abb. 1
Aureus (Goldmünze zu 25 Dena-
ren) des Augustus, geprägt 2 v. –
1 n. Chr. in Lyon. Dm. 18 mm.
Vs: Kopf des jugendlichen Augu-
stus nach rechts (links).
Rs: Gajus und Lucius Caesar, die
Enkel des Augustus, nebeneinan-
der stehend mit Toga, Speer und
Schild, oben eine Schöpfkelle und
ein Krummstab (rechts).
Der Aureus stellte zeitgenössisch
einen ungeheuren Wert dar. Der
Jahresbruttosold eines Legionärs
betrug 9 Aurei (= 225 Denare). In
Kalkriese haben wir Nachrichten
von insgesamt 16 Aurei der Zeit
des Augustus, deren Verlust gewiß
nicht zufällig geschah; auch wur-
den sie kaum als Opfermünzen
benutzt. Diese Anhäufung deutet
aber auf ein sehr ungewöhnliches
Ereignis, wie etwa eine Schlacht,
hin.

Bei der Benutzung von Geld durch römische Soldaten ist auch die Spielleidenschaft in Rechnung zu stellen. Das Spielen war eine der wichtigsten Freizeitbeschäftigungen überhaupt – meist ging es um Geld –, und gerade in dem 1987 geborgenen Denarhort vom Lutterkrug fanden sich drei weiße Spielsteine aus Glas, und ein schwarzer Spielstein stammt aus einer Probegrabung von 1989. Gespielt wurde auf Spielbrettern aus Stein oder Ziegel, in die die Linien und Spielfelder eingeritzt waren.

Es ist also anzunehmen, daß alle römischen Soldaten immer etwas Geld im Beutel bei sich führten, vielleicht einige wenige Silber- und eine größere Anzahl Kupfermünzen. Dies alles nur zur Bezahlung untereinander, denn Handel mit den Germanen, bei dem Geld eine Rolle spielte, gab es nicht. Mit Kupfergeld wußten die Germanen nichts anzufangen, allenfalls konnten sie Denare als handliches Stück Rohsilber und somit als Tauschobjekt betrachten.

Erst im Römischen Reich, also auf linksrheinischem Gebiet und vielleicht auch schon im Lager Haltern, konnten die Soldaten mit ihrem Geld regulär bezahlen. Ihr Sold von 10 Asses täglich, von denen 5 Asse netto übrigblieben, entsprach dem Verdienst eines einfachen Tagelöhners bei freier Verpflegung. 1/3 Liter Öl kostete 4 Asses. Der Preis für 6 1/2 kg Weizen betrug 30 Asses, für die gleiche Menge Roggen 12 Asses. Ein erwachsener Mann konnte sich mit zwei Asses pro Tag für Brot schon sattessen. Dazu kam 1 As für einige Liter einfachen Wein im Wirtshaus. Guter Wein freilich war teurer: Die Schankwirtin Hedone in Pompeii inserierte den berühmten Falernerwein aus dem Norden Campaniens für 4 Asses.

Goldmünzen (Abb. 1 und 2)

In Kalkriese und der näheren Umgebung sind 15 verschiedene Goldmünzen des Augustus bekannt geworden; je dreimal wurden zwei Aurei zusammen genannt. Zusammen mit einem Aureus der verschollenen Sammlung von Schloß Barenaue gibt es elf Fundstellen von Goldmünzen. Weitere Exemplare mögen sich hinter Angaben wie »Goldstück« oder »mehrere hundert Gold-, Silber- und Kupfermünzen« verbergen. Sechs Aurei sind nur generell als solche des Augustus bekannt, vier wurden zwischen 19 und 16 v. Chr. geprägt und fünf Stück sind vom Gajus/Lucius-Typ. Im Januar 1990 wurde bei der Prospektion ein weiterer Aureus dieses Typs in prägefrischem Zustand auf dem Acker »Goldstücke« in Kalkriese gefunden, von wo es schon im 19. Jh. die Nachricht über eine Goldmünze des Augustus gab. Es handelt sich um folgende Münze (Abb. 1):

Vorderseite: Kopf des Augustus mit Lorbeerkranz nach rechts, darum die Aufschrift *CAESAR AVGVSTVS DIVI Filius PATER PATRIAE* (Caesar Augustus, Sohn des vergöttlichten Caesar, Vater des Vaterlandes)

Rückseite: Gajus und Lucius, die Enkel des Augustus, stehend in Toga mit Hand auf dem Schild, hinter jedem Schild ein Speer, oben ein Simpulum (Schöpfkelle) und ein Lituus (Krummstab). Aufschrift: *Caius et Lucius CAESARES,* rings herum *AVGVSTI Filii COnSvles DESIGnati PRINCipes IVVENTutis* (Gaius und Lucius Caesar, Söhne des Augustus, designierte Konsuln, Anführer der Jugend)

Die Prägung dieses Münztyps in Gold und Silber begann im Jahr 2 v. Chr., weil Augustus am 2. Februar den Titel *pater patriae* bekam und Lucius in diesem Jahr die *toga virilis* erhielt. Unklar ist hingegen das Ende der Ausgabe dieses Typs. Die Designation für Gajus endete am 23. 12. 1 v. Chr., Lucius starb 2 n. Chr. und Gajus 4 n. Chr. Den nächsten Münztyp in Gold gibt es erst wieder in den Jahren 13/14 n. Chr., dazwischen sind keine anderen Typen bekannt.

Bei der Betrachtung aller Funde augusteischer Goldmünzen in Nordwestdeutschland (Abb. 2) zeigt sich, daß es in Kalkriese mehr Goldmünzen gibt als in diesem ganzen Gebiet zusammen. Je drei Aurei stammen noch aus den Legionslagern Holsterhausen und Haltern und zwei aus Himminghausen/Reg. Bez. Detmold. Alle übrigen sind Einzelfunde aus Westfalen mit Ausnahme einer Fundmünze in Salzgitter.

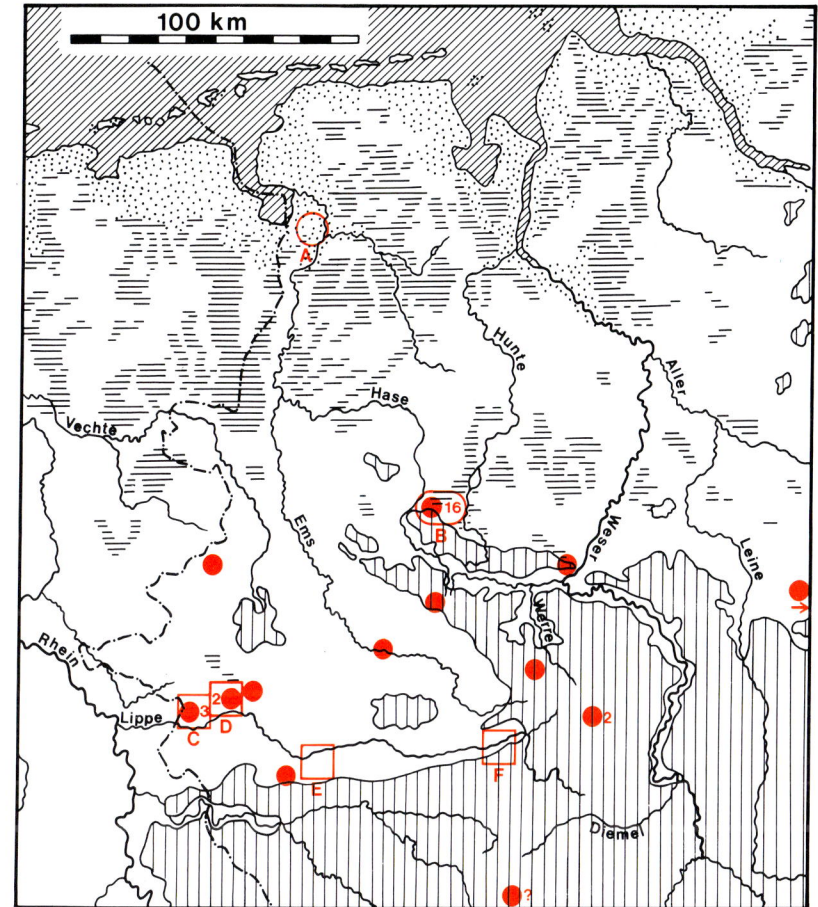

Abb. 2
Funde römischer Goldmünzen bis
14 n. Chr. in Nordwestdeutsch-
land: A Bentumersiel. – B Kalk-
riese. – C Holsterhausen. –
D Haltern. – E Beckinghausen/
Oberaden. – F Anreppen.
1 Marsch. – 2 Moor. – 3 Geest. –
4 Bergland.

1 2 3 4

215

Die große Menge von 16 Goldmünzen in Kalkriese kann kein Zufall sein. Der Wert eines Aureus betrug mehr als ein soldatisches Monatseinkommen, ein Betrag, der einem in der Regel nicht unabsichtlich zu Boden fällt. Die große Menge an Goldmünzen des Augustus in Kalkriese ist ein Phänomen, das mit herkömmlichen Erklärungen (Lager; Opferplatz) nicht erklärbar ist. Es müssen sich an dieser Stelle schon außerordentliche Ereignisse zugetragen haben, damit so viel Geld verloren gehen konnte.

Silbermünzen (Abb. 3–13)

Seit 1716 haben wir in der Literatur Nachrichten von Funden römischer Münzen in Kalkriese. Die Bauern der Gegend fanden die Stücke beim Plaggenstechen; immer waren sie aus der Zeit der römischen Republik und des Augustus. Gewöhnlich lieferten die Finder die Münzen den Grafen von Bar auf Barenaue ab, die ihnen dafür einen Finderlohn zahlten. Auf diese Weise entstand auf Schloß Barenaue eine kleine Sammlung römischer Münzen mitsamt einem Verzeichnis. Um die Angelegenheit zu untersuchen, schickte die königliche Akademie der Wissenschaften zu Berlin im Dezember 1884 den Numismatiker Julius Menadier vor Ort. Menadier verzeichnete die gräfliche Sammlung und recherchierte in der Umgebung nach weiteren Funden. Auf der Grundlage dieser Arbeit entwickelte THEODOR MOMMSEN 1885 in seiner Schrift »Die Örtlichkeit der Varusschlacht« seine Theorie bezüglich Kalkriese als Ort dieses traurigen Geschehens. In der Barenauer Sammlung befanden sich 179 Silbermünzen der Römischen Republik und des Augustus. Es ist völlig unklar, wo genau und in welchem Zustand diese Stücke gefunden wurden. Möglich ist, daß darin ein kleiner Schatzfund enthalten ist.

Weiterführende Untersuchungen gab es vor Ort nicht. Zwischen 1885 und 1920 kam es hin und wieder einmal zu Münzfunden, doch blieb die Theorie MOMMSENS eine unter vielen. Leider ist die Sammlung auf Schloß Barenaue 1945 bei der Befreiung Deutschlands durch britische Truppen abhanden gekommen. Alle anderen Fundmünzen vor dieser Zeit sind auch verschollen. Im März 1963 wurde ein einzelner Denar auf einem Acker am Lutterkrug entdeckt, der aber auch verlorenging. Die Fundstelle dieses letzten Denars ermittelte 1987 der britische Hobbyarchäologe J. A. S. CLUNN neu und fand an dieser Stelle 105 Denare der Römischen Republik und des Augustus. Eine hier durchgeführte Gra-

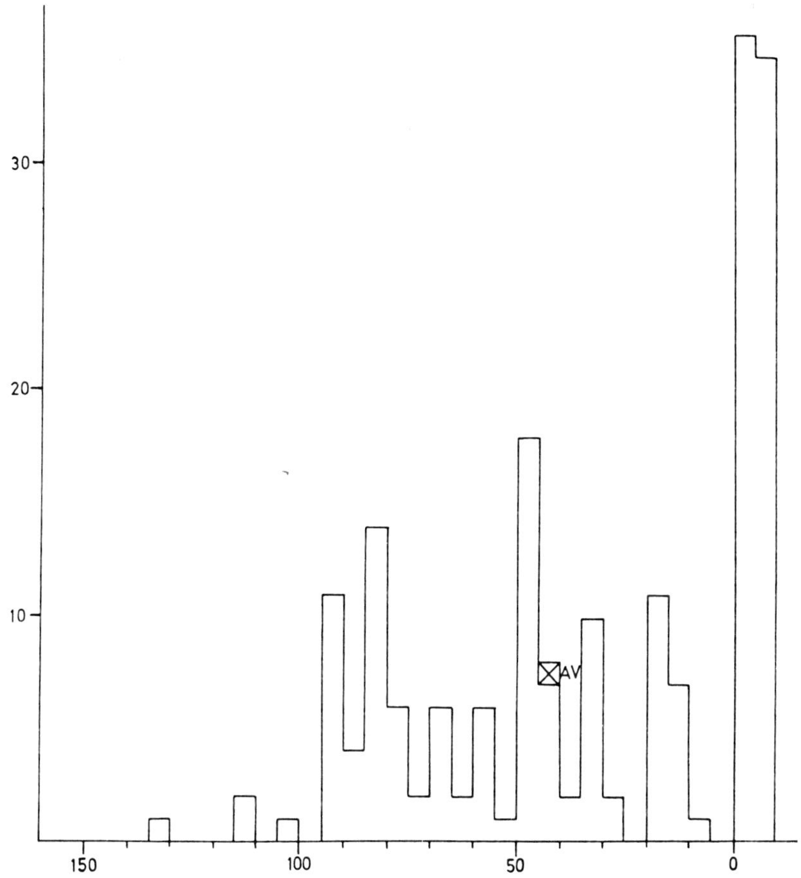

Abb. 3
Zeitliche Verteilung der Denare
des Hortes Haltern 4056.

bung erbrachte einen Schatzfund von insgesamt 160 Denaren und drei Spielsteinen aus mattem weißen Glas.

Anfang 1993 können bei den Silbermünzen folgende Zahlen genannt werden:

Sammlung auf Schloß Barenaue   179 Stück
Hortfund vom Lutterkrug   160 Stück
Einzelfunde aller Art
(Verschollene; Prospektion; Grabung)   63 Stück

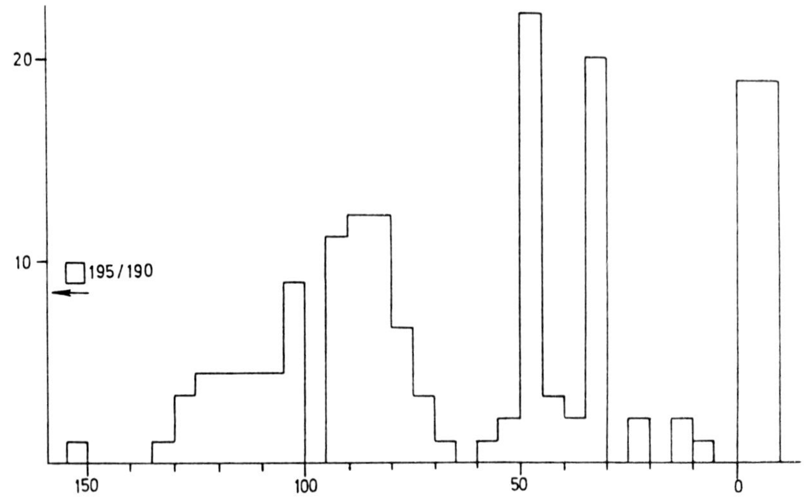

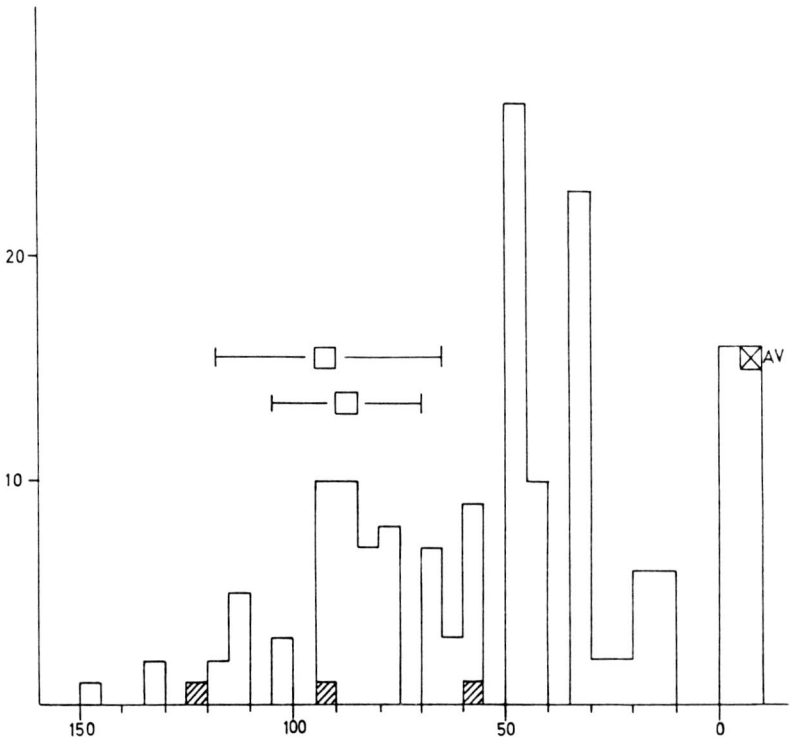

Abb. 4
Zeitliche Verteilung der Denare
des Hortes Kalkriese – Lutterkrug.

Abb. 5
Zeitliche Verteilung der Denare
von Kalkriese – Sammlung von
Bar.

Damit haben wir Nachricht von ca. 420 Silbermünzen, fast ausschließlich Denaren (Stand: Januar 1993). Unter den Einzelfunden sind 5 Exemplare nur nachrichtlich bekannt; die Stücke der Sammlung auf Schloß Barenaue waren so sorgfältig bezeichnet und publiziert, daß sie eindeutig im Typ – und damit auch der Jahresangabe – festgelegt werden können. Durch einen glücklichen Umstand sind vor einigen Jahren drei Denare dieser Sammlung aus England in die Hände der Bearbeiter zurückgekehrt.

Die Art und Zusammensetzung der Denarfunde wurde unlängst einer ausführlichen Analyse unterzogen. Wichtig war dabei insbesondere der Vergleich mit dem Münzen des römischen Lagers Haltern. Dort gibt es zwei Denarhorte von 185 bzw. 14 Stück sowie Einzelfunde von 94 + x Denaren.

Abb. 6
Denarius Serratus des C. Naevius Balbus, geprägt 79 v. Chr. in Rom. Dm. 18,5–20 mm.
Vs: Kopf der Göttin Venus mit Diadem, dahinter SC.
Rs: Victoria in Dreigespann (Triga) nach rechts, unten C. NAE.BALB (o. Abb.).
Die Venus weist Balbus als Parteigänger des Dictators Sulla aus. Die Münze hat einen gezähnten Rand, wohl um ein betrügerisches Beschneiden zu verhindern. Tacitus zufolge bevorzugten die Germanen solche Silbermünzen.

Abb. 7
Zwei Denare C. Julius Caesars, geprägt 49/48 v. Chr. in einer mobilen Heeresmünzstätte Caesars. Dm. 17,5–18 bzw. 17,5–19 mm.
Vs. des linken Denars: die vier Geräte (Culullus, Aspergillum, Axt und Apex) des höchsten Priesters (Pontifex Maximus).
Rs. des rechten Denars: Elefant geht nach rechts und zertrampelt einen Drachen am Boden, unten CAESAR.
Mit dieser Münze bezahlte Caesar seine Soldaten im Bürgerkrieg gegen Cn. Pompejus. Caesar war Pontifex Maximus, was die Priestergeräte erklärt. Der Elefant symbolisiert das Heer Caesars, wie es mit seinen Feinden umgeht.

Das Lager Haltern besteht aus einem 18,3 ha großen Hauptlager und noch drei weiteren Anlagen. Als Eckdaten für die Datierung der Gesamtanlage gelten die Jahre 7/5 v. Chr. (Beginn der Belegung) und 9 n. Chr. Ein Teil der Soldaten aus Haltern wird mit Varus an die Weser gezogen sein; nach dessen Niederlage wurde das Lager dann hastig, aber planmäßig aufgegeben.

Die Graphik (Abb. 3) zeigt die zeitliche Verteilung der Denare des Schatzfundes im Lager Haltern. Er besteht aus 185 Denaren und einem Aureus, was einen Gesamtwert von 210 Denaren ausmacht. Die Spitzen der Graphik spiegeln unruhige Zeiten mit erhöhter Münzproduktion wider, wie etwa den Italikerkrieg, die Zeit Sullas (Abb. 6), die Kämpfe Caesars gegen Pompeius (Abb. 7) bzw. des Octavian gegen Marcus

Antonius (Abb. 9). Entscheidend für die Beurteilung des Bildes ist die Schlußmünze, d. h. die Münze mit dem jüngsten Prägedatum. Es ist der Gajus/Lucius-Denar des Augustus (Abb. 12), vertreten im Fund 71 mal unter 186 Münzen (= 38 %). Die Prägung dieses Münztyps begann, wie oben ausgeführt, 2 v. Chr. und dauerte längstens bis 4 n. Chr. Anschließend wurde der Gajus/Lucius-Denar zwar nicht mehr geprägt, aber er war noch in den kaiserlichen Kassen vorhanden und wurde laufend ausgegeben. Eine neue Denarprägung begann erst 13/14 n. Chr.

Unter den einzeln gefundenen Gajus/Lucius-Denaren von Haltern und Kalkriese gibt es auch einige Fälschungen dieses Typs, sogenannte *Subaerati* (Sub aes = »Kupfer darunter«, unter der Silberhaut des Denars).

Subaerati sind zeitgenössische Fälschungen von Münzen durch private Betrüger. Diese nahmen die Denare des normalen Münzumlaufs bei der Herstellung ihrer Machwerke als Vorbild und stellten in kleinen Werkstätten diese Falschmünzen mit Kupferkern und Silberhaut her. Da in Haltern ebensolche des Gajus/Lucius-Typs gefunden wurden, datieren die Subaerati das Fundgut auf einige Jahre nach Ausgabe dieses Typs im Jahr 2 v. Chr., denn nach Prägebeginn brauchte es wohl einige Zeit, bis die Münzen sich im Römischen Reich ausbreiteten und dann noch einige Zeit, um sie nachzuahmen und bis ins Freie Germanien mitzunehmen.

Die Schlußmünze kann selten das Schlußdatum des Schatzes bzw. der Belegung des Schatzes präzise angeben, sondern nur den *terminus post quem* der Vergrabung. Allerdings gibt es nachweisliche Bedingtheiten

Truppen im Bürgerkrieg gegen Octavian, den späteren Augustus. Es sind alle Legionen auf den Münzen genannt, auch die seines Gegners.

Abb. 10
Denar des Augustus, geprägt 18/16 v. Chr. in Spanien. Dm. 18 mm.
Vs: barhäuptiger Kopf des Augustus nach rechts (links).
Rs: Capricorn (Steinbock mit Fischschwanz) nach rechts, zwischen den Vorderläufen Weltkugel und Ruder. Oben ein Füllhorn (rechts).
Die Empfängnis (nicht die Geburt) des Augustus geschah im Sternzeichen des Steinbocks. Ruder und Globus symbolisieren seinen Anspruch auf Weltherrschaft, das Füllhorn den Reichtum und Überfluß seiner Zeit. Ein höchst programmatisches Münzbild!

221

Abb. 11
Denar des Augustus, geprägt
15–13 v. Chr. in Lyon. Dm.
18,5–19 mm.
Vs: barhäuptiger Kopf des Augustus, darum AVGVSTVS DIVI F
(links).
Rs: ein stoßender Stier nach
rechts, im Abschnitt IMP X, oben
Einritzungen (rechts).
Der bürgerliche Name des späteren Augustus lautete Gajus Octavius. Nach der Adoption durch
Caesar und dessen Tod nannte er
sich Divi Filius = Sohn des vergöttlichten Caesars. Der Stier
weist auf die Kraft und Energie
des Princeps hin.
Die 10. Ausrufung zum Imperator
erfolgte im Jahr 15 v. Chr. in Gallien, wohl anläßlich der Unterwerfung der Alpenvölker. Die
Einritzung könnte als C.AH.IMP
gedeutet werden.

zwischen der inneren Struktur eines Hortes und dem Vergrabungsdatum: »je mehr Münzen letzten Prägedatums der Fund im Verhältnis zum Gesamten enthält, desto näher wird das Datum der Schlußmünze dem Vergrabedatum sein« (R. GÖBL). Nehmen wir also für das Lager Haltern das Jahr 9 n. Chr. als Ende der Belegung an, dann spricht hinsichtlich der Silberhorte von Haltern aus numismatischer Sicht nichts dagegen, diese als im Jahre 9 vergraben zu betrachten.

Vergleicht man nun damit den Schatzfund von Kalkriese-Lutterkrug (Abb. 4) und der verschollenen Sammlung aus Barenaue (Abb. 5), dann zeigt sich eine weitgehende Übereinstimmung in der Struktur dieser Denarbestände mit denen aus Haltern. Bemerkenswert ist in Kalkriese vor allem der große Anteil der Schlußmünze an der Gesamtmenge der Stücke.

	Gesamt	Gaius/Lucius	%
Hort Lutterkrug	160	34	21,25 %
Sammlung von Bar	179	32	17,9 %
Einzelfunde Kalkriese	63	17	27 %
Hort Haltern	186	71	38 %
Einzelfunde Haltern	94	17	10 %

Es sind die Silbermünzen von Haltern und Kalkriese hinsichtlich der Zusammensetzung und der Schlußmünze in einer Weise identisch, wie es bei der Analyse von römischen Fundmünzen bislang selten der Fall war. Die Silbermünzen von Haltern und Kalkriese enden zum gleichen Zeitpunkt und sind gewiß fast zeitgleich in oder auf den Boden gelangt. In Haltern geschah dies im Jahr 9 n. Chr.

Abb. 12
Zwei Denare des Augustus,
geprägt 2 v. – 1 n. Chr. in Lyon.
Dm. 18 mm.
Vs. des linken Denars: Kopf des
jugendlichen Augustus mit Lor-
beerkranz nach rechts, darum
CAESAR AVGVSTVS DIVI F
PATER PATRIAE (= Caesar
Augustus, Sohn des vergöttlichten
Caesar, Vater des Vaterlandes).

Rs. des rechten Denars: Gajus und
Lucius Caesar, die Enkel des
Augustus, nebeneinander stehend
mit Toga, Speer und Schild, oben
eine Schöpfkelle und ein Krummstab. Umschrift: CL CAESARES
AVGVSTI E COS DESIG PRIN-
CIVENT (Gajus und Lucius Caesar, Söhne des Augustus, designierte Konsuln, Anführer der
Jugend).

Mit diesen silbernen Denaren
wurden während des illyrischen
Aufstandes und der Germanenkriege die römischen Soldaten
bezahlt. Sie wurden von 2 v. bis
ca. 13/14 n. Chr. ausgegeben.

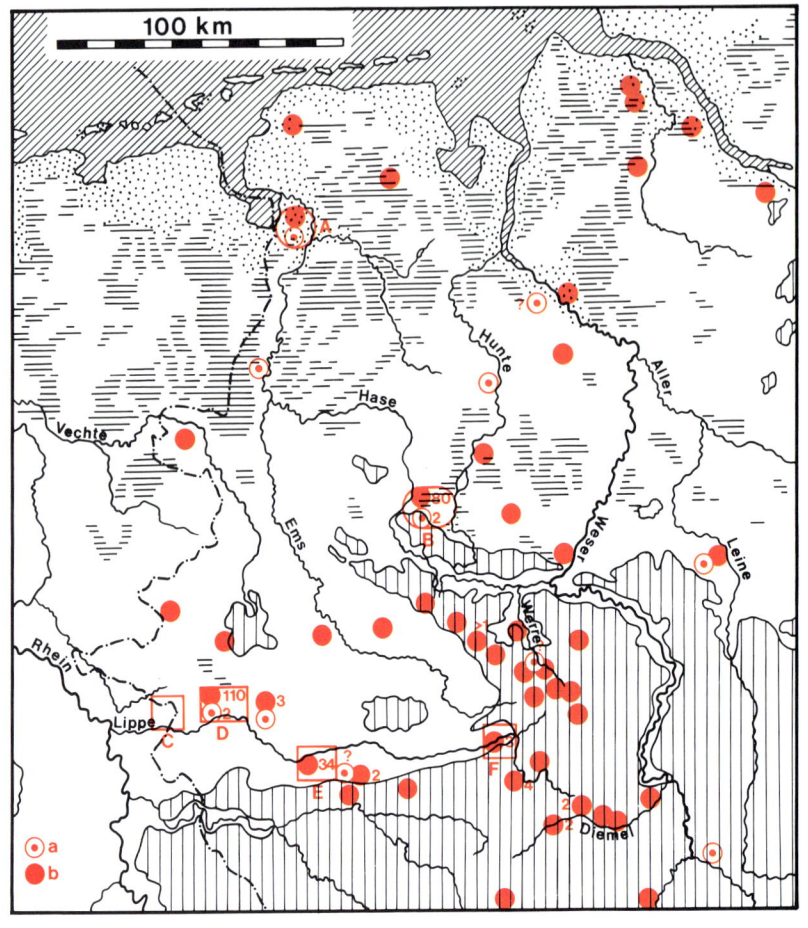

Abb. 13
Funde römischer Silberhorte (a)
sowie Silbermünzen (b) bis 14
n. Chr. in Nordwestdeutschland:
A Bentumersiel. – B Kalkriese. –
C Holsterhausen. – D Haltern. –
E Beckinghausen/Oberaden. –
F Anreppen. – 1 Marsch. –
2 Moor. – 3 Geest. – 4 Bergland.

Abb. 14
Gegenstempel AVC auf einem As
des Augustus aus Lyon. Dm. 26–27
mm.
Den Gegenstempel AVC trägt fast
die Hälfte aller Kupfermünzen aus
Kalkriese. Diese wurden zwischen
8 und 3 v. Chr. in Lyon geprägt
und zeigen auf der Vorderseite
den Kopf des Augustus mit Lor-
beerkranz und der Umschrift
CAESAR PONT MAX (Pontifex
Maximus). Anlaß der Gegenstem-
pelung war wohl die Angabe eines
Geldbetrages als Geschenk an die
Soldaten im Namen des Augustus.

Abb. 15
Runder Gegenstempel IMP mit
Lituus (Krummstab eines Prie-
sters) auf einem As des Augustus,
geprägt 8–3 v. Chr. in Lyon. Dm.
25,5 mm.
Der Gegenstempel wurde in Hal-
tern auf die Münze geschlagen.

Kupfermünzen (Abb. 14–24)

Kupfermünzen, vor allem wenn sie einen Gegenstempel tragen, waren das klassische Alltagskleingeld der römischen Soldaten. In allen Lageranlagen kommen Kupfermünzen vor, je länger die Belegung dauerte, desto mehr.

In Kalkriese sind die Kupfermünzen von der umwohnenden Bevölkerung jahrhundertelang offenbar nicht beachtet worden, im Gegensatz zu den Denaren und Aurei; was aber ganz selbstverständlich ist. Zur Zeit Mommsens befanden sich nur zwei nicht näher bestimmbare Münzmeisterasse im Sammlungsbestand auf Schloß Barenaue. MOMMSEN begründete das Fehlen von Kupfergeld damit, daß es bei militärischen Unter-

14   15

16

Der Lituus deutet auf Augustus als Pontifex Maximus; Anlaß der Ausgabe dieser Münzen konnte die 16. (6 n. Chr.), 17. (7 n. Chr.) oder 18. (8 n. Chr.) imperatorische Akklamation des Augustus sein.

Abb. 16
Zwei Asse des Augustus, geprägt 8–3 v. Chr. in Lyon. Dm. 28,5 bzw. 28 mm.
Vs. der linken Münze: runder Gegenstempel IMP mit Lituus (Krummstab eines Priesters). Dieser Gegenstempel ist im Lager Haltern auf die Kupfermünzen gelangt, er ist geradezu der »Hausstempel« dieses Legionslagers. In Haltern gibt es ihn 86 mal, sonst nur ganz selten, in Kalkriese z. Zt. 44 mal. Es haben also Soldaten, die in Haltern stationiert waren, diese Münzen hier verloren.
Rs. der rechten Münze: der Altar der Roma und des Augustus in Lyon, beidseits zwei Victorien auf Säulen, unten ROM ET AVG. Die Stiche auf der Rückseite geben Rätsel auf. Sie stammen wohl von den Dolchen der Soldaten. Vielleicht haben diese aus Empörung gegen Augustus seinen Altar auf der Münze zerstochen. Oft genug ist auch das Portrait der Vorderseite so zugerichtet.

225

Abb. 17
Gegenstempel VAR des P. Quinc-
tilius Varus auf einem As des
Augustus, geprägt 8–3 v. Chr. in
Lyon. Dm. 25,5–27 mm.
Varus wurde im Jahr 7 n. Chr. als
»legatus Augusti pro praetore«
nach Germanien geschickt. Der
Gegenstempel wurde wohl auf
Kupfermünzen angebracht, die
von Varus persönlich – vielleicht
anläßlich seiner Ankunft am
Rhein im Jahr 7 – an seine Solda-
ten ausgegeben wurden

Abb. 18
Gegenstempel C.VAL auf einem
As des Augustus, geprägt 8–3
v. Chr. in Lyon. Dm. 26–27,5 mm.
Dieser Gegenstempel nennt einen
gewissen Gajus Valerius, der sonst
nicht bekannt ist. Er kommandierte eine militärische Einheit
zur Zeit des Augustus im Rheinland, Münzen mit C.VAL kommen gelegentlich am Rhein von
Haltern über Neuß bis Windisch
(Vindonissa) vor.

Abb. 19
Drei halbierte Kupfermünzen.
Links: runder Gegenstempel IMP
mit Lituus (Krummstab) auf
einem halbierten As des Augustus,
geprägt in Lyon 8–3 v. Chr.
Halbierung bedeutet Kleingeldmangel. Trotz völligen Abriebs
wurde die Münzhälfte nicht ein-
gezogen, sondern im Lager Haltern mit einem Gegenstempel versehen und damit als gültiges Geld
bestätigt.
Mitte: linke Hälfte eines Dupondius aus Nemausus, geprägt 28/10
v. Chr.
Durch das symmetrische Münzbild wurde die Teilung geradezu
begünstigt. Dies ging in Lagern
der »Drususzeit« (15–9 v. Chr.) so
weit, daß es mehr halbe als ganze
Stücke im Geldverkehr unter den
Soldaten gab.
Rechts: halbiertes As aus Vienna
in Gallien, 40–38 v. Chr.
Vs: Kopf Julius Caesars nach
links, oben IMP (o. Abb.).
Rs: Schiffsbug mit Auge, Deck-
aufbau und Mast nach rechts.
Aus Kleingeldmangel wurde diese
autonome gallische Provinzprä-
gung geteilt und in römischen
Militärlagern genutzt. Vorwiegend kommen diese Münzen aus
Vienna in den (frühen) Lagern
der Drususzeit vor (z. B. Dangstetten).

nehmungen nicht gebraucht wurde. Die Soldaten hätten es nur in kleiner Menge dabei gehabt, weil es recht schwer zu tragen gewesen wäre. Die Mitnahme größerer Mengen Kupfergeldes könnte in der Tat ein Gewichtsproblem dargestellt haben. Ein Kilogramm Asse in Kupfer entsprach ca. 6 Denaren zu insgesamt 23,4 g Silber, dem Aureus in Gold stehen 4,4 kg Asse gegenüber. Dennoch erhöhte sich mit Beginn der Prospektion und der Grabungen in Kalkriese die Zahl der Kupfermünzen schlagartig. Zur Zeit liegen vor:

Asse Lugdunum I mit Gegenstempel (Abb. 14–18)	156
Asse Lugdunum I ohne Gegenstempel	7
Halbierte Asse Lugdunum I (Abb. 19 links)	17
Münzmeisterasse, Rom (Abb. 20)	9 1/2
Nemaususdupondien (Abb. 19 Mitte u. 21)	1 1/2
Unbestimmte Asse	30
Großkupfer aus Vienna/Copia (Abb. 19 rechts)	1/2
Aduatukererz (Abb. 22)	1

(Stand Januar 1993. Unter den unbestimmten Assen sind noch ca. 15 Stücke, die erst nach der Freilegung durch den Restaurator eindeutig bestimmbar sein werden; vgl. hierzu Abb. 23.)

Die Gesamtzahl an Kupfermünzen beträgt also 203 20/2 und ein keltisches Aduatukererz, das als Viertelas gilt. Die Schlußmünze in Kupfer ist der Lugdunum-I-A3, wohl 8–3 v. Chr. in Lyon geprägt. Ungewöhnlich ist der Anteil von gegengestempelten Stücken: Von 163 haben nur 7 keinen Gegenstempel (= 96 % mit Gegenstempel). Im Legionslager Haltern

20

21

22

Abb. 20
Dupondius des Augustus aus Rom, 15 v. Chr., vom Münzmeister Cn. Piso, gelocht. Dm. 26–28 mm.
Vs: AVGVSTVS TRIB VNIC POTEST im Eichenkranz (o. Abb.).
Rs: CN PISO CN F IIIVIR AAAFF, darin groß SC.
Die sog. Münzmeisterprägungen wurden in mehreren Serien zwischen 18 und ca. 2 v. Chr. in Rom hergestellt. Sie dienten eher der Versorgung Italiens mit Kupfergeld. In den Lagern am Rhein sind sie nur in vergleichsweise geringer Anzahl vertreten (Kalkriese: 5 Stück). Die Lochung deutet auf eine Verwendung als Schmuckstück.

23

Abb. 21
Dupondius aus Nîmes (Nemausus), geprägt 28/10 v. Chr. Dm. 25–25,5 mm.
Vs: Köpfe des Augustus und des Agrippa mit Lorbeerkranz auseinander, oben IMP, unten DIVI F (o. Abb.).
Rs: Krokodil nach rechts, an eine Palme gekettet, daran oben ein Lorbeerkranz, in der Mitte COL NEM.

Nemausus war eine Kolonie latinischen Rechts, besiedelt mit Soldaten aus Ägypten (was das Krokodil erklärt). Dieser Münztyp ist das Geld der römischen Soldaten von 28–9 v. Chr. am Rhein, er findet sich fast ausschließlich unter den Kupfermünzen der Lager Oberaden, Rödgen und Dangstetten. Dann wird er durch die Lugdunumasse abgelöst.

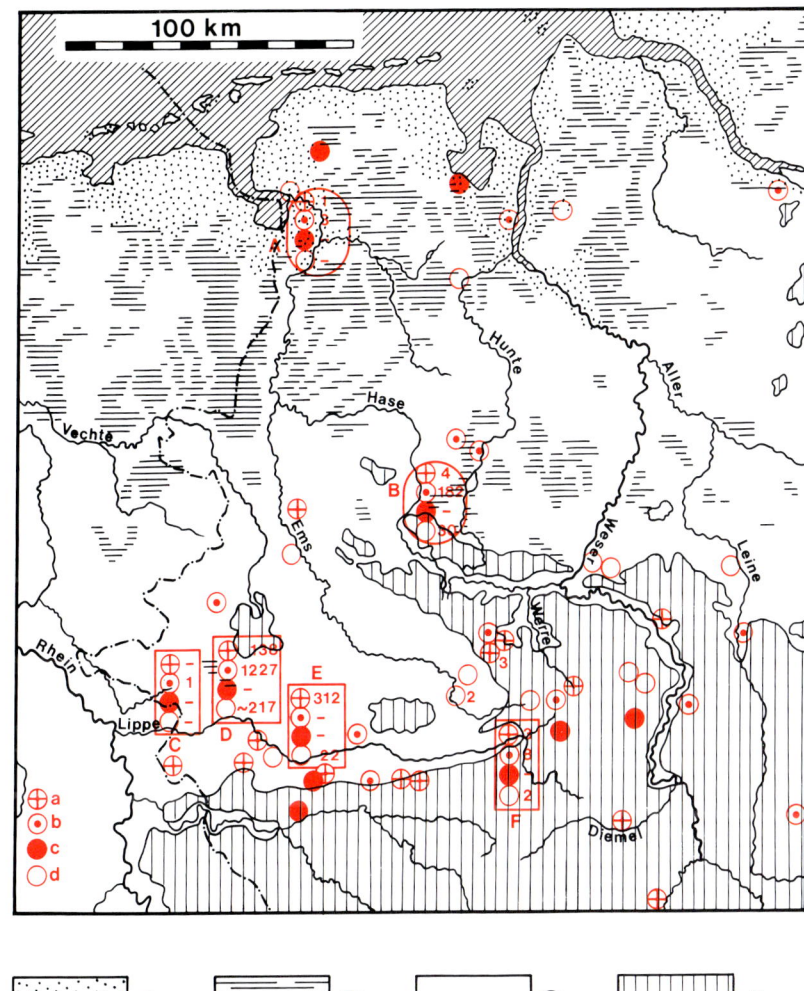

1		2		3		4	

Abb. 22
Kleinkupfermünze, geprägt in der Gegend von Tongern/Belgien um 20 v. Chr. Dm. 12–14,5 mm. Vs: springendes Pferd (links). Rs: vier kreisende Wirbel (rechts). Dieser Münztyp wird dem keltischen Stamm der Aduatuker in Belgien zugeschrieben. Aus Mangel an Kleingeld wurden diese Stücke auch gern von Soldaten verwendet; sie galten wohl einen Quadrans = 1/4 As. Aduatukererze gibt es in allen augustuszeitlichen Lagern Nordwestdeutschlands.

Abb. 23
Halb restaurierte römische Kupfermünze, vermutlich ein 8–3 v. Chr. in Lyon geprägtes As. Dm. 28 mm.
Die Kupfermünzen sind in der Regel nicht nur von einer Korrosionsschicht, sondern auch von einer mehr oder weniger starken, festen Sandkruste umgeben.

Abb. 24
Funde römischer Kupfermünzen bis 16 n. Chr. in Nordwestdeutschland: A Bentumersiel. – B Kalkriese. – C Holsterhausen. – D Haltern. – E Beckinghausen/Oberaden. – F Anreppen. a geprägt bis 10 v. Chr. – b geprägt in der Zeit von 10 v. bis 9 n. Chr. – c geprägt zwischen 10 und 16 n. Chr. – d augusteisch. – 1–4 vgl. Abb. 13.

waren nur 155 von 1127 Lugdunum-Assen kontermarkiert, was 13,8 % entspricht. Einen so hohen Anteil von Gegenstempeln wie in Kalkriese hat es an noch keinem Fundplatz der augusteischen Zeit gegeben, es handelt sich um ein einmaliges Phänomen.

Am häufigsten kommen in Kalkriese der runde Gegenstempel *IMP* (= Imperator) mit *Lituus* (Krummstab) (Abb. 15. 16 links u. 19 links) und

229

der eckige Gegenstempel *AVC* (= Augustus) (Abb. 14) vor. Daneben gibt es sechsmal den Gegenstempel *VAR* (= Varus) in Ligatur (Abb. 17) und einmal *C.VAL* (ungeklärt) (Abb. 18). Den besten chronologischen Anhaltspunkt bietet uns das Kupfer mit der Kontermarke VAR: Der Gegenstempel kann ohne Zweifel nur zwischen 7 und 9 n. Chr. auf die Münzen gelangt sein, eben in der Zeit, als P. Quinctilius Varus Legat des Augustus in Germanien war. Bei einer angenommenen Coindrift von einem Jahr datieren diese Gegenstempel das Ende des Kupfermünzen-verlustes auf die Jahre 8/9 n. Chr. Die zweite Serie der Altarmünzen aus Lugdunum, geprägt 10–14 n. Chr. und vertreten im Lager Augsburg-Oberhausen, fehlt in Haltern und Kalkriese gänzlich.

Die Aussage der Münzfunde

Alle Funde an Gold-, Silber- und Kupfermünzen gehören in einen Zusammenhang. In der Zeitstellung stimmen sie alle untereinander über-ein: Keine römische Münze aus Kalkriese wurde später als 9 n. Chr. aus-gegeben. Die 10 n. Chr. einsetzenden Kupfer- und 13 n. Chr. beginnen-den Gold/Silberprägungen fehlen völlig. Die Schlußdatierung der Mün-zen von Kalkriese ist zeitgleich mit derjenigen der Lippelager Haltern und Anreppen (vgl. Abb. 24). Es ist bei der Zusammensetzung des Fund-guts ausgeschlossen, die Kalkrieser Funde mit den Unternehmungen des Germanicus 14–16 n. Chr. in Verbindung zu bringen. Im Vergleich zu Haltern sind die kupfernen Fundmünzen strukturell jünger als die Hal-terner Serie. In ihrer Zusammensetzung entsprechen die Kalkrieser Funde einem Zustand, der in die letzten Jahre der Belegung Halterns eingeordnet werden kann.

Sicher ist, daß die Münzfunde aus dem Bereich des römischen Heeres kommen. In dieser Zusammensetzung waren bislang nur Fundmünzen aus Militärlagern, namentlich wiederum Haltern, bekannt. Für die Exi-stenz eines Lagers gibt es in Kalkriese keine Anhaltspunkte. Übrig bleibt die These, daß die Münzfunde im Zuge einer militärischen Auseinander-setzung verloren gingen. Nichts spricht bislang dagegen, daß es sich dabei um Kämpfe handelte, die in Zusammenhang mit der sogenannten »Schlacht im Teutoburger Wald« des Jahres 9 n. Chr. zu sehen sind. Setzt man die sehr große Menge von erhaltenem Fundgut in Beziehung mit allen anderen zeitgleichen Funden in Nordwestdeutschland, dann haben wir – beim heutigen Wissensstand – den Hauptschauplatz dieser Ereig-nisse nachweisen können.

Rainer Wiegels
Rom und Germanien in augusteischer und frühtiberischer Zeit

Perspektiven der Forschung – Perspektiven der Quellen

In gängiger Sicht reduziert sich das Verhältnis zwischen Römern und Germanen in der frühen Kaiserzeit auf die kriegerischen Auseinandersetzungen mit dem Höhepunkt der vernichtenden Niederlage des Varus durch Arminius und seine Scharen im Jahr 9 n. Chr. Mit Blick auf die verschiedenen Feldzüge in das Gallien vorgelagerte Gebiet bis zur Elbe konstatiert man vor allem das letztendliche Scheitern der Römer, diesen Raum militärisch zu erobern und zu sichern; der Gewinn beträchtlicher Teile des heutigen Süddeutschlands in der Folgezeit erscheint demgegenüber eher unbedeutend; die Ereignisse im nördlichen Bereich Germaniens und der schließlich auf Dauer angetretene Rückzug der Römer auf die Rheinlinie sind dementsprechend das eigentlich geschichtlich Bedeutungsvolle. Der Schlacht im *saltus Teutoburgiensis* kommt danach welthistorische Bedeutung zu, insofern sich das Germanentum im heldenhaften Abwehrkampf gegenüber drohender römischer Überfremdung bewährte und so die Voraussetzungen für eine eigenständige germanische Geschichte schuf. Sie konnte damit sowohl zum historischen Ausgangspunkt als auch zu einem überzeitlichen Symbol nationalen Behauptungswillens ge- und mißbraucht werden, während die konkreten geschichtlichen Voraussetzungen, Umstände und Folgen dieses Ereignisses weniger interessierten und vielfach unbeachtet blieben.

Unsere Vorfahren haben dementsprechend geradezu besessen mit wissenschaftlichen und unwissenschaftlichen Mitteln den Ort der Varusschlacht gesucht und über Lokalisierungsvorschläge gestritten, ohne daß ein überzeugendes und allgemein akzeptiertes Ergebnis erzielt worden wäre. Inzwischen sind weit über 700 derartige Versuche gezählt worden. Auch wenn im Zuge dieser Bemühungen, vor allem in den qualitätvolleren Abhandlungen, manche interessante und nützliche Beobachtung vorgebracht wurde, so hielt doch kein einziger Vorschlag ernsthafter Überprüfung stand, weil er zumeist weniger einem kritischen Umgang mit den verfügbaren Quellen entsprang als persönlichen Überzeugungen, die auf mehr postulierten als wirklich erwiesenen Voraussetzungen beruhten. Die oft mit beachtlichem Scharfsinn errichteten Hypothesengebäude standen damit durchweg auf tönernen Füßen und gleitendem Grund und versanken – wie Varus' Legionen im Moor – im Sumpf beliebiger und willkürlicher Spekulationen. Aber auch in jüngster Zeit ist nach einer Phase der Beruhigung, Resignation oder auch Vorsicht, sich überhaupt mit dieser Thematik zu beschäftigen, wieder ein verstärktes Interesse allgemein an den Beziehungen zwischen Rom und Germanien, an römischer Germanienpolitik in der frühen Kaiserzeit und insbesondere an den Ereignissen um Varus und Arminius erkennbar. Dieses ist zu begrüßen, wenn es zu einer neuen Offenheit und Sensibilisierung gegenüber diesem geschichtlichen Fragenkomplex führt und hinter dem Bemühen nicht das Streben nach persönlicher Identifikation auch durch Verortung einer vermeintlich nationalgeschichtlichen Entscheidung steht. Denn dieses hat ebensowenig mit der Sache selber zu tun wie umgekehrt auch die Auffassung, wonach einer Lokalisierung der Varus-Schlacht jegliche historische Bedeutung abzusprechen sei. In beiden Fällen handelt es sich mehr um ein vorgefaßtes Geschichtsbild – um postulierte Kontinuität einerseits und Betonung der Diskontinuität andererseits – als um Ergebnisse historisch-kritischer Reflexion.

Der mit der Aufhellung konkreter Problemfelder befaßte Historiker wird sich aber weder auf nationale Identitätsstiftung einlassen noch die grundsätzliche Bedeutungslosigkeit einer möglichen Lokalisierung der *clades Variana* von vornherein akzeptieren. Statt dessen ist zu hoffen, daß im Falle einer Festlegung des Schlachtfeldes – an welchem Ort auch immer – Fragen der militärischen Strategie und Taktik von Römern und Germanen sowie der Heeresorganisation und -zusammensetzung sachgerechter beantwortet werden können; daß die meist pauschalisierenden Schuldzuweisungen in den Quellen an die Person des Varus überprüft und möglicherweise durch eine differenziertere Beurteilung ersetzt werden können; daß die räumlichen Vorstellungen der Römer von dem Okkupationsgebiet und der Grad der Durchdringung desselben schärfer gefaßt werden können oder auch der Anteil des Topischen in den viel behandelten und stadtrömisch orientierten literarischen Berichten besser beurteilt und herausgearbeitet werden kann. Die Klärung eines begrenzten historischen Sachverhaltes kann jederzeit auch zu einer genaueren Einsicht in größere Sachzusammenhänge beitragen und bietet vielfach sogar erst die notwendige Voraussetzung für eine auch nur annähernde Lösung derselben. Gleichzeitig kann aber auch umgekehrt eine Überprüfung sowohl der *allgemeinen* Bedingungen, welchen die römische Grenzpolitik im frühen Principat unterlag, als auch der Voraussetzungen, welche das politische Handeln *vor Ort* an einem konkreten Grenzabschnitt des Imperiums wie an der Rhein- und Donaufront bestimmten und den Spielraum wie die Methoden vorgaben, zu einem besseren Verständnis für das Gewollte, Erreichte oder das Ausmaß und die Bedeutung des Nicht-Erreichten führen. Dabei ist zu bedenken, daß militärische Erfolge und Mißerfolge, die zumeist im Zentrum des Interesses nicht nur der antiken Schriftsteller stehen, nicht den alleinigen Maßstab für eine Beurteilung der römisch-germanischen Beziehungen liefern können. Die Niederlage des Varus bzw. – aus anderer Blickrichtung – der Sieg des Arminius markiert nur *einen* Kristallisationspunkt des Verhältnisses zwischen Römern und Germanen, dessen geschichtliche Bedeutung zunächst noch zu bestimmen ist und die nicht von vornherein als gegeben vorausgesetzt werden sollte.

Das römisch-germanische Verhältnis der späten Republik und frühen Kaiserzeit war jedenfalls keineswegs charakterisiert durch beständige Konflikte, und erst recht bestand eine solche Situation nicht zwischen Rom auf der einen und einem einheitlichen Germanien auf der anderen Seite. Charakteristisch sind vielmehr Wechsel der Parteinahme, eine – wenn auch langsame und unterschiedlich intensive – politische, soziale und kulturelle Durchdringung der einzelnen Stammesverbände und das Fehlen eines grundlegenden politischen Gegensatzes. Nicht wenige ethnische Einheiten und kleinere Personenverbände jenseits des Rheins waren bemüht, an den Segnungen eines durch römischen Schutz gesicherten Lebens teilzuhaben, und nicht wenigen Stämmen und Stammesgruppen gelang dieses durch Übersiedlung auf römisches Provinzgebiet diesseits von Rhein und Donau. Es gibt keinerlei Anzeichen dafür, daß es sich um einen prinzipiellen Konflikt gehandelt hätte, in dem die Germanen erstmals mit dem Anspruch und dem Willen aufgetreten seien, Roms Erbe anzutreten. Und auch eine weniger die Intentionen der Akteure als die äußerlichen Vorgänge als solche und ihre faktischen Konsequenzen in Betracht ziehende Beurteilung wird nichts beibringen können, was für eine bis in die Gegenwart hineinreichende völkisch-germanische Kontinuität sprechen könnte, wie es ein romantisierend-verklärendes und patriotisch motiviertes Geschichtsbild postuliert hat und noch gerne annimmt. Den Germanen dieser Zeit fehlte gerade jene nationale und völkische Identität, jenes Bewußtsein von Kontinuität und Zusammengehörigkeit, welche zu einer gemeinsamen und umfassenden politischen Zielsetzung hätte führen können. Abstammungslegenden – soweit überhaupt allgemein verbreitet und in Geltung – besaßen jedenfalls nicht die Kraft und den Anspruch der Umsetzung in gemeinschaftlich politisches Handeln mit weitreichenden Zielsetzungen.

Ein derartigen Vorstellungen verhaftetes, modernes Geschichtsbild kann sich freilich, wenn schon nicht auf harte Tatsachen, so doch auf eine bereits in den antiken Quellen niedergelegte, die geschichtlichen Vorgänge deutende Auffassung berufen, welche die Kämpfe zwischen Römern und Germanen zu einer prinzipiellen Auseinandersetzung stilisiert und in der die Germanen unter anderem als potentielle *aemuli imperii*, d. h. Rivalen um die Herrschaft, aufgefaßt werden. Diese Ansicht findet sich schon bei den Autoren des ersten und frühen zweiten Jahrhunderts, so u. a. bei SENECA (de ira 1,11,3f.) oder bei TACITUS (Germania 37,3–6), wobei jedoch zweifelhaft ist, ob und wieweit einer solchen Deutung genaue Kenntnisse der tatsächlichen Vorgänge, der politischen Zielsetzungen auf römischer oder gar germanischer Seite und der real vorhandenen oder absehbaren Dimension der Auseinandersetzung zugrunde liegen. Trotz aller Beteuerungen waren die antiken Autoren keineswegs so unabhängig, wie sie vorgaben. Dieses zeigt gerade die Eindringlichkeit, mit der etwa TACITUS seine angebliche Unparteilichkeit herausstellt, um dem Leser Vertrauen in die Objektivität seines Berichtes einzuflößen (TAC. Ann. 1,1 – das berühmte *sine ira et studio*). Mag auch der Historiker grundsätzlich seiner Standortgebundenheit nie ganz entfliehen können, so läßt sich gerade bei einem Autor allerersten Ranges wie TACITUS zeigen, wie durch Komposition und Gestaltung ›objektiver‹ Sachverhalte eine bestimmte Sicht, ein bestimmtes Geschichtsbild vermittelt wird, so daß es dem modernen Leser angesichts der Suggestivkraft von Bericht und Urteil nicht leicht fällt, die subjektiven Wertungen des Autors zu erkennen und zu überprüfen.

Die antiken Historiker waren aber nicht nur von ihren eigenen ideologischen Vorgaben abhängig, sondern auch von den verfügbaren Nachrichten über das Geschehen, die sie in den Akten des Senats nachlesen oder unmittelbar den Verlautbarungen der Kaiser entnehmen konnten.

Diese waren aber weder hinsichtlich ihrer Vollständigkeit noch hinsichtlich ihres Maßes an tendenziöser Gestaltung genau zu überprüfen. Die *acta senatus* enthielten, dem Charakter kaiserlicher Relationen entsprechend, nur wenige Informationen über Mittel und Wege zur Durchsetzung einer wie auch immer gearteten Politik im germanischen Raum. Ein Zugang zu den im allgemeinen unter Ausschluß der Öffentlichkeit getroffenen Entscheidungen des Princeps und ihren zugrundeliegenden Motivationen, die ja nicht aktenkundig wurden, bestand im allgemeinen nicht. Es fehlte daher in der Regel an genauem Wissen um die konkreten Vorgänge in Germanien und die diesbezüglichen politischen Zielsetzungen, es fehlte durchweg auch an einer die Einzelheiten zusammenfassenden Wertung aus anderer als kaiserlicher Sicht, sei es, daß die entsprechenden Informationen erst gar nicht in die römische Öffentlichkeit drangen, sei es, daß man gut daran tat, unliebsame Vorgänge und Zusammenhänge nicht publik werden zu lassen. Es fehlte schließlich aber auch sowohl den Schriftstellern als auch dem Publikum das Interesse für die genauen Geschehnisse und das historische Detail. Statt dessen rückte das Allgemeine und das Typische in den Mittelpunkt der Betrachtung; das historisch Singuläre trat dagegen in Bericht und Urteil zurück. Zugleich wurde Raum gegeben für fiktionales und ausschmückendes Ausgestalten der einzelnen Vorgänge gemäß historiographischen Prinzipien, von welcher Möglichkeit die antiken Autoren in unterschiedlichem Ausmaß Gebrauch machten. Die Auseinandersetzungen zwischen Römern und Germanen wurden daher weniger um ihrer selbst willen als vielmehr wegen ihrer Exemplarität berichtet und gestaltet. Das mindestens in Teilen des Senates und der Literaten in der Frühzeit des Principats noch vorhandene Selbstverständnis, in dem sich Kulturkritik bzw. Kulturpessimismus, Freiheitsideologie und Nordbarbarenidealisierung verbanden, bedingte, daß diese Konflikte ins Grundsätzliche gehoben wurden und daß dementsprechend viele Topoi ohne oder nur mit geringer Rücksicht auf die konkreten Einzelheiten in die Berichte einflossen. Die Interpretation dieser Quellen wird also stets die zugrundeliegenden Vorstellungen der Schriftsteller zu beachten haben und diese nicht ohne weiteres mit den tatsächlichen Zielsetzungen und realen Vorgängen gleichsetzen dürfen. Auch bei den Berichten, die wegen ihrer Detailliertheit besonderes Vertrauen in ihren Realitätsgehalt erwecken, ist man gut beraten, mindestens die Möglichkeit einzuräumen, daß in ihnen topische und damit fiktive Elemente eingewoben sind, was die Rekonstruktion genau umrissener Sachverhalte und Abläufe allein aus derartigen Quellen mit einigen

Risiken belastet. Grundsätzlich bleibt vieles unklar oder es fehlt schlicht an zuverlässigen Nachrichten, die auch noch so scharfsinniger Historikerverstand nicht zweifelsfrei herbeiinterpretieren kann.

Freiheit und Gebundenheit: der Handlungsspielraum des Princeps

Eine sachgerechte Einschätzung und Beurteilung der römischen Germanienpolitik hat in Rechnung zu stellen, daß sich für Rom die allgemeinen Bedingungen politischen Handelns an den Grenzen von der Zeit der Republik bis in die Kaiserzeit hinein entscheidend änderten. In republikanischer Zeit standen die einzelnen Grenzabschnitte weitgehend isoliert nebeneinander. Die Statthalter agierten meist autonom und ohne größere Rücksichtnahme auf die Belange an anderen Frontabschnitten. Der Senat gab zwar allgemeine Anweisungen, vermochte aber in der Regel nur im nachhinein gegenüber dem Vorgehen eines Statthalters zu reagieren, tat dieses indessen mit Entschiedenheit, indem er Anklage erhob, die Bestätigung getroffener Maßnahmen verweigerte oder die politische und damit auch gesellschaftliche Isolierung eines unbotmäßigen Statthalters durchsetzte, wenn die eigenen (Macht-)Interessen gefährdet waren oder gefährdet schienen. Schon die Drohung mit derartigen Sanktionen hat die meisten, in der Regel nur für kurze Zeit in einer Provinz verweilenden Prokonsuln zu einem vorsichtigen Vorgehen veranlaßt, skrupellose Standesvertreter nahmen bei Durchsetzen ihrer persönlichen Interessen hierauf keine oder wenig Rücksicht. Das labile Verhältnis zwischen dem herrschaftlich agierenden und die gesamte römische Macht repräsentierenden Statthalter und dem mißtrauisch wachenden Senat drohte aus dem Gleichgewicht zu geraten. Caesars Statthalterschaft in Gallien oder Pompeius' Kommando im Osten zeigen sehr schön Möglichkeiten und Grenzen, und d. h. den Handlungsspielraum einzelner Feldherrn auf. In erster Linie war es aber nicht die Lage in einer Provinz als solche, nicht das Abwägen der Aktionen der Feldherrn und der getroffenen Maßnahmen unter sachlichen Gesichtspunkten, die den Senat bekümmerte und auch zum Handeln veranlaßte, sondern die Machtfrage, die sich insbesondere in der späten Republik stets aufs neue stellte. Vor allem diejenigen Statthalter, welche ein Heer kommandierten, mußten persönlich kontrolliert und in Schranken gehalten bzw. verwiesen werden, um zu verhindern, daß diese – gestützt auf die veränderten militärischen und politischen Möglichkeiten – die republikanische Ordnung sprengten; die Regelung sachlicher Problemfelder trat demgegenüber in den Hintergrund.

In der Kaiserzeit änderten sich aber die grundlegenden Bedingungen der Außen- bzw. Grenzpolitik nicht unwesentlich, und dieses mußte sich auch zwangsläufig auf die römische Germanienpolitik auswirken. Gallien – und damit die Rheinfront – gehörte seit der Einteilung der Provinzen in augusteischer Zeit in ›senatorische‹ und in ›kaiserliche‹ in den unmittelbaren Befehlsbereich des Princeps. Die Legionen – bestehend aus lang dienenden Berufssoldaten – blieben fest einem Provinzheer zugeordnet und unterstanden letztlich dem Kaiser, der in Gallien entweder vertreten war durch die mit einer formal selbständigen Befehlsgewalt (imperium) ausgestatteten Verwandten des Princeps oder die Legaten, welche vom Princeps nach Gutdünken eingesetzt und wieder abberufen wurden. Dieses ermöglichte eine wesentlich dauerhaftere und langfristigere Politik als in der Zeit der Republik. Zudem stand nun nicht mehr jeder Grenzabschnitt für sich alleine, sondern das Wissen um die Verantwortung für alle Reichsteile gleichermaßen führte dazu, daß das Vorgehen in einem bestimmten Grenzabschnitt auch unter dem Gesichtspunkt der Verhältnismäßigkeit in Hinblick auf die Erfordernisse des gesamten Imperium Romanum betrachtet und abgewogen sein wollte. Der Princeps mußte und konnte den an einer einzelnen Front zur Durchsetzung einer bestimmten Politik erforderlichen Aufwand an militärischen und finanziellen Mitteln aufrechnen gegen die Bedürfnisse des Reichsganzen. Die Zielsetzungen der Politik etwa auch am Rhein konnten sich damit je nach Gesamtlage des Imperium Romanum verändern. Die überragende und weitgehend konkurrenzlose Stellung räumte dem Princeps somit einerseits einen größeren Handlungsspielraum ein, die sachlichen Erfordernisse, die Rücksicht auf die Gesamtlage des Imperiums schränkten denselben andererseits aber wiederum ein und verboten allzu willkürliches und beliebiges Vorgehen in einzelnen Grenzzonen. Dementsprechend droht eine zu isolierte Betrachtung der Vorgänge an einem einzelnen Grenzabschnitt den Blick für das Ganze zu verlieren; die Relationen geraten aus den Fugen. Von dieser Gefahr ist die lokale und patriotische Geschichtsschreibung verständlicherweise besonders betroffen.

Es waren aber nicht nur die veränderten Bedingungen im Verhältnis zwischen Zentralgewalt und Grenzbereich, die den Handlungsspielraum des Princeps und seiner Verantwortlichen gegenüber demjenigen des Statthalters der republikanischen Zeit neu definierten, es war auch die

Stellung des Princeps als solche, welche gleichermaßen Möglichkeiten wie Beschränkungen des Handels nach sich zog und somit unmittelbar auf die Grenzpolitik zurückschlug. Denn die überragende Macht des Princeps und die Verfügung über die entscheidenden Herrschaftsmittel bedeuteten nicht, daß der Princeps willkürlich und ohne jede Rücksicht auf geschriebene und ungeschriebene Gesetze agieren konnte. Augustus war mit dem Anspruch angetreten, die Republik wiederherzustellen, und so hatte er im Inneren wie auch im außenpolitischen Bereich den republikanischen Idealen soweit wie möglich zu genügen. Hierzu gehörte vor allem Rücksichtnahme auf Ambitionen und Wünsche der führenden Senatorenschicht, deren Status traditionell durch den Nachweis politischer und militärischer Leistungsfähigkeit unter Beweis gestellt wurde. Auf sie konnte und wollte er aber nicht verzichten, auch wenn gerade von ihr – und nur von ihr – eine potentielle Gefahr für die eigene Stellung erwuchs. Hierzu gehörte aber auch Rücksichtnahme auf die öffentliche Meinung – zunächst in der Stadt Rom, dann aber auch im Imperium Romanum als ganzem –, worauf der Princeps entsprechend kräftig einzuwirken sich bemühte, und schließlich Rücksichtnahme auf Wünsche und Bedürfnisse des die Macht stützenden Heeres. Der mit dem *status principis* verbundene hohe Anspruch, den Frieden, die *pax Romana*, nach innen und außen zu gewährleisten, erforderte grundsätzlich den Schutz der Grenzen und – wie Augustus selber gegen Ende seines Lebens formulierte (Res Gestae 26) – die auch zwangsweise Befriedung unruhiger Provinzen oder gar die Vergrößerung der Gebiete aller derjenigen Provinzen des römischen Volkes, welche Stämme zu Nachbarn hatten, die römischem Befehl nicht gehorchen wollten. Der Princeps propagierte sich gleichermaßen als Schützer wie als Mehrer des Reiches und entsprach damit einer verbreiteten und seit langer Zeit dem römischen Selbstbewußtsein eingepflanzten Wertvorstellung. Seine selbst formulierte Stellung als Princeps führte damit zu einer Spaltung von ideologisch motiviertem Anspruch und realem politischem Handeln wie in der Innenpolitik, so auch in der Außenpolitik (D. Timpe). Die offiziellen Verlautbarungen über die Außenpolitik befaßten sich daher eher mit den allgemeinen Zielsetzungen einer Grenzpolitik als mit den konkreten und aktuellen Möglichkeiten und Erfordernissen politisch-militärischen Handelns in einem bestimmten Grenzabschnitt des Imperiums. Letztere blieben weitgehend im Verborgenen und unbeachtet. Sie waren im wesentlichen eine Angelegenheit, welche zwischen dem Princeps und seinen an den Grenzen agierenden Vertretern diskutiert und in konkrete

Strategien umgesetzt wurden, wobei notwendigerweise dem vor Ort operierenden Kommandeur und Statthalter ein nicht unbeträchtlicher eigenständiger Handlungsspielraum eingeräumt werden mußte. Der Senat diskutierte folglich auf der Grundlage der kaiserlichen Relationen nicht die aktuellen Erfordernisse, Entscheidungen und politischen Nahziele, sondern die formulierten Höchstziele und Grundsätze, die er gegebenenfalls an dem selbst verordneten Anspruch des Princeps und an alten republikanischen Werten maß. Die Principes waren ihrerseits bemüht, ihre konkreten Handlungen und deren zugrundeliegenden Absichten als in Übereinstimmung befindlich mit den alten Grundsätzen römischer (Außen-)Politik auszuweisen und zu propagieren. In erster Linie diesem Zweck dienten die Berichte des Princeps an den Senat oder auch die in plakativer Symbolik verdichteten Aussagen der Münzpropaganda und repräsentativen, imperialen Kunst. Zu einem wesentlichen Kriterium der Bewertung der Handlungen der Kaiser und seiner Beauftragten an den Grenzen wurden daher Erfolg oder Mißerfolg, eine differenzierende Beurteilung erfolgte in der Regel auch durch die nachbetrachtenden Historiker nicht, wofür die stark negative Zeichnung der Persönlichkeit des P. Quinctilius Varus in den Quellen ein gutes Beispiel liefert. Wieweit die Principes ihren Handlungsspielraum konkret nutzten, können wir den antiken Berichten kaum je direkt entnehmen, sondern dieses muß ihnen mühsam abgerungen werden, was allerdings beträchtlichen Raum für divergierende Auffassungen läßt.

Rom und Germanien – zur Quellenlage

Unser Wissen über die kriegerischen und friedlichen Beziehungen zwischen Römern und Germanen in ihrer frühen Phase hängt selbstverständlich wesentlich von Umfang, Zuverlässigkeit und Eigenart der Quellen ab. Von Bedeutung ist zunächst, daß wir, was die literarischen Nachrichten betrifft, ausschließlich aus römischer Sicht unterrichtet werden. Daneben ist die fatale Tatsache in Rechnung zu stellen, daß die Überlieferung trümmer- und bruchstückhaft ist und zudem den spezifischen Voraussetzungen römischer Historiographie und Ethnographie unterliegt, die nicht unbedingt das thematisieren, was uns heute in besonderem Maße interessiert. Besonders schmerzlich sind die Verluste der »Historien« des POSEIDONIUS, ferner wichtiger Bücher des LIVIUS (bes. Buch 104f. [Caesar und der Exkurs über Lage bzw. räumliche

Gegebenheiten Germaniens und die dortigen Bräuche: *situs Germaniae moresque*, wohl von TACITUS später benutzt] und 139 bis 142 [Drusus]), der Werke des AUFIDIUS BASSUS, bes. seines »Bellum Germanicum«, und der 20 Bücher »Germanenkriege« des älteren PLINIUS. Dennoch sind wir durch CAESARS »Gallischen Krieg«, durch die »Historia Romana« des Ritters und zeitweiligen militärischen Weggefährten des Tiberius, VELLEIUS PATERCULUS, durch die »Annalen« des TACITUS, durch die »Römische Geschichte« des CASSIUS DIO, die dieser im ersten Drittel des 3. Jahrhunderts unter Verwendung älterer Quellen verfaßte, und die Livius-Epitomatoren, welche – wie FLORUS – die ursprünglichen Schilderungen allerdings bisweilen eigenständig ausmalten oder mit anderen Quellen kompilierten, noch verhältnismäßig gut unterrichtet, zumal diesen Berichten noch eine ganze Reihe von einzelnen Notizen und Erwähnungen bei Geographen, Dichtern und anderen Autoren an die Seite zu stellen ist, die allerdings eher den Charakter des Zufälligen aufweisen, als daß sie einem genuin historischen Interesse an bestimmten Ereignissen ihre Entstehung zu verdanken hätten. Und da ist noch TACITUS' »Germania« ganz vom Ende des 1. Jahrhunderts, über deren Absicht und Bedeutung die Forschung allerdings endlos gestritten hat und noch streitet.

Neben die literarischen treten die archäologischen Quellen, wozu auch die numismatischen gezählt seien, denen die Forschung gleichermaßen neue Einsichten und Erkenntnisse wie Problemstellungen verdankt. Wie die Funde von Kalkriese zeigen, sind sie für Überraschungen immer gut, wenngleich sie – ihrem Charakter entsprechend – aus sich selber heraus einen geschichtlichen Kontext nicht herstellen können, um den es dem Historiker in erster Linie geht. Freilich sind sie ebensowenig vorschnell auf dem Hintergrund der literarischen Überlieferung zu interpretieren wie umgekehrt letztere nicht einfach auf der Folie vermeintlich handfester Befunde zu bewerten ist. Statt dessen sollten die Quellen jeweils zunächst aus ihren eigenen Voraussetzungen heraus gedeutet werden, um sie dann zueinander in Beziehung zu setzen. Wechselseitige Infragestellung bietet dann die Chance weiteren Erkenntnisfortschritts.

Germanen und Germanien: Geopolitische Voraussetzungen und ethnographische Vorstellungen

Bekanntlich hat CAESAR anläßlich seines zweiten Rheinübergangs 53 v. Chr. jenen berühmten Exkurs eingefügt, in dem er die Sitten *(mores)* der in Gallien und Germanien wohnenden Stämme gegenüberstellt (Bell. Gall. VI 11ff.). Er erfaßt in großer Breite die Bereiche Politik, Recht, Religion, gesellschaftliche Gliederung, Heerwesen, Wirtschaft und allgemeine Lebensweisen, welche auch mit den landschaftlichen Gegebenheiten in Beziehung gesetzt werden. Die politische Absicht dieser Grenzziehung zwischen Galliern diesseits und Germanen jenseits des Rheins liegt auf der Hand. Dem Leser sollte die grundsätzliche Verschiedenheit vor Augen gestellt und das eigene Vorgehen gerechtfertigt werden, welches danach in erster Linie den Schutz Galliens vor den unberechenbaren und kriegerischen Germanen zum Ziel hatte. Dieser prinzipiellen Scheidung entsprach aber die Wirklichkeit gerade nicht; vielmehr handelte es sich um eine Übergangszone, wo Germanen auch links und Kelten rechts des Rheins siedelten, wo kriegerische und friedliche Kontakte hinüber und herüber an der Tagesordnung waren und Vermischungen wie Angleichungen die postulierten scharfen Gegensätze bis zu einem gewissen Grade verwischten. Die caesarische Sicht – bei genauerem Zusehen aber von ihm selber nicht durchgängig in seinen *commentarii* durchgehalten – wurde allerdings von den nachfolgenden Schriftstellern schon bald zu ethnographischen Stereotypen fixiert, durch die bis in die Spätantike hinein von der Landschaft Germaniens und seinen Bewohnern ein im Kern unverändertes Bild den Lesern vor Augen geführt wurde. Die auf wirklicher Erkundung und konkretem Wissen beruhenden Nachrichten über Land und Leute wurden so durch die eingefahrenen Vorstellungsmuster mindestens verwässert. Die von CAESAR gezogene scharfe Trennlinie am Rhein zwischen Kelten und Germanen suggeriert ein Großethnos »Germanen« rechts des Stroms, das in Wirklichkeit in dieser Form nie Bestand hatte. Vielmehr handelt es sich zunächst um eine aus politischen Absichten vorgenommene theoretische Konstruktion. Wie auch immer man die Ethnogenese der Germanen beurteilen mag und im Zuge dieser Erklärungsversuche den Übertrag des Germanennamens von einem kleinen Stamm der Germani Cisrhenani auf der **linken** Rheinseite auf eine Großgruppe **rechts** des Stroms, so kann kein Zweifel bestehen, daß in dieser Zeit alle wesentlichen Voraussetzungen fehlten, die für ein Großethnos »Germanen« vorauszusetzen wären, insbesondere eine dauerhafte Gemeinsamkeit der Sprache und das Bewußtsein einer volkstumsmäßigen Identität. Jüngste Untersuchungen gehen davon aus, daß die Übertragung des Germanennamens von einer Kleingruppe zu einem umfassenden Begriff nicht zuletzt durch keltische Vermittlung und keltischen Einfluß zu einem Zeitpunkt erfolgte, als die im Zuge der Selbstbenennung erfolgte Ausweitung auf Stämme und Völkerschaften rechts des Rheins einherging mit römischem Bemühen um klare Abgrenzungen.

Die charakteristische Ausgangslage der römischen Politik in Germanien bestand gerade darin, daß diese Politik es mit diffusen ethnischen und politischen Verhältnissen zu tun bekam, was kein einheitliches Vorgehen ermöglichte, sondern stets aufs neue den Einsatz wechselnder politischer und militärischer Mittel erforderlich machte (vgl. Abb. 1). Vorrangiges Ziel war die Sicherung der Rheingrenze; die Mittel und Wege dazu, dieses Ziel auch durchzusetzen, lagen freilich nicht unverrückbar fest, sie konnten je nach Situation und Einschätzung der Lage und der zu treffenden Maßnahmen ganz verschiedene Gestalt annehmen und schlossen – wie bekannt – auch nicht grundsätzlich die direkte Kontrolle und Zerschlagung der im germanischen Vorfeld befindlichen Stammesgebiete aus. Als sich Rom hierzu um die Mitte des zweiten vorchristlichen Jahrzehnts entschloß, geschah dieses nicht zwecks Verwirklichung einer abstrakten Idee, einer Weltherrschafts-Ideologie, sondern nach wie vor um eines konkreten Ziels willen, nämlich der Sicherung Galliens. Dieses wird schon dadurch deutlich, daß sich Roms Vorgehen zunächst gegen die mächtigeren Stammesgebiete im Norden Germaniens richtete und nicht als erstes die wesentlich einfacher zu bewerkstelligende Einverleibung des südlichen Germaniens ins Auge faßte. Die politischen und geographischen Voraussetzungen im Bereich der Siedlungsgebiete vor den Grenzen an Rhein und Donau waren für ein solches Verfahren allerdings alles andere als günstig, sie legten ihm im Gegenteil erhebliche Schwierigkeiten in den Weg.

Es kennzeichnet die Berichte der antiken Historiker, Geographen und anderer Autoren, daß sie ein mehr oder weniger stereotypes Bild von den landschaftlichen und klimatischen Verhältnissen in Germanien zeichnen. Die bis in die Spätantike vorgetragenen klischeehaften Äußerungen vermittelten immer wieder dieselben Vorstellungen von schwer zugänglichen Bergen, dichten Wäldern, ausgedehnten und gefährlichen Sumpfgebieten und unwirtlichem Klima. Diese Sicht geht wohl auf die frühe Okkupationserfahrung und die offiziellen Berichte des Princeps und der

Abb. 1
Germanische Stammesgebiete in augusteisch-tiberischer Zeit.

GR. FRIESEN
CHAUKEN
LANGOBARDEN
ANGRIVARIER
SEMNONEN
Hase
CHASUARIER
Hunte
CHAMAVER
KL. FRIESEN
TUBANTEN ?
GR. BRUKTERER
Alter Rhein
CANNINEFATEN
CHATTUARIER
Rhein
Ems
CHERUSKER
Weser
BATAVER
USIPETER
KL. BRUKTERER
Elbe
Lippe
SUGAMBRER
MARSER
Schelde
TENKTERER
HERMUNDUREN
UBIER
CHATTEN
Maas
Main
TREVERER
MATTIAKER
Mosel
WANGIONEN
TRIBOKER
MARKOMANNEN
NARISTEN
Donau

243

Heerführer im und an den Senat zurück, von wo sie in die Literatur einging und dann in die Vorstellungswelt der Allgemeinheit eindrang. Mit der frühzeitigen Fixierung auf ein bestimmtes Germanenbild erstarrten auch die geographischen Kenntnisse zu Topoi, und dieses um so mehr, als weder die antiken Autoren noch das Publikum Interesse an genauen topographischen Details besaßen, vielmehr für sie das Allgemeine und Typische und eben darum das in einer bestimmten Situation leicht Vorstellbare und Eingängige Vorrang vor der Erkundung genauer Einzelheiten besaß. Nur Weniges konnte dieses Wissen ergänzen, Kaufmannswissen etwa oder persönliche Erfahrungen der Soldaten. Aber beides war begrenzt und drang kaum bis nach Rom und in die literarischen Zirkel vor. Es sind also gegenüber der Zuverlässigkeit und Genauigkeit aller topographischen Angaben – etwa auch im Kontext der Schilderung militärischer Auseinandersetzungen – kritische Zurückhaltung und Vorsicht angebracht; insbesondere auch dann, wenn es sich um die Schilderung scheinbar genau beobachteter Einzelheiten handelt. Jedenfalls lassen sich mit TACITUS, CASSIUS DIO oder FLORUS in der Hand der genaue Verlauf und die Örtlichkeit der Varus-Schlacht nicht rekonstruieren.

Anders einzuschätzen sind allerdings die Kenntnisse der römischen Militärführung vor Ort. Langjährige Erfahrung aufgrund der kriegerischen Unternehmungen und politischen Kontakte, die Aussagen von Gefangenen und Geiseln und sicherlich auch gezielt durchgeführte Erkundungen dürften zu einem recht genauen Wissen über die politischen Verhältnisse und landschaftlichen Gegebenheiten in Germanien geführt haben. Römische Offiziere wußten sicherlich gut Bescheid über Flußläufe und Verkehrswege, über Furten und Schneisen, die sie selber häufig erst angelegt und geöffnet hatten. Sie kannten die Kommunikationslinien, die ihnen z. B. ein koordiniertes militärisches Vorgehen über Land und zur See bzw. über die in die Nordsee mündenden Flüsse ermöglichten oder die Voraussetzung bildeten für die Errichtung der Versorgungslager entlang der Lippe an strategisch günstigen Stellen. Sie besaßen sicherlich auch gute Kenntnis von den Wohngebieten der Stämme oder Stammesteile und deren innerer Struktur. Zugleich aber sparte dieses Wissen große Teile des Landes aus, die aufgrund der landschaftlichen Gegebenheiten, der Berge und Sümpfe, allenfalls unter großen Mühen zugänglich waren. Diese Gebiete konnten abseits von den Verkehrswegen liegen oder auch von diesen unmittelbar durchzogen werden. In jedem Fall handelt es sich um schwer kontrollierbare Gegenden, um Refugien, in die sich die Bewohner des Landes immer wieder zurückziehen konnten oder aus denen sie ggf. ihre Angriffe auf die notgedrungen auseinandergezogenen Marschreihen der Römer, deren Verletzlichkeit noch durch den mitgeführten Troß erhöht wurde, starten konnten. Auch wenn das Land rechts des Rheins mit der Dauer römischer Präsenz immer besser erschlossen wurde, so führte dieses doch nicht zu einer flächendeckenden Kontrolle. Solche Wald- und Sumpfgebiete von mehr oder weniger großer Ausdehnung bedeuteten zwar nicht eine permanente, wohl aber eine latente Bedrohung des römischen Heeres, welche Situation die Germanen bekanntlich weidlich ausnutzten, wenn sie in klarer Kenntnis der Stärkeverhältnisse einer offenen Feldschlacht auswichen und vor allem durch Angriff aus dem Hinterhalt heraus und rechtzeitigen Rückzug in die Wälder die Kampfkraft der Römer zu schwächen suchten. Mehrfach drohte bekanntlich dem in Germanien operierenden Heer dasselbe Schicksal, das Varus im Jahr 9 n. Chr. erlitt.

Aus römischer Sicht bestand im Falle kriegerischer Auseinandersetzungen die Hauptschwierigkeit darin, den mobilen Feind überhaupt zu stellen. Die Lager im freien Germanien dienten nicht in erster Linie der Beherrschung des Landes, da der Gegner sich leicht der unmittelbaren Kontrolle der in diesem stationierten römischen Soldaten entziehen konnte, sondern in erster Linie der Versorgung der Truppe und der Verkürzung der Anmarschwege. Sie boten den Truppen Stützpunkte und Etappenbasen. Die aus dem Inneren Galliens an den Rhein vorgeschobenen Legionen errichteten ihre Basislager dort, wo die Verkehrswege – Flüsse oder Landwege – aus dem Inneren Germaniens auf den Rhein trafen. Sie dienten daher gleichermaßen als Ausgangslager für die Vorstöße der Römer entlang dieser Verkehrsstränge wie zum Schutz gegen Einfälle auf den selbstverständlich auch den Germanen bekannten Wegen. Besonders wichtig waren die Lippe- und die Mainroute. Von Anfang an war aber auch die große Bedeutung der in Süd-Nord-Richtung verlaufenden und ins Meer einmündenden Flüsse als wichtige Kommunikationslinien erkannt worden. Die sich aus diesen geographischen Bedingungen ergebenden strategischen Möglichkeiten dürften auch den wesentlichen Grund für die Beschränkung des römischen Herrschaftsanspruchs auf die Elblinie als letzte über See erreichbare Flußmündung liefern, welche aus ethnischer Sicht keineswegs eine entscheidende Grenze darstellte.

Diese Grundgegebenheiten hatten zur Folge, daß nur eine langfristige und systematische Politik zu Erfolgen führen konnte, bei der militärische Aktionen zwar eine wichtige und begleitende Rolle spielten, die aber weder Voraussetzung für eine Durchdringung und Sicherung des rechtsrheinischen Gebietes waren noch für sich allein überhaupt in der Lage waren, eine dauerhafte Unterwerfung zu bewerkstelligen und zu garantieren.

Wenn man die Intensität der römischen Herrschaft in Germanien an der Präsenz der römischen Truppen in diesem Raum mißt, so führt dieses in der Regel zu einer negativen Beurteilung des von Rom Erreichten. Das Heer durchstreifte zwar in den verschiedenen Kriegsjahren die größten Teile Germaniens, doch gerade in den frühen Jahren der Eroberung operierte es nie aus dem Land selbst heraus, wie etwa Caesar in Gallien, sondern die Feldzüge waren trotz der Existenz rechtsrheinischer Winterlager durch regelmäßige Einfälle des Hauptheeres und seines ebenso regelmäßigen Rückzuges zum Rhein bestimmt. Diese Situation bietet Anlaß zu der häufig geäußerten Annahme, die erfolgten Unterwerfungen wären nur im Bereich der römischen Lager von Bestand gewesen und hätten nur bis zum Abzug der Truppen angedauert. Eroberung und Beherrschung eines Landes wie Germanien geschah aber in erster Linie durch die Behauptung strategisch wichtiger Punkte und Kommunikationslinien und – was von zentraler Bedeutung ist – durch den Rückgriff auf zuverlässige Stammesautoritäten. Nur auf sie gestützt, also nur mit politischen Mitteln, konnte Rom das Ziel einer permanenten Kontrolle und Befriedung Germaniens erreichen. Dabei konnte Rom für die kooperationswilligen Gruppen mit beachtlichen Belohnungen aufwarten wie Vergabe des römischen Bürgerrechts und anderer Privilegien bis hin zum ritterlichen Rang, den bekanntlich Arminius besaß. Hinzu kam ein leichterer Zugang zu den Errungenschaften der mittelmeerisch geprägten römischen Zivilisation und Kultur, deren Attraktivität längerfristig nicht ohne Wirkung bleiben konnte und auch nicht blieb.

Allerdings bestand eine wesentliche Voraussetzung für eine erfolgreiche und dauerhafte Bindung der führenden Stammesmitglieder an Rom außer in einer behutsamen Politik von römischer Seite in der Festigkeit und Stabilität der Führungsschichten bei den Stämmen selber, und genau dieses war vielfach nicht gegeben, wie die Verhältnisse bei den Cheruskern sehr deutlich zeigen. Wo labile Autoritätsstrukturen sich mit inneren Machtkämpfen verbanden, drohte Rom in dieselben hereingezogen zu werden und sich die Machtfrage mit einer prorömischen und antirömischen Grundeinstellung zu verbinden. So bereitete nicht nur die wenig konstante, vielfach in kriegerische Auseinandersetzungen mündenden Verhältnisse *zwischen* den Stämmen mit ihren gegenseitig wenig klar abgegrenzten und nur bedingt herrschaftlich voll erfaßten Gebieten einer langfristig planenden Politik Roms Schwierigkeiten, sondern vor allem auch die *innere* Konfliktlage, nämlich die Rivalitäten innerhalb der die Führung in den Stämmen anstrebenden Familien. Segestes, Segimundus und der schon einen römischen Namen tragende Bruder des Arminius, Flavus, dessen Sohn gar Italicus hieß, standen fest auf römischer Seite, während der römische Ritter und Offizier Arminius, dem die römischen Heeresführer aufgrund einer langen Zusammenarbeit besonders trauten, wohl durch die drohende Niederlage im Kampf um die Führungsposition bei den Cheruskern zum Abfall und in römischer Sicht zum Verrat getrieben wurde. Diese inneren Auseinandersetzungen um die Vormacht im Stamm der Cherusker, bei denen die römischen Führer offenbar nicht immer glücklich operierten, verbanden sich mit einer prorömischen und antirömischen Politik der Stammesautoritäten, die letztlich aber vor allem persönliche Interessen verfochten. Nicht handelt es sich also um eine große nationale Erhebung aller Germanen. Die antirömische Stimmung und eine Befreiungsideologie waren eher Mittel als auslösende Faktoren, und so schlossen sich auch bei weitem nicht alle Stämme der von Arminius geführten Koalition an. Daß die dem Sieg über die Römer eigene Schwerkraft weitere Stämme oder Stammesteile dem Arminius und seiner durch den Erfolg gestärkten persönlichen Autorität zuführte, liegt in der Natur der Sache.

Latent vorhanden und verbreitet waren zweifellos Ressentiments und Unzufriedenheit gegenüber einer vielfach ungeschickten, überheblichen und nicht selten harten bis brutalen Politik der römischen Fremdlinge. Als Hauptvorwurf gegen Rom gilt durchweg neben der Einforderung von Tributen derjenige einer zu schnell bzw. zu rigide eingeführten Rechtsprechung, die sicherlich auch alte Rechte und Ansprüche von Stammesführern einschränkte oder außer Kraft setzte. Dieses wurde insbesondere auch dem Varus zur Last gelegt und galt als Hauptursache der Erhebung 9 n. Chr. Bei CASSIUS DIO wird betont, daß Varus die Germanen »wie Untertanen« behandelt und von diesen Tribute gefordert habe. Möglich ist, daß es sich hierbei um die Ausdehnung eines üblichen Tributsystems auf solche Stämme handelt, welche bis dahin davon befreit waren. Daneben mag die Aussage auf eine besonders rigide Form der Eintreibung verweisen. VELLEIUS PATERCULUS schildert, daß sich die Germanen zum Schein mit erfundenen Konflikten an Varus gewandt hätten, um von ihm einen Richterspruch zu erhalten und ihn so in Sicherheit zu wiegen. FLORUS gestaltet die ganze Erhebung zu einer dramatischen Szene vor dem Tribunal des Varus innerhalb des römischen Lagers. Offenkundig gefiel sich der Statthalter in der Pose des Richters jedweder Streitigkeiten. An sich neu kann dieses Vorgehen nicht gewesen sein, vermutlich ließ Varus es aber an Fingerspitzengefühl fehlen und verprellte gewisse Teile der Führungsschicht, an deren Spitze sich Arminius stellte.

Die Beziehungen zwischen Rom und Germanien bis zur Schlacht im Teutoburger Wald

Mit dem später als Germanien bezeichneten Großraum und insbesondere den nahe dem Rhein gelegenen Gebieten, Völkerschaften und Machtgruppierungen kam Rom erstmals im Zuge der Unterwerfung Galliens bis zum Rhein zwischen 58 und 50 v. Chr. in engeren Kontakt. Caesar hatte – wie dargelegt – den Rhein als politische, ethnische und soziokulturelle Grenzscheide zwischen Galliern und Germanen propagiert. Seine Rheinüberquerungen 55 und 53 v. Chr. dienten wie seine Britannienüberfahrt der Demonstration römischer Macht und der militärischen Fähigkeiten von Heer und Feldherr, waren aber wohl auch als Reverenz an eine auf das Selbstbewußtsein der römischen Bürger abzielende imperiale Ideologie zu verstehen. Die mehr willkürliche als sachgerechte säuberliche Trennung zwischen Gallien und Germanien entsprang vor allem innenpolitischem Kalkül, indem sie ihm als angeblichem Schützer römischer und gallischer Interessen eine Legitimationsbasis für sein Vorgehen verschaffte, die er zur Verschleierung seiner in erster Linie persönlichen politischen Ambitionen bedurfte. Die Klarheit und Eindeutigkeit der Grenzziehung besaß den Vorzug der leichten Verständlichkeit, was die Chance der Akzeptanz und Übernahme in das öffentliche Bewußtsein erheblich verbessern mußte.

Mit Caesar war Gallien aber ein Faktum und damit die gallisch-germanische Grenzlage, was selbst Caesars Feinde trotz einiger innenpolitischer Schachzüge nicht ernsthaft in Frage stellen wollten und konnten. Ein Zurück konnte es nicht geben. Vielmehr ging es darum, Caesars Erbschaft sachgerecht zu verwalten und die allenthalben üblichen, gelegentlich friedlichen, vielfach aber kriegerischen und jedenfalls zu wenig stabilen Verhältnissen führenden Fluktuationen über den Rhein hinweg zu unterbinden oder mindestens zu steuern. Roms oberstes Ziel war und blieb Sicherung, nicht Herrschaftsausdehnung, was freilich nicht zu sehr

248

vereinfachend mit defensiver oder offensiver Politik gleichgesetzt werden sollte. Die Tätigkeit des M. Vipsanius Agrippa in Gallien – unabhängig davon, ob sie während seiner ersten Statthalterschaft dort 39/38 v. Chr. oder seiner zweiten 19/18 v. Chr. zu datieren ist – antwortete auf aktuelle Erfordernisse und Problemlagen, läßt aber keine grundsätzliche Änderung der politischen Zielsetzungen gegenüber dem rechtsrheinischen Germanien erkennen. Mit seiner erneuten Rheinüberquerung folgte er nur dem caesarischen Vorbild. Bei den von ihm getroffenen Maßnahmen handelt es sich vor allem um den Ausbau des Straßennetzes besonders in Westgallien zum Zwecke leichterer Truppenbewegungen. Sie verbanden die wichtigsten militärischen Stützpunkte, unter denen Tongeren (Belgien) und wohl auch der Titelberg (Luxemburg) als Versorgungsbasen in frühaugusteischer Zeit eine herausragende Rolle spielten (vgl. die Karte Abb. 2). Agrippa gestattete ferner Batavern und Canninefaten die Landnahme im Gebiet der Rheinmündung, siedelte die Ubier links des Rheins an und tolerierte die Festsetzung der Chatten im Neuwieder Becken unter Abschluß eines Foedus. Um- und Ansiedlungen germanischer Stämme oder Stammesgruppen in Gallien oder in unmittelbarem Vorfeld des direkt kontrollierten Herrschaftsgebietes gehörten auch fortan zu den fallweise angewandten, aber genau kalkulierten Herrschaftsmitteln Roms, die nicht nur Augustus, sondern auch seine Nachfolger im Principat immer wieder und in großem Stil nutzten. Dieses zeigt etwa die Umsiedlung eines großen Teils der Sugambrer auf die linke Rheinseite im Jahr 8 v. Chr. oder auch die Umsiedlung der germanischen Triboker, Nemeter und Vangionen in das linksrheinische Gebiet etwa zwischen Straßburg und Worms wohl noch in augusteischer, spätestens aber frühtiberischer Zeit. Derartige Maßnahmen waren Bestandteil einer traditionellen Politik, keiner Neuorientierung. Zu einer solchen war Rom auch angesichts der inneren Krisen vorerst überhaupt nicht in der Lage, solange der Kampf um Caesars Erbe wütete und nach Actium die innere Konsolidierung im Vordergrund stand.

Auch nach Errichtung des Principats im Jahr 27 v. Chr. blieb die innere Festigung und Sicherung der Macht des Princeps das wichtigste politische Anliegen. Zudem erschien die Ordnung der Verhältnisse in anderen Bereichen des Imperiums vordringlicher als in Gallien bzw. Germanien. So standen der Cantabrische Krieg, bei dem Augustus zeitweise persönlich anwesend war und der erst 19 v. Chr. mit der endgültigen Einverleibung der nordwestlichen Gebiete der Iberischen Halbinsel seinen Abschluß fand, und die ausstehende Regelung der Partherfrage im Vor-

Abb. 2
Anlagen in augusteisch-tiberi-scher Zeit (nach SCHÖNBERGER *1985, mit Ergänzungen).*

■ *Augusteisch, Umfang vollstän-dig oder fast vollständig*

◨ *Augusteisch, Größe von gerin-gerer Sicherheit oder unbe-stimmt*

▲ *Tiberische Anlagen oder ent-sprechende Fundplätze*

□ *Augusteische oder tiberische Anlagen möglich oder wahr-scheinlich*

○ *Andere Orte augusteisch-tibe-rischer Zeitstellung*

1. Bentumersiel
2. Winsum
3. Velsen I
4. Bunnik-Vechten
5. Arnhem-Meinerswijk
6. Nijmegen
7. Altkalkar
8. Xanten (Vetera I)
9. Holsterhausen
10. Haltern
11. Oberaden und Beckinghausen
12. Anreppen
13. Moers-Arsberg
14. Neuss
15. Köln
16. Köln-Alteburg
17. Maastricht
18. Tongeren
19. Liberchies
20. Bavais
21. Tournai
22. Zottegem-Velzeke
23. Asse
24. Elewijt

25. Bonn
26. Andernach
27. Urmitz
28. Koblenz
29. Bingen und Bingerbrück
30. Kirn
31. Trier
32. Titelberg
33. Mainz
34. Mainz-Weisenau
35. Mainz-Kastel
36. Wiesbaden
37. Frankfurt-Höchst
38. Friedberg
39. Bad Nauheim
40. Bad Nauheim-Rödgen
40a. Marktbreit
41. Dünsberg
42. Worms
43a. Mutterstadt
43. Speyer
44. Straßburg
45. Ehl
46. Sasbach

47. Ungersheim-Thurwald
48. Basel
49. Augst
50. Windisch (Vindonissa)
51. Olten
52. Solothurn
53. Zurzach
54. Dangstetten
55. Zürich
56. Oberwinterthur
57. Eschenz-Werd
58. Wachtposten am Walensee
59. Bregenz
60. Kempten
61. Auerberg bei Schongau
62. Lorenzberg bei Epfach
63. Schwabmünchen
64. Stadtbergen
65. Augsburg-Oberhausen
66. Burlafingen
67. Friedberg-Rederzhausen
68. Gauting
69. Salzburg

251

dergrund römischer Außen- bzw. Grenzpolitik. Dieses änderte sich grundlegend erst mit der *clades Lolliana*, bei der im Herbst 17 v. Chr. (oder erst 16 v. Chr.?) der römische Statthalter in Gallien, M. Lollius, gegen die über den Rhein vorgedrungenen germanischen Scharen der Sugambrer, Usipeter und Tenkterer eine schwere Niederlage erlitt, die den Verlust des Adlers der 5. Legion zur Folge hatte. SUETON bezeichnet diese Niederlage zwar als eine Angelegenheit *maioris infamiae quam detrimenti* (d. h. ein Vorgang, der eher Schande als wirklichen Schaden zur Folge hatte), dennoch erforderten innenpolitische Rücksichtnahme, wo gerade in Rom die Rückgabe der verlorenen Feldzeichen von den Parthern gefeiert wurde, und das auf dem Spiel stehende römische Prestige in Gallien eine energische Reaktion. Die Legionen wurden an die Rheingrenze vorgeschoben, die Alpen und ihr Vorfeld okkupiert und die Übergänge auf diese Weise gesichert, was möglicherweise schon länger und auch unabhängig von der Lollius-Niederlage geplant war. Hieraus auf eine langfristig ins Auge gefaßte, groß angelegte Zangenoffensive von Süden und Westen gegen den germanischen Raum zu schließen, geht aber viel zu weit und ist eher unwahrscheinlich, wie umgekehrt aber auch die genau entgegengesetzte These von einer reinen Defensivfunktion zur besseren Verteidigung Italiens zu kurz greift. Da Agrippa im Osten des Reichs gebunden war, begab sich Augustus persönlich nach Gallien, wo er sich bis zum Jahr 13 v. Chr. aufhielt. Mit der Neuorganisation der Provinz unterstrich der Princeps die Bedeutung dieses Reichsabschnittes und den Willen zur Behauptung und Festigung der römischen Herrschaft. Es kann kaum ein Zweifel bestehen, daß die folgenden Maßnahmen des Drusus mit ausdrücklicher Billigung des Augustus und in Absprache mit ihm durchgeführt wurden. Sie bedeuteten zwar keinen Kurswechsel in der obersten Zielsetzung römischer Germanienpolitik, nämlich Sicherung der Rheingrenze, aber doch eine entscheidende Änderung in der Wahl der **Mittel** und **Wege**, wie dieses Ziel erreicht werden sollte. Daß sich unter der Hand Mittel und Wege zur Durchsetzung eines Zieles zu einem eigenen Ziel verselbständigen oder verselbständigen können, gehört zu den schwer kalkulierbaren Folgen vieler politischer Entscheidungen. Erfolgreich angewendet, können sie auch eine neue Basis schaffen für veränderte politische Zielvorstellungen. Fortan schwankte jedenfalls – bewußt oder unbewußt – die römische Germanienpolitik zwischen dem Ziel der Sicherung der Rheingrenze auf irgendmögliche Weise und dem Ziel der Sicherung auf eine einzige Weise, nämlich der Durchdringung und festen Kontrolle des germanischen Vorfeldes. Die sich zusätzlich abzeichnende Möglichkeit, auf die letztgenannte Weise – und nur auf diese – militärischen Ruhm und damit auch politisches Prestige zu erlangen, mußte diese für den Princeps wie auch für die vor Ort operierenden Feldherren als die weit attraktivere Variante erscheinen lassen.

Als Drusus die eingedrungenen Sugambrer nicht nur über den Rhein zurückschlug, sondern selber römische Truppen in das Innere Germaniens hineinschickte, war zumindest mittelfristig eine folgenschwere Entscheidung über die einzuschlagende Germanienpolitik gefallen. Ihre Maxime lautete jetzt: Sicherung Galliens durch effiziente Kontrolle des Vorfeldes, welche auf längere Sicht dessen Einverleibung keineswegs ausschloß, sie aber auch nicht unverzüglich erforderlich machte. Daß sich daraus nur eine Verlagerung der alten Probleme auf die Elblinie ergeben könnte, dessen war man sich in diesem frühen Stadium und mit dem noch begrenzten Wissen über ethnosoziologische und politische Bedingungen und Voraussetzungen im nach Osten hin offenem Land wohl kaum bewußt. Als Domitius Ahenobarbus kurz nach der Zeitenwende mit seinem Heer sogar die Elbe überschritt, handelte er aus denselben Motiven wie seinerzeit Caesar oder Agrippa am Rhein (Dio 55, 10a, 2f.). Außerdem bestand angesichts der vielfach noch in Fluß befindlichen Verhältnisse in den Stammesgebieten kein Grund, sich mit derartigen Fragen vorrangig zu befassen. Die Zukunft mochte erweisen, welche Maßnahmen erforderlich sein würden.

Das Vordringen des Drusus in das rechtsrheinische Gebiet war offenbar sorgfältig und von langer Hand geplant. Wie der Bau der *fossa Drusiana* beweist, hatte man schon damals Bedeutung und Notwendigkeit der Flotte für die militärischen Operationen erkannt. Aus dieser Zeit berichten die Quellen von einem Lager, welches Drusus dort, wo Lippe und Elison zusammenfließen, errichtet habe und desgleichen von einem Lager im Gebiet der Chatten, wobei die archäologische Forschung vermutet, daß es sich bei dem letztgenannten Lager um Rödgen in der Wetterau gehandelt haben mag, bei dem erstgenannten um Oberaden, ein Lager, das der Unterbringung von mehr als 12 000 Mann dienen konnte. Entscheidende Funktion dieser Lager war die Sicherstellung des Nachschubs, ohne daß damit eine Kontrollfunktion ausgeschlossen wäre. Am Rhein entlang wurden weitere militärische Anlagen errichtet oder ausgebaut wie in Nijmegen, Xanten-*Vetera I.*, Moers-Asberg, Neuß und Mainz. Möglicherweise gehört in diese Phase – oder wenig später – auch Bonn. An der Lippe dürfte neben Oberaden auch Beckinghausen zwischen 13/11 und 9/8 v. Chr. angelegt worden sein, die dann etwa 7/5 v. Chr. bis 9 n. Chr. von Holsterhausen (mehrperiodisches Marschlager, dessen Anfangsdatum allerdings auch noch etwas weiter zurückreichen könnte), sicher aber vor allem von Haltern (Beginn nicht ganz sicher, jedoch aus der Zeit nach Drusus) und Anreppen (»Stapelplatz«) ersetzt wurden. Am Hochrhein kennen wir seit einigen Jahren das Lager Dangstetten, das wohl kurz vor der Drususzeit errichtet und wenig später zugunsten von Vindonissa aufgegeben wurde. Mehrere Kastellanlagen an Mittel- und Oberrhein sind von der archäologischen Bodenforschung als wahrscheinlich oder zumindest möglich drususzeitlich nachgewiesen worden. In diesem Zusammenhang verdient eine zweifellos pauschalisierende Nachricht des FLORUS (2,30,26) einige Beachtung, der berichtet, daß Drusus zum Schutz *praesidia atque custodias … per Mosam flumen, per Albin, per Visurgin* sowie 50 an den Ufern des Rheins gelegene Kastelle gegründet habe.

Die Erfolge des Drusus, der bekanntlich an der Elbe bei einem Sturz vom Pferd starb, werden von FLORUS mit den Worten gefeiert: »Solcher Friede war dann in Germanien, daß die Menschen völlig verändert schienen, das Land ein anderes, ja der Himmel selber angenehmer und milder als gewöhnlich erschien.« Dieses ist natürlich panegyrische Übertreibung aus späterer Zeit und findet sich in Ansätzen auch bei anderen Autoren in Folge einer Überhöhung der Drususerfolge und damit einhergehend der Stilisierung seiner Persönlichkeit als eines vollkommenen Repräsentanten republikanischer Ideale (VELL. PAT. 2,97,2; SUET., Claudius 1,2ff. usw.). Aber auch dem Tiberius, dem Nachfolger des Drusus, wurde von seinem Hofhistoriographen VELLEIUS PATERCULUS zugesprochen: »Als Sieger hat er alle Teile Germaniens ohne irgendeinen Schaden für das ihm anvertraute Heer durchzogen« (2,97,4), und der Germanienkenner AUFIDIUS BASSUS vermerkt: »Zwischen Elbe und Rhein hatten sich alle Germanen dem Tiberius Nero ergeben« (PETER, Hist. Rom. Reliquiae 2,96,3). VELLEIUS PATERCULUS kommt schließlich an der zitierten Stelle zu der Wertung, daß Tiberius Germanien so bezwungen habe, daß er es in den Zustand einer fast tributpflichtigen Provinz überführt habe. Die Situation war sichtlich so gesichert, daß Augustus nunmehr Tiberius abberufen konnte, und die folgenden ruhigen Jahre bestätigten im allgemeinen diesen Eindruck.

Wenn nunmehr die Quellen über das römische Vorgehen in Germanien spärlicher fließen, so ist auch dieses deutlicher Reflex auf die vergleichsweise friedliche Situation, die freilich wiederholt von Phasen militärischer Auseinandersetzungen unterbrochen wurden wie in den Jahren 1–4 n. Chr. Gründe und Ausmaß der Unruhen sind allerdings nur schwer zu erkennen. Jedenfalls wurde Tiberius erneut nach Germanien gesandt, wo er zwischen 4 und 6 n. Chr. wieder zu größeren Eroberungszügen schritt. Wenn VELLEIUS PATERCULUS (2,104,2) von einem »gewaltigen Krieg« spricht, so wird man diese Aussage angesichts der die Leistungen des Tiberius verherrlichenden Tendenz der Schrift nicht überbewerten dürfen, und auch die Nachricht bei CASSIUS DIO (55,10a, 2), daß es kurz nach der Zeitenwende in Germanien zu Umwälzungen gekommen sei, ist angesichts der spärlichen Konkretisierung dieser allgemeinen Feststellung kaum zuverlässig einzuschätzen. Bemerkenswert ist, daß sich das Schwergewicht der Aktionen nach und nach stärker nach Süden verlagerte, in welchem Zusammenhang vermutlich auch das neu entdeckte Lager von Marktbreit am Main einzuordnen ist. An der Lippe war Haltern offenbar eine entscheidende Rolle zugedacht als einer jener Kristallisationspunkte, von denen aus Germanien langfristig durchdrungen und römischem Einfluß gesichert werden sollte (S. V. SCHNURBEIN). Nach Süden zu – im Gebiet von Mittel-, Ober- und Hochrhein – bleiben noch manche Fragen bezüglich Anlage und Datierung der Militärplätze während oder bald nach der Drususzeit zu klären. Rödgen scheint durch Bad Nauheim ersetzt worden zu sein; Straßburg könnte, muß aber nicht zeitgleich mit Haltern angelegt worden sein; Vindonissa, wo schon zur Zeit der Alpenfeldzüge eine Militäranlage vorhanden gewesen sein kann, übernahm die Rolle des 8/7 v. Chr. aufgelassenen Dangstetten – allerdings noch nicht in der Größenordnung eines Legionslagers; dieses erst ab etwa 17 n. Chr. –, was freilich nicht als Anzeichen eines Umschwenkens von einer offensiven zu einer defensiven Politik mißdeutet werden darf. Zwischen Mainz und Vindonissa gab es weitere Anlagen, für die es auch mehr oder weniger sichere archäologische Hinweise gibt. Dagegen scheint der Weg entlang der Donau noch keine ausschlaggebende Rolle gespielt zu haben. Im einzelnen bleiben Maßnahmen und Etappen der Kontrolle des Voralpenlandes bis nach Raetien hinein bis in tiberische Zeit noch ungeklärt. Insgesamt handelt es sich eher um Anzeichen einer organisatorischen Konsolidierung als um Hinweise auf geplante Großaktionen einerseits oder akute Gefährdung andererseits. Im Vordergrund von Politik und öffentlichem Interesse standen in Rom in diesem Zeitabschnitt andere Fragen: Innenpolitisch die Affären im Hause des Augustus, der zeitweise Rückzug des Tiberius aus der Öffentlichkeit, der Versuch des Princeps, seine Adoptivsöhne L. und C. Caesar als Nachfolger aufzubauen, die allerdings 2 bzw. 4 n. Chr. verstarben, sowie verschiedene Reformmaßnahmen; außenpolitisch die Verhältnisse im Osten und die Eindämmung der Macht des Marobod in Böhmen und dann die Niederschlagung des pannonischen Aufstandes durch den zurückgekehrten Tiberius.

Das Jahr 6 n. Chr. leitet VELLEIUS PATERCULUS (2,108) mit dem bekannten Satz ein: »Nichts gab es nun mehr in Germanien, was hätte besiegt werden können, außer dem Stamm der Markomannen.« Diese Markomannen waren nach den Feldzügen des Drusus aus der Maingegend in den Osten abgewandert und ließen sich in Böhmen nieder. Sie bildeten dort unter der Führung von Marobod einen beachtlichen und zunehmend stärkeren Rivalen, dem eine erhöhte Aufmerksamkeit Roms galt, die sich bis zu ersten kriegerischen Aktionen ausweitete, bevor der pannonische Aufstand der Jahre 6–9 n. Chr. einem militärischen Vorgehen von seiten Roms zunächst ein Ende setzte. Das übrige Germanien war aber offenbar nach der Äußerung des VELLEIUS PATERCULUS befriedet und unter Kontrolle. Dem widerspricht auch nicht die einleitende Feststellung des CASSIUS DIO zum Bericht über die Varus-Katastrophe (56,18,1): »Die Römer hatten ›in der Celtice‹ gewisse Teile in Besitz, nicht zusammenhängende Gebiete, sondern nur solche Bezirke, wie sie gerade unterworfen worden waren, weshalb denn auch hiervon keine Erwähnung geschah«, denn dieses kann nicht heißen, daß die Römer in Germanien sozusagen nur bestimmte Flecken kontrollierten, andere nicht. Gemeint ist vielmehr, daß die kontrollierten Gebiete eben das Germanien umfaßten, welches bis zur Weser, wenn nicht gar bis zur Elbe reichte, im Gegensatz zur *Celtice*, welche sich noch weit darüber hinaus erstreckte. Und eben diese *Germania* ist gemeint, wenn DIO weiter sagt (56,18,2): »Römische Soldaten lagen dort in Winterquartieren und begannen eben mit der Anlage von Städten. Die Barbaren selbst paßten sich den neuen Sitten an, gewöhnten sich an die Abhaltung von Märkten und trafen sich zu friedlichen Zusammenkünften. Doch hatten sie noch nicht ihre alten Gewohnheiten, ihre angeborenen Sitten, ihr früheres ungebundenes Leben und die Macht vergessen, wie sie vom Waffenbesitz kommt«, wobei die zuletzt getroffene Einschränkung deutlich den ex eventu unternommenen psycho-sozialen Erklärungsversuch des nachbetrachtenden Historikers erkennen läßt und die angeblich von den Soldaten in Gang gesetzte »Anlage von Städten« Unkenntnis und Unverständnis des Autors bzw. seiner Quelle für die Gegebenheiten verrät. Als Varus und die römische Streitmacht in den verhängnisvollen Hinterhalt gerieten, bestand aber in den Augen des Feldherrn in seinem Tätigkeitsbereich das Problem eines ungesicherten Friedens nicht, oder es schien jedenfalls nicht so zu sein, denn hier fühlte er sich offenkundig völlig sicher. Allenfalls bestand eine Gefahr im Gebiet der Elbe, die Vorsicht und Wachsamkeit angeraten sein ließen. Mit diesen Überlegungen soll nicht etwa die *neglegentia ducis* bestritten oder entschuldigt werden, es soll nur deutlich werden, daß aus den gewonnenen Erfahrungen langer Jahre nicht ohne weiteres mit einer grundlegenden Änderung der Gesamtlage im Herrschaftsgebiet zu rechnen war, und aus eben diesem Grunde traute Varus den Anzeigen eines Abfalls nicht, da sie ihm als eine der üblichen Stammesintrigen erscheinen mußten.

Es ist heute allenthalben akzeptiert, daß es bis zum Jahr 9 n. Chr. nicht zu einer offiziellen Einrichtung von Germanien als Provinz im Sinne einer Verwaltungseinheit gekommen ist. Dies besagt nicht, daß Rom nicht einen Herrschaftsanspruch erhoben hätte. Wichtigstes Zeugnis hierfür sind die berühmten Formulierungen in den *res gestae divi Augusti*, dem Tatenbericht des Kaisers AUGUSTUS, wo es heißt: »Die gallischen und hispanischen Provinzen und ebenso Germanien, soweit diese Gebiete eingeschlossen sind vom Ozean von Gades (d. i. Cádiz) bis zur Mündung der Elbe habe ich befriedet.« Die Formulierung zeigt eindeutig an, daß Germanien in dieser Zeit im rechtsrheinischen Bereich nicht den Status einer Provinz erhalten hatte. Es wird aber auch gleichermaßen Aufrechterhaltung wie Begrenzung des Herrschaftsanspruchs bis zur Elblinie deutlich.

Es kann kein Zweifel bestehen, daß die auf längere Zeiträume angelegte Germanienpolitik, die nicht eine Entscheidung mit einem Schlag anstrebte, auf dem besten Wege war und gute Chancen besaß, trotz der skizzierten Schwierigkeiten zum Erfolg zu führen.

Kalkriese und die Schlacht im Teutoburger Wald

Im Jahr 9 n. Chr. gingen drei römische Legionen zusammen mit drei Alen und sechs Kohorten zugrunde. Es ist hier nicht der Ort, den zahllosen Spekulationen über Verlauf und Örtlichkeit der Schlacht eine weitere hinzuzufügen. Die minutiöse philologische Interpretation hat jedenfalls so viel ergeben, daß einigermaßen brauchbare Hinweise nur CASSIUS DIO (56,18ff.) in Verbindung mit TACITUS (Ann. 1,61f.) – dem Bericht über den Besuch des Germanicus auf dem Schlachtfeld – entnommen werden können. Danach befand sich Varus im Cheruskerland nahe oder an der Weser, als ihm die Nachricht vom Aufstand »entfernt wohnender« Völkerstämme erwartungsgemäß zum Aufbruch bewog und ihn auf dem Wege dorthin – also an nie erreichtem Ziel – das bekannte Schicksal in einem von den Germanen gelegten Hinterhalt ereilte. Weder ist klar, wo sich jenes Lager befand, von dem Varus loszog, noch gibt es sichere Hinweise über die Zugrichtung. Aus CASSIUS DIO können wir zwar entnehmen, daß der Verzweiflungskampf der Römer mehrere Tage dauerte, während derer das Heer weiterzog – mit welchen Marschleistungen, ist allerdings völlig ungewiß –; die Angaben über Berge, Sümpfe, Wälder und Lichtungen sind aber nicht dazu geeignet, eine gesicherte Vorstellung von den tatsächlichen Verhältnissen zu vermitteln. Sie geben eine typische, damit nicht von vornherein unwahrscheinliche Situation wieder.

Nach TACITUS führte Germanicus im Jahr 15 n. Chr. seine Truppen u. a. in die entlegensten Gebiete des Bruktererlandes (*ductum ... agmen ad ultimos Bructerorum*) und verwüstete das Land zwischen Ems und Lippe, als ihn die »nicht große Entfernung« zum Teutoburger Wald (*haud procul Teutoburgiensi saltu*) bewog, das Schlachtfeld aufzusuchen. Der vorausgeschickte Caecina mußte allerdings noch genaue Erkundigungen über die Wege dorthin einholen und mit der Anlage von Wegen, Dämmen und Brücken Pionierarbeit leisten. Wo genau sich das Heer befand, ist unklar. Aus TACITUS ist lediglich zu entnehmen, daß Germanicus die Truppen in drei Säulen aufgeteilt hatte, die teils über Land marschiert waren; das Gros war mit vier Legionen und unter seiner Führung über die Nordsee und die Ems aufwärts verschifft worden. Alle Abteilungen trafen sich an einem festgelegten Platz an der Ems. Zusammengefaßt ergibt sich hieraus die schon vielfach gezogene Folgerung, daß sich Germanicus im Quellgebiet zwischen Ems und Lippe befand, als er den Abstecher zum Schlachtfeld unternahm. Man hat in der Vergangenheit über den mit dem taciteischen *haud procul* vereinbarten Radius unendlich gestritten. Es liegt zwar nicht gerade nahe, diese Angabe mit Kalkriese als dem Ort der Varus-Schlacht in Einklang zu bringen, auszuschließen ist diese indessen auch nicht. Zudem lassen die literarischen Quellen angesichts der Unbestimmtheit von räumlichen Angaben einigen Spielraum der Interpretation.

Was Kalkriese selber betrifft, so dürfte es beim derzeitigen Stand der Forschung kaum zweifelhaft sein, daß dieser Platz in irgendeinem Zusammenhang mit den Ereignissen des Jahres 9 n. Chr. und damit mit der Varus-Niederlage steht. Ob es *der* Ort der Varus-Schlacht ist, bleibt freilich ebenso noch zu klären wie zu hinterfragen ist, in welchem Umfang die rechts des Rheins operierende römische Streitmacht gleichzeitig und an einem Ort den Untergang fand. Es gibt trotz der Zuspitzung der Berichte auf einen einzigen Kampfplatz bzw. ein sehr begrenztes Kampfgebiet, wo Varus sich den Tod gab, deutliche Hinweise darauf, daß hier nicht das gesamte römische Heer – sozusagen mit Mann und Maus – vernichtet wurde, auch wenn zweifellos sein Kernbestand beund getroffen war. Beiläufig berichtet wird etwa von Soldaten, die dem Gemetzel entkamen und – teilweise – auf der Flucht erschlagen wurden (vgl. etwa VELL. PAT. 2,119,4: Flucht und Schicksal des Numonius Vala), oder auch von Gruppen bzw. kleineren Abteilungen, die sich zur Zeit der Schlacht nicht beim Hauptheer befanden (CASSIUS DIO 56,19,1: Vorwurf gegen Varus, daß er »viele seiner Soldaten« zu verschiedenen Zwecken abkommandiert hatte) und so nicht selten unabhängig von dem eigentlichen Schlachtort den Tod fanden. Wenn die bislang noch spärlichen epigraphischen Hinweise nicht trügen, waren in Kalkriese allerdings Angehörige einer Kerntruppe in die Kämpfe verwickelt, nämlich der ersten Kohorte einer Legion. Zwei inschriftliche Zeugnisse sprechen eher dafür, daß mindestens diese Kohorte als ganze oder in größeren Teilen in einen Hinterhalt geriet, als daß wir es mit einzelnen versprengten Soldaten zu tun hätten.

Ferner weist Kalkriese aus, daß hier Römer keineswegs an völlig abseitiger Stelle in verlustreiche Kämpfe verwickelt wurden. Was den Zug des Hauptheeres betrifft, so erforderte hier schon der mitgeführte Wagentroß die Benutzung entsprechender Wege. Kalkriese liegt aber an einem alten west-östlichen Verkehrsstrang, der zweifellos auch der römischen Militärführung gut bekannt war.

Kalkriese bereichert so schon jetzt ganz entscheidend unser Wissen über die Römer in Germanien in augusteischer Zeit. Fundplatz und Fundgegenstände werfen aber auch neue Fragen auf, und die gesamthistorische Einordnung bleibt erst noch von weiteren Aufschlüssen aus den laufenden und noch lange dauernden Grabungen zu erhoffen. Gegenüber einer vorschnellen und euphorischen Gleichsetzung des Geländes mit *dem* Ort *der* Varusschlacht ist vorerst Zurückhaltung angetan, aber die bisher gewonnenen Erkenntnisse sind sehr wohl dazu angebracht, in ihrem Licht die Vorgänge des Jahres 9 n. Chr. erneut zu durchdenken.

Kontinuität und Diskontinuität: Römische Germanenpolitik zwischen 9 n. Chr. und 16/17 n. Chr.

Es kann kein Zweifel bestehen, daß die Varus-Katastrophe als solche nicht eine Kehrtwendung hinsichtlich der grundsätzlichen Ziele römischer Germanenpolitik mit sich brachte. Dieses schon deshalb nicht, weil Augustus und Tiberius als sein Feldherr und später als Kaiser allein aus innenpolitischen Gründen an der allgemeinen politischen Zielsetzung festhalten mußten. Der rasche Ersatz der drei untergegangenen Legionen durch deren doppelte Anzahl und damit einhergehend die Erhöhung der rheinischen Truppenmacht auf die stattliche Stärke von nunmehr 8 Legionen – fast ein Drittel des Gesamtbestandes des römischen Heeres –, die Beibehaltung eines umfassenden Oberkommandos in der Hand eines Angehörigen der kaiserlichen Familie, aber auch die noch von Augustus dem Germanicus zugestandene imperatorische Akklamation wegen seiner militärischen Erfolge in Germanien zeigen, daß an eine Änderung der Strategie: Sicherung von Gallien durch strikte Kontrolle oder gar Einverleibung des germanischen Gebietes bis zur Elbe nicht gedacht war. Entsprechend nimmt sich dieses auch im Tatenbericht des Augustus mit Betonung der Elbe als Grenze aus. Folgerichtig hat auch Tiberius zunächst die alte Politik und militärische Taktik gegenüber Germanien fortgeführt. Sein Handeln war nur vorsichtiger, er schonte vor allem das Heer und trug damit den Gegebenheiten besser Rechnung als Varus und teilweise auch der ihm nachfolgende Germanicus. Tiberius wußte, daß auf Dauer nur ein abgewogenes Vorgehen militärischer und vor allem politischer Art erfolgreich sein konnte. Dieses entsprach langjähriger Erfahrung römischer Germanenpolitik. Darüber hinaus wirkten sich zeitweise andere Faktoren auf die Germanenpolitik aus, wie der Herrschaftswechsel in Rom und die Meuterei der niederrheinischen Truppen, die zu erneuerter Disziplin und Gehorsam gebracht werden mußten, zu welchem Zweck wohl in erster Linie der Marserfeldzug des Jahres 14 n. Chr. unternommen wurde.

Anders erscheint dieses allerdings in der historischen Sicht des TACITUS innerhalb seiner Annalen. Für ihn beginnt nach der Varus-Niederlage eine neue und defensive Phase der germanischen Grenzpolitik, die er nicht ausschließlich, aber doch in besonderem Maße dem Tiberius als Feldherr und später als Kaiser anlastet und dem er das rühmliche, an altrömischen Prinzipien orientierte Vorgehen des Germanicus in der Zeit zwischen 14 und 16/17 n. Chr. gegenüberstellt. Für TACITUS bricht daher mit der Wiederaufnahme ausgreifender Feldzüge durch Germanicus nach einer Unterbrechung von mehreren Jahren für kurze Zeit noch einmal eine einheitliche Phase der Germanienpolitik an, welche – an frühere Vorbilder anknüpfend – sich von der unmittelbar voraufgehenden und später wieder folgenden in Zielsetzung und Stil positiv unterscheidet. Diese Sicht teilen offenkundig andere und z. T. zeitgenössische Geschichtsschreiber wie VELLEIUS PATERCULUS, STRABO und vermutlich auch CASSIUS DIO nicht, welche ganz selbstverständlich von der Einheit und Zusammengehörigkeit des römischen Vorgehens und der demselben zugrundeliegenden Zielsetzung vor und nach der Varus-Niederlage bis in die Zeit des selbständigen Kommandos des Germanicus ausgehen.

Das zu Beginn der Annalen in der Übersicht über die innere und äußere Lage des Imperiums beim Tod des Augustus getroffene Urteil des TACITUS, daß es »damals nirgends mehr Kriege gab außer demjenigen gegen die Germanen, der aber mehr geführt wurde, um die Schande jenes unter Varus' Kommando verlorenen Heeres wiedergutzumachen, als zu dem Wunsche, das Reich noch zu vergrößern oder in Erwartung eines entsprechenden Gewinns« (TAC. Ann. 1,3,6), läßt ebenso die kritische Grundeinstellung des Historikers erkennen wie seine an anderer Stelle (Ann. 4,32,2f.) im Rahmen eines Exkurses über Aufgaben und Gegenstand seiner Geschichtsschreibung getroffene Feststellung, daß diese Aufgabe beschränkt und unrühmlich sei, weil tiefer oder doch wenig gestörter Friede herrschte, die Verhältnisse in Rom trübselig waren und der Princeps keine Neigung hatte, das Reich weiter auszudehnen. Mit dem letzten Urteil dürfte er sich in Einklang befunden haben mit einem großen Teil einer auf Ausdehnung des Imperiums erpichten Öffentlichkeit, und insbesondere mit senatorischen Kreisen, welche sich den ideologischen Vorstellungen eines Germanicus verbunden fühlten. Diese ins Grundsätzliche verallgemeinerte Sicht des TACITUS läßt sich mit den erkennbaren Zielsetzungen römischer Germanienpolitik in der Zeit unmittelbar nach der Varus-Katastrophe allerdings schwerlich in Einklang bringen.

Als aber der ehrgeizige Germanicus – offenbar seinem leiblichen Vater Drusus als Vorbild nachstrebend – eine eher vorsichtige und auf langfristigen Erfolg angelegte Politik, die dennoch ihr letztes Ziel nicht aus dem Auge verlor, verließ und – wie bekannt, weitgehend erfolglos – wieder zu militärisch groß angelegten und weiträumigen Aktionen überging, um Germanien bis zur Elbe militärisch zu unterwerfen, was ihn und sein Heer mehrfach in allergrößte Gefahr brachte, wurde Germanicus von

Tiberius abberufen, scheinbar aus Neid, wie TACITUS meint, in Wirklichkeit aber in richtiger und abgewogener Abschätzung des unter den gegebenen Umständen Erreichbaren und mindestens kurzfristig Möglichen. SUETON folgt dem taciteischen Interpretationsschema, wenn er rückblickend zum Verhältnis des Tiberius zu Germanicus feststellt (SUET. Tib. 52,2): »Gegen Germanicus trieb er (d. h. Tiberius) seine Mißgunst so weit, daß er dessen glänzende Erfolge als völlig nutzlos hinstellte und dessen ruhmvolle Siege als für den Staat verderblich schalt.« In einem Schreiben an Germanicus wies Tiberius darauf hin, daß er selber *plura consilio quam vi*, d. h. mehr durch überlegtes Planen als militärische Gewalt, erreicht habe. Vielleicht war es auch Tiberius selber, der einen außenpolitischen Grundsatz der besseren Legitimation wegen als Vermächtnis des sterbenden Augustus ausgab, nämlich das bei TACITUS (Ann. 1,11,4) überlieferte *consilium coercendi intra terminos imperii*, d. h. den Rat, das Reich innerhalb der bestehenden Grenzen zu belassen. Auf Germanien bezogen, bedeutete dieses freilich noch nicht die völlige Aufgabe des Herrschaftsanspruchs bis zur Elbe, aber doch das mindestens vorläufige Zurückschrauben der konkreten Zielsetzungen auf die Zeit vor dem älteren Drusus, nämlich militärische Sicherung von Gallien an der Rheinfront mittels einer Kastellkette, deren Besatzungen nötigenfalls auch in Innergallien tätig werden konnten und – wie sich bald zeigte – auch mußten; dazu informelle und politische Kontrolle des Vorfeldes statt formeller Annexion, was gelegentliche militärische Machtdemonstrationen oder auch kriegerisches Vorgehen, wo nötig, nicht ausschloß. Germanicus feierte noch in Rom im Jahr 17 n. Chr. seinen Triumph *de Cheruscis Chattisque et Angrivariis quaeque aliae nationes usque ad Albim colunt* (über Cherusker, Chatten und Angrivarier und welche anderen Stämmen bis hin zur Elbe siedelten [TAC. Ann. 2,41,2]), was TACITUS zu dem bissigen Kommentar veranlaßte: »Man nahm den Krieg als beendet an, weil Germanicus verhindert worden war, ihn zu beenden.« Tatsächlich aber ging mit der Abberufung des Germanicus im Jahr 17 n. Chr. jene Umorientierung einher, die TACITUS bereits für die spätaugusteische Zeit postuliert hatte. Die Rückgewinnung von militärischen Signa, die in der Varus-Katastrophe verlorengegangen waren, bot den gewünschten propagandistischen Rahmen, um – ähnlich wie bei der Rückgabe der verlorenen Feldzeichen durch die Parther an Augustus 20 v. Chr. – das Gewollte als erreicht ausgeben und feiern zu können. Als Germanicus im Jahr 19 n. Chr. im Osten des Reiches starb, wurden – wie wir aus TACITUS (Ann. 2,85) und jetzt in Einzelheiten aus der sogenannten *Tabula Siarensis* wissen – u. a. Ehrenbögen in Rom, am Rheinufer und in Syrien errichtet, auf denen seine Taten inschriftlich festgehalten und die Rückgabe der Feldzeichen von den Germanen gefeiert wurde. Der Ehrenbogen in Rom im Circus Flaminius war ausgerichtet auf eine Statuengruppe des *divus Augustus* und der *domus Augusta*, um so die – vermeintliche – Kontinuität mit der Politik des ersten Princeps aufzuzeigen. Der Bogen »am Rhein« sollte eine Statuenbekrönung erhalten, in der ähnlich wie bei dem aus Anlaß der Wiedergewinnung der Partherfeldzeichen errichteten Bogen für Augustus oder der Darstellung auf der Panzerstatue des Augustus von Primaporta die Rückgabe der Feldzeichen von den Germanen gefeiert wurde. Beide Male reichte die Rückgabe aus, um einen endgültigen Sieg zu propagieren. Im zugehörigen Senatsbeschluß, der als monumentale Inschrift und damit als verbindliche Äußerung den stadtrömischen Bogen schmückte, wurden die Ehrungen damit begründet, daß Germanicus nach Überwindung der Germanen im Krieg, ihrem Fernhalten von Gallien, ferner nach Wiedergewinnung der *signa militaria* und Rache für eine schändliche Niederlage für den Staat den Tod erlitten habe. Dieses klingt bescheidener als das, was TACITUS anläßlich des Triumphes berichtet. Gleichwohl wurde die Germanienpolitik noch als offene Frage begriffen, wofür das noch bis gegen Ende des 1. Jahrhunderts dauernde Provisorium der beiden rheinischen Militärbezirke zeugt, das erst um 83 n. Chr. in die endgültige Provinzeinrichtungen *Germania inferior* und *Germania superior* überführt wurde, doch tritt fortan das nicht erreichte Ziel einer Unterwerfung zurück. Militärischer Ruhm war nach der propagandistisch aufgemachten siegreichen Beendigung des Germanenkrieges eher an anderen Fronten zu gewinnen, so etwa in Britannien.

Längerfristig zeigte sich die überlieferte Maxime als keineswegs falsch, die lautete: *Germanos discordiis suis relinquere* (daß man die Germanen ihren inneren Streitigkeiten überlassen solle.) Das Schicksal der Cherusker und dabei insbesondere des Arminius legt hierfür beredtes Zeugnis ab. Die Varus-Katastrophe als solche brachte im Hinblick auf die römische Germanienpolitik allenfalls eine Fermate, keinesfalls aber eine Zäsur. Mit der durch kaiserlichen Entscheid veranlaßten Abberufung des Germanicus ging mittelfristig allerdings ein vermindertes Interesse an der Gewinnung eines Germanien bis zur Elbe einher. Aber es bestand dazu auch keine Notwendigkeit, um den Schutz der in Besitz genommenen römischen Gebiete zu gewährleisten. In Germanien war es vergleichsweise ruhig; das Schwergewicht verlagerte sich schon bald von der

Rheinfront auf die Front an mittlerer und unterer Donau. Daß es letztlich nicht zu einer Romanisierung des germanischen Gebietes bis zur Elbe kam, steht jedenfalls zumindest nicht primär mit der Varus-Katastrophe in Zusammenhang.

Literatur

ASSKAMP, R., *Das südliche Oberrheingebiet in frührömischer Zeit. Forsch. und Ber. zur Vor- und Frühgesch. Baden-Württemberg 33. Stuttgart 1989.*

BECK, H. (Hrsg.), *Germanenprobleme in heutiger Sicht. Berlin/New York 1986.*

GECHTER, M., *Die Anfänge des Niedergermanischen Limes. Bonner Jahrbücher 179, 1979, 1–129.*

LEHMANN, G. A., *Zum Problem des römischen »Verzichts« auf die Okkupation Germaniens – von der Varus-Katastrophe 9 n. Chr. zu den »res gestae« des Germanicus Caesar in der Tabula Siarensis (19 n. Chr.). In: Die römische Okkupation nördlich der Alpen zur Zeit des Augustus. Kolloquium Bergkamen 1989. Bodenaltertümer Westfalens 26. Münster 1991, 217–228.*

V. PETRIKOVITS, H., *Rheinische Geschichte I 1: Urgeschichte und römische Epoche. Düsseldorf ²1980.*

V. SCHNURBEIN, S., *Zur Geschichte der römischen Militärlager an der Lippe. 62. Ber. Röm.-Germ. Kommission 1981, 5–101.*

SCHÖNBERGER, H., *Die Truppenlager der frühen und mittleren Kaiserzeit zwischen Nordsee und Inn. 66. Ber. Röm.-Germ. Kommission 1985, 321–497.*

TIMPE, D., *Der Triumph des Germanicus, Untersuchungen zu den Feldzügen der Jahre 14–16 n. Chr. in Germanien. Bonn 1968.*

TIMPE, D., *Arminius-Studien. Heidelberg 1970.*

TIMPE, D., *Geographische Faktoren und politische Entscheidungen in der Geschichte der Varuszeit. In: Arminius und die Varusschlacht. Tagungsband der Vorträge in Osnabrück. Paderborn 1993 (im Druck).*

WELWEI, K.-W., *Römische Weltherrschaftsideologie und augusteische Germanienpolitik. Gymnasium 93, 1986, 118–137.*

WOLTERS, R., *Römische Eroberung und Herrschaftsorganisation in Gallien und Germanien. Bochum 1990.*

Informative Übersichten über Geschichte, Kultur, Wirtschaft und insbesondere die Über-reste enthalten:

HORN, D./HERRMANN, F.-R. (Hrsg.), Die Römer in Nordrhein-Westfalen. Stuttgart 1987.

BAATZ, D./HERRMANN, F.-R. (Hrsg.), Die Römer in Hessen. Stuttgart [2]1989.

CÜPPERS, H. (Hrsg.), Die Römer in Rheinland-Pfalz. Stuttgart 1990.

FILTZINGER, PH./PLANCK, D./CÄMMERER, B. (Hrsg.), Die Römer in Baden-Württemberg. Stuttgart [3]1986.

DRACK, W./FELLMANN, R. (Hrsg.), Die Römer in der Schweiz. Stuttgart 1988.

Henning Buck
Der Literarische Arminius –
Inszenierungen einer sagenhaften Gestalt

Wenn ich ein poet wer, so wolt ich den celebriren.
Ich hab in von hertzen lib. Hat hertzog Herman geheißen,
ist her vber den Hartz gewesen.[1]

MARTIN LUTHER in einer Tischrede, 1542

1 MARTIN LUTHER Werke, Kritische [Weimarer] Gesamtausgabe, Tischrede Nr. 5982, zit. n. ERICH SANDOW: Vorläufer des Hermannsdenkmals. In: Ein Jahrhundert Hermannsdenkmal 1875–1975, hg. v. Günther Engelbert, Detmold 1975, S. 107

Erst im 15. Jahrhundert geht von Arminius alias Hermann dem Cherusker wieder die Rede, nachdem ursprünglich nur antike Überlieferungen den *liberator germaniae* vorstellten. Jetzt aber, zu Zeiten der italienischen Renaissance, des wachsenden Interesses an der Antike, der Überwindung mittelalterlicher Scholastik, der Entfaltung eines neuen Humanismus und der Reformation häufen sich die Mitteilungen aus der Vorzeit: In Rom war 1455 der ethnographische Bericht des Konsuls und Geschichtsschreibers PUBLIUS CORNELIUS TACITUS »De origine et situ Germanorum« aus dem Jahr 98, kurz: die ›Germania‹, wieder aufgetaucht, und zwar in einer aus dem Hersfelder Kloster stammenden Abschrift des 10. Jahrhunderts, also dem Säkulum der Begründung des Hl. Römischen Reiches Deutscher Nation. 1473 wird sie in Nürnberg gedruckt.

Aus Paris war seit 1470 ein Abriß der römischen Kriegsgeschichte des LUCIUS ANNAEUS FLORUS erhältlich; 1505 findet man verschollen geglaubte Kapitel der »Annales« des TACITUS im Kloster Corvey. Diese Schrift liefert weitere Berichte über die Feldzüge des Germanicus in den Jahren 14 bis 16 und deren Vorgeschichte mit der Varus-Niederlage. In einem elsässischen Kloster hatte sich auch eine Schrift des römischen Hauptmanns VELLEIUS PATERCULUS erhalten; sie wird 1520 in Basel von

Beatus Rhenanus unter dem Titel »Historiae Romanae« in Druck gegeben. Insbesondere aber die taciteischen Beschreibungen der transalpinischen Zustände in den ›Annalen‹ – 1535 in deutscher Übersetzung in Mainz mit vollständigem Titel »Der Römischen Keyser historien von den abgang des Augusti an« erschienen – wecken zusätzliches Interesse. In diesen Berichten von militärischen Widersetzlichkeiten und Disziplinierungen aus der römischen Kolonisationsperspektive gelangt ›Germanien‹, das ausgedehnt-unübersichtliche Wohngebiet barbarischer Stammesverbände, zum ersten Mal zu ideeller Einheit.

LUTHER weist das Zelebrieren dem Poeten zu, nicht dem Historiker. Wie die Gestalt Arminius' zu feiern wäre, das konnte er dem zuerst 1529 von Eobanus Hessus, 1538 von Melanchthon in Wittenberg neu herausgegebenen Arminius-Dialog ULRICH VON HUTTENS[2] entnehmen, einem lateinischen Totengespräch im Elysium, wo der Cheruskerfürst vor dem Richterstuhl des Minos für die Anerkennung als ruhmvollster Feldherr der Geschichte – noch vor dem großen Alexander, dem älteren Scipio und Hannibal – das Wort in eigener Sache führt. Die alten Helden sind zwar so einfach nicht von ihren Positionen zu verdrängen, aber die Einrichtung einer neuen Ehrenstellung hilft: Der ursprüngliche Verdacht persönlicher Macht- und Ruhmsucht gegen ihn wird entkräftet, Arminius zum ›ersten Vaterlandsverteidiger‹ berufen; die ›historische Fama‹, das Gemisch aus bezeugten Ereignissen und legendären Deutungen, ist ein Stück weit ›umgeschrieben‹, ist um das Kapitel eines deutschen Helden erweitert.

Was ULRICH VON HUTTEN, der von Kaiser Maximilian zum *poeta laureatus* beförderte Autor, humanistische Reichsritter und Abenteurer, literarisch bewerkstelligt, das hätte eine bloße Historiographie so nicht vermocht. Im Feld literarischer Fiktionalität verwandeln sich die Germanenangriffe auf die römische Kolonialmacht in das Beweismaterial einer vergleichenden Debatte über historisch-moralische Superiorität. Es gilt, die Gleichrangigkeit, wenn nicht Überlegenheit der cheruskischen (= germanischen = deutschen) Waffenfestigkeit und die daraus sich ergebenden Souveränitätsansprüche literarisch zu formulieren. Das Bedürfnis, die praktischen Ergebnisse militärischer Kräfteverhältnisse um das ideelle Problem ihrer Berechtigung (kompensatorisch) zu ergänzen, läßt sich bis zur Dolchstoßlegende im Jahr 1918 verfolgen: ›im Felde unbesiegt‹ wie die Armee Wilhelm II. soll nach TACITUS auch Arminius gewe-

2 *Arminius. Dialogus Huttenius [...]* – In deutscher Übersetzung in: ULRICH VON HUTTEN: *Die Schule des Tyrannen. Lateinische Schriften,* hg. von Martin Treu, Leipzig 1991, S. 191–206

Abb. 1
ULRICH VON HUTTEN *1488–1523, Kupferstich von* BOISSARD, *um 1600*

sen sein: »In der Schlacht hat er mit wechselndem Glück gekämpft, aber im Kriege ist er unbesiegt.«[3]

Humanisten wie Hutten, Hessus, Rhenanus und Melanchthon sind es, die die Arminius-Figur zum literarischen Leben erwecken und ihn zum explizit deutschen Mythos werden lassen. Mit Einwänden der Art: Arminius sei als Cherusker keineswegs automatisch ein Deutscher; sein Schlachtenglück sei eher in der Nachlässigkeit des Varus begründet; mit der Befreiung des Vaterlands könne es nicht weit her sein, wenn nur wenige Jahre später die Römer ihre militärische Überlegenheit machtvoll bewiesen hätten und überdies eine ganze Reihe germanischer Stämme am Rhein sich in der Rolle einer römischen Kolonialbevölkerung so unwohl nicht gefühlt habe – mit solchen Einwänden ist dem Mythos wohl begegnet worden. Zerstört haben sie ihn nicht, weil sie das, was mit Arminius zelebriert wird – die Nation – nicht getroffen haben.

Der Umstand, im Wissen um Arminius und seine Taten von der römischen Überlieferung abzuhängen, ist den Literaten kein Problem; höchst willkommen muß gerade die einheitsstiftende Perspektive der Römer sein, die sich ›den Germanen‹ gegenüber sehen; ihr Zeugnis erscheint objektiv und unverdächtig. Allerdings muß die historische Überlieferung notwendig Wünsche offen lassen, weil sie einerseits nicht besonders üppig ist, andererseits korrekterweise alle Facetten der Geschichte, also auch die dem positiven Anknüpfen eher hinderlichen, zur Kenntnis brächte. Das Bemühen – nicht nur der Humanisten – um historische Anknüpfungen und Kontinuitäten, die im Weg der Analogie eine höhere Legitimität jeweils gegenwärtiger Interessenlagen und Positionen erzeugen, wird sich also vom Historisch-Faktischen nach Kräften emanzipieren.

Wenn das Titelblatt einer 1521 von Erasmus von Rotterdam veranstalteten Werkausgabe des frühchristlichen Kirchenschriftstellers CYPRIANUS die Varusschlacht im Holzschnitt präsentiert, wobei die Darsteller im Kostüm des 16. Jahrhunderts auftreten, so stehen sich gleichzeitig zeitgenössisches reichsstädtisches Patriziertum mit vom Papsttum abtrünnigen Landesfürsten einerseits und andererseits das angefeindete Rom der Amtskirche mit seinen Parteigängern gegenüber. Daß der Holzschnitt Ambrosius Holbeins zwischen 1519 und 1523 auch andere Editionen ziert, läßt die Absicht der Darstellung, als ein universelles Sinnbild seiner Gegenwart zu gelten, erkennen.[4]

Dem Lese- und Theaterpublikum kommender Generationen begegnet Arminius wiederholt in literarischen Werken: so in NICODEMUS FRISCH-

3 TACITUS: Annales, in der Übersetzung von W. Capelle, zit. n. WERNER VÖLKER: Als die Römer frech geworden. Die Schlacht im Teutoburger Wald, Berlin 1981, S. 62 – Bei Hutten heißt es: »[...] weil du in der Tat der Befreier Germaniens gewesen bist und Krieg für die Freiheit geführt hast, sollen alle dich als den Unbesiegten bekennen [...]«; zit. n. WILHELM GÖSSMANN: Deutsche Nationalität und Freiheit. Die Rezeption der Arminius-Gestalt in der Literatur von Tacitus bis Heine. In: Heine-Jahrbuch 16 (1977) S. 71–95, hier S. 79

4 Vgl. HANNS-PETER FINK: Ein Buchtitelblatt der Renaissancezeit mit der Varusschlacht. In: Lippische Mitteilungen 55 (1986) S. 47–65, mit Abbildungen. Den gleichen Titelholzschnitt verwendet Beatus Rhenanus für die Buchausgabe der »Historiae Romanae« des VELLEIUS PATERCULUS im Jahr 1520. Und auch in dem von Luther auf der Wartburg benutzten griechischen Exemplar des Neuen Testaments, 1519 von Erasmus in Basel herausgegeben, findet sich dieser Holzschnitt, wie FINK mitteilt.

LINS »Iulius Redivivus« (1584), in JOHANN HEINRICH HAGELGANS´ »Deß thewren Fürsten und Beschürmers Teutscher Freiheit Arminii glorwürdige Thaten, Allen jungen nachwachsenden Helden, wie auch andern des Vaterlands Liebhabern zu frewdiger Aufmunterung« (1640), in »Das Friedewünschende Teutschland« von JOHANNES RIST (1647) sowie in den anonym erschienenen Visionen ›Gesichte Philanders von Sittewald‹ von HANS MICHAEL MOSCHEROSCH (mehrfach seit 1643). Hier nun wird Arminius – nachdem HUTTEN ihn noch als Neuling im Götterreich ehrenhafte Aufnahme beantragen ließ – den Nachgeborenen zusammen mit Sachsenherzog Wittekind und dem Suebenkönig Ariovist in einem deutschen ›Heldenrat‹ bereits als feste Instanz für vaterländische Gesinnung und andere altvordere Qualitäten vorgestellt.[5] Auf Basis historischer Überlieferung wird Arminius/Hermann so zum fiktionalen Rollenträger der praktischen Betätigung, Begutachtung und Bewunderung edler Persönlichkeitsmerkmale. Man machte sich daran, den Vorzeige-Charakter narrativ auszuschöpfen und auszuschmücken, wozu auch zwei französische Bearbeitungen beitragen: SCUDÉRYS »Arminius ou les frères ennemies« (1644) und eine Liebestragödie CAMPISTRONS: »Arminius« (1684).

Ein literarisches Monument von 3280 zweispaltigen Quartseiten in zwei Bänden verfaßt DANIEL CASPER VON LOHENSTEIN (1635–1683), ein auch als historischer Schlüsselroman zu lesendes Fragment, das 1689/90 posthum erscheint. Eine ›tollgewordene Enzyklopädie‹ nennt der Dichter EICHENDORFF das Opus des Breslauer kaiserlichen Rats, Stadtsyndikus' und Barock-Romanciers, das im Titel auch seine Wirkungsabsicht kundtut: »Großmüthiger Feldherr Arminius oder Herrmann, als ein

5 *Vgl. die Nachweise in: Lippische Biblio-graphie, bearb. von* WILHELM HANSEN, *Detmold 1957, Sp. 1374–1492, sowie bei* ALFRED BERGMANN: *Kritische Beleuchtung der Lippischen Bibliographie von 1957. Eine bibliographische Studie, Det-mold 1974*

Abb. 3
DANIEL CASPER VON LOHENSTEIN
1635–1683, Kupferstich von
TSCHERNING, 1688

Abb. 4
Kupferstich-Illustration von
SANDRART in LOHENSTEINS
»Großmüthiger Feldherr
Arminius«, 1689

tapfferer Beschirmer der deutschen Freyheit, Nebst seiner Durchlauch-
tigen Thußnelda In einer sinnreichen Staats-, Liebes- und Helden-
Geschichte Dem Vaterlande zu Liebe Dem deutschen Adel aber zu Ehre
und rühmlichen Nachfolge In Zwei Theilen vorgestellet Und mit
annehmlichen Kupfern gezieret«.[6] Wie Moscherosch und Rist ist der
1670 geadelte CASPER Mitglied der ›Fruchtbringenden Gesellschaft‹, der
1640 in Weimar nach italienischem Vorbild gegründeten Gesellschaft zur
Sprachpflege mit der selbstgesetzten Aufgabe der Kultivierung deutsch-
sprachiger Literatur.

Als JOHANN ELIAS SCHLEGEL 1743 »Hermann, ein Trauerspiel« in
Gottscheds Sammlung »Die deutsche Schaubühne, nach den Regeln und
Mustern der Alten« veröffentlicht, ist barocker Überschwang nicht mehr
gefragt. Mit dem aufklärerischen Anspruch auf formstrenge Vorbildhaf-
tigkeit von Literatur und Theater im Zeichen klassizistischer Poetik wird
ernstgemacht – hier mit der Problematisierung sittlichen Handelns in
einem Bruderkonflikt zwischen dem römertreuen Flavius und dem auf-
begehrenden Arminius.

Auch der 29jährige JUSTUS MÖSER, schriftstellernder Osnabrücker
Advokat, orientiert sich an rationalistischen, Gottschedischen Forderungen, wenn er das Kalkül der Wahl des Titelhelden seines 1749 vorgelegten »Arminius. Ein Trauerspiel« so begründet:

»Ich habe also wenigstens in diesem Stücke gegen die poetische Klug-
heit nicht gefehlet, da ich einen Held der Schaubühne von neuem gewid-
met, dem Altertum, Wahrheit und Vorurteil längst eine allgemeine Ehrfurcht zuwege gebracht haben. Ich kann auch wahrscheinlich hoffen, daß
der deutsche Zuschauer ihm vor einem Griechen oder Römer gewogen
sein werde, da es der vernünftigen Ehrbegierde eines jeden Volks schmei-
chelt, solche Helden erzeuget zu haben, die ihm und einer ganzen Welt-
zeit Ehre bringen.«[7]

Im Ringen zwischen verschworener Sippentreue, ausgemacht gutem
Führerwillen und den Mächten eines tragischen Schicksals klingt bei
MÖSER zugleich das große politische Thema des 18. Jahrhunderts an: wie
die auseinanderstrebende Partikularität der vielen Landesfürsten in der
Sicht der Aufklärer den einheitlichen politischen Willen zur Nation
blockiert, so war Arminius durch Mißtrauen, Neid und mangelnde Einsicht anderer Stammesführer daran gehindert, vom erfolgreichen Feldherrn zum politischen Führer zu werden.[8] Auch die zugehörige Debatte
der literarischen und gelehrten Welt um die Gültigkeit der angesehenen
französischen Literatur- und Theatertheorien und -traditionen im

6 Faksimile-Neudruck, Hildesheim 1968

Abb. 5
JUSTUS MÖSER 1720–1794,
Kupferstich von SCHLEUEN nach
Gemälde von HOWIND, 1774
(Ausschnitt)

7 *Arminius. Ein Trauerspiel. Von J. Möser,*
Advoc. Patriae, Secret. der H. Ritterschaft
des Hochstifts Oßnabr. und Mitglied der
Königl. deutschen Gesellschaft zu Göttin-
gen. Hannover und Göttingen 1749, Vor-
rede – Zit. n.: Justus Mösers Sämtliche
Werke, Historisch-kritische Ausgabe in 14
Bänden, hg. v. der Akademie der Wissenschaften in Göttingen, Bd. 2, Oldenburg
u. a. 1981, S. 117–209, hier S. 121

8 »Ein Deutscher: *Armin ist unser Herr;*
ein Herr, der uns gefällt; Ein Herr, den, wär
ers nicht, wir stündlich wieder wählten. Ich
wüßt auch nicht, wo uns der Freiheit
Früchte fehlten. Wir sind und handeln frei;
doch nach Vernunft und Recht. Heißt dieses
knechtisch sein: so bin ich auch ein Knecht
[…]« – ebd. S. 189

Gegensatz etwa zum Theater Shakespeares zeichnet sich ab.[9] Bei allem Streit über literarische Versform und höfisch-verfeinerte *versus* heldenhaft-derbe Umgangsform ist aber eines Konsens: vor allem deutsch sind künftig die Helden, an deren leuchtendem Beispiel die Merkmale gehobener Tugend vorgeführt und durchgespielt werden. Die von TACITUS bescheinigte Rohheit der Germanen kann nicht die ganze Wahrheit sein: Man darf mit MÖSER vielmehr annehmen, »daß die Vornehmen unter ihnen […] ebenso feine Empfindungen, als die Römer gehabt, und dieselben bey ihren Handlungen ausgebildet haben.« Überdies muß der Dichter in der Schilderung vorbildlicher Helden ganz prinzipiell das Recht in Anspruch nehmen, »allemahl das würdigste in ihren Handlungen anzunehmen«.[10]

Als Symbolfigur vaterländischer Tugenden, altdeutscher Heldengesinnung und somit eigenständiger Nationalkultur bringt auch FRIEDRICH GOTTLIEB KLOPSTOCK seinen (eingedeutschten) Arminius zu Gehör, zuerst in der Ode »Hermann und Thusnelda« (1752), später in Form dreier ›Bardiete‹, jener dichterischen Kunstform, die an die von Tacitus überlieferten germanischen Schlachtgesänge *(barditus)* anknüpfen soll. »Hermanns Schlacht« (1769), »Hermann und die Fürsten« (1784) und schließlich »Hermanns Tod« (1787) schlagen nicht nur einen neuen lyrisch-deklamatorischen Ton in der Schilderung des Geschehens zwischen Varusschlacht und der Ermordung Hermanns an. Sie wirken nicht nur besonders opernhaft-stilisiert in der Größe der zum Ausdruck gebrachten Gefühle. Sie entwickeln aus dem Stoff glänzende Beispiele eines Idealpatriotismus, einer Vaterlandsliebe, die im Grad ihrer unbedingten Hingabe für die gemeinsame nationale Sache alle ständisch-feudalen Partikularinteressen in der Gesellschaft des 18. Jahrhunderts blamiert. So fließt in KLOPSTOCKS Bardieten auch ständig Blut, das die Bereitschaft zur freudigen Hingabe des eigenen Lebens unter Beweis stellt. Hermanns Vater Siegmar im Sterben:

»Aber singt mir nun das Lied derer, die ihr Vaterland mehr als ihr Leben liebten. Denn ich sterbe!

Alle: O Vaterland! o Vaterland! Mehr als Mutter, und Weib und Braut! Mehr als blühender Sohn Mit seinen ersten Waffen!«[11]

Das Opfer, das immer wieder gebracht wird, erweist sich geradewegs als tugendhaftes Bedürfnis. Beim Verbinden einer Armverletzung ruft Hermann selbstbewußt aus: »Nicht so fest. Es erfrischt mich, wenn ich nachblute. Ich habe schon diese Tage her nichts als Feuer in den Adern gehabt.«[12] Nicht von ungefähr kommt KLOPSTOCK ein Gedanke; brief-

9 Vgl. die anonyme satirische Replik des Zürchers JOHANN JACOB BODMER: »Arminius-Schönaich, ein episches Gedicht. Von Hermannfried« (1756) auf das Stück des Gottschedianers Freiherr VON SCHÖNAICH: »Hermann oder das befreyte Deutschland, ein Heldengedicht« (1751)

10 JUSTUS MÖSER: Arminius. Ein Trauerspiel, [Vorrede] a. a. O., S. 121, S. 126 und S. 120

11 zit. n. GÖSSMANN, a. a. O., S. 81

12 Hermanns Tod. In: F. G. KLOPSTOCK. Ausgewählte Werke, hg. von K. A. Schleiden, München 1962, S. 801–872, hier S. 803

Abb. 6
FRIEDRICH GOTTLIEB KLOPSTOCK 1724–1803, Kupferstich von KLINKER nach JUEL, 1789

273

Abb. 7
»Hermanns Schlacht«. Kupfer-
stich nach SCHNORR VON
CAROLSFELD, *in: Klopstocks*
Sämmtliche Werke, 1823

lich gibt er im Juli 1770 dem eben nach Sachsen aufbrechenden Freund Ebert mit auf den Weg:

»Vergessen Sie ja nicht, mich S. Durchl. dem Erbprinzen zu empfehlen. [...] Wenn ich der Erbprinz wäre, so ließe ich Hermanns Schlacht unter freyem Himmel im Harz, just auf einem solchen Felsen am Thale der Schlacht, als zum Schauplatz angegeben ist, aufführen, u lüde, ausser einigen Kennern, auch einige preußische Bataillons, die sich im letzten Kriege besonders hervorgethan hätten, dazu ein.«[13]

13 FRIEDRICH GOTTLIEB KLOPSTOCK. Werke und Briefe, [Hamburger] Historisch-kritische Ausgabe, Bd. 5.1., Berlin/New York 1989, S. 236

Wie abstrakt gleichzeitig KLOPSTOCK seinen Patriotismus als eine universell mögliche Geisteshaltung aller Zeitgenossen – ob klein oder groß – denkt, zeigt neben seiner verehrenden Adressierung an einzelne Fürsten, die ihm als Förderer seiner Kunst, aber auch als Lichtgestalten national-politisch besseren sittlichen Willens gelten, auch die empfindsame Dedikation des Bardiets »Hermanns Schlacht« an den Kaiser Joseph II., auf dem seine Hoffnungen ruhen:

»Ich übergebe Unserem erhabenen Kaiser dieses vaterländische Gedicht, das sehr warm aus meinem Herzen gekommen ist. Nur Hermann konnte seine Schlacht wärmer schlagen. Sie, gerecht, überdacht, und kühn, wie jemals eine für die Freyheit, und deutscher, als unsre berühmtesten, ist es, die gemacht hat, daß wir unerobert geblieben sind.«[14]

14 zit. n. GÖSSMANN, a. a. O., S. 82

Nationale Unabhängigkeit wird nun mehr und mehr zum Topos für eine staatsbürgerliche Mängelrüge an die feudalen Landesautoritäten. Nationalstaatlichkeit aber ist etwa in der Zeit des Siebenjährigen Krieges mit seinen supranationalen Koalitionen und Personalunionen politisch weder im Bereich des Möglichen noch Ziel relevanter Bestrebungen. Der Patriotismus im Kostüm altvorderer Germanenherrlichkeit – mit nordisch raunenden Barden wie z. B. der vielgefeierten literarischen Kunstfigur des keltischen Sängers Ossian – ist (neben einem Modevergnügen der Zeit) auch eine überbordende Utopie der Einheit von Individuum und Staat, mit der sich die bürgerliche Welt ihre wachsende Bedeutung in der Ständegesellschaft rückwärtsgewandt, aber selbstbewußt bebildert.

Nationale Unabhängigkeit – das wird schließlich auch der Stachel, der unter napoleonischer Herrschaft die Beleidigten zur Empörung treibt. Zum ersten Mal wird da ein ›Volkskrieg‹ geführt, nicht um Herrscherdynastien zu retten, sondern als ›Freiheitskrieg‹ ausgegeben, in dem wehrfähigen Bürgern nationalpolitische Taten möglich werden.

Abb. 8
»Hermann. Entwurf eines kolossa-
len Denkmals«, Kreidezeichnung
von KARL FRIEDRICH SCHINKEL,
um 1814/15

HEINRICH VON KLEIST will dazu aufrüttelndes ›Fronttheater‹ machen: 1808 verfaßt er die »Hermannsschlacht«, die den Mythos mit der tagespolitischen Situation kurzschließt, Römer zu Franzosen, Cherusker zu Preußen werden läßt und den Marsch auf Paris vordenkt: »Vor dieser Mordbrut keine Ruhe, Als bis das Raubnest ganz zerstört, Und nichts, als eine schwarze Fahne, Von seinem öden Trümmerhaufen weht!«

Nicht länger ist Hermann bloß edeldenkend, sondern politisch selbstbewußt, tatkräftig und wirkungsvoll. Das Ideal machtvoller Effektivität bestimmt dramatisch auch die rational in den Griff genommene Gefühlskultur: Wenn Weib Thusnelda für einen römischen Centurio und Retter eines germanischen Kinderlebens an Hermanns Gnade und Barmherzigkeit appelliert – »Er hätte kein Gefühl der Liebe dir entlockt?« – stellt dieser klar:

»Er sei verflucht, wenn er mir das getan! Er hat, auf einen Augenblick, Mein Herz veruntreut, zum Verräter An Deutschlands großer Sache mich gemacht! [...] Ich will die höhnische Dämonenbrust nicht lieben! So lang sie in Germanien trotzt, ist Haß mein Amt und meine Tugend Rache.«

Zur Aufführung des Dramas, das, wie er 1809 schreibt, »einzig und allein auf diesen Augenblick berechnet war«[15], kommt es zu KLEISTS Lebzeiten nicht mehr; eine vaterländisch wehrertüchtigende Wirkung – auch als Schullektüre – kann sich erst bei späteren Waffengängen entfalten.

Doch vorderhand kehrt Hermann erst einmal wieder in die Salons ein. Die Adaption des Stoffes für ein neu entstehendes literarisches ›Unterhaltungsgenre‹, für romantische Ritter- und Heldendichtungen, bietet sich an. Zu nennen ist FRIEDRICH DE LA MOTTE-FOUQUÉ, der für den von ihm auf 20 bis 30 Bände geplanten »Altsächsischen Bildersaal« die Wiederkehr des Cheruskers betreibt. Den ersten Band der Reihe bildet 1818 das mit viel Fabulierkunst – das Manuskript hat 344 Seiten – entstandene Werk »Herrmann, ein Heldenspiel in vier Abentheuern«: Es »braucht den Vergleich mit anderen Hermannsdichtungen [...] nicht zu scheuen« (ARNO SCHMIDT).[16] Von AUGUST VON KOTZEBUE erscheint im Jahr seiner Ermordung und der Karlsbader Beschlüsse gegen die Umtriebe der Demagogen »Hermann und Thusnelde. Eine heroische Oper in drei Acten« (1819).

Ein »Genre- und Bataillenstück« möchte der Detmolder CHRISTIAN DIETRICH GRABBE mit seiner 1835 entstandenen »Hermannschlacht« nicht geliefert haben. Gleichwohl verweist die Absicht, dem Stück lippi-

15 HEINRICH VON KLEIST: Die Hermannsschlacht. Ein Drama [1808]. Zit. n. HEINRICH VON KLEIST. Dramen 1808–1811, unter Mitwirkung von Hans Rudolf Barth hg. von Ilse-Marie Barth und Hinrich C. Seeba, Frankfurt 1987, S. 447–515; hier: S. 554, 5. Akt, Letzter Auftritt, und S. 515, 4. Akt, 9. Auftritt. Vgl. auch den Kommentar S. 1058–1146, Briefzitat hier S. 1064

16 ARNO SCHMIDT: Fouqué und einige seiner Zeitgenossen. Biographischer Versuch, Bargfeld und Zürich 1987, S. 386

sches Kolorit zu verleihen – »alle Thäler, all das Grün, alle Bäche, alle Eigenthümlichkeiten der Bewohner des lippischen Landes […] darin grünen, rauschen und sich bewegen« zu lassen – ebenso wie der spielerische Gedanke, »wo möglich mit einem Chor altdeutscher Burschen auf der Grotenburg als närrische Folie«[17] zu operieren, auf die neue ›Doppelbödigkeit‹ im Umgang mit der Arminius-Figur: Der Stoff ist selbst zur Folie geworden, ist als ›historische Gewandung‹ verfügbar gemacht. GRABBES Hermannsschlacht wirkt wie ein Zeitstück, sein Titelheld oft wie ein Zeitgenosse, der in historischer Verkleidung nicht seinen Mitspielern, sondern dem Publikum Reflexionen auf politische Entwicklungen und Umstände mitteilt. Die Wirklichkeit der Reaktion und des Deutschen Bundes klingt an, wenn parabelhaft das mangelnde Bewußtsein der Deutschen von der ihnen gemeinsamen Nation zum Thema wird:

»Hermann: Deutschland! Einige in seinem Heer: Er spricht oft davon. Wo liegt das Deutschland eigentlich? *Einer:* Bei Engern, wie ich glaube, oder irgendwo im kölnischen Sauerlande. *Zweiter:* Ach was! es ist chattisches Gebiet. Hermann: Und du kennst deinen Namen nicht, mein Volk? *Stimmen:* O ja, Herr – wir sind Marsen, Cherusker wir – Brukterer, Tenkterer – *Hermann:* Schlagen wir jetzt und immer nur gemeinsam zu und die verschiedenen Namen schaden nicht.«[18]

Die Arminius-Figur ist zum präsenten Topos geworden. Im Jahr 1814 schon hatte sich eine »Zeitschrift von und für Westfalen« den Titel »Hermann« gegeben; die Hermannsschlacht wird 1842 auf Geheiß des bayerischen Königs im Giebelfeld der an der Donau neuerrichteten Walhalla in Stein verewigt; die Pläne zur Denkmalserrichtung im Teutoburger Wald sind seit 1836 im Gange, Spendenaufrufe weithin publik gemacht. Aus dem genremäßigen, zitathaften Umgang mit der Arminius-Gestalt ergibt sich aber – als dessen Kehrseite – auch die Möglichkeit des ironischen Bezugs auf die Figur. Das aus den verschiedenen Facetten Arminius/Hermanns, aus seinem zunehmenden ›Eigenleben‹ als Mythos sich ergebende, vielfach vermittelte Verhältnis des Publikums zu ihm zeigt, daß Arminius/Hermann ›in die Jahre gekommen ist‹, noch bevor er als Denkmal seine volle Kolossalgröße erhält.[19] Wenn z. B. HEINRICH HEINE, während der Schulzeit mit der Überlieferung ausgiebig vertraut gemacht, über den längst verblichenen Lessing sagt, er »war der literarische Arminius der unser Theater von jener Fremdherrschaft befreyte«,[20] so macht die Analogie zur Heldentat aus grauer Vorzeit die sicherlich

17 Vgl. den Aufsatz von BODO PLACHTA: Christian Dietrich Grabbes »Hermannsschlacht«. Geschichte und Literatur im Spannungsfeld von Regionalismus und Nationalismus. In: Wirkendes Wort, H. 2/1989, S. 205–218, Briefzitate hier S. 205f. und S. 210

18 Zit. n. PLACHTA, ebd. S. 211f.

19 Kritische Stellungnahme gegen die politische Mythenbildung mit Hilfe der Figur des Cheruskerfürsten hatte es bereits im 18. Jahrhundert z. B. von WIELAND, GOETHE und LENZ gegeben; vgl. ROLF CHRISTIAN ZIMMERMANN: Die kritische Replik der deutschen Spätaufklärung und Klassik auf Arminius-Enthusiasmus und Germanenutopie der Epoche. In: Wolfgang Wittkowski (Hg.): Verantwortung und Utopie. Zur Literatur der Goethezeit. Ein Symposium, Tübingen 1988, S. 109–133

20 Zit. n. WINFRIED WOESLER: »Enkel Hermanns und Thusneldens«. In: »Stets wird die Wahrheit hadern mit dem Schönen«. Festschrift für Manfred Windfuhr zum 60. Geburtstag, hg. von Gertrude Cepl-Kaufmann u. a., Köln, Wien 1990, S. 221–233; hier S. 223. – Vgl. die dort dargestellte ironische Stellung Heines zur zeitgenössischen »Germanomanie« in den Versepen »Deutschland. Ein Wintermärchen« und »Atta Troll« sowie die entsprechenden Hinweise auf Immermann, Freiligrath u. a. – Vgl. auch früher GÖSSMANN, a. a. O.

anerkennende, zugleich aber eine ironisch relativierende Absicht kenntlich.

Das Moment der Enttäuschung über die politischen Entwicklungen nach 1815, der Restauration bzw. Fortdauer ständegesellschaftlicher Verhältnisse lassen ein ungebrochenes Verhältnis zum symbolischen Hoffnungsträger, dem Befreier Hermann, schließlich nicht mehr zu, lassen ihn Patina ansetzen. Die positiven Zuschreibungen germanischer Qualitäten wertet Heine drastisch um und richtet sie *gegen* die Propagandisten einer als borniert erkannten Rückwärtsorientierung der ›altdeutschen‹ Bewegung; sie werden in ihrem Stolz auf die beanspruchten Germanenattribute lächerlich gemacht. Heines Erinnerung an das Wartburgfest von 1817:

»Mit welchem kleinseligen Silbenstechen und Auspünkteln diskutierten sie über die Kennzeichen deutscher Nationalität! Wo fängt der Germane an? wo hört er auf? darf ein Deutscher Tabak rauchen? Nein, behauptete die Mehrheit. Darf ein Deutscher Handschuhe tragen? Ja, jedoch von Büffelhaut [...]«[21]

Über das gemeinsame Thema der Arminius-Dichtungen – die ideelle Einheit der Nation – hinweg kommt es zum Dissens über den Inhalt die-

Abb. 9
»Die Hermannschlacht«, Stahl-
stich von CARL MAYER, in: BÖTTI-
GER, Geschichte des deutschen
Volkes und des deutschen Landes,
1836

Abb. 10.
HEINRICH HEINE 1797–1856,
Stahlstich nach Gemälde von
MORITZ OPPENHEIM, um 1840

21 HEINRICH HEINE: Ludwig Börne. Eine Denkschrift [1840], zit. n. GÖSSMANN, a. a. O., S. 89

Das ist der Teutoburger Wald,
den Tacitus beschrieben,
Das ist der klassische Morast,
Wo Varus steckengeblieben.

Hier schlug ihn der Cheruskerfürst,
Der Hermann, der edle Recke;
die deutsche Nationalität,
Die siegte in diesem Drecke.

Wenn Hermann nicht die Schlacht gewann,
Mit seinen blonden Horden,
So gäb' es deutsche Freiheit nicht mehr,
Wir wären römisch geworden!
[…]

[Aus: HEINRICH HEINE, »Deutschland. ein Wintermärchen«, XI. Caput]

ser Einheit. HEINE kennzeichnet seine Gegner: es »stehen ihnen jene mächtigen Formeln zu Gebot, womit man den rohen Pöbel beschwört, die Worte ›Vaterland, Deutschland, Glauben der Väter usw.‹ elektrisieren die Volksmassen noch immer weit sicherer als die Worte: ›Menschheit, Weltbürgertum, Vernunft der Söhne, Wahrheit…!‹ Ich will damit andeuten, daß jene Repräsentanten der Nationalität im deutschen Boden weit tiefer wurzeln als die Repräsentanten des Kosmopolitismus, und daß letztere im Kampfe mit jenen wahrscheinlich den Kürzeren ziehen, wenn sie ihnen nicht schleunigst zuvorkommen […]«[22]

22 Ebd.

In dem Maße wie die Figur dann 1875 ihre endgültige Form im Denkmal Ernst von Bandels erhält – die Fertigstellung des Denkmals ermöglichen preußische Finanzierungszusagen – wird der ›Mythos‹ Hermann flüchtig. Das verhindert weder die triumphale Einweihungsveranstaltung in Anwesenheit des Kaisers, noch die Allgegenwärtigkeit des Bildmotivs »Hermannsdenkmal« in der Folge. Das Programm des ›Mythos Hermann‹ könnte mit der Reichsgründung als eingelöst gelten, wenngleich es nicht an Bemühungen fehlt, den Cherusker zum Verkünder neuer deutscher Größe zu machen, die aber ihre Anziehungskraft nicht aus der altgermanischen Geschichte bezieht, sondern in der selbstgefälligen und siegesgewissen Anteilnahme des Publikums am imperialen Muskelspiel des deutschen Kaiserreichs. So ist es nicht mehr Arminius/Hermann, der Luthers Wunsch entsprechend »celebrirt« wird, sondern umgekehrt das waffenfeste Reich, zu dessen Ehre er ein bißchen beitragen darf. – FELIX DAHNS »Siegesgesang nach der Varusschlacht« schließt in Übereinstimmung mit der politischen Tagesordnung mit der Strophe: »Heil dem Helden Armin! Auf den Schild hebet ihn, Zeigt ihn den unsterblichen Ahnen: Solche Führer wie der Gieb uns, Wodan, mehr, – Und die Welt, sie gehört den Germanen!«[23]

23 Zit. n. FELIX DAHN: Sämtliche Werke poetischen Inhalts, Bd. 17: Gedichte, Leipzig 1898 [zuerst 1872]

Reinhard Stupperich
Der Hildesheimer Silberschatz

Römisches Tafelgeschirr der augusteischen Zeit

Der römische Silberschatz (Abb. 1), der vor 125 Jahren weit jenseits des römischen Limes in Hildesheim gefunden wurde, stand mit seinem Umfang und der besonderen Qualität vieler Stücke unter den damals bekannten Schatzfunden in mancherlei Hinsicht als eine Art Unikum da. Fasziniert durch seine Einzigartigkeit suchte man alsbald, die Existenz des Schatzes aus einer spezifischen historischen Ursache zu erklären. In vielfacher Variation verschiedenster Hypothesen ist diese Diskussion, in der auch die Varusschlacht von Anfang an eine Rolle spielte, bis heute nicht zu einem Ende gekommen.

Die Erklärung des Schatzes muß von drei Bereichen ausgehen, zum einen von seiner Zusammensetzung, also von Herkunft und Datierung der Objekte – die noch immer umstritten ist –, zum anderen vom Fundkontext, dem Charakter der Fundstelle – der leider recht unklar geblieben ist –, und schließlich vom historischen Umfeld, dem er sich möglicherweise einordnen läßt, beispielsweise von einem bestimmten Schatzhorizont.

Zu allen Zeiten sind bei drohender Gefahr von Plünderung und Zerstörung immer wieder in Siedlungen und Heiligtümern Schätze verborgen worden. Das war auch in der Antike so, und dadurch sind uns reiche Zeugnisse von griechischem und römischem Silberluxus erhalten geblieben. Insbesondere die Vesuvkatastrophe in Kampanien 79 n. Chr., die ähnlich umfangreiche Silberschätze etwa in einer Villa in Boscoreale oder im Menanderhaus in Pompeji versiegelte, und die Germaneneinfälle der späteren Kaiserzeit haben zu ganzen Schatzfund-Serien geführt. Auch

außerhalb des römischen Reiches hat man noch des öfteren solche Schätze gefunden; zwei besondere Faktoren haben in Mittel- und Nordeuropa ihre Erhaltung gefördert: Anders als im Reich wurde im sog. freien Germanien den Adligen römisches Silbergeschirr ins Grab mitgegeben, so daß manche Silberfunde sogar aus bei der Auffindung nicht erkannten Gräbern stammen mögen. Für Germanien ist zum anderen typisch, daß man erbeutete Waffen und Kostbarkeiten in Naturheiligtümern, in Mooren und anderen Gewässern, als Opfer für die Götter niederlegte. Können einzelne Gefäße auch durch friedlichen Handel und diplomatischen Verkehr ins Land gekommen sein, so sind größere Schätze doch eher durch Krieg und Plünderungszüge erworben worden. Dabei ist daran zu denken, daß auch die Römer selbst auf ihren Feldzügen ins rechtsrheinische Gebiet Silberarbeiten mit sich führten und selbst aus dem einen oder anderen Grund der Erde anvertraut haben können.

Drei Beispiele solcher Schatzfunde aus Germanien mögen das Spektrum kurz illustrieren. So fand man im Moor von Gundestrup in Jütland die zusammengelegten Platten eines großen Silberkessels. Sie zeigen in von Griechenland beeinflußter thrakischer Tradition keltische Götter und Kultszenen. Zumindest von der Datierung her paßt durchaus die Hypothese, daß eine Gruppe der Kimbern und Teutonen einen auf ihren

Zügen um 100 v. Chr. durch das keltische Mitteleuropa erbeuteten Kessel als Weihung in die Heimat schickten. In Hoby auf der dänischen Insel Lolland fand man im Grab eines Häuptlings aus dem 1. Jh. n. Chr. eine reiche Ausstattung an Silber- und Bronzegeschirr meist noch vom Beginn des 1. Jahrhunderts, darunter ein Paar von Relief-Silberbechern mit Szenen aus dem Trojanischen Krieg, die nach einem Besitzervermerk möglicherweise das Geschenk des tiberischen Legaten Silius gewesen waren. Von einem Römer vergraben sein muß dagegen ein kleiner Silberschatz aus dem von 11 bis etwa 8 v. Chr. bestehenden römischen Militärlager von Oberaden.

Sind wie in Hildesheim die Fundumstände nicht gesichert, dann treten schnell Deutungsprobleme auf. So paßt eine augusteische Schwanenkopfkasserolle (Abb. 2) mit dem eingepunzten Besitzernamen eines Q. Lussius Tertius, die vor einem Jahrhundert in Bremen in der Weser gefüllt mit Silberdenaren gefunden worden sein soll, zu anderen Zeugnissen für einen römischen Flottenstützpunkt in Bremen. Eine Reliefsilberschale aus Altenwalde mit Darstellung des Marsyas-Mythos stammt kaum aus einem hier nicht nachgewiesenen römischen Militärlager, wie einmal vorgeschlagen wurde, sondern eher auch aus einem Adelsgrab des nahe an die Fundstelle reichenden sächsischen Gräberfeldes. Bei Hildesheim ist die Schere der Deutungen noch weiter geöffnet. Wer von einer Verbindung des Silbers mit der Varus-Schlacht ausging, implizierte damit eine augusteische Datierung. Bei einem späteren Ansatz wurde der Schatz als Erbanteil aus dem diplomatischen Geschenk eines Germanenfürsten oder als Ware eines römischen Händlers erklärt. Auf den Ansatz in frühflavische Zeit bauten schließlich ZEDELIUS und BOGAERS ihre Erklärung als Beute aus der Plünderung des Legionslagers Vetera bei Xanten im Bataveraufstand 69/70 n. Chr.

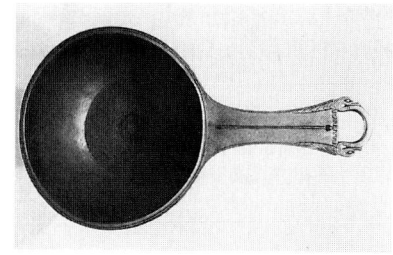

Abb. 2
Schwanenkopfkasserolle aus der Weser in Bremen. Bremen, Focke-Museum (Photo: Der Landesarchäologe von Bremen).

Die verschiedenen vorliegenden Berichte über die Fundumstände des Hildesheimer Silberschatzes sind trotz zahlreicher Zeugen bei der Auffindung nicht von dem Informationswert, der wünschenswert wäre. Am 17. 10. 1868 wurde südöstlich von Hildesheim auf dem Galgenberg, der ursprünglich nur Gallberg hieß, ein Militär-Schießplatz angelegt und dabei gegen Abend in etwa 1,5 bis 2 m Tiefe der umfangreiche Schatz angeschnitten und provisorisch geborgen. Seine genaue Fundlage suchte später der preußische Oberst und Archäologe AUGUST V. COHAUSEN durch Befragung der an der nicht gerade sachgemäßen Bergung beteiligten Soldaten und durch eine Nachgrabung zu klären.

Der Fundplatz war den Soldaten als eine engbegrenzte, sehr schlammige Stelle von 3 zu 4 Fuß im trockenen Tonboden aufgefallen, offenbar eine alte Grube. Zwar befremdet in der Rekonstruktionszeichnung die eher dreieckige Form der Gefäßaufstellung, aber eine darunter beobachtete schwarze Schicht spricht für den Boden einer Holzkiste, wie sie sich beim spätantiken Schatz von Kaiseraugst rekonstruieren ließ. Im aggressiven Boden war das Silber spröde geworden, und alle Lötungen hatten sich aufgelöst. So wurde eine Anzahl von Silberfragmenten und abgefallenen Griffen bei der Bergung und provisorischen Reinigung am Ort übersehen und von sofort durch das Gerücht herangelockten Leuten aufgelesen. Immerhin wurde später ein kleiner Teil des Verlorenen und

Abb. 3
Rekonstruierte Fundlage des Hildesheimer Silberschatzes (Zeichnung A. v. COHAUSEN).

Ansicht des Fundes von der Nord-Ost Seite, wie er in der Grube stand, mit Ergänzung des Fehlenden in blasser Tinte.

sogar schon eingeschmolzenes Silber aus verschiedensten Quellen abge-geben. Alle kleineren Gefäße befanden sich ursprünglich offenbar in drei großen Gefäßen, einem Eimer, einem Krater und einem Kantharos; außerhalb standen außerdem ein Klappdreifuß, ein Kandelaber, eine große rechteckige geriefelte Schale und an den Ecken die beiden sog. gal-lischen Humpen, auf die man zuerst gestoßen war (Abb. 3).

Kaum 10 m entfernt fand V. COHAUSEN bei der Nachgrabung 1869 eine Bronzefibel mit Widderkopf und andere Funde, die auf eine Bestattung schließen ließen, weiterhin zahlreiche Pferdeskelette, die keinen Zusam-menhang mit dem Silberfund oder der Bestattung erkennen ließen. Die auf diese möglichen Reste von Pferdeopfern gestützten Vermutungen über ein germanisches Heiligtum an dieser Stelle wurden bei einer Nach-grabung C. SCHUCHHARDTS, die sich allerdings auf eine nahegelegene kleine Wallanlage beschränkte, 1897 nicht erhärtet. Eine Bronzestatuette des Merkur im Hildesheimer Museum soll nach den Unterlagen eben-falls im Jahr 1868 auf dem Galgenberg bei Hildesheim gefunden worden sein. Die Übereinstimmung der Fundangaben mit denen des Silberschat-zes kann auf Verwechslung beruhen, aber natürlich auch auf der allge-meinen Schatzsuche, die der Schatzfund sofort auslöste. So läßt sich mit dieser Angabe leider wenig anfangen.

Die Römer benutzten ihr Tafelgeschirr, wie man weiß und wie uns etwa ein Wandgemälde aus Pompeji (Abb. 4) zeigt, gern in Sätzen zu bestimmten Zahlenverhältnissen. Beim Schatz von Hildesheim handelt es sich durchgehend um Tafelsilber, das z. T. stark vergoldet war, aller-dings nicht nur um vollständige Sätze. Die eingravierten Zahlen der Gewichtsangaben auf einem guten Teil der Stücke offenbaren, daß von einer Reihe von Schüsselchen und Schalen jeweils nur ein halber Satz erhalten ist, z. T. in unterschiedlichen Größen; dazu kommen einige voll-ständige Dreiersätze. PERNICE und WINTER schlossen in ihrer grundle-genden Publikation, der in diesen Graffiti festgeschriebene Gesamtbe-stand sei nachträglich, etwa durch Vererbung bei den Germanen, geteilt worden. Aber diese Teilung kann natürlich schon vorgenommen worden sein, bevor das Silber nach Germanien gelangte. LESSING glaubte, daß ein vornehmer Römer einen Satz für drei Personen aus seinem Geschirr als Reiseausstattung ausgewählt habe. Nach starken Spuren von Benutzung, Reparaturen und Neumontage an manchen Stücken war das Geschirr schon längere Zeit im römischen Kulturbereich benutzt worden. Insge-samt fünf verschiedene Besitzernamen weisen zudem darauf hin, daß der Schatz keineswegs einheitlich bestellt, sondern zusammengekauft oder

Abb. 4
Wandgemälde aus einem Grab in
Pompeji. Neapel, National-
museum (nach KÄHLER, H., Rom
und seine Welt. München 1958,
Taf. 143).

-geerbt war. Aufgrund der Tatsache, daß die Terra Sigillata, die aufwendigste römische Keramik, in den Formen kostbares Metallgeschirr nachahmt, gelang ROTH-RUBI durch Vergleich insbesondere des unverzierten Silbers mit Terra Sigillata aus Arrezzo und aus dem Osten der Nachweis, daß diese Stücke etwa augusteische Arbeiten aus dem Osten, am ehesten aus Kleinasien, sind. Es liegt nahe, daß dasselbe auch für manche der figürlich verzierten Stücke des Hildesheimer Schatzes gelten kann. Auf jeden Fall trägt ein großer Teil stilistisch miteinander und mit anderen Stücken aus dem Mittelmeerbereich verwandte Züge und läßt sich mehr oder weniger genau in augusteische Zeit einordnen.

Die Erklärung des Schatzes, seiner Herkunft und Funktion, richtet sich notwendig nach der jeweils angenommenen Datierung. Das jeweils

Abb. 5
Großer Reliefkrater. Silber. Auf
dem Rankenwerk kleine jagende
Eroten. – H. 36 cm.

jüngste Element in einem Fund datiert aber logischerweise den gesamten Komplex. Datierende Kraft schien zuerst in den Inschriften zu liegen, die neben dem Gewicht der Sätze auch die Besitzer vermerken. Allerdings zeigt eine Überprüfung, daß sich mit dem auf einer Kasserolle eingravierte Besitzername »M. Aur(elius) C.« der Schatz keineswegs, wie MOMMSEN gleich nach der Auffindung meinte, frühestens in den Beginn des 3. Jhs. n. Chr. datieren läßt, als durch Kaiser Caracalla allen Einwohnern des Reiches das römische Bürgerrecht und gegebenenfalls sein Familienname Aurelius verliehen wurde. Denn dieser Name war schon seit republikanischer Zeit in Rom belegt. Auch bieten zwei vollständige dreiteilige Namen römischer Bürger unter den insgesamt fünf Besitzernamen keine statistische Basis für NUBERs Vergleich mir ihrer Häufigkeit in rheinischen Inschriften; abgekürzte Besitzvermerke auf Silbergefäßen, deren Herkunft teilweise umstritten, aber kaum rheinisch ist, sind etwas anderes als vollständige Namen auf Monumenten aus dem Rheinland. So ist man auf stilistische Datierungskriterien angewiesen.

Charakteristisch für den Großteil des Schatzes ist der vorherrschende Klassizismus in der prägnanten Form, der typisch ist für die augusteische Zeit; man trifft ihn selbst bei Motiven, die auf den ersten Blick stärker dem Hellenismus verhaftet scheinen. Das kostbarste Gefäß in diesem Komplex war wohl der große Reliefkrater (Abb. 5), das Weinmischgefäß. Die filigranen belebten Blütenranken, in denen sich mehrere Darstellungsebenen von Pflanzen, Landlebewesen einschließlich jagender Amoren und Meeresfauna spielerisch kreuzen, greifen zwar zurück auf die Ornamentik der Spätklassik, des 4. Jhs. v. Chr., sind in dieser Ausformung aber ganz typisch für die Kunst der Augustuszeit. Sie wachsen auf aus antithetischen Adler- und Löwengreifen – ein Motiv, das unter den Henkelattaschen eines Eimers aus dem Schatz in der Casa del Menandro in Pompeji wiederkehrt. Der aus der achämenidischen Kunst in die griechische Spätklassik übernommene Löwengreif ist auch durch einen einzelnen plastischen Gefäßgriff im Hildesheimer Schatz vertreten. Eng verwandt ist das Rankenornament auf einem Skyphos aus dem großen Schatz von Boscoreale bei Pompeji und auch auf drei Silberbechern im

Abb. 6
Reiterhelm von Emesa, Syrien.
Damaskus, Nationalmuseum
(nach ROBINSON, *H. R., The*
Armour of Imperial Rome. Lon-
don 1975, Abb. 351). – (Vgl. Bei-
trag FRANZIUS *Abb. 25a.)*

Britischen Museum. Verwandt ist aber auch das Randornament eines Tellersatzes im Hildesheimer Schatz selbst, das auf dem Nackenschutz eines römischen Paradehelms aus Emesa in Syrien (Abb. 6) wiederkehrt. Dieser hat nun durch seine Nähe zu der im Jahr 9 n. Chr. in Kalkriese verlorengegangenen Helmmaske eine neue, zusätzliche Datierungsstütze erhalten.

Die zarteste Arbeit im Schatzfund zeigt ein vergoldeter Skyphos mit Girlande und einer Binde darüber (Abb. 7). Nicht in den Proportionen, aber in der Darstellung erinnert er an einen etwas älteren vergoldeten Becher, der vom Belagerungsring Caesars um Alesia und demnach noch aus der Zeit direkt vor Mitte des 1. Jhs. v. Chr. stammt. Der Girlandendarstellung steht die an einem ähnlichen Becherpaar aus Tivoli, heute in Malibu, noch näher. Dort trifft man auch erntende Amoren, die denen des großen Rankenkraters entsprechen. Die Art des der Skyphoswandung aufgelegten Blattdekors trifft man noch öfter in dieser Zeit, beispielsweise im Schatz von Boscoreale, aber auch im Hildesheimer Schatz selbst, etwa am Rest einer runden Platte und auf dem Bauch einer Kanne, die viel zu gestreckt und mit überflüssigem Fuß ergänzt worden ist.

Wie bei dieser ist noch bei einigen weiteren Stücken des Hildesheimer Schatzes auch die Form der Griffe rein vegetabil gestaltet. Beispiele wie eine Kanne aus einem Grab des 4. Jhs. v. Chr. in Kozani in Makedonien erweisen auch diese Art der Griffgestaltung als eine klassizistische Wiederaufnahme. Daß sie auch seit der frühesten Kaiserzeit geübt wurde, zeigen die entsprechend gestalteten Griffe von klassizistischen bronzenen Kleeblattkannen etwa aus germanischen Gräbern der beginnenden Kaiserzeit von Hagenow in Westmecklenburg oder Rondsen in Westpreußen. Blätter und Früchte zeigen vor allem Wein und Efeu, Pflanzen des Weingottes Dionysos, aber auch Lorbeer, der dem Apollon gehört. Der Griff eines Hildesheimer Hebers erinnert an den Griff eines Silberbechers aus einem der beiden Fürstengräber des früheren 2. Jhs. n. Chr. im nahegelegenen Marwedel. Durch Gegenstücke zum Griff aus dem gallischen Oppidum Ambrussum und zur Becherform aus den Vesuvstädten werden die Marwedeler Becher aber noch wenigstens ins mittlere 1. Jh. n. Chr. zurückdatiert.

Beim Trinkgeschirr sind schließlich die reichen dionysischen Maskenbecher (Abb. 8a u. b) offenbar späthellenistischer Tradition besonders hervorzuheben. Die Masken der Schauspielertypen in der Komödie verweisen ebenso auf den Bereich des Weingottes wie die der Mitglieder des dionysischen Reigens, Satyrn und Mänaden, Silen, Pan und Dionysos selbst. An sich steht diese Maskenreihung für die Aufreihung der Weihgeschenke in einem ländlichen Heiligtum, wie es auf einem noch erheblich feiner und detaillierter gearbeiteten Becherpaar sogar klar erkennbar ist. Diese Motivik hat auf dem Tafelgeschirr noch eine lange Tradition vor sich, wird aber mit der Zeit in Details und Qualität noch weiter reduziert, wie es im 2. und frühen 3. Jh. n. Chr. die Friese der Hemmoorer Eimer dann vor Augen führen. Ein Silberbecher mit Maskenfries aus der Maas bei Stevensweert in den Niederlanden, der auch frühkaiserzeitlich sein muß, entspricht den beiden Hildesheimern auch in der Form.

Erzählende mythologische Bildfriese, wie sie gerade in dieser Zeit beliebt sind, fehlen im Hildesheimer Schatz dagegen ganz; immerhin ist der Mythos durch die – wohl neugefaßten – Mittelplatten von vier Schalen vertreten. Das prunkvollste der Trinkgefäße ist die Athena-Schale (Abb. 9); die Göttin sitzt weit auskragend, vor sich ihre Eule, auf einem Felsen. Ihr Gewand ist in Stil und Proportionierung noch ganz hellenistisch. Das Blattmotiv außen schließt an Motive frühhellenistischer Silberschalen aus dem ptolemäischen Ägypten an, kommt aber etwas verkleinert auch oben an einem der eben erwähnten Silberbecher mit Bildfries aus der Orest-Sage im Britischen Museum vor, dessen Unterseite an die Ranken des Kraters erinnert. Das sog. lesbische Kymation innen tritt, vom Becher von Alesia angefangen, auf zahlreichen Silbergefäßen dieser Zeit ähnlich auf. Auch der umlaufende Palmettenfries innen ist stärker klassizistisch, was für die Neufassung einer wenig älteren Reliefscheibe spricht.

Wie schon an spätrepublikanischen Kannengriffen dienen zur Verbreiterung der Ansatzfläche mehrerer Kasserollengriffe Wasservogelköpfe –

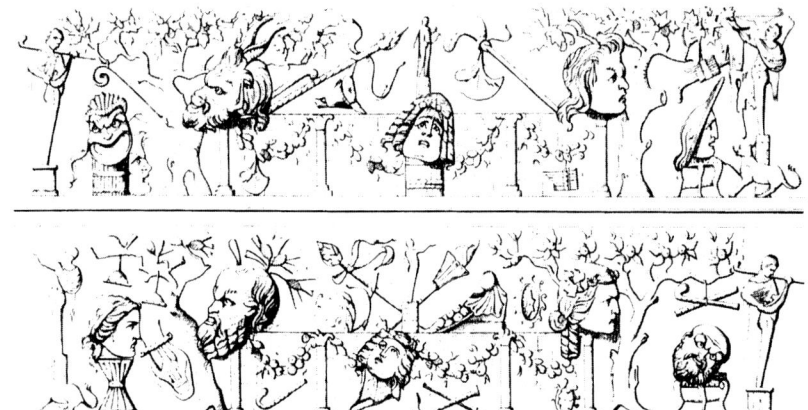

Abb. 8a
Umzeichnung der Friese von zwei
Hildesheimer Maskenbechern
(nach HOLZER, *H., Der Hildeshei-*
mer antike Silberfund. Hildes-
heim 1870, Taf. 7–8).

Abb. 8b
Drei Maskenbecher. Vier Masken und Weinranken über Löwenfellen (rechts). Masken und Dionysische Attribute (links und Mitte). – H. des rechten Beches 6,3 cm.

Abb. 9
Athena-Schale. Silber, feuervergoldet. Minerva (griech. Athena) mit Steuerruder, auf dem Felsen ihr Wappentier, die Eule. – Dm. mit Henkeln 32,5 cm.

294

ebenfalls ein klassizistisches Motiv. Ein lanzettförmiger Grifftyp mit solchen Wasservogelköpfen – den ein Plattensatz von Hildesheim noch durch Widderhörner an den Vogelköpfe variiert – kehrt ähnlich an einem Skyphospaar in einem frühkaiserzeitlichen Grab von Byrsted in Jütland und in dem kleinen Silberschatz aus dem augusteischen Militärlager Oberaden wieder.

Betrachtet man noch die größeren Einzelstücke des Schatzfundes, so entspricht selbst der schlichte Eimer, dessen Henkel in Schwanenköpfen ausläuft, in etwa Vorläufern aus der klassischen Zeit, etwa einem Bronzeeimer des 5. Jhs. v. Chr. aus dem etruskischen Spina. Bei dem großen Kantharos (Abb. 10) des Schatzfundes handelt es sich eigentlich um einen Krater. Die zarte Blütengirlande erinnert an entsprechend bemalte

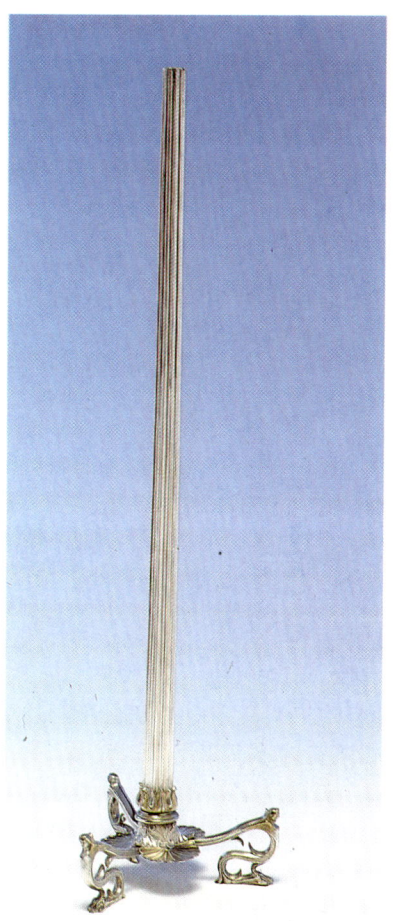

Abb. 11
Kandelaberfuß mit Palmetten und Sphingen. – L. des größten Beines 14 cm.

Abb. 10
Großer Kantharos. Silber, z. T. vergoldet. Unter dem Mündungsrand Verzierung durch vier zarte Blütengirlanden. – H. mit Henkeln 52,4 cm.

Tongegenstücke vom Beginn des 3. Jhs. v. Chr. Ähnliche Volutengriffe zeigt auch einer der zahlreichen Bronzekratere aus den Vesuvstädten. Im Stil der Hochklassik des 5. Jhs. v. Chr. erscheint der Kandelaberfuß mit Palmetten und Sphingen (Abb. 11). Die Beine des Klappdreifußes sind, der Funktion entsprechend, als überlängte Dionysos-Hermen von spätklassischer Formgebung ausgestaltet (Abb. 12).

Unter den ikonographischen Besonderheiten ist schließlich auf die drei Beine in Form eines Horusfalken mit Uräusschlange an einem winzigen Tischchen (Abb. 13) hinzuweisen. Bei den ägyptischen Motiven haben wir es mit einer Modeerscheinung der frühen Kaiserzeit zu tun, sozusagen einer Nebenerscheinung des Klassizismus, die sich auch in den Vesuvstädten immer wieder findet. Besonders ähnlich sind die Uräusschlangen an einer Serie von bronzenen Klappdreifüßen, zu denen ein silbernes Pendant in der Maas bei Stevensweert gefunden worden ist. Der Mechanismus dieser Klappdreifüße ist vom gleichen frühkaiserzeitlichen Typ wie an dem Exemplar im Hildesheimer Schatz.

Im Normalfall verläuft die Verteilungskurve der Entstehungszeiten von Bestandteilen eines Schatzfundes so, daß sie von vereinzelten älteren über eine langsame Zunahme erst recht nahe am Verbergungszeitpunkt ihren Höhepunkt findet. Bei der Mehrzahl der Stücke besteht hier allgemeine Übereinstimmung, daß sie in augusteische Zeit gehören, vereinzelt wohl auch schon älter sind. Eine kleinere Gruppe von Gefäßen des Hildesheimer Schatzes wurde aufgrund ihrer gröberen Machart, des stärkeren Einsatzes von Gravur und pauschalerer Vergoldung gleich nach der Auffindung und dann folgenreich in der Publikation von PERNICE und WINTER stilistisch als rückständige gallische Arbeiten eingestuft, und in die Zeit um 200 n. Chr. datiert, von G. BRUNS dann vor vierzig Jahren gar ins 4. Jh. n. Chr. Schließlich setzte sich der Ansatz von NIERHAUS in flavische Zeit durch. Die so abgetrennte Gruppe würde nun wenigstens zwei Generationen nach dem ersten Höhepunkt einen zweiten kleineren ergeben. Das ist an sich durchaus denkbar, etwa durch Kombination eines irgendwie ererbten älteren Komplexes aus dem Mittelmeerbereich mit einem jüngeren, der in der nordwestlichen Provinz hergestellt wurde. Eine solche Annahme, die nur auf stilistischen Gründen beruht, bedarf allerdings einer stichhaltigen Untermauerung. Bei der Plünderung eines Lagers wie Vetera wäre ein solches Ergebnis dagegen von vornherein unwahrscheinlich; man müßte ein Durcheinanderwürfeln der Stücke erwarten, wie etwa bei den Metallfunden aus dem Rheinkies von Xanten-Wardt, die auch nur aus der frühen Kaiserzeit stammen. Auch durch

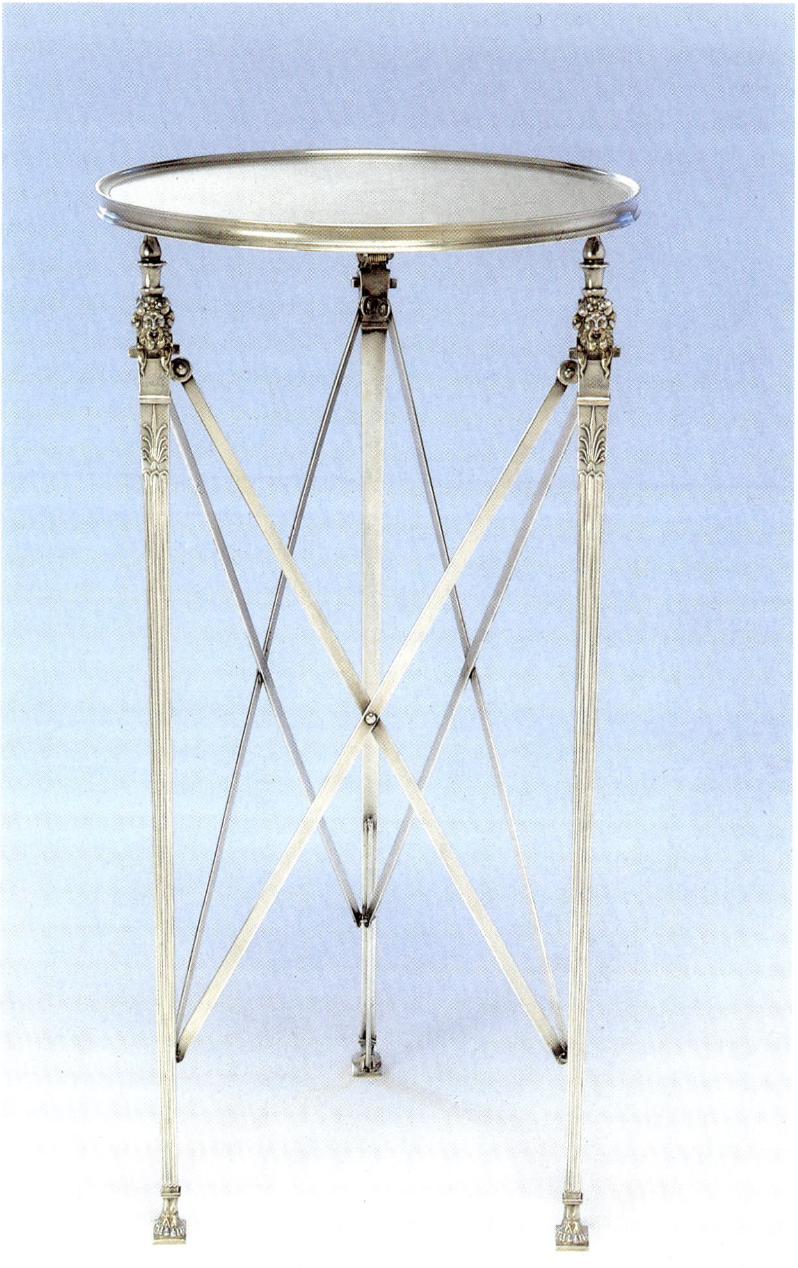

Abb. 12
Dreifuß mit Platte. Diente als Serviertisch. Die Beine haben die Form von Hermen mit menschlichen Füßen. – H. 70,8 cm; Dm. der Platte 37,3 cm.

Abb. 13
Kleiner Dreifuß. – H. 15,1 cm.

Beute der Germanen aus einem oder auch zwei geplünderten Heiligtümern ließe sich eine solche Verteilungskurve kaum erklären.

Ausgehend vom Vergleich der sog. Humpen (Abb. 14) mit den Bildfriesen spätkaiserzeitlicher Hemmoorer Eimer und ihrer Bezeichnung als gallische Arbeiten, waren mehrere andere Stücke, so vor allem der Rand der Herakles-Schale (Abb. 15) und ein Plattensatz mit Entenreliefs auf den Griffen (Abb. 16), mit ihnen zu einer Gruppe zusammengeschlossen worden, die damit insgesamt nach Gallien verwiesen wurde. Zu ihrer Datierung in frühflavische Zeit verglich NIERHAUS mit ihnen einige Sigillaten aus La Graufesenque aus der Mitte und dem 3. Viertel des 1. Jhs. n. Chr., bei denen der Umriß von Blättern einen unruhigen plastischen Rahmen erhält – eher ein spezieller Blatt-Typus und tech-

Abb. 14
Humpen. Breiter Fries mit Tierkampfszenen, untere Zone mit Blütenranken verziert. – H. 35,9 cm.

Abb. 15
Herakles-Schale. Silber, vergoldet.
Büste des schlangenwürgenden
Herakles. – Dm. 21,4 cm.

Abb. 16
Platte mit Entenreliefs auf den
Griffen. – Br. 14,3 cm.

nisch etwas ganz anderes als das Nachziehen des Umrisses in Kaltarbeit. Ebenso könnte man damit die gewellten Blätter an den erwähnten augusteischen Vogelkopfgriffen oder am Lorbeer-Randstab der Afrika-Schale aus dem Schatz von Boscoreale vergleichen. Letzterem entspricht die angeblich »gallische« Fassung der Heraklesschale, die im Motiv an die Rankenplatten erinnert. Grobe Gravuren werden aber bei der Toreutik im Mittelmeerraum, in Italien ebenso wie im Osten, ohnehin schon seit hellenistischer Zeit als einfaches, aber effektives Gestaltungsmittel eingesetzt.

Unter den Einzelmotiven wurde besonders ein harter Blattstab am Rand von drei Bechern und auf den Entenrelief-Platten als spezifisches Motiv der »gallischen« Gruppe hervorgehoben; er fand sich aber auch auf einigen kampanischen Silberbechern, u. a. aus den Vesuvstätten und ebenso hinten auf dem Paradehelm von Emesa in Syrien, wo er darüber in naturalistischerer Form wiederholt ist. Demnach sind diese Stücke einschließlich der groben Entenreliefs nicht gallisch. Die schmucklosen Kasserollen mit drei Löcher im Griffende (mit der Besitzerinschrift des Aurelius) ist zwar sonst in augusteischer Zeit nicht belegt, setzt sich aber von den späteren Vertretern des Typs gerade durch die Form der Grifflöcher ab, die sich sogar leicht mit den Motiven einer der Hildesheimer Reliefgriffkasserollen erklären läßt.

Es lohnt sich aber, vor allem die reiche Verzierung der »Humpen« genauer zu betrachten: Tierfriese dieser Art nehmen im Bildprogramm des römischen Silbergeschirrs, auch schon in augusteischer Zeit, einen bedeutenden Raum ein. Die Blatt- und Rankenornamentik der unteren Zone der »Humpen« kehrt vielmehr in ihren Elementen und ihrer Struktur durchaus bei verschiedenen Stücken desselben Schatzes wieder, die man immer als augusteisch angesehen hat, etwa bei mehreren halbrunden Becherunterteilen aus der Tradition der hellenistischen Silberbecher. Der einfache Lorbeerblattstab am Humpen war schon Randornament von Eimern klassischer Zeit, die im Klassizismus der frühen Kaiserzeit kopiert wurden. Die Blütenranke erinnert an die der runden Rankenplatten im Schatzfund, die auch durch Gravur im Grund bereichert sind, und vor allem an die Ausführung einiger augusteischer Waffenbeschläge, etwa an ein Beschlagblech mit belebten Ranken aus dem augusteischen Militärlager von Haltern. Auch die befremdende Humpenform nahm man unter Verweis auf keltische Vorformen als provinzielles spätes Merkmal. KÜTHMANN zog statt dessen ein in Fußform und Ornamentik nahestehendes Silbergefäß aus Neerhaeren in Belgien (Abb. 17) heran und ergänzte es, einem alten Vorschlag HOLZERs entsprechend, mit Schulter, Hals und Griffen, wovon auch passende Fragmente im Schatzfund erhalten sind, als Amphore oder Kanne.

Mit vereinfachten Ornamentstreifen wie am Humpenfuß kann man, wie schon DREXEL, verschiedene Stücke aus Schatzfunden im thrakischen Raum vergleichen. Der Fries des größeren der Humpen mit dem Widder erinnert an die späthellenistischen thrakischen Schmuckscheiben der sog. Sark-Gruppe, die noch mit dem Gundestrup-Kessel verwandt ist, aber deren jüngste Vertreter aus dem schon erwähnten kleinen Silberschatz im augusteischen Lager Oberaden und aus dem Moor bei Roermond (Abb. 18) nicht weit vom Lager Nijmegen (mit ähnlichem Widder) schon Angehörigen der augusteischen Armee zuzuschreiben sind. Das Randornament der Scheibe von Roermond kehrt an frühkaiserzeitlichen Paradehelmen wie dem mit Tiberius-Porträt aus dem Rheinkies bei Xanten-Wardt wieder. Provinzielle, vielleicht sogar thrakische Goldschmiede, die in Militärwerkstätten mit der Herstellung von hochwertigen und Repräsentations-Waffen beschäftigt waren, könnten auch einmal an solchem Geschirr mitgewirkt haben. Wo immer man die Herstellung dieser Stücke aber lokalisieren will – es gibt keinen Grund für eine nachaugusteische Datierung. Die angeblich »gallische Gruppe« erweist sich bei genauerem Hinsehen als völlig heterogen. Ihre Ornamentik ordnet sich jeweils durchaus der augusteischen Stilphase ein, auch wenn sich Qualität und Werkstatt von der Hauptmasse in diesem Schatzfund unterscheiden.

Bei der Deutung des Hildesheimer Schatzes ist zu scheiden zwischen seiner primären und sekundären Funktion. Fragt man nach der ursprünglichen Funktion des Silbergeräts, so liegt die Verwendung durch einen römischen Offizier der augusteisch-tiberischen Eroberungsarmee, eventuell auch einen aus römischem Militärdienst zurückgekehrten Germanenfürst nahe. Soviel kann man allerdings zweifelsfrei sagen, daß es sich beim Hildesheimer Schatz nicht um Varus' persönliches Tafelsilber handelt. Angesichts der relativ gesehen kleinen Menge mag es sich um den Besitz irgendeines Offiziers der Varusarmee oder auch aus einem anderen an den augusteischen Germanienzüge beteiligten Heere handeln. Die Graffiti auf der Rückseite der als Emblemata in Schalen montierten Kybele- und Attis-Medaillons lassen vermuten, daß sie ursprünglich Phalerae, Auszeichnungen für die unteren Militärränge bis zum Centurio, waren; dann wird man sie kaum später im Tafelsilber eines hohen Offiziers, geschweige denn des mit Augustus und Agrippa ver-

Abb. 17
Silbergefäß aus Neerhaeren. Leiden Rijksmuseum (nach KÜHT-MANN, H., Jahrb. RGZM 5, 1958, Taf. 20).

Abb. 18
Zierscheibe von Roermond.
Leiden, Rijksmuseum
(nach DREXEL, F., Jahrb. Deutsch. Archäol. Inst. 30, 1915, 12 Abb. 6).

schwägerten Statthalters von Gallien, montiert haben. Zudem reichte der Schatz niemals für den langen Sommeraufenthalt des Varus mit seinen Repräsentationspflichten gegenüber den Germanenfürsten als wichtigem Teil der vorbereitenden Maßnahmen zur Romanisierung der zukünftigen Provinz aus. Das wären keine 2 % von den 12 000 Pfund Silber, die angeblich der Statthalter von Niedergermanien, Pompeius Paulinus, in der Zeit des Nero (55–57 n. Chr.) auf einem Feldzug jenseits des Rheins bei sich hatte, wie PLINIUS d. Ä. (Nat. Hist. 33,11,143) berichtet.

Die sekundäre Funktion des Schatzes wird vom Fundort bedingt: Trotz der in der Nähe gefundenen Fibel handelt es sich kaum um ein Grab. Ein Kammergrab schließen die Beobachtungen der ausgrabenden Soldaten aus. Selbst wenn man annehmen wollte, beim Durchwühlen der Fundstätte sei eine Brandbestattung in einem der großen Silbergefäße übersehen worden, ist der Schatz als Beigabe selbst eines germanischen Königs nach bisheriger Erfahrung zu reich. Gegen die in jüngster Zeit vorgeschlagene Herleitung aus der Plünderung von Vetera im Bataveraufstand spricht ganz entschieden die Regelmäßigkeit in der Zusammensetzung des Schatzes. Das wäre anders bei marschfertig verpacktem Silberzeug während einer der augusteischen Kampagnen. So ist nicht einmal sein Zusammenhang mit der Varusschlacht auszuschließen, ob es nun versteckt oder geopfert worden war. Nicht allein die reichen Münz- und Militariafunde bei Kalkriese, die von einer verlustreichen Auseinandersetzung zwischen Römern und Germanen im Zusammenhang oder Gefolge der Varusniederlage 9 n. Chr. zeugen, sondern auch mehrere augusteische Schatzfunde im Umfeld von Minden, auch auf dem rechten Weserufer, weisen auf die Bedeutung des Hellwegs vor dem Santforde nördlich des Wiehen- und Wesergebirges für die augusteischen Armeen hin. Hildesheim liegt gar nicht weit von Minden in der direkten Fortsetzung dieser Route nach Osten. Hätte ein Angehöriger des Varusheeres selbst den Schatz vergraben, müßte er aber nach Osten geflohen sein. Alternativ mag der Notfall bei einem der über die Weser hinaus geführten römischen Feldzüge oder bei internen Kämpfen cheruskischer Adliger eingetreten sein. Ansonsten bietet sich als Erklärung sozusagen im Ausschlußverfahren nur an, daß es sich tatsächlich – wie wegen der umfangreichen Tierknochenfunde schon oft vermutet – um die Opferniederlegung eines Beuteanteils handelt. Wenn man an das seit Beginn der Kaiserzeit über lange Zeit mit zahlreichen Schatzfunden ausgestattete Heiligtum im dänischen Gudme auf Fünen denkt, das erst vor kurzem in seiner Bedeutung erkannt wurde, könnte man die anderen

Metallfunde, die vom Galgenberg gemeldet sind, eventuell ebenfalls als Opfergaben auffassen. KÜTHMANN vermutete sogar, Offiziere der Varusarmee könnten den Schatz als gemeinsames Opfer in einem germanischen Heiligtum niederlegt haben. Auf jeden Fall sind in den drei Jahrzehnten um Christi Geburt Offiziere aus senatorischem oder ritterlichem Hause in großer Zahl mit ihrem Silbergeschirr in Germanien unterwegs gewesen, die sich bei verschiedenen gefahrvollen Unternehmungen zur raschen Verbergung veranlaßt oder auch den lokalen Göttern zu Dank verpflichtet sehen konnten.

Literaturhinweise:

Publikationen

HOLZER, H., Der Hildesheimer antike Silberschatz, seine archäologische und artistische Bedeutung. Hildesheim 1870.

PERNICE, E./WINTER, F., Der Hildesheimer Silberfund. Berlin 1901 (zitiert S. 2 ff. aus den Berichten von A. v. COHAUSEN im Sonntagsblatt zur Hildesheimer Allgemeinen Zeitung und Anzeigen vom 15. 8. 1869 und in den Akten des Berliner Kultusministeriums).

GEHRIG, U., Hildesheimer Silberfund in der Antikenabteilung Berlin. 2. Aufl. Berlin 1980.

Augusteische Datierung

LESSING, J., Hildesheimer Silberfund. Archäol. Anzeiger 1898, S. 32–39.

GRAEVEN, H., Der Hildesheimer Silberfund. Zeitschr. Hist. Ver. Niders. 67, 1902, S. 133–181.

KÜTHMANN, H., Beiträge zur hellenistisch-römischen Toreutik II. Die sogenannten Hildesheimer Humpen. Jahrb. RGZM 5, 1958, S. 128–138.

KÜTHMANN, H., Untersuchungen zur Toreutik des zweiten und ersten Jahrhunderts vor Christus. Basel 1959.

STUPPERICH, R., Römische Toreutik und augusteische Feldzüge in Germanien: Der Fall Hildesheim. In: Arminius-Kolloquium in Osnabrück 1990 (im Druck).

Datierung in flavische Zeit

NIERHAUS, R., Der Silberschatz von Hildesheim. Seine Zusammensetzung und der Zeitpunkt seiner Vergrabung. Die Kunde N.F. 20, 1969, S. 52–68.

NUBER, H. U., Zum Vergrabungszeitpunkt der Silberfunde von Hildesheim und Berthouville. Bull. Mus. Roy. Bruxelles 46, 1974, S. 23–30.

GEHRIG, U., Le somptueux trésor d'argenterie d'Hildesheim. Les dossiers, histoire et archéologie 54, 1981, S. 22–37.

ZEDELIUS, V., Hildesheimer Silberschatz – ein Händlerdepot? Alt-Hildesheim 1979, S. 83 ff.

BOGAERS, J. E., Zum Geheimnis von Hildesheim. Bull. Ant. Beschav. 57, 1982, S. 182–187.

ZEDELIUS, V., Der Hildesheimer Silberschatz. Herkunft und Bestimmungsort. Alt-Hildesheim 60, 1989, S. 3–10.

Datierung in die Spätantike

SCHÖNE, R., Zum Hildesheimer Fund. Hermes 3, 1869, S. 469–479 (zitiert TH. MOMM-SEN).

BRUNS, G., Fragen zu den Humpen des Hildesheimer Silberschatzes. Berliner Museen N.F. 3, 1953, S. 37–41.

Vergleich mit Terra Sigillata

ROTH-RUBI, K., Der Hildesheimer Silberschatz und Terra Sigillata – eine Gegenüberstellung. Archäol. Korrespondenzblatt 14, 1984, S. 175–193.

Spätrepublikanisch-augusteisches Bronzegeschirr

RADNÓTI, A., Die römischen Bronzegefäße aus Pannonien. Dissert. Pannon. II 6. Budapest 1938.

STUPPERICH, R., Frühkaiserzeitliche figürliche Bronzen im nordwestlichen Germanien. Ein Überblick. In: TRIER, B. (Hrsg.), Die römische Okkupation nördlich der Alpen zur Zeit des Augustus. Kolloquium Bergkamen 1989. Münster 1991, S. 167–184.

FEUGÈRE, M./ROLLEY, C. (Hrsg.), La vaiselle tardorépublicaine en bronze. Actes de la table-ronde CNRS organisée à Lattes du 26 au 28 avril 1990. Dijon 1991.

Thrakische Toreutik und Sark-Gruppe

DREXEL, F., Über den Silberkessel von Gundestrup. Jahrb. Deutsch. Archäol. Inst. 30, 1915, S. 1–36.

ALLEN, D. F., The Sark Hoard. Archaeologia 103, 1971, S. 1–31.

V. SCHNURBEIN, S., Dakisch-thrakische Soldaten im Römerlager Oberaden. Germania 64, 1986, S. 409–431.

Römische Paradehelme

ROBINSON, H. R., The Armour of Imperial Rome. London 1975.

GARBSCH, J.,Römische Paraderüstungen. Münchner Beitr. zur Vor- und Frühgesch. 30. München 1978.

Antike Helme. Sammlung Lipperheide und andere Bestände des Antikenmuseums Berlin. Kat. Berlin 1988.

V. PRITTWITZ UND GAFFRON, H.-H., Der Reiterhelm des Tortikollis. Bonner Jahrb. 191, 1991, S. 225–246.

FRANZIUS, G., Die Maske eines Gesichtshelms. In: SCHLÜTER, W., Römer im Osnabrücker Land. Die archäologischen Untersuchungen in der Kalkrieser-Niewedder Senke. Schriftenreihe Kulturregion Osnabrück des Landschaftsverbandes Osnabrück e. V. 4. Bramsche 1991, S. 53–59.

Vergleich mit Bechern aus germanischen Fürstengräbern

PERNICE, E., Der Grabfund von Lübsow bei Greifenberg in Pommern. Prähist. Zeitschrift 4, 1912, S. 126–148.

KÜNZL, E., Romanisierung am Rhein – Germanische Fürstengräber als Dokument des römischen Einflusses nach der gescheiterten Expansionspolitik. In: Kaiser Augustus und die verlorene Republik. Kat. Berlin 1988, S. 546–551 und 568–580.

Andere Schatzfunde

STRONG, D. E., *Greek and Roman Gold and Silver Plate.* London 1966.

BARATTE, F., *Römisches Silbergeschirr in den gallischen und germanischen Provinzen.* Aalen 1984.

BARATTE, F. (Hrsg.), *Trésors d'orfèvrerie gallo-romains.* Kat. Paris 1989.

HAYNES, S., *Drei neue Silberbecher im British Museum.* Antike Kunst 4, 1961, S. 30–36.

OLIVER, A., *L'argenterie d'époque republicaine dans les collections americaines.* Les dossiers, histoire et archéologie 54, 1981, S. 52–63.

BARATTE, F., *Le trésor d'orfèvrerie romaine de Boscoreale, Musée du Louvre.* Paris 1986.

MAIURI, A., *La Casa del Menandro e il suo tesoro di argenteria.* Roma 1932.

Jürgen Pape
Die germanische Siedlung von Engter

»Doch während der Archäologe im allgemeinen die gegebenen aufeinanderfolgenden Zustände mit der Kombination eines abstrakten Prozesses verbindet, steht der Historiker in den narrativen Schriftquellen einer Kette von Ereignissen gegenüber, aus deren Voraussetzungen und Wirkungen er nun seinerseits Ausgangs- und Endzustand zu erschließen sucht.«

(WENSKUS [1986], S. 5)

Geographische Lage

Der heutige Ort Engter (Stadt Bramsche, Ldkr. Osnabrück) liegt einige Kilometer westlich des Kalkrieser Berges am Nordhang des Wiehengebirges am Fuße eines Durchbruchtales (zur Lage vgl. Beitrag SCHLÜTER Abb. 7). Die westlich und östlich angrenzenden Bergzüge erreichen dabei eine Höhe von bis zu 147 m ü. NN. Im Süden, dem Durchbruchtal vorgelagert, ist der langgestreckte Voßberg mit einer Höhe von 125 m ü. NN. Die Untersuchungen am Kalkrieser Berg haben gezeigt, daß zur damaligen Zeit die durch zahlreiche kleine Bäche zerklüftete nördliche Bergflanke des Wiehengebirges ein schwer zu überwindendes Hindernis darstellte. Damit erlangte das Durchbruchtal bei Engter zumindest für die lokale Süd-Nordverbindung eine wichtige Bedeutung. So vermutet SCHLÜTER, daß schon in der Kaiserzeit und Völkerwanderungszeit ein nord-südlich ausgerichteter Weg durch das Durchbruchtal verlaufen ist und »die drei ostwestlich verlaufenden Hauptverkehrsbahnen des Weserberglandes« miteinander verbunden hat[1].

1 SCHLÜTER (1982), S. 51. Bei den drei ostwestlich verlaufenden Wegen, handelt es sich nach der Meinung SCHLÜTERS um den Hellweg vor dem Santforde (er überquerte die Hase bei Bramsche und verlief im Bereich der heutigen B 218 und B 65 nach Lübbecke und Minden), den Dietweg (er führte am Südhang des Wiehengebirges entlang) und einen mittleren Verkehrsweg (er verlief über die Hasefurt bei Osnabrück und die Hase-Else-Werra-Talung zur Porta-Westfalica).

Die dem Nordhang des Wiehengebirges in einem dünnen Streifen vorgelagerten Hangsande verbreitern sich im Gebiet um Engter und bieten hier ein ackerbaulich gut nutzbares Gelände.

Das Grabungsareal selbst liegt in flacher Hanglage am südlichen Ortsausgang von Engter westlich der Wallenhorster Straße auf dem Engter Esch. Im Westen wird das Grabungsgelände begrenzt durch die Bachniederung des noch heute fließenden Mühlenbachs und im Süden durch das erst in moderner Zeit verfüllte Bett des Ungelbachs.

Abb. 1
*Engter, Stadt Bramsche, Ldkr.
Osnabrück.
Plan der Grabungsbefunde.*

Grabungs- und Siedlungsgeschichte

Im Rahmen von Rettungsgrabungen mußten in den Jahren 1986 bis 1988 rund 7000 qm auf dem Engter Esch archäologisch untersucht werden[2]. Nach Ausweis der Grabungsergebnisse wurde das Gelände spätestens seit der Trichterbecherkultur des Neolithikums (4000–3000 v. Chr.) bis in das Frühe Mittelalter immer wieder als Siedlungs- oder Bestattungsplatz (Abb. 1) genutzt. Eine kontinuierliche Nutzung hat allerdings nicht stattgefunden. Vielmehr scheint die günstige Topographie des Geländes Grund für ein mehrmaliges unabhängiges Aufsuchen dieses Platzes gewesen zu sein. Dies ist eine häufig zu machende Beobachtung bei archäologischen Fundplätzen in Nordwestdeutschland. Durch die mehrperiodische Nutzung ist es allerdings schwer, einzelne Siedlungsphasen herauszuheben und zu datieren.

Ein großer Teil der Siedlungsspuren in Engter läßt sich jedoch eindeutig in die frühe und ältere Römische Kaiserzeit[3] datieren.

Datierungsmöglichkeiten

Die »historischen« und kultur-anthropologischen Aussagemöglichkeiten einer Siedlungsgrabung müssen bei einer Zusammenschau mit den Ausgrabungen in Kalkriese berücksichtigt werden.

Die archäologischen Grabungen in Kalkriese stellen einen Sonderfall dar, weil dort ein ziemlich exakt datierbares Ereignis faßbar wird, das durch schriftliche Quellen auch in seiner politischen und historischen Dimension einzuordnen ist.

In Engter hingegen wurde während der Grabung kein Gegenstand römischer Herkunft der Zeit um Christi Geburt gefunden, und es gibt

2 Die Grabung wurde wissenschaftlich von Dr. W. Schlüter geleitet, die örtliche Grabungsleitung hatte B. Zehm.

3 Unter der frühen Kaiserzeit sollen hier die letzten Jahrzehnte v. Chr. und die erste Hälfte des 1. Jhs. n. Chr. verstanden werden.

308

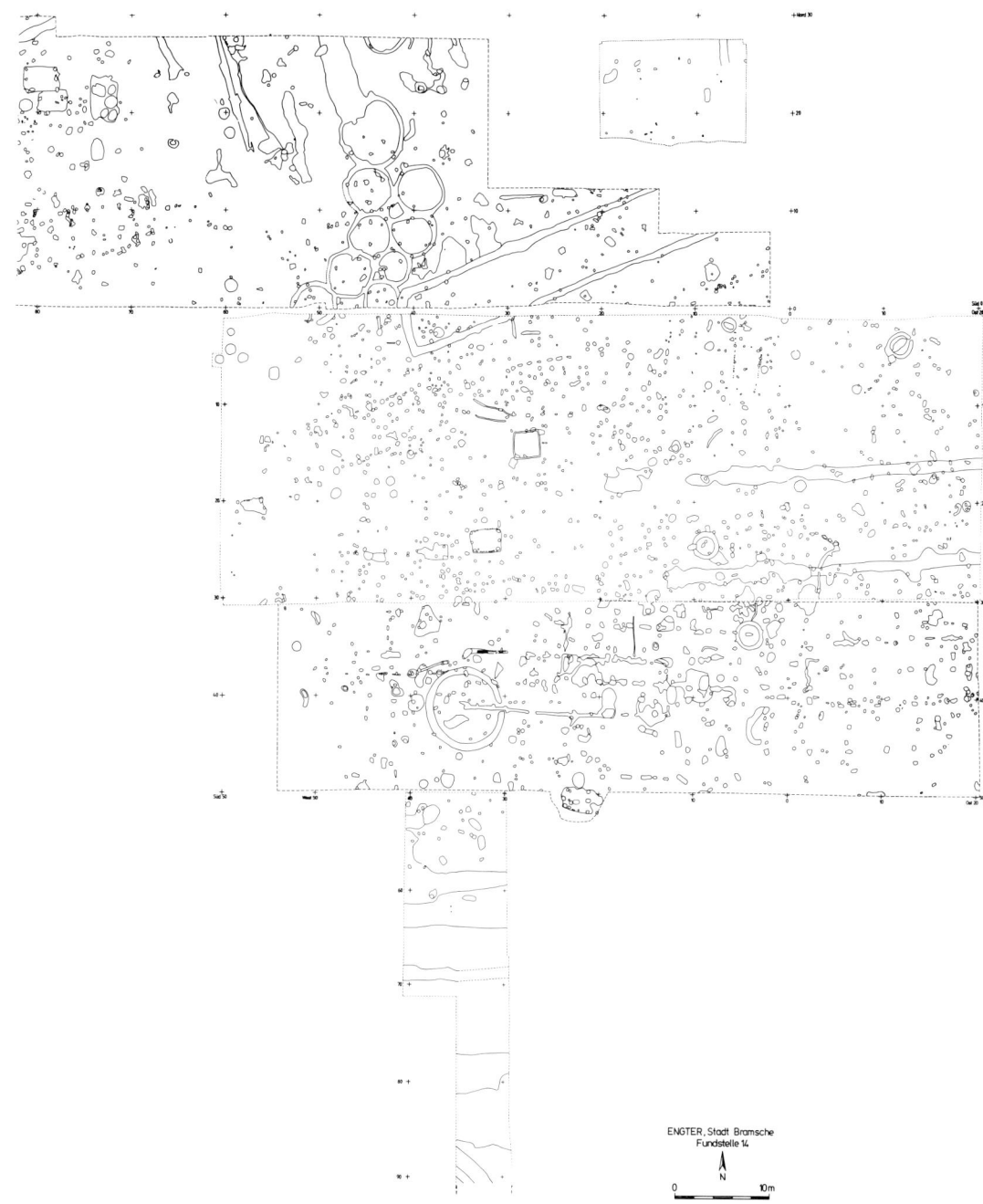

ENGTER, Stadt Bramsche
Fundstelle 14

N

0   10m

keinen Hinweis auf die Geschehnisse dieser Zeit am Kalkrieser Berg. Versucht man die Siedlungsspuren aus Engter zu datieren, ist man ausschließlich auf die einheimische Keramik angewiesen. Hinweise auf eine frühkaiserzeitliche Besiedlung geben dabei vor allem kurze verdickte und zum Teil facettierte Ränder (Abb. 2). Diese bieten aber nur eine Datierung in die letzten Jahrzehnte v. Chr. und die erste Hälfte des 1. Jhs. n. Chr. Da auch keine kontinuierliche Besiedlung von der Vorrömischen Eisenzeit bis in die Römische Kaiserzeit nachweisbar ist, lassen sich keine Aussagen darüber machen, ob die Siedlung bei Engter während der Ereignisse in Kalkriese bestanden hat oder nicht, da dieses sich archäologischer Datierung durch die Keramik entzieht.

Die Grabung in Engter bietet eine scheinbar statische Zustandsaufnahme eines früh-/älterkaiserzeitlichen Siedlungsausschnittes. Nur durch einen genauen Vergleich der Hausbefunde und der Funde kann versucht werden, eine Siedlungsentwicklung wahrscheinlich zu machen.

Abb. 2
Engter, Stadt Bramsche, Ldkr. Osnabrück.
Keramik der frühen und älteren Kaiserzeit: 1.2.5 Befund 707. – 3 Befund 183. – 9 Befund 703. – M 1 : 4.

Keramik der frühen und älteren Römischen Kaiserzeit

Das der späten Vorrömischen Eisenzeit und der Römischen Kaiserzeit zuzuordnende Fundmaterial besteht ausschließlich aus handgefertigter Keramik[4]. Wie schon ausgeführt, sind am besten die Randscherben mit verdickt facettierter Randlippe (Abb. 2,2.4.5.8) in den hier interessierenden Zeitraum zu datieren (letzte Jahrzehnte v. Chr. bis Mitte 1. Jh. n. Chr.). Diese Scherben haben zumeist eine gut geglättete bis polierte Oberfläche. Weiter in die ältere Kaiserzeit laufen kurze verdickte Ränder sowie nach innen verdickte Ränder (Abb. 2,9.1). Als Gefäßformen lassen sich Schalen, eingliedrige Töpfe und Gefäße mit nach außen gelegter Randlippe herausstellen (Abb. 2 u. Abb. 3).

Auch die Verzierungen eignen sich nur bedingt für eine genauere Datierung der Keramik. Schon in der Vorrömischen Eisenzeit sind Fingertupfen auf dem Rand und Kammstrichverzierung (Abb. 2,3.6) sowie Schlickrauhung (Abb. 2,9) festzustellen. Diese Verzierungselemente laufen durch bis weit in die ältere Kaiserzeit. Die in Engter häufiger auftretende unregelmäßig eingedrückte Tupfenverzierung tritt schon während der Spätlatènezeit vereinzelt auf, ist aber besonders im »rhein-wesergermanischen Gebiet«[5] während der gesamten älteren Römischen Kaiserzeit eine typische Verzierungsform (Abb. 3,2). Gute Parallelen zu den Siedlungsfunden der frühen Kaiserzeit aus Engter lassen sich aus Westfalen,

4 *Zur Datierung kaiserzeitlicher Keramik siehe u. a. v. USLAR (1938), WILHELMI (1967), MILDENBERGER (1972), REICHMANN (1979).*

5 *Der Begriff der »Rhein-Wesergermanischen Kultur« wurde von v. USLAR (1938) geprägt.*

310

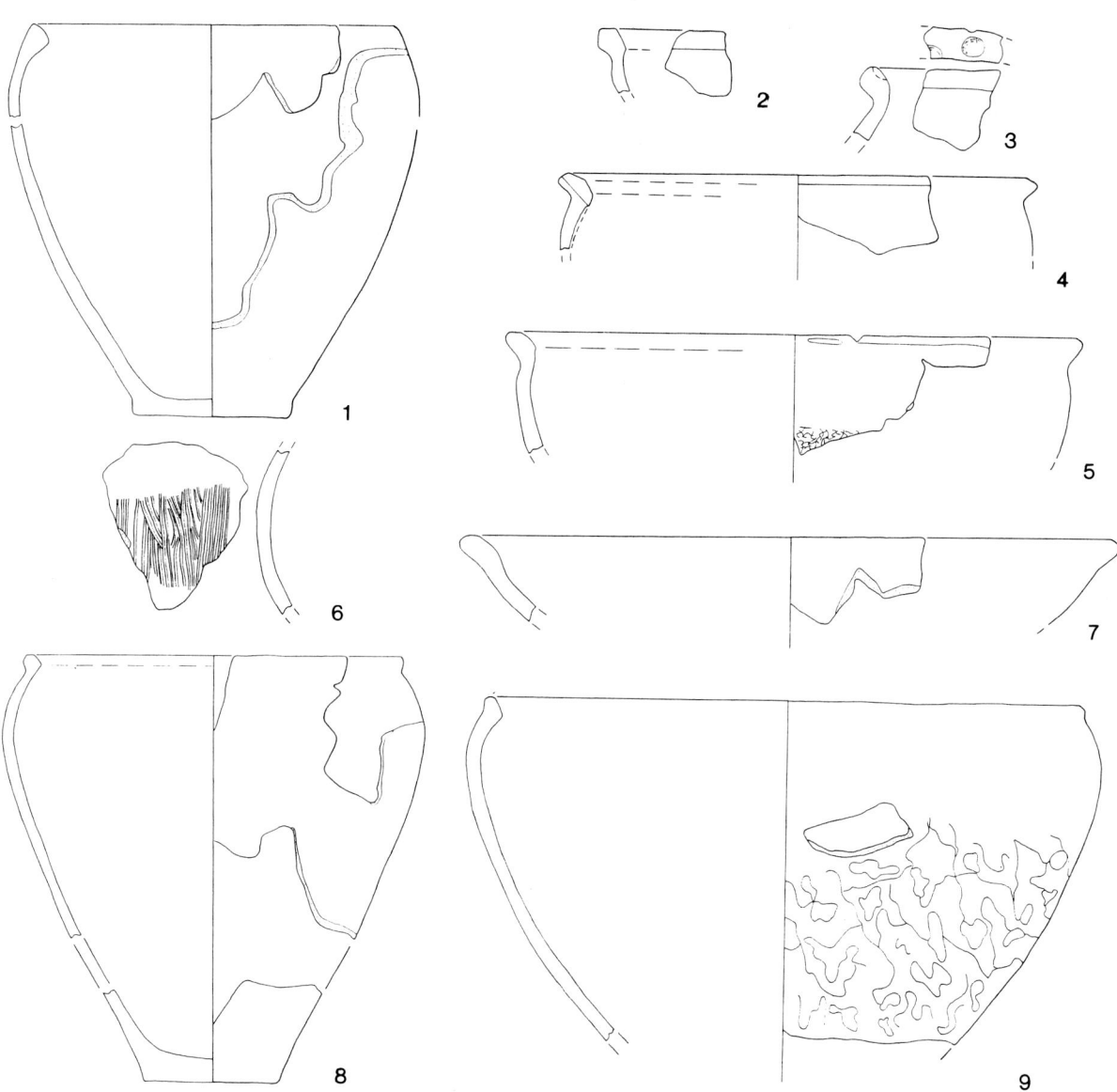

1
2
3
4
5
6
7
8
9

311

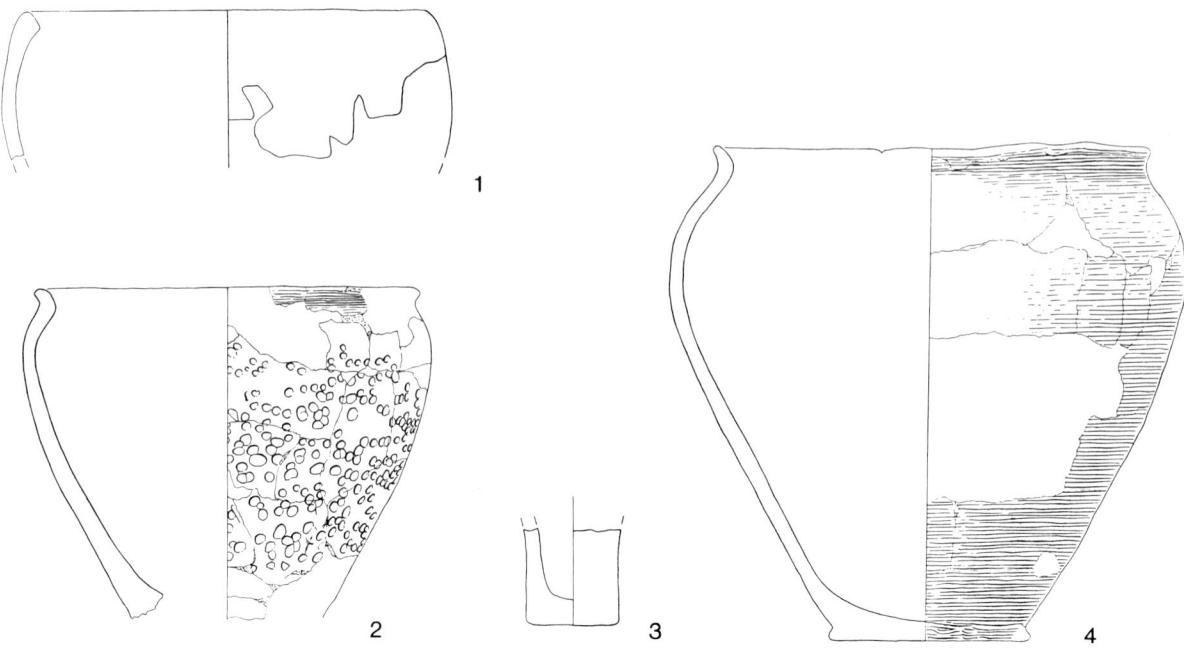

im Gebiet der Porta Westfalica, und weiter nördlich entlang der Weser im niedersächsischen Kreis Verden heranziehen[6]. In der frühen Kaiserzeit sind mit den facettierten Rändern in Engter sogenannte »elbgermanische« Einflüsse spürbar, während mit dem Verlauf der älteren Römischen Kaiserzeit rhein-wesergermanische Formen und Verzierungen vermehrt hinzutreten (Abb. 3,1–4). Nicht erkennbar ist in Engter jedoch die für die ältere Römische Kaiserzeit im »rhein-wesergermanischen Gebiet« typische Uslar-I-Form[7].

Abb. 3
Engter, Stadt Bramsche, Ldkr.
Osnabrück.
Keramik der älteren Kaiserzeit:
1.2.4 Befund 272. – M 1 : 4.

Ebenerdige Hausgrundrisse

Die Datierung der ebenerdigen Hausgrundrisse beruht in Engter einerseits auf haustypologischen Vergleichen mit Hausbefunden aus anderen Siedlungen und andererseits auf der in Engter gefundenen datierbaren Keramik. Allerdings stammt nur ein geringer Teil dieser Funde aus Befunden, die den jeweiligen Hausgrundrissen zuzuordnen sind. Durch die mehrperiodische Nutzung des Geländes ist auch nicht einfach davon

6 *Vergleichsfunde bei* WILHELMI *(1967),* BÉRENGER *(1982),* SCHÜNEMANN *(1973).*

7 V. USLAR *(1938), S. 14–15 u. S. 57–61; im Osnabrücker Gebiet entspricht eine Urne aus Osnabrück-Voxtrup (*SCHLÜTER *[1979], Abb. 40,1) der Uslar-Form I.*

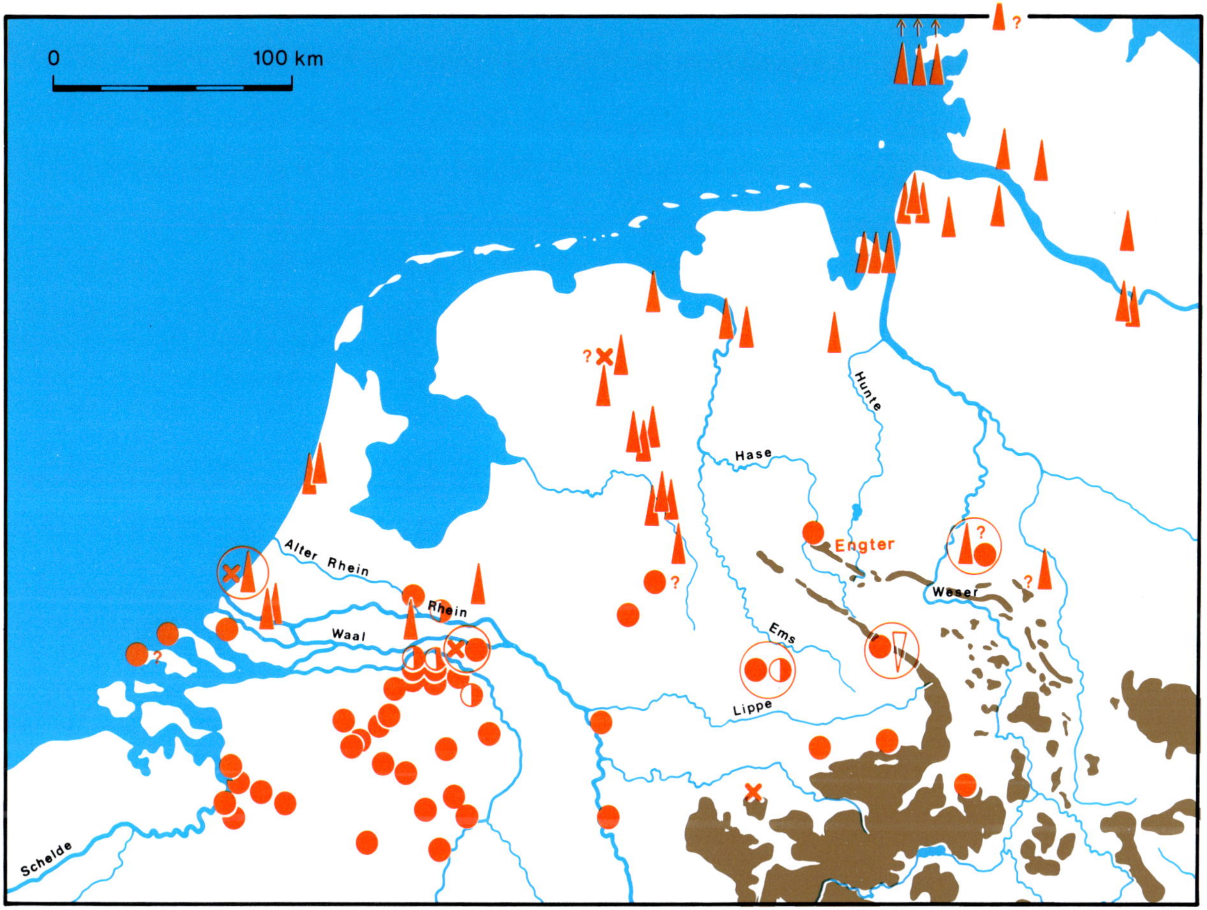

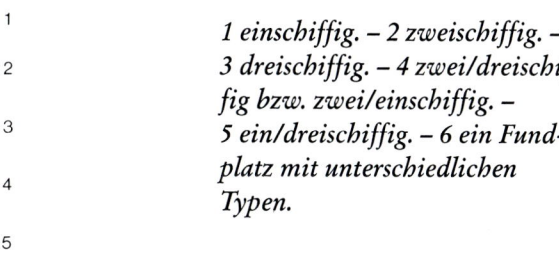

Abb. 4
Verbreitung von Hausgrundriß-
typen der frühen und älteren
Kaiserzeit.

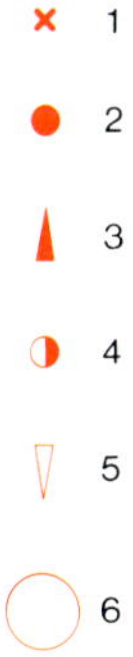

✕	1
●	2
▲	3
◑	4
▽	5
◯	6

1 einschiffig. – 2 zweischiffig. –
3 dreischiffig. – 4 zwei/dreischif-
fig bzw. zwei/einschiffig. –
5 ein/dreischiffig. – 6 ein Fundplatz mit unterschiedlichen
Typen.

auszugehen, daß die Oberflächenfunde, die innerhalb eines Hausgrundrisses gefunden wurden, den Nutzungszeitraum des Hauses widerspiegeln.

Unterschiedliche Bauweise und Konstruktion der Häuser in Engter weisen darauf hin, daß sie nicht gleichzeitig bestanden haben, sondern zum Teil wohl unterschiedliche Siedlungsphasen wiedergeben, ohne daß eine kontinuierliche Besiedlung nachweisbar ist.

Gemeinsam ist allen Hausgrundrissen der Kaiserzeit jedoch, daß die Dachlast nur auf einer Firstpfostenreihe in der Mitte der Längsachse (zweischiffige Bauweise) ruht. Damit gehören die Hausgrundrisse der binnenländischen Hauslandschaft mit zweischiffigen Hausgrundrissen an; im Gegensatz dazu steht die dreischiffige Hausbauweise im Küstengebiet[8] (Abb. 4).

Die Tradition zweischiffiger Häuser reicht bis in die mittlere Vorrömische Eisenzeit zurück. In den südlichen Niederlanden, in Westfalen und im südwestlichen Niedersachsen sind in der Vorrömischen Eisenzeit die

8 TRIER (1969), S. 106–140; hier auch allgemein zum Hausbau; weitere regionale Untersuchungen zum Hausbau siehe u. a.: REICHMANN (1982) und SLOFSTRA (1991).

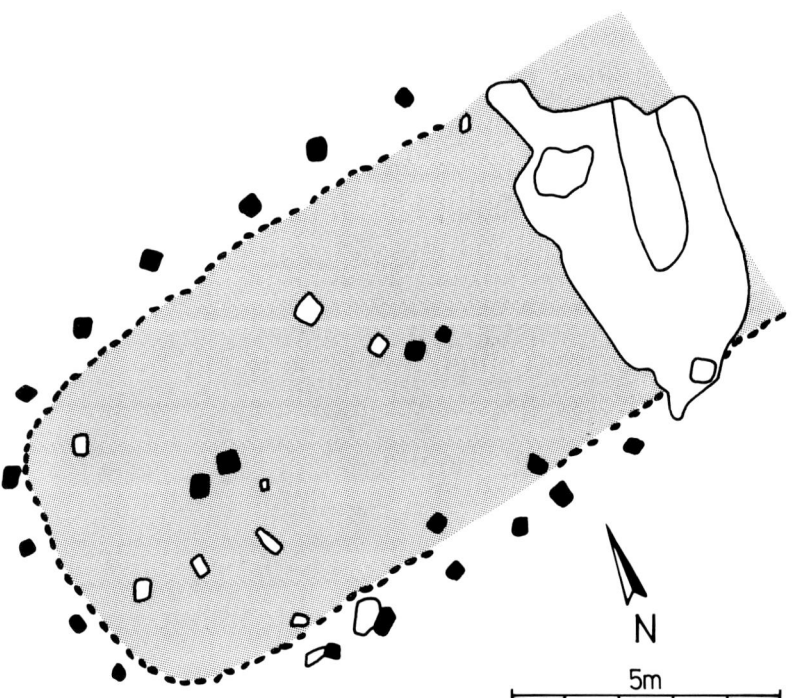

N

5m

*Abb. 5
Holsten-Mündrup, Stadt Georgsmarienhütte, Ldkr. Osnabrück. Hausgrundriß der Vorrömischen Eisenzeit (nach VOGT 1986).*

Häuser vom Typ Haps (nach einem Fundort in den Niederlanden) weit verbreitet. Charakteristische Merkmale dieser Hausform sind:
- zweischiffiges Kerngerüst,
- doppelseitiger Queraufschluß (die zwei Eingänge lagen einander gegenüber an den Längsseiten),
- jeweils zwei Pfostenpaare seitlich der ca. 2 m breiten Eingänge sowie
- eine Reihe von Außenpfosten zum Auffangen der Dachlast im Abstand von 50–70 cm zu den Wänden.

Im Osnabrücker Gebiet entspricht der Hausgrundriß von Holsten-Mündrup am ehesten diesem Haustyp. Er wird ebenfalls in die Vorrömische Eisenzeit datiert (Abb. 5).

Noch in dieser Tradition der Häuser vom Typ Haps steht der stark gestörte Hausgrundriß V (Abb. 6) aus Engter. Gut erkennbar sind die jeweils durch zwei Pfostenpaare gebildeten Eingänge, die einander gegenüber an den Längsseiten liegen. Jedoch abweichend von den Häusern vom Typ Haps ließen sich in Engter, vorbehaltlich der schlechten Beobachtungsmöglichkeiten, keine Außenpfostenreihen nachweisen. Der Erosionsgrad des Grundrisses erlaubt auch keine weiteren Aussagen zur Konstruktion dieses Hauses.

Sowohl die wenigen Scherben, die aus den Pfostenlöchern dieses Hauses stammen, als auch die im Bereich des Hausgrundrisses gefundene Keramik lassen eine Datierung in die frühe bzw. ältere Römische Kaiserzeit vermuten. Zwar ist eine Datierung allein über Oberflächenfunde sehr problematisch, da jedoch charakteristische Keramik der Vorrömischen Eisenzeit im Bereich des Hausgrundrisses V fehlt, ist er wahrscheinlich in die frühe Kaiserzeit zu datieren. Von der Konstruktion her steht der Hausgrundriß allerdings noch eindeutig in der Tradition der Häuser vom Typ Haps aus der Vorrömischen Eisenzeit.

Nach der im Bereich des Hausgrundrisses VII (Abb. 7) gefundenen Keramik ist auch dieses Haus in die frühe bzw. ältere Kaiserzeit zu datieren. Auffallend sind hier die großen Gruben im Westen des Hauses. Möglicherweise zugehörig zum Haus ist eine nördlich außerhalb gelegene Feuerstelle.

Nach der Bauweise ist der Hausgrundriß I (Abb. 8) ins fortgeschrittene 1./frühe 2. Jh. zu datieren. Mit einer Länge von 21 m und einer Breite von 6 m ist er auch um einiges größer als die bislang betrachteten Hausgrundrisse. Diesem Hausgrundriß zuzuordnen sind wahrscheinlich zwei große Gruben außerhalb der östlichen Schmalseite mit Keramik der älteren Kaiserzeit (Abb. 2,1.8.9). Zwei weitere, schlecht erhaltene Haus-

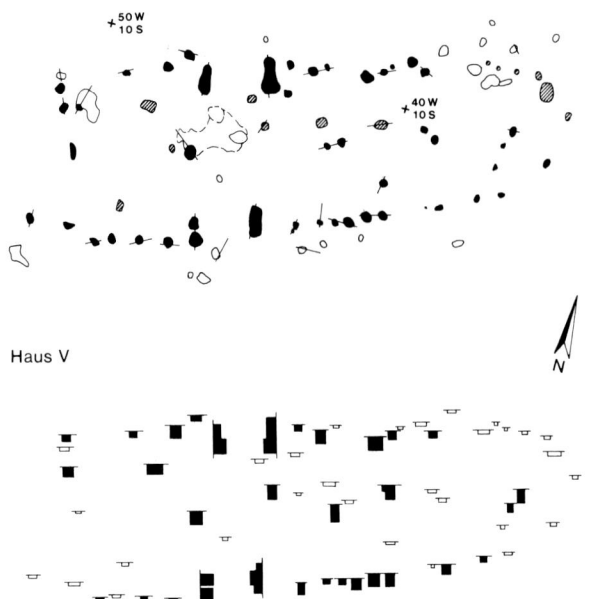

Haus V

Abb. 6
Engter, Stadt Bramsche, Ldkr.
Osnabrück.
Hausgrundriß V aus der
frühen/älteren Kaiserzeit.

grundrisse (Haus III und VI) sind aufgrund der im Bereich der Häuser gefundenen Keramik in die frühe bzw. ältere Kaiserzeit zu datieren.

Eine Aussage über die genaue zeitliche Abfolge der Häuser oder die Gleichzeitigkeit einiger Hausgrundrisse ist nicht möglich. Festzustellen ist lediglich, daß das Haus I schon ins ausgehende 1./frühe 2. Jh. zu datieren und damit wohl jünger als die anderen Hausgrundrisse ist.

Die übrigen bei der Grabung in Engter aufgedeckten Hausgrundrisse sind nicht in die ältere Kaiserzeit zu datieren oder sind aufgrund der geringen Zahl von datierbaren Funden aus den Hausbefunden nicht eindeutig einzuordnen.

Ebenso wie die dreischiffigen Häuser der Küstenregion (z. B. Feddersen Wierde) sind auch die binnenländischen zweischiffigen Hausgrundrisse als Wohnstallhäuser anzusprechen. Über die Innengliederung dieser Häuser sind jedoch aufgrund der häufig schlechten Beobachtungsmöglichkeiten nur selten Aussagen möglich. Eine gute Befundlage erbrachte ein Hausgrundriß des 1. Jhs. aus Vreden, der in seiner Konstruktion noch Merkmale der Häuser vom Typ Haps aufweist. Deutlich

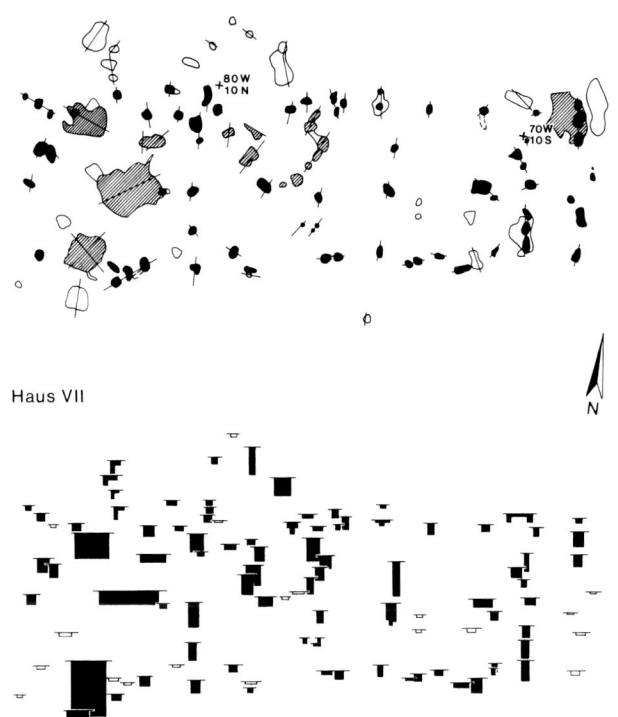

Haus VII

N

Abb. 7
Engter, Stadt Bramsche, Ldkr.
Osnabrück.
Hausgrundriß VII aus der
frühen/älteren Kaiserzeit.

sind dort im westlichen Teil des Hausgrundrisses an den Längsseiten jeweils sieben abgeteilte Viehboxen zu erkennen (Abb. 9).

Andere Siedlungsspuren

Den Hauptgebäuden zugeordnet waren jeweils aufgestelzte kleinere Bauten zur Speicherung der Ernteerträge. Der Nachweis dieser sicher ehemals auch in Engter vorhandenen Bauten ist jedoch sehr schwer, da aufgrund der häufigen Besiedlung die Zahl der Pfostenlöcher so groß ist, daß es unmöglich ist, kleinere Strukturen zu erkennen.

Die in Engter gefundenen Grubenhäuser sind nicht in die frühe bzw. ältere Kaiserzeit zu datieren, sondern sind jüngeren Besiedlungsphasen zuzuordnen.

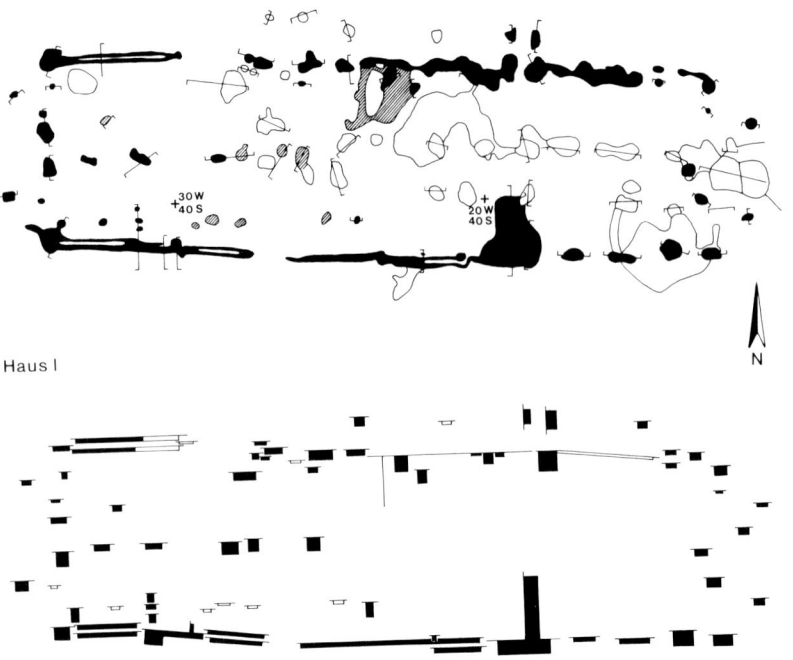

Haus I

Abb. 8
Engter, Stadt Bramsche, Ldkr.
Osnabrück.
Hausgrundriß I aus dem ausge-
henden 1./frühen 2. Jh. n. Chr.

Siedlungsstruktur und Wirtschaftsweise

Die der frühen und älteren Kaiserzeit zuzuweisenden Befunde lassen sich nicht zu einem strukturierten Siedlungsplan (Straßenzüge, Zäune etc.) zusammenfassen, sondern scheinen unvermittelt nebeneinander zu stehen. Die Grabung in Engter bietet allerdings nur einen willkürlich durch die Grabungsgrenzen bestimmten selektiven Ausschnitt aus einer kaiserzeitlichen Besiedlung.

Die Auswertungen anderer vorrömischer und frühkaiserzeitlicher Siedlungsplätze haben analog ergeben, daß in dieser Zeit im Verbreitungsgebiet der zweischiffigen Häuser nicht mit größeren dorfartigen Siedlungen zu rechnen ist, sondern mit kleineren Ansiedlungen von höchstens drei bis vier Gehöften.

In den Niederlanden und in der niedersächsischen Geest konnten ganze Siedlungskammern mit zugehörigen Ackerflächen ergraben werden. Es stellte sich heraus, daß in der Vorrömischen Eisenzeit und in der älteren Kaiserzeit die Siedlungen kleinräumig verlegt werden mußten, da

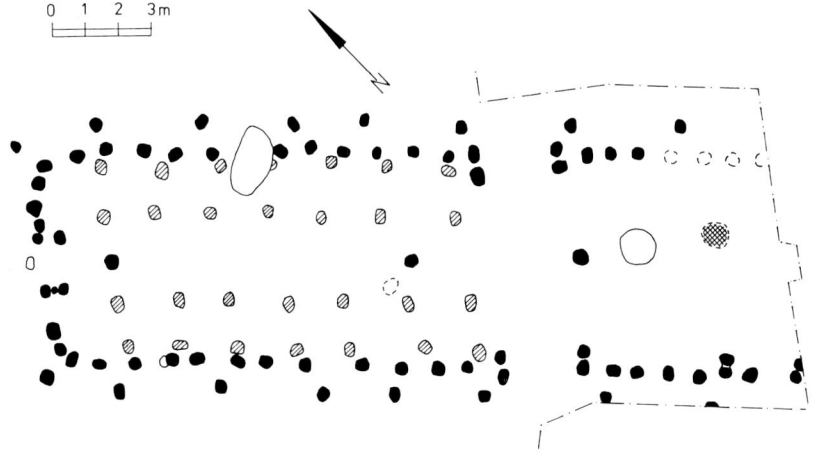

Abb. 9
Vreden, Kr. Borken.
Grundriß eines Wohn-Stall-Hauses des 1. Jh. n. Chr. mit axialer Firstpfostenreihe. Stallteil mit eingebauten Viehboxen (Pfostengruben schraffiert) und zusätzlicher Stalltür im Nordwesten des Hauses. Breite Querdiele mit gegenüberliegenden Eingängen in den Langseiten, südöstlich anschließend der Wohnteil mit Herdstelle (Kreuzschraffur). – (Nach CHR. REICHMANN u. J. D. BOOSEN.)

nach einer gewissen Zeit die genutzten Ackerflächen erschöpft waren und neues oder brachliegendes Ackerland erschlossen werden mußte. Bei den Ackerflächen handelt es sich um netzartig verbundene, rechteckige (Seitenlänge zwischen 10 und 50 m) Ackerparzellen, die mit seitlichen Wällen voneinander abgegrenzt waren. In der Forschung heißt dieser Ackerflurtyp *celtic fields*.

Die Untersuchungen in Engter und der Vergleich mit anderen Grabungsergebnissen lassen vermuten, daß in der frühen Kaiserzeit auch im Osnabrücker Gebiet noch mit kleinen lockeren Streusiedlungen zu rechnen ist, deren Standort häufiger verlegt werden mußte (Wandersiedlungen). Erst im Laufe der älteren Kaiserzeit ist eine größere Platzkonstanz der Siedlungen feststellbar, woraus sich indirekt ein Wechsel in der Ackerbautechnik erschließen läßt.

Zu der Wirtschaftsweise der Siedlung Engter sind nur indirekte Aussagen möglich, da Tierknochen und botanische Reste infolge der Bodenverhältnisse nicht erhalten geblieben sind. So geben nur Reste von Mühlsteinen einen Hinweis auf Ackerbau. Überträgt man die Beobachtung, daß es sich bei den Häusern um Wohnstallhäuser handelt, auch auf Engter, läßt sich auch die Viehhaltung oder Viehzucht postulieren. An handwerklichen Tätigkeiten ist in Engter durch Spinnwirtel die Textilherstellung belegt. Wenige Schlackereste aus einer Grube, die eindeutig in die frühe bzw. ältere Kaiserzeit datiert werden kann, lassen auch Eisenverarbeitung in dieser Zeit vermuten.

Schlußbemerkungen

Ob die Siedlung zum Zeitpunkt der militärischen Auseinandersetzungen zwischen den Römern und den Germanen am Kalkrieser Berg existiert hat, läßt sich nicht beantworten. Es gab in Engter auch keinen Hinweis auf die wenige Kilometer entfernten Geschehnisse. Bei der früh- bzw. älterkaiserzeitlichen Siedlung in Engter hat es sich wahrscheinlich um eine agrarisch orientierte, lockere Streusiedlung mit einer begrenzten Zahl von Gehöften gehandelt. Weder die Funde noch die Befunde lassen eine soziale Strukturierung innerhalb der Siedlung erkennen.

Literatur

Vorberichte zur Grabung in Engter siehe: Archäologische Mitteilungen aus Nordwestdeutschland 11, 1988, S. 148–150, und 12, 1989, S. 113.

BÉRENGER, D. (1984): Bad Oeynhausen-Dehme (305) und Petershagen-Raderhorst (315). Ausgrabungen und Funde in Westfalen-Lippe 2, 1984, S. 282–285 u. 293–299.

GÜNTHER, K. (1990): Siedlung und Werkstätten von Feinschmieden der älteren Römischen Kaiserzeit bei Warburg-Daseburg. Bodenaltertümer Westfalens 24. Münster 1990.

MILDENBERGER, G. (1972): Römerzeitliche Siedlungen in Nordhessen. Kasseler Beiträge zur Vor- und Frühgeschichte 3. Marburg 1972.

REICHMANN, CHR. (1979): Zur Besiedlungsgeschichte des Lippemündungsgebietes während der jüngeren vorrömischen Eisenzeit und der ältesten römischen Kaiserzeit. Ein Beitrag zur archäologischen Interpretation schriftlicher Quellen. Wesel 1979.

REICHMANN, CHR. (1982): Ländliche Siedlungen der Eisenzeit und des Mittelalters in Westfalen. Offa 39, 1982, S. 103–118.

SCHLÜTER, W. (1979): Die Vor- und Frühgeschichte der Stadt und des Landkreises Osnabrück. In: Führer zu vor- und frühgeschichtlichen Denkmälern 42. Mainz 1979.

SCHLÜTER, W. (1982): Das Osnabrücker Land während der jüngeren römischen Kaiserzeit und der Völkerwanderungszeit. Osnabrücker Mitteilungen 88, 1982, S. 13–129.

SCHÜNEMANN, D. (1973): Zur römischen Kaiserzeit und Völkerwanderungszeit im Kreis Verden. Nachrichten aus Niedersachsens Urgeschichte 42, 1973, S. 53–92.

SLOFSTRA, J. (1991): Changing settlement systems in the Meuse-Demer-Scheldt area during the Early Roman period. In: ROYMANS, N./THEUWS, F. (Hrsg.), Images of the past. Studies in Pre- en Protohistorie 7. Amsterdam 1991, S. 131–199.

TRIER, B. (1969): Das Haus im Nordwesten der Germania Libera. Veröffentlichungen der Altertumskommission im Provinzialinstitut für Westfälische Landes- und Volkskunde IV. Münster 1969.

v. USLAR, R. (1938): *Westgermanische Bodenfunde des ersten bis dritten Jahrhunderts nach Christus aus Mittel- und Westdeutschland. Germanische Denkmäler der Frühzeit 3. Berlin 1938.*

VOGT, U. (1986): *Die Siedlung der vorrömischen Eisenzeit von Holsten-Mündrup, Stadt Georgsmarienhütte, Ldkr. Osnabrück. Nachrichten aus Niedersachsen 55, 1986, S. 301–315.*

WENSKUS, R. (1986): *Über die Möglichkeit eines allgemeinen interdisziplinären Germanenbegriffs. In: BECK, H. (Hrsg.), Germanenprobleme in heutiger Sicht (Ergänzungsbände zum Reallexikon der Germanischen Altertumskunde 1). Berlin 1986, S. 1–21.*

WILHELMI, K. (1967): *Beiträge zur einheimischen Kultur der jüngeren vorrömischen Eisenzeit und der älteren römischen Eisenzeit zwischen Niederrhein und Mittelweser. Bodenaltertümer Westfalens XI. Münster 1967.*

Anschriften der Verfasserinnen und Verfasser:

Dr. Frank Berger
Kestner-Museum
Münzkabinett
Trammplatz 3
3000 Hannover 1

Dr. Henning Buck
Heinrichstr. 43 A
4500 Osnabrück

Dipl. Biol. Dipl. Geogr.
Ursula Dieckmann
Universität Hannover
Institut für Geobotanik
Nienburger Str. 17
3000 Hannover 1

Dr. Georgia Franzius
Landschaftsverband Osnabrück e.V.
c/o Kulturgeschichtliches Museum
Marienstr. 5/6
4500 Osnabrück

Dr. Jörg Lienemann
Arbeitsgruppe für Bodenkunde,
Landschaftsökologie und ange-
wandte Botanik GmbH
Postfach 11 43
2900 Oldenburg

Stud. phil. Jürgen Pape
Universität Freiburg
Institut für Ur- und Frühge-
schichte
Belfortstr. 22
7800 Freiburg

Prof. Dr. Richard Pott
Universität Hannover
Institut für Geobotanik
Nienburger Str. 17
3000 Hannover 1

Dr. Achim Rost
Landschaftsverband Osnabrück e.V.
c/o Kulturgeschichtliches Museum
Marienstr. 5/6
4500 Osnabrück

Dr. Wolfgang Schlüter
Kulturgeschichtliches Museum
Marienstr. 5/6
4500 Osanbrück

Prof. Dr. Reinhard Stupperich
Universität Mannheim
Seminar für klassische Archäologie
Schloß
6800 Mannheim 1

Prof. Dr. Rainer Wiegels
Universität Osnabrück
Fachbereich Kultur- und Geo-
wissenschaften
– Alte Geschichte –
Postfach 44 69
4500 Osnabrück

Dr. Susanne Wilbers-Rost
Landschaftsverband Osnabrück e.V.
c/o Kulturgeschichtliches Museum
Marienstr. 5/6
4500 Osnabrück